智库中社 年度报告 Annual Report

ANNUAL REPORT ON CHINA'S URBAN
COMPETITIVENESS (NO. 15)

中国城市竞争力报告
No. 15

房价体系：中国转型升级的杠杆与陷阱

主　　编：倪鹏飞

副 主 编：侯庆虎　丁如曦　沈　立

特邀主编：沈建法　林祖嘉　刘成昆

中国社会科学出版社

图书在版编目(CIP)数据

中国城市竞争力报告.No.15,房价体系:中国转型升级的杠杆与陷阱/倪鹏飞主编.—北京:中国社会科学出版社,2017.6

ISBN 978-7-5203-0666-9

Ⅰ.①中… Ⅱ.①倪… Ⅲ.①城市—竞争力—研究报告—中国
Ⅳ.①F299.2

中国版本图书馆 CIP 数据核字(2017)第 133808 号

出 版 人	赵剑英	
责任编辑	喻 苗	
责任校对	李 莉	
责任印制	王 超	

出 版	中国社会科学出版社	
社 址	北京鼓楼西大街甲 158 号	
邮 编	100720	
网 址	http://www.csspw.cn	
发 行 部	010-84083685	
门 市 部	010-84029450	
经 销	新华书店及其他书店	

印刷装订	北京君升印刷有限公司
版 次	2017 年 6 月第 1 版
印 次	2017 年 6 月第 1 次印刷

开 本	710×1000 1/16
印 张	31.5
字 数	485 千字
定 价	128.00 元

凡购买中国社会科学出版社图书,如有质量问题请与本社营销中心联系调换
电话:010-84083683

《中国城市竞争力报告 No. 15》
编委会

中国社会科学院财经战略研究院简介

中国社会科学院财经战略研究院（National Academy of Economic Strategy，CASS）简称"财经院"，成立于1978年6月。其前身为中国社会科学院经济研究所财政金融研究组和商业研究组。初称"中国社会科学院财贸物资经济研究所"。1994年，更名为"中国社会科学院财贸经济研究所"。2003年，更名为"中国社会科学院财政与贸易经济研究所"。2011年12月29日，作为中国社会科学院实施哲学社会科学创新工程的一个重大举措，也是在创新工程后成立的首批跨学科、综合性、创新型学术思想库和新型研究机构，以财政与贸易经济研究所为基础，组建综合性、创新型国家财经战略研究机构——财经战略研究院，并从此改用现名。

著名经济学家刘明夫、张卓元、杨圣明、刘溶沧、江小涓、裴长洪、高培勇、何德旭先后担任所长。现任院长为何德旭教授，党委书记为杜志雄教授。

作为中国社会科学院直属的研究机构，自成立以来，财经院与祖国的改革开放事业共同成长，始终以天下为己任，奋进在时代前列。几代财经院人，不辱使命，几乎在中国经济社会发展进程中的每一个环节，都留下了自己的印记。经过三十多年的努力，今天的财经院，已经发展成为拥有财政经济、贸易经济和服务经济等主干学科板块、覆盖多个经济学科领域的中国财经科学的学术重镇。

中国社会科学院城市与竞争力
研究中心简介

中国社会科学院城市与竞争力研究中心是 2010 年 4 月 26 日成立的一个有关城市与竞争力的院级非实体研究中心。中心组织国内外各界相关研究人员，开展城市竞争力、房地产等相关内容的学术研究，发表相关的研究论文，出版专著和研究报告；组织中心学者进行国际学术访问；组织国内外相关领域专家、城市市长等各界人士召开城市竞争力国际论坛及相关学术会议；接受研究生实习、学者学术访问，培养学以致用的学术和管理人才。中心是中国城市百人论坛的秘书处。

近年来，中心关于中国城市竞争力的研究获得了"孙冶方经济科学奖"；关于中国住房发展的研究获国家社科基金重大招标项目支持。《中国城市竞争力报告》《中国住房发展报告》等已成为中国社会科学院重要的学术品牌，在国内外产生了十分广泛的影响，也为中央及地方政府的相关决策提供了参考。

中心组织和联合全世界的城市竞争力研究专家，成立全球城市竞争力项目组，联合国人居署、世界银行集团及世界著名城市学者开展相关领域的高端合作，发表全球城市研究报告，举办城市竞争力国际论坛，扩大了中国社会科学院在这些国际学术领域的话语权和影响力。

主要编撰者简介

倪鹏飞　男，南开大学经济学博士，中国社会科学院城市与竞争力研究中心主任，中国社会科学院财经战略研究院院长助理，研究员，博士生导师。曾获第十一届"孙冶方经济科学奖"。主要研究领域：国家竞争力、城市竞争力、城市经济学与房地产经济学。

侯庆虎　男，南开大学数学博士，天津大学应用数学中心教授，博士生导师。主要研究领域：机械证明、城市竞争力计量。

沈建法　男，伦敦经济学院地理学博士，香港中文大学香港亚太研究所教授，亚太城市与区域发展研究计划主任。主要研究领域：城市竞争力与中国城市化。

林祖嘉　男，加州大学洛杉矶分校经济学博士，台湾政治大学经济学教授。主要研究领域：城市竞争力与房地产经济。

刘成昆　男，南开大学经济学博士，澳门科技大学可持续发展研究所副所长，商学院副教授、会计与财务金融学系系主任。主要研究领域：城市和区域经济、澳门经济。

丁如曦　男，西南财经大学讲师，中国社会科学院财经战略研究院博士后。主要研究领域：城市与房地产经济学。

王海波　男，西南财经大学经济学博士，中国社会科学院财经战略研究院博士后。主要研究领域：城市与房地产经济学。

曹清峰　男，经济学博士，天津财经大学讲师。研究方向：城市与区域经济。

张洋子　男，中国社会科学院研究生院金融学博士研究生。主要研究领域：城市与房地产金融。

沈　立　男，中国社会科学院研究生院金融学博士研究生。主要研究领域：城市与房地产金融。

中国社会科学院竞争力模拟实验室简介

中国社会科学院竞争力模拟实验室是中国社会科学院城市与竞争力研究中心成员经过对城市与竞争力十余年的跟踪研究，建立的涵盖国家竞争力、城市竞争力、城市联系度、教育竞争力、人才竞争力、商务环境、住房发展等多个方面的大型综合模拟实验室，实验室的数据库目前已经拥有数百项指标的数据，样本包括世界主要国家和地区，全球 500 个城市，中国 300 个城市，是全球有关城市与竞争力的最重要数据库之一。数据库中系统性地总结了中心专家十余年调研成果，构建了城市与竞争力案例库。

为保证数据权威性与准确性，模拟实验室将数据来源、数据处理方法和指数合成方法等附在数据之中，便于数据库的使用者随时查阅。库藏城市与竞争力案例库是经由中心联合国内外专家悉心总结，综合中心多部著作及调研成果，制作了包含数百个经典案例的城市与竞争力案例库。

摘　要

　　《中国城市竞争力报告 No. 15》的研究视角由简单的城市间比较转向由城市的视角看全国经济社会发展格局和变化趋势，有新的发现和突破如下：一是以东中一体和城市群体系为支撑的经济空间新格局越加明晰；二是经济增速放缓，城镇化进入阶段性调整且未来仍将保持稳步推进；三是经济转型升级正处于分化发展阶段；四是中小城市发展没有可持续性。

　　本报告在延续以往报告的理论框架的基础上，对指标体系进行了较大幅度的精简和修改，构建了三大竞争力指标体系，尝试使用大数据技术采集关键数据，突出强调了关键性指标在城市竞争力中的重要作用，有助于更为合理地衡量一个城市的竞争力。

　　本报告的年度主题是"房价体系：中国转型升级的杠杆与陷阱"，包括房价体系的新发现与新理论、房价体系的中国实证、房价体系的中国故事三部分，主要发现如下：一是中国将形成多层次、多中心的城市体系：东中一体，一网五带；二是中国将形成多层次房价体系；三是中心城市房价存在一定适度泡沫具有必然性：房地产具有金融属性，房地产投资具有空间流动性和不确定性；四是中国的房价体系是动态变化的，随着市场条件的变化将向新的方向演化；五是房价体系是转型升级的杠杆也可能是转型升级的陷阱；六是房价体系会反过来影响城市体系；七是城市群中心城市对周边城市房价存在溢出效应。

　　在分项报告和区域报告中，对格局和现象进行了多角度的分析，并深入探索了相关变量间的内在规律。本报告按新的指标体系、框架结构对包括港澳台在内的各省市之间和省市内部三大竞争力及其科技创新、转型升级与房价之间的关系进行分析。

Abstract

The perspective of Annual Report on China's Urban Competitiveness (No. 15) has changed from the simple comparisons among cities to studying the national economic and social development patterns and variation trend from the view of cities. The new discoveries and breakthrough are as follows: Firstly, the integration of Eastern and Middle China is becoming more significant. Secondly, the economic growth is slowing, and the urbanization enters into periodic adjustment and will keep improving in the future. Thirdly, economic transformation and upgrading is entering the stage of stratification. Fourthly, the development of medium and small cities is lack of sustainability.

Based onprevious theoretical frameworks, this report has revised and simplified the index system significantly, and builds three classes of competitiveness index systems. Meanwhile, this report tries to adopt the Big Data techniques in order to address the important role of key indexes in urban competitiveness, which contributes to assess the urban competitiveness more precisely.

The annual theme of this report is "housing price system: leverage and traps for China's transformation and upgrading". It includes three parts: the new discoveries and theories of the housing price system, an empirical study of housing price system in China and The China's story of the housing price system. The main findings are as follows: China will form a multi-level and polycentric urban system: Integration of eastern and central regions, one network and five belts; China will form a multi-level housing price system; There is a moderate bubble of housing price in central cities which is inevitable; Real estate has financial attributes and real estate investment has spatial mobility and uncertainty; China's housing price system is dynamic and it will evolve in a new direction as the market conditions change; Housing price system is the lever of transformation and upgrading, but also may be the trap of transformation and upgrading; The housing price system will affect the urban system in turn; The central city of urban agglomeration has spillover effects on the surrounding city in housing price.

In the reports on classified urban competitiveness and regional reports, this report analyzes the patterns and phenomenon from different perspective, and explores theinherent law of related variables. Based on the new framework of index system and structure, this report analyzes three classes of intra-provincial and inter-provincial competitiveness, as well as the relationship between housing price and technology innovation, economic transformation and upgrading.

目　录

Contents

第一部分　总体报告

第一章　中国城市竞争力 2016 年度排名

一　2016 年中国 294 个城市综合经济竞争力
（见表 1—1）

表 1—1　　2016 年中国 294 个城市综合经济竞争力

城市	综合经济竞争力指数	排名	综合增量竞争力指数	排名	综合效率竞争力指数	排名
深圳	1.000	1	0.857	6	0.333	4
香港	0.881	2	0.342	19	0.647	3
上海	0.747	3	1.000	1	0.155	5
台北	0.697	4	0.156	62	0.864	2
广州	0.569	5	0.923	4	0.093	8
天津	0.466	6	0.989	2	0.055	17
北京	0.459	7	0.971	3	0.054	18
澳门	0.457	8	0.051	205	1.000	1
苏州	0.424	9	0.682	7	0.067	12
武汉	0.342	10	0.584	9	0.049	19
佛山	0.334	11	0.354	17	0.081	10
南京	0.333	12	0.493	10	0.056	16
无锡	0.325	13	0.365	15	0.074	11
东莞	0.311	14	0.254	35	0.099	7
成都	0.306	15	0.619	8	0.034	27
新北	0.265	16	0.156	61	0.115	6

续表

城市	综合经济竞争力指数	排名	综合增量竞争力指数	排名	综合效率竞争力指数	排名
青岛	0.260	17	0.471	11	0.032	29
郑州	0.253	18	0.391	14	0.038	23
厦门	0.250	19	0.182	54	0.086	9
长沙	0.244	20	0.464	12	0.027	34
常州	0.234	21	0.278	30	0.047	20
重庆	0.231	22	0.917	5	0.007	122
宁波	0.226	23	0.351	18	0.032	28
杭州	0.226	24	0.451	13	0.023	39
南通	0.210	25	0.324	23	0.029	30
大连	0.208	26	0.356	16	0.025	35
济南	0.202	27	0.298	28	0.029	31
中山	0.200	28	0.148	72	0.066	13
西安	0.193	29	0.332	20	0.023	41
泉州	0.189	30	0.327	21	0.022	42
沈阳	0.184	31	0.301	27	0.023	40
合肥	0.180	32	0.325	22	0.019	49
镇江	0.173	33	0.188	51	0.035	25
烟台	0.173	34	0.308	24	0.018	52
徐州	0.172	35	0.301	26	0.018	50
高雄	0.166	36	0.112	94	0.057	15
唐山	0.165	37	0.270	32	0.019	47
福州	0.165	38	0.297	29	0.016	56
嘉兴	0.163	39	0.164	56	0.036	24
淄博	0.163	40	0.199	43	0.028	33
扬州	0.160	41	0.220	39	0.023	38
泰州	0.155	42	0.200	42	0.024	37
南昌	0.151	43	0.212	40	0.020	44
绍兴	0.148	44	0.198	44	0.021	43
长春	0.147	45	0.303	25	0.011	88
石家庄	0.145	46	0.258	33	0.013	70
台中	0.143	47	0.073	154	0.064	14

城市	综合经济竞争力指数	排名	综合增量竞争力指数	排名	综合效率竞争力指数	排名
珠海	0.142	48	0.099	105	0.045	21
潍坊	0.141	49	0.257	34	0.012	79
济宁	0.131	50	0.206	41	0.014	68
东营	0.129	51	0.173	55	0.017	55
温州	0.129	52	0.191	49	0.015	62
威海	0.124	53	0.143	75	0.020	45
盐城	0.124	54	0.226	36	0.009	100
汕头	0.123	55	0.092	117	0.034	26
贵阳	0.123	56	0.187	52	0.013	74
泰安	0.121	57	0.159	59	0.016	57
惠州	0.119	58	0.193	48	0.011	87
哈尔滨	0.117	59	0.278	31	0.004	177
台南	0.116	60	0.064	179	0.044	22
昆明	0.116	61	0.223	38	0.007	121
芜湖	0.116	62	0.145	74	0.016	58
台州	0.116	63	0.151	66	0.015	61
金华	0.113	64	0.163	57	0.012	81
临沂	0.113	65	0.194	47	0.009	111
许昌	0.110	66	0.123	88	0.017	54
襄阳	0.106	67	0.194	46	0.006	127
宜昌	0.105	68	0.195	45	0.006	137
沧州	0.105	69	0.161	58	0.009	103
淮安	0.104	70	0.150	69	0.010	96
南宁	0.103	71	0.189	50	0.006	141
聊城	0.101	72	0.131	81	0.012	83
焦作	0.101	73	0.095	113	0.019	48
洛阳	0.101	74	0.150	68	0.009	106
揭阳	0.100	75	0.115	92	0.014	66
包头	0.100	76	0.185	53	0.005	152
枣庄	0.100	77	0.097	111	0.018	51
德州	0.100	78	0.136	77	0.010	94

续表

城市	综合经济竞争力指数	排名	综合增量竞争力指数	排名	综合效率竞争力指数	排名
廊坊	0.099	79	0.111	95	0.014	65
太原	0.099	80	0.107	101	0.015	60
漳州	0.099	81	0.151	67	0.008	114
岳阳	0.098	82	0.155	63	0.007	119
大庆	0.098	83	0.150	70	0.008	117
乌鲁木齐	0.097	84	0.151	65	0.007	120
鄂尔多斯	0.097	85	0.225	37	0.002	240
呼和浩特	0.095	86	0.149	71	0.007	125
咸阳	0.095	87	0.136	78	0.008	113
邯郸	0.094	88	0.120	89	0.010	93
茂名	0.093	89	0.129	83	0.008	112
湖州	0.092	90	0.097	110	0.014	67
莆田	0.092	91	0.092	119	0.015	59
菏泽	0.092	92	0.135	79	0.007	118
常德	0.092	93	0.151	64	0.006	145
衡阳	0.091	94	0.141	76	0.006	129
连云港	0.091	95	0.110	97	0.011	89
株洲	0.091	96	0.128	85	0.008	116
宿迁	0.091	97	0.118	90	0.009	101
保定	0.090	98	0.146	73	0.006	146
舟山	0.090	99	0.052	204	0.029	32
湘潭	0.089	100	0.094	115	0.013	72
滨州	0.089	101	0.111	96	0.010	99
湛江	0.089	102	0.130	82	0.007	124
海口	0.089	103	0.069	164	0.020	46
新乡	0.088	104	0.110	99	0.009	104
兰州	0.087	105	0.128	86	0.006	132
日照	0.087	106	0.090	123	0.012	77
营口	0.086	107	0.090	125	0.012	80
榆林	0.084	108	0.157	60	0.003	212
盘锦	0.083	109	0.079	139	0.013	71

续表

城市	综合经济竞争力指数	排名	综合增量竞争力指数	排名	综合效率竞争力指数	排名
江门	0.083	110	0.098	108	0.009	105
鞍山	0.083	111	0.089	126	0.011	90
周口	0.082	112	0.110	98	0.007	126
柳州	0.082	113	0.126	87	0.005	157
德阳	0.081	114	0.085	135	0.011	92
南阳	0.081	115	0.129	84	0.004	176
肇庆	0.080	116	0.117	91	0.005	155
安阳	0.080	117	0.085	136	0.010	97
开封	0.079	118	0.085	137	0.010	98
遵义	0.077	119	0.134	80	0.002	220
马鞍山	0.076	120	0.063	180	0.014	69
郴州	0.076	121	0.112	93	0.004	180
濮阳	0.075	122	0.066	174	0.012	78
铜陵	0.075	123	0.038	242	0.025	36
黄石	0.075	124	0.070	163	0.011	86
九江	0.074	125	0.108	100	0.004	186
商丘	0.074	126	0.088	127	0.006	128
自贡	0.072	127	0.068	168	0.010	95
北海	0.072	128	0.065	177	0.011	91
内江	0.072	129	0.071	160	0.009	107
漯河	0.071	130	0.052	203	0.014	63
信阳	0.071	131	0.099	104	0.004	185
驻马店	0.071	132	0.092	118	0.005	163
蚌埠	0.070	133	0.072	159	0.008	115
宝鸡	0.070	134	0.097	109	0.004	187
鄂州	0.070	135	0.042	231	0.018	53
渭南	0.070	136	0.090	122	0.004	167
桂林	0.070	137	0.104	103	0.003	215
平顶山	0.069	138	0.068	169	0.009	110
吉林	0.069	139	0.096	112	0.004	190
南充	0.069	140	0.087	131	0.005	161

续表

城市	综合经济竞争力指数	排名	综合增量竞争力指数	排名	综合效率竞争力指数	排名
银川	0.069	141	0.077	147	0.006	130
孝感	0.069	142	0.077	143	0.006	133
阳江	0.068	143	0.077	144	0.006	139
资阳	0.068	144	0.075	150	0.006	135
荆州	0.068	145	0.086	132	0.004	171
绵阳	0.068	146	0.094	114	0.003	201
赣州	0.067	147	0.105	102	0.002	241
宁德	0.067	148	0.086	133	0.004	174
娄底	0.066	149	0.072	158	0.006	136
龙岩	0.066	150	0.088	130	0.003	193
宜春	0.066	151	0.088	129	0.003	199
三明	0.066	152	0.091	120	0.003	208
黄冈	0.065	153	0.086	134	0.003	196
宜宾	0.065	154	0.078	141	0.004	166
泸州	0.065	155	0.079	140	0.004	173
上饶	0.065	156	0.088	128	0.003	211
滁州	0.065	157	0.082	138	0.004	188
荆门	0.065	158	0.077	146	0.004	168
安庆	0.064	159	0.078	142	0.004	178
西宁	0.064	160	0.068	167	0.006	143
六盘水	0.064	161	0.076	148	0.004	170
曲靖	0.064	162	0.090	124	0.002	228
通辽	0.064	163	0.098	107	0.001	259
毕节	0.064	164	0.092	116	0.002	238
宿州	0.064	165	0.072	156	0.005	160
邢台	0.063	166	0.067	171	0.005	150
阜阳	0.063	167	0.069	165	0.005	156
益阳	0.063	168	0.073	155	0.004	175
赤峰	0.062	169	0.098	106	0.001	276
潮州	0.062	170	0.045	221	0.011	85
达州	0.062	171	0.077	145	0.003	200

续表

城市	综合经济竞争力指数	排名	综合增量竞争力指数	排名	综合效率竞争力指数	排名
锦州	0.062	172	0.064	178	0.006	147
淮北	0.062	173	0.044	225	0.011	84
玉林	0.062	174	0.071	162	0.004	172
新余	0.062	175	0.043	230	0.012	82
鹤壁	0.062	176	0.040	236	0.013	73
乐山	0.061	177	0.071	161	0.004	182
萍乡	0.061	178	0.047	216	0.009	102
广安	0.059	179	0.056	194	0.006	140
永州	0.059	180	0.075	151	0.002	227
眉山	0.059	181	0.058	191	0.005	151
三门峡	0.059	182	0.060	187	0.005	158
邵阳	0.059	183	0.073	152	0.002	222
呼伦贝尔	0.059	184	0.091	121	0.000	293
乌海	0.058	185	0.032	253	0.014	64
梧州	0.058	186	0.066	173	0.003	195
衡水	0.058	187	0.056	195	0.005	153
十堰	0.058	188	0.073	153	0.002	234
咸宁	0.058	189	0.061	185	0.004	179
玉溪	0.057	190	0.065	176	0.003	202
衢州	0.057	191	0.055	198	0.005	154
秦皇岛	0.057	192	0.050	211	0.006	131
吉安	0.057	193	0.072	157	0.002	236
遂宁	0.057	194	0.050	210	0.006	134
辽阳	0.057	195	0.042	233	0.009	108
四平	0.057	196	0.062	183	0.003	191
本溪	0.057	197	0.051	206	0.006	144
牡丹江	0.057	198	0.075	149	0.001	258
淮南	0.057	199	0.032	254	0.013	76
抚顺	0.056	200	0.053	200	0.005	162
长治	0.056	201	0.056	192	0.004	181
南平	0.055	202	0.067	170	0.002	239

续表

城市	综合经济竞争力指数	排名	综合增量竞争力指数	排名	综合效率竞争力指数	排名
松原	0.055	203	0.060	188	0.003	204
莱芜	0.055	204	0.030	261	0.013	75
攀枝花	0.055	205	0.050	209	0.005	159
运城	0.055	206	0.056	193	0.003	194
承德	0.055	207	0.069	166	0.001	257
怀化	0.054	208	0.066	175	0.002	243
钦州	0.054	209	0.059	190	0.003	209
韶关	0.054	210	0.060	186	0.002	223
汉中	0.054	211	0.066	172	0.001	252
抚州	0.054	212	0.061	184	0.002	231
亳州	0.054	213	0.051	207	0.004	169
六安	0.054	214	0.059	189	0.002	225
汕尾	0.053	215	0.041	234	0.006	138
延安	0.053	216	0.062	182	0.001	248
绥化	0.052	217	0.062	181	0.001	256
宣城	0.052	218	0.052	202	0.003	206
丽水	0.052	219	0.054	199	0.002	221
鹰潭	0.051	220	0.036	247	0.007	123
晋城	0.051	221	0.043	228	0.004	164
景德镇	0.051	222	0.039	240	0.006	142
吕梁	0.050	223	0.053	201	0.002	232
张家口	0.050	224	0.055	197	0.001	251
通化	0.049	225	0.048	215	0.003	216
齐齐哈尔	0.049	226	0.056	196	0.001	266
临汾	0.049	227	0.049	212	0.002	224
晋中	0.049	228	0.048	214	0.003	217
朝阳	0.049	229	0.050	208	0.002	235
辽源	0.049	230	0.036	249	0.005	149
朔州	0.049	231	0.041	235	0.004	184
大同	0.048	232	0.044	222	0.003	207
清远	0.048	233	0.045	220	0.002	218

续表

城市	综合经济竞争力指数	排名	综合增量竞争力指数	排名	综合效率竞争力指数	排名
随州	0.048	234	0.043	229	0.003	205
丹东	0.048	235	0.044	224	0.003	213
河源	0.048	236	0.047	217	0.002	237
梅州	0.048	237	0.045	219	0.002	230
防城港	0.048	238	0.039	239	0.004	183
云浮	0.047	239	0.038	243	0.003	192
安康	0.046	240	0.048	213	0.001	264
铜仁	0.046	241	0.046	218	0.001	253
三亚	0.046	242	0.024	272	0.009	109
贵港	0.045	243	0.037	245	0.003	203
百色	0.045	244	0.044	223	0.001	270
庆阳	0.044	245	0.044	227	0.001	271
安顺	0.044	246	0.038	244	0.002	229
佳木斯	0.044	247	0.044	226	0.001	272
克拉玛依	0.043	248	0.029	264	0.004	165
阳泉	0.043	249	0.026	268	0.005	148
商洛	0.043	250	0.039	237	0.001	263
乌兰察布	0.043	251	0.042	232	0.001	282
昭通	0.043	252	0.039	238	0.001	262
崇左	0.042	253	0.036	250	0.001	247
白城	0.041	254	0.036	246	0.001	268
池州	0.041	255	0.031	256	0.002	219
巴彦淖尔	0.041	256	0.038	241	0.000	285
阜新	0.041	257	0.031	255	0.002	226
忻州	0.041	258	0.036	251	0.001	267
广元	0.041	259	0.034	252	0.001	254
铁岭	0.041	260	0.029	263	0.003	214
酒泉	0.039	261	0.036	248	0.000	294
天水	0.039	262	0.031	258	0.001	250
石嘴山	0.039	263	0.024	271	0.004	189
白山	0.039	264	0.029	262	0.001	245

续表

城市	综合经济竞争力指数	排名	综合增量竞争力指数	排名	综合效率竞争力指数	排名
黄山	0.039	265	0.027	266	0.002	233
保山	0.039	266	0.031	257	0.001	269
来宾	0.038	267	0.027	265	0.002	244
临沧	0.038	268	0.030	259	0.001	277
普洱	0.037	269	0.030	260	0.000	288
葫芦岛	0.037	270	0.023	275	0.003	210
巴中	0.037	271	0.026	269	0.001	249
雅安	0.037	272	0.026	267	0.001	261
铜川	0.036	273	0.019	281	0.003	198
河池	0.036	274	0.025	270	0.001	279
张家界	0.036	275	0.022	276	0.002	242
吴忠	0.035	276	0.023	274	0.001	274
贺州	0.034	277	0.020	280	0.001	246
武威	0.034	278	0.023	273	0.000	287
白银	0.033	279	0.020	278	0.001	275
黑河	0.033	280	0.022	277	0.000	292
张掖	0.032	281	0.020	279	0.000	290
平凉	0.032	282	0.017	284	0.001	260
定西	0.031	283	0.018	282	0.000	284
鸡西	0.031	284	0.017	283	0.001	273
丽江	0.030	285	0.016	285	0.000	286
中卫	0.030	286	0.016	286	0.001	281
嘉峪关	0.030	287	0.010	290	0.003	197
金昌	0.029	288	0.012	288	0.001	265
陇南	0.028	289	0.013	287	0.000	289
固原	0.027	290	0.011	289	0.001	283
双鸭山	0.026	291	0.009	292	0.001	278
伊春	0.026	292	0.009	291	0.000	291
鹤岗	0.021	293	0.002	293	0.001	280
七台河	0.019	294	0.000	294	0.001	255

二 2016 年中国 289 个城市宜居竞争力 （见表 1—2）

表 1—2　　　　　　2016 年中国 289 个城市宜居竞争力

城市	宜居竞争力		优质的教育环境	健康的医疗环境	安全的社会环境	绿色的生态环境	舒适的居住环境	便捷的基础设施	活跃的经济环境
	指数	排名	排名	排名	排名	排名	排名	排名	排名
香港	1.000	1	3	22	247	1	36	107	9
无锡	0.896	2	27	32	104	123	37	98	13
广州	0.830	3	12	7	255	27	200	226	3
澳门	0.809	4	28	146	269	4	11	83	9
厦门	0.804	5	4	43	233	8	283	213	2
杭州	0.802	6	32	8	199	85	193	175	7
深圳	0.795	7	23	27	260	5	217	232	1
南通	0.786	8	48	51	42	104	42	170	42
南京	0.778	9	16	23	165	111	152	250	8
上海	0.766	10	2	16	242	75	234	238	11
武汉	0.759	11	6	9	229	180	93	216	40
宁波	0.755	12	36	52	215	76	108	142	15
西安	0.749	13	11	17	240	115	57	253	30
镇江	0.742	14	31	58	78	153	209	157	37
北京	0.740	15	1	4	188	197	259	271	6
福州	0.739	16	40	40	220	19	161	239	31
合肥	0.736	17	18	36	89	142	77	263	55
舟山	0.734	18	92	228	147	18	166	1	18
长沙	0.733	19	9	6	263	120	109	272	20
苏州	0.727	20	21	65	136	124	206	209	19
南昌	0.723	21	22	26	119	42	240	247	79
大庆	0.722	22	34	35	241	56	75	162	67
成都	0.714	23	13	5	209	118	257	259	34

续表

城市	宜居竞争力		优质的教育环境	健康的医疗环境	安全的社会环境	绿色的生态环境	舒适的居住环境	便捷的基础设施	活跃的经济环境
	指数	排名	排名	排名	排名	排名	排名	排名	排名
常州	0.709	24	54	80	115	100	198	139	16
大连	0.708	25	7	20	107	67	287	283	43
青岛	0.706	26	38	49	193	64	159	248	24
马鞍山	0.702	27	62	121	145	232	59	8	39
威海	0.696	28	136	203	128	24	17	57	36
中山	0.691	29	123	46	232	15	7	221	23
济南	0.688	30	26	12	116	267	119	275	27
包头	0.687	31	42	39	162	177	53	149	76
泉州	0.683	32	45	117	279	21	38	191	17
烟台	0.673	33	52	138	20	59	92	266	38
海口	0.667	34	41	24	244	3	212	234	111
东莞	0.667	35	56	29	265	46	164	258	5
芜湖	0.657	36	43	100	61	143	155	150	84
呼和浩特	0.657	37	20	38	166	116	84	282	77
天津	0.656	38	5	25	189	221	280	246	35
长春	0.656	39	8	19	159	157	226	268	85
珠海	0.654	40	103	60	261	6	104	212	12
扬州	0.652	41	46	113	27	90	258	186	69
沈阳	0.646	42	10	11	226	228	172	269	47
吉安	0.630	43	86	77	38	80	31	103	151
嘉兴	0.627	44	97	238	37	136	26	184	4
佛山	0.622	45	114	30	283	39	49	240	14
南宁	0.621	46	25	28	258	41	158	274	93
龙岩	0.615	47	144	181	39	20	157	106	71
吉林	0.613	48	47	34	137	170	270	164	90
昆明	0.612	49	37	18	252	44	241	289	56
景德镇	0.612	50	53	68	173	88	30	163	118
株洲	0.601	51	84	144	28	138	148	176	41
攀枝花	0.597	52	116	15	210	93	23	143	110

续表

城市	宜居竞争力		优质的教育环境	健康的医疗环境	安全的社会环境	绿色的生态环境	舒适的居住环境	便捷的基础设施	活跃的经济环境
	指数	排名	排名	排名	排名	排名	排名	排名	排名
郑州	0.596	53	24	10	73	278	274	262	63
绍兴	0.594	54	70	92	243	119	79	153	26
鄂尔多斯	0.592	55	137	126	90	54	34	180	68
雅安	0.589	56	73	129	96	36	228	23	162
铜陵	0.587	57	94	124	246	213	55	3	72
黄山	0.587	58	93	165	67	14	15	165	132
东营	0.586	59	115	136	183	245	6	74	28
银川	0.583	60	19	31	239	179	105	237	121
玉溪	0.582	61	119	86	231	53	3	81	119
哈尔滨	0.573	62	15	21	172	198	223	288	100
潍坊	0.573	63	113	142	87	247	19	84	52
莆田	0.567	64	172	119	285	7	256	7	53
绵阳	0.566	65	57	72	65	105	81	257	128
宝鸡	0.565	66	171	175	93	125	8	119	59
盘锦	0.564	67	126	75	186	178	123	87	49
白山	0.564	68	154	209	29	214	80	46	75
衢州	0.562	69	131	242	200	131	96	2	54
桂林	0.561	70	35	64	262	96	16	279	94
九江	0.561	71	105	61	13	134	238	86	158
丽水	0.560	72	129	152	222	62	124	70	48
太原	0.560	73	17	2	270	216	273	242	125
克拉玛依	0.557	74	130	157	226	71	97	6	91
齐齐哈尔	0.555	75	99	54	25	26	246	61	246
金华	0.554	76	55	147	273	95	140	154	22
泰州	0.554	77	128	184	19	160	67	161	51
酒泉	0.552	78	150	148	2	161	135	52	163
鞍山	0.551	79	59	88	108	256	120	169	82
重庆	0.551	80	39	42	179	182	255	252	92
蚌埠	0.546	81	72	106	160	176	174	32	131

续表

城市	宜居竞争力		优质的教育环境	健康的医疗环境	安全的社会环境	绿色的生态环境	舒适的居住环境	便捷的基础设施	活跃的经济环境
	指数	排名	排名	排名	排名	排名	排名	排名	排名
温州	0.543	82	66	67	280	48	288	156	21
贵阳	0.542	83	29	14	253	74	252	267	141
阳泉	0.542	84	152	76	15	236	52	82	148
抚州	0.540	85	58	244	135	58	24	20	209
湖州	0.539	86	104	97	221	129	204	141	32
安庆	0.536	87	100	230	17	79	62	94	154
新余	0.535	88	120	192	201	98	85	12	96
三明	0.534	89	88	171	206	38	65	151	78
滨州	0.525	90	148	155	36	254	4	146	64
宜昌	0.524	91	49	48	142	233	138	95	197
漳州	0.517	92	76	207	161	31	190	210	73
牡丹江	0.516	93	83	45	60	102	250	50	240
金昌	0.516	94	108	220	81	151	22	45	156
南平	0.510	95	164	154	194	12	127	90	102
呼伦贝尔	0.509	96	153	137	141	122	99	27	140
惠州	0.506	97	121	164	256	11	149	236	25
萍乡	0.504	98	174	160	70	225	18	34	127
湘潭	0.504	99	60	161	157	174	21	148	122
长治	0.503	100	122	50	1	253	129	172	180
鹰潭	0.502	101	188	191	44	92	40	36	160
佳木斯	0.498	102	85	41	31	23	169	187	267
宁德	0.498	103	170	208	205	13	233	10	109
四平	0.497	104	90	109	133	240	210	126	87
锦州	0.496	105	68	114	169	192	94	158	108
临沂	0.496	106	134	194	35	257	35	228	33
淮北	0.495	107	67	91	55	230	186	121	170
本溪	0.492	108	96	73	237	187	141	99	101
泰安	0.489	109	63	162	22	226	213	244	88
淮安	0.484	110	111	98	79	152	117	201	129

续表

城市	宜居竞争力		优质的教育环境	健康的医疗环境	安全的社会环境	绿色的生态环境	舒适的居住环境	便捷的基础设施	活跃的经济环境
	指数	排名	排名	排名	排名	排名	排名	排名	排名
乌海	0.479	111	214	177	211	238	12	28	46
嘉峪关	0.470	112	218	141	203	109	89	9	117
上饶	0.469	113	222	125	4	70	102	93	208
乌鲁木齐	0.468	114	30	3	229	241	289	193	175
兰州	0.467	115	14	13	207	163	227	284	204
洛阳	0.466	116	112	87	84	260	56	223	103
盐城	0.464	117	127	168	59	77	199	195	107
晋中	0.463	118	71	110	94	244	136	145	143
徐州	0.462	119	61	101	139	212	271	225	99
广元	0.462	120	257	83	58	32	51	24	256
西宁	0.459	121	33	1	198	185	229	280	237
唐山	0.455	122	91	47	105	275	185	251	74
聊城	0.454	123	109	193	24	284	180	88	66
常德	0.454	124	118	134	12	81	32	185	215
延安	0.453	125	143	172	202	63	142	214	60
石嘴山	0.452	126	132	204	77	218	28	56	171
淄博	0.450	127	69	133	92	277	176	227	44
济宁	0.448	128	78	90	124	272	130	270	50
辽源	0.448	129	177	246	121	191	203	48	81
池州	0.446	130	219	211	212	66	50	11	133
江门	0.446	131	156	71	271	52	244	241	45
榆林	0.445	132	244	84	175	145	106	182	58
秦皇岛	0.443	133	50	135	176	148	215	243	120
通化	0.443	134	183	234	88	172	214	122	57
三亚	0.439	135	190	174	192	2	286	144	89
连云港	0.438	136	124	123	26	155	171	256	124
丹东	0.438	137	133	74	181	133	134	75	191
柳州	0.435	138	75	44	274	113	221	254	104
临汾	0.434	139	77	103	32	243	33	208	200

续表

城市	宜居竞争力		优质的教育环境	健康的医疗环境	安全的社会环境	绿色的生态环境	舒适的居住环境	便捷的基础设施	活跃的经济环境
	指数	排名	排名	排名	排名	排名	排名	排名	排名
抚顺	0.430	140	79	85	148	184	205	152	155
资阳	0.428	141	275	249	95	35	100	55	138
松原	0.428	142	187	223	120	101	269	128	65
玉林	0.425	143	182	232	248	37	27	109	113
赣州	0.424	144	74	81	16	82	222	261	214
防城港	0.421	145	263	251	234	78	5	13	114
台州	0.421	146	216	186	286	50	125	140	29
德阳	0.420	147	163	153	69	108	110	255	97
衡阳	0.414	148	95	57	56	196	122	285	166
韶关	0.411	149	158	112	275	65	9	281	86
十堰	0.410	150	107	33	109	94	279	85	266
梅州	0.407	151	180	240	129	72	60	31	205
宣城	0.404	152	196	262	86	107	247	14	145
新乡	0.401	153	81	66	29	279	118	217	176
湛江	0.401	154	145	79	109	9	278	286	159
铜川	0.394	155	221	214	259	206	2	40	106
肇庆	0.394	156	161	241	117	60	66	235	123
宜春	0.393	157	155	226	10	126	25	206	201
自贡	0.393	158	210	62	130	249	178	66	179
焦作	0.387	159	80	95	155	276	39	96	185
泸州	0.385	160	146	178	103	220	163	118	144
丽江	0.381	161	245	272	149	10	144	16	192
汉中	0.381	162	204	99	123	168	147	129	165
黄冈	0.380	163	147	190	34	156	29	49	271
遂宁	0.378	164	242	183	40	83	153	41	212
白城	0.374	165	254	252	63	224	45	111	98
张掖	0.371	166	101	185	11	209	154	51	274
荆门	0.371	167	141	150	111	242	121	18	216
百色	0.366	168	194	105	249	183	44	53	186

续表

城市	宜居竞争力		优质的教育环境	健康的医疗环境	安全的社会环境	绿色的生态环境	舒适的居住环境	便捷的基础设施	活跃的经济环境
	指数	排名	排名	排名	排名	排名	排名	排名	排名
黑河	0.365	169	253	189	3	103	156	47	259
朔州	0.365	170	202	254	178	199	70	22	142
石家庄	0.365	171	44	37	245	274	218	276	137
日照	0.364	172	215	265	132	219	143	76	95
开封	0.358	173	65	78	131	264	192	113	238
晋城	0.358	174	209	94	75	234	86	168	172
北海	0.355	175	261	179	283	25	54	80	135
襄阳	0.352	176	117	56	122	250	182	117	227
营口	0.348	177	212	163	152	159	235	171	83
汕头	0.345	178	51	131	267	30	275	277	164
固原	0.344	179	149	271	33	147	74	68	253
承德	0.343	180	232	96	23	135	126	124	261
枣庄	0.341	181	168	202	208	273	88	91	80
黄石	0.341	182	102	156	169	268	87	17	218
鹤壁	0.325	183	199	248	97	265	13	25	202
通辽	0.324	184	87	176	146	227	230	104	189
郴州	0.324	185	228	169	49	91	133	211	184
乐山	0.323	186	200	149	126	208	254	102	146
阜新	0.321	187	64	89	114	210	263	174	251
梧州	0.319	188	246	221	190	28	43	203	157
莱芜	0.318	189	191	243	217	282	195	26	61
廊坊	0.317	190	169	111	143	266	282	249	62
咸阳	0.317	191	192	159	151	217	101	287	70
绥化	0.314	192	176	285	14	43	266	64	265
来宾	0.314	193	268	269	281	189	1	29	126
安康	0.312	194	241	198	288	87	48	59	150
赤峰	0.312	195	110	151	81	149	272	199	194
淮南	0.311	196	135	247	184	205	249	101	130
阜阳	0.308	197	197	237	80	127	236	77	199

续表

城市	宜居竞争力		优质的教育环境	健康的医疗环境	安全的社会环境	绿色的生态环境	舒适的居住环境	便捷的基础设施	活跃的经济环境
	指数	排名	排名	排名	排名	排名	排名	排名	排名
云浮	0.307	198	266	235	118	99	82	72	207
平顶山	0.307	199	189	93	46	283	115	194	152
乌兰察布	0.306	200	259	275	51	166	72	54	206
钦州	0.305	201	258	122	251	61	116	200	139
天水	0.304	202	237	128	9	45	243	130	278
遵义	0.304	203	82	70	268	154	63	219	235
曲靖	0.302	204	175	274	228	106	76	189	112
六安	0.298	205	178	236	41	132	277	127	196
宜宾	0.296	206	213	115	171	235	131	197	147
大同	0.294	207	203	53	113	150	232	230	217
安阳	0.292	208	142	104	214	288	10	160	134
巴彦淖尔	0.292	209	186	200	177	186	260	5	211
辽阳	0.289	210	235	132	187	229	248	89	136
南充	0.284	211	106	118	83	97	265	260	232
葫芦岛	0.284	212	236	143	216	231	83	166	115
双鸭山	0.280	213	282	145	6	121	220	43	275
荆州	0.279	214	98	120	126	251	162	108	268
庆阳	0.278	215	229	225	85	34	253	125	230
濮阳	0.274	216	248	69	66	258	196	183	187
广安	0.273	217	255	279	153	167	107	58	173
滁州	0.271	218	225	224	72	173	231	179	153
鸡西	0.271	219	165	82	158	57	276	123	281
内江	0.270	220	252	108	112	246	151	132	198
岳阳	0.270	221	211	210	61	139	68	155	231
咸宁	0.262	222	157	173	133	164	219	39	273
鄂州	0.258	223	160	166	225	262	139	19	210
平凉	0.257	224	207	158	73	215	181	38	272
河池	0.255	225	262	216	53	175	111	112	223
孝感	0.249	226	179	219	101	269	183	44	225

城市	宜居竞争力		优质的教育环境	健康的医疗环境	安全的社会环境	绿色的生态环境	舒适的居住环境	便捷的基础设施	活跃的经济环境
	指数	排名	排名	排名	排名	排名	排名	排名	排名
清远	0.245	227	277	205	50	55	177	265	183
沧州	0.244	228	249	55	98	211	267	273	169
运城	0.244	229	159	130	100	270	47	173	229
渭南	0.243	230	243	213	167	263	46	205	116
漯河	0.242	231	256	180	21	255	224	115	195
亳州	0.242	232	289	289	191	158	167	15	149
铁岭	0.241	233	250	107	64	194	202	177	226
怀化	0.240	234	206	140	57	169	64	215	263
德州	0.237	235	173	263	52	286	112	231	105
伊春	0.236	236	230	231	182	84	194	4	283
普洱	0.232	237	251	278	174	16	187	78	239
益阳	0.231	238	201	201	5	171	128	218	276
信阳	0.224	239	125	287	42	222	188	133	244
贵港	0.222	240	274	245	254	130	98	63	190
阳江	0.219	241	273	218	289	51	264	30	168
商丘	0.218	242	151	273	54	248	91	198	220
邵阳	0.217	243	181	212	91	128	175	167	264
保山	0.215	244	260	270	213	110	237	62	182
忻州	0.215	245	138	170	196	252	95	92	249
宿州	0.211	246	238	280	235	207	201	37	161
南阳	0.205	247	195	217	106	261	137	233	174
吕梁	0.201	248	198	116	156	202	207	159	248
眉山	0.200	249	287	256	125	193	165	116	167
安顺	0.197	250	226	206	180	112	160	120	252
巴中	0.197	251	285	253	68	22	114	207	255
汕尾	0.196	252	288	288	276	17	132	21	219
保定	0.190	253	89	63	163	287	170	245	228
白银	0.188	254	167	261	47	190	242	73	288
吴忠	0.187	255	233	257	197	204	90	69	234

续表

城市	宜居竞争力		优质的教育环境	健康的医疗环境	安全的社会环境	绿色的生态环境	舒适的居住环境	便捷的基础设施	活跃的经济环境
	指数	排名	排名	排名	排名	排名	排名	排名	排名
贺州	0.185	256	267	268	277	68	14	192	177
随州	0.185	257	223	264	168	162	113	105	236
三门峡	0.184	258	234	229	150	271	103	79	213
娄底	0.182	259	185	227	144	73	146	178	277
张家口	0.181	260	166	195	76	86	281	264	233
临沧	0.181	261	205	276	282	69	150	35	254
中卫	0.181	262	184	277	195	188	184	71	241
商洛	0.178	263	280	259	287	165	20	67	193
定西	0.177	264	240	255	7	117	262	134	284
揭阳	0.177	265	271	139	257	49	179	220	203
驻马店	0.169	266	220	267	138	239	69	114	242
朝阳	0.169	267	247	187	70	181	211	147	260
鹤岗	0.168	268	140	167	204	141	284	42	289
陇南	0.168	269	227	286	18	140	189	135	280
武威	0.167	270	284	239	8	203	285	65	270
永州	0.160	271	162	199	164	144	71	204	286
崇左	0.157	272	264	282	266	40	58	224	188
张家界	0.155	273	231	250	140	195	41	110	279
七台河	0.152	274	270	102	218	200	251	60	269
潮州	0.151	275	224	284	278	47	208	100	222
河源	0.147	276	286	281	236	29	268	33	245
许昌	0.144	277	208	260	154	259	191	190	178
邯郸	0.133	278	139	59	219	280	239	202	243
达州	0.120	279	283	127	99	223	197	229	247
菏泽	0.109	280	269	258	102	281	73	188	181
铜仁	0.099	281	281	215	238	114	145	131	262
周口	0.092	282	217	233	44	237	216	196	285
宿迁	0.079	283	239	266	250	137	168	181	224
昭通	0.077	284	276	283	185	89	225	136	250

续表

城市	宜居竞争力		优质的教育环境	健康的医疗环境	安全的社会环境	绿色的生态环境	舒适的居住环境	便捷的基础设施	活跃的经济环境
	指数	排名	排名	排名	排名	排名	排名	排名	排名
茂名	0.075	285	279	222	224	33	245	278	221
六盘水	0.047	286	272	196	272	201	173	137	257
毕节	0.043	287	278	182	264	146	261	138	258
衡水	0.039	288	193	197	223	285	61	97	287
邢台	0.000	289	265	188	47	289	78	222	282

三　2016 年中国 289 个城市可持续竞争力（见表 1—3）

表 1—3　　　　2016 年中国 289 个城市可持续竞争力

城市	可持续竞争力		知识城市竞争力	和谐城市竞争力	生态城市竞争力	文化城市竞争力	全域城市竞争力	信息城市竞争力
	指数	排名	排名	排名	排名	排名	排名	排名
香港	1.000	1	4	17	2	8	2	1
北京	0.989	2	1	56	16	1	5	4
上海	0.922	3	2	122	6	9	3	2
深圳	0.818	4	3	76	7	43	6	6
广州	0.770	5	9	164	8	12	10	5
杭州	0.738	6	8	18	67	3	11	13
南京	0.729	7	6	128	25	6	8	30
澳门	0.706	8	15	233	182	4	4	3
青岛	0.682	9	14	52	4	20	24	22
大连	0.681	10	19	6	1	72	15	25
武汉	0.677	11	13	95	75	2	28	24
宁波	0.663	12	24	19	91	7	16	12
成都	0.656	13	11	180	26	21	34	8

续表

城市	可持续竞争力		知识城市竞争力	和谐城市竞争力	生态城市竞争力	文化城市竞争力	全域城市竞争力	信息城市竞争力
	指数	排名	排名	排名	排名	排名	排名	排名
无锡	0.645	14	23	11	32	28	9	41
厦门	0.645	15	20	57	9	58	33	7
苏州	0.644	16	12	46	59	45	7	29
西安	0.630	17	10	202	58	5	36	26
天津	0.611	18	5	172	85	31	22	33
烟台	0.606	19	53	3	20	35	29	49
重庆	0.604	20	7	176	128	19	31	19
舟山	0.587	21	76	5	19	57	13	28
济南	0.581	22	18	80	63	11	35	58
南昌	0.581	23	29	10	27	24	71	60
珠海	0.578	24	91	232	13	17	14	9
沈阳	0.571	25	27	131	54	14	17	79
长沙	0.564	26	17	209	28	23	18	89
郑州	0.563	27	21	31	153	18	51	31
绍兴	0.562	28	75	40	133	13	23	14
东莞	0.554	29	65	136	108	105	1	15
福州	0.548	30	32	102	79	15	65	37
长春	0.541	31	22	103	22	55	43	63
合肥	0.538	32	16	84	24	56	80	68
常州	0.533	33	40	25	114	52	21	45
昆明	0.533	34	26	174	56	30	83	21
哈尔滨	0.523	35	35	50	90	10	67	134
嘉兴	0.517	36	97	81	150	27	12	18
温州	0.508	37	50	211	23	62	27	39
银川	0.503	38	44	153	42	16	75	101
金华	0.500	39	41	189	122	38	58	16
呼和浩特	0.495	40	43	109	15	42	78	164
镇江	0.489	41	38	154	45	68	26	83
海口	0.488	42	39	208	51	36	163	40

城市	可持续竞争力		知识城市竞争力	和谐城市竞争力	生态城市竞争力	文化城市竞争力	全域城市竞争力	信息城市竞争力
	指数	排名	排名	排名	排名	排名	排名	排名
秦皇岛	0.484	43	52	55	100	39	85	74
扬州	0.482	44	30	113	84	46	57	88
中山	0.471	45	152	123	175	22	25	17
佛山	0.468	46	87	231	187	37	20	10
惠州	0.467	47	79	85	50	112	38	20
泉州	0.465	48	46	237	37	49	69	53
东营	0.464	49	193	34	17	90	48	50
南通	0.461	50	31	159	64	95	40	59
威海	0.461	51	162	35	18	132	32	44
太原	0.461	52	34	260	181	26	39	27
南宁	0.460	53	36	236	12	82	92	82
湖州	0.459	54	94	132	129	70	19	35
宜昌	0.458	55	55	29	49	50	135	151
潍坊	0.456	56	102	158	101	67	63	11
景德镇	0.451	57	81	71	70	29	77	142
黄山	0.446	58	150	118	5	54	93	117
淄博	0.442	59	69	105	152	41	49	98
乌鲁木齐	0.441	60	42	210	77	115	53	34
大庆	0.440	61	48	169	21	100	45	157
兰州	0.432	62	28	115	185	48	153	97
芜湖	0.421	63	37	74	94	160	55	86
九江	0.420	64	139	7	61	103	73	106
贵阳	0.417	65	33	204	148	111	81	36
桂林	0.416	66	47	225	89	25	120	175
洛阳	0.414	67	56	77	212	40	164	96
徐州	0.407	68	25	183	98	88	100	156
承德	0.399	69	142	27	60	32	197	252
株洲	0.398	70	77	12	72	173	56	126
漳州	0.397	71	108	194	93	87	61	55

城市	可持续竞争力		知识城市竞争力	和谐城市竞争力	生态城市竞争力	文化城市竞争力	全域城市竞争力	信息城市竞争力
	指数	排名	排名	排名	排名	排名	排名	排名
牡丹江	0.396	72	135	20	38	162	140	66
三亚	0.388	73	168	39	97	59	144	121
安庆	0.387	74	117	42	33	102	149	181
十堰	0.386	75	103	186	14	66	261	194
佳木斯	0.382	76	119	72	11	195	218	94
咸阳	0.382	77	125	197	53	84	206	54
丽水	0.381	78	104	121	142	77	143	73
锦州	0.381	79	82	70	157	106	72	100
廊坊	0.380	80	120	138	110	137	125	32
台州	0.379	81	156	245	104	65	42	48
绵阳	0.377	82	60	165	102	175	123	43
赣州	0.375	83	73	47	87	124	238	129
鞍山	0.374	84	93	62	205	89	50	112
泰安	0.374	85	59	116	149	79	131	160
延安	0.373	86	122	89	68	33	240	267
保定	0.373	87	49	200	147	80	105	136
晋城	0.369	88	208	21	160	44	148	159
抚顺	0.367	89	113	4	202	123	82	139
吉林	0.366	90	71	107	96	96	96	203
开封	0.365	91	57	91	172	63	129	211
齐齐哈尔	0.362	92	114	37	35	127	186	214
柳州	0.361	93	85	205	76	81	165	125
衢州	0.359	94	147	139	225	53	111	62
济宁	0.358	95	66	182	109	140	37	168
盐城	0.358	96	90	219	30	136	79	138
铜陵	0.357	97	159	98	117	172	74	46
鄂尔多斯	0.357	98	226	73	3	116	156	256
石家庄	0.354	99	45	270	169	74	119	72
肇庆	0.354	100	124	229	74	92	52	114

城市	可持续竞争力		知识城市竞争力	和谐城市竞争力	生态城市竞争力	文化城市竞争力	全域城市竞争力	信息城市竞争力
	指数	排名	排名	排名	排名	排名	排名	排名
常德	0.354	101	111	43	36	139	179	216
伊春	0.353	102	274	33	69	147	157	64
阜新	0.351	103	63	1	236	143	170	185
吉安	0.348	104	126	135	112	97	183	116
马鞍山	0.346	105	74	30	162	227	95	75
黄冈	0.346	106	127	59	57	121	102	225
湘潭	0.344	107	54	61	177	210	54	120
本溪	0.342	108	190	66	173	150	62	56
南阳	0.341	109	121	173	82	61	176	215
呼伦贝尔	0.339	110	223	143	105	78	122	130
泰州	0.338	111	138	149	168	120	68	92
滨州	0.338	112	140	87	116	177	84	91
蚌埠	0.337	113	64	127	71	203	141	146
德阳	0.335	114	107	26	111	239	126	81
西宁	0.334	115	51	217	232	75	128	132
连云港	0.333	116	129	181	43	181	127	93
丹东	0.330	117	188	49	195	130	97	76
北海	0.329	118	207	278	31	73	207	84
酒泉	0.328	119	246	22	40	129	107	261
包头	0.326	120	72	93	206	128	64	191
江门	0.326	121	110	218	95	245	46	38
长治	0.325	122	163	2	250	113	134	173
抚州	0.324	123	86	140	144	118	205	167
宝鸡	0.323	124	171	101	83	85	242	218
岳阳	0.322	125	143	28	52	164	154	247
营口	0.321	126	198	15	198	208	66	70
衡阳	0.320	127	68	45	141	212	90	199
新乡	0.320	128	62	67	140	207	172	172
上饶	0.319	129	204	44	46	204	104	154

续表

城市	可持续竞争力		知识城市竞争力	和谐城市竞争力	生态城市竞争力	文化城市竞争力	全域城市竞争力	信息城市竞争力
	指数	排名	排名	排名	排名	排名	排名	排名
焦作	0.319	130	61	83	190	191	112	140
宣城	0.317	131	252	184	99	93	169	111
唐山	0.317	132	83	150	244	107	91	110
襄阳	0.316	133	106	92	136	109	189	219
克拉玛依	0.316	134	210	145	121	213	30	90
盘锦	0.314	135	225	53	124	183	44	152
黄石	0.312	136	133	54	242	138	88	95
德州	0.312	137	149	144	119	144	86	165
临沂	0.312	138	92	152	156	168	155	113
滁州	0.312	139	148	64	47	247	94	128
汕头	0.311	140	58	238	217	184	60	61
日照	0.308	141	239	126	218	122	121	52
鹰潭	0.306	142	265	14	81	261	114	69
丽江	0.306	143	236	213	88	51	188	226
湛江	0.305	144	88	243	41	200	161	109
双鸭山	0.305	145	287	13	106	201	174	122
三明	0.305	146	154	162	86	189	101	123
鸡西	0.305	147	194	32	134	182	199	127
随州	0.304	148	275	198	10	228	115	124
淮安	0.302	149	132	234	179	71	108	149
许昌	0.300	150	172	129	66	206	106	148
龙岩	0.299	151	183	196	115	142	133	115
三门峡	0.299	152	243	41	194	174	130	78
嘉峪关	0.298	153	219	96	223	197	47	51
荆州	0.298	154	78	99	207	148	215	163
聊城	0.295	155	100	146	245	117	136	135
郴州	0.295	156	177	24	125	231	158	137
黑河	0.294	157	192	16	252	179	195	65
莆田	0.289	158	185	271	145	165	113	23

续表

城市	可持续竞争力		知识城市竞争力	和谐城市竞争力	生态城市竞争力	文化城市竞争力	全域城市竞争力	信息城市竞争力
	指数	排名	排名	排名	排名	排名	排名	排名
宁德	0.288	159	191	199	154	154	167	77
自贡	0.288	160	116	224	123	133	162	178
汉中	0.288	161	145	214	103	60	267	276
邯郸	0.284	162	101	262	183	86	110	177
南平	0.283	163	176	168	178	131	159	118
张掖	0.282	164	131	23	276	64	245	266
大同	0.282	165	153	187	274	34	227	205
新余	0.281	166	178	78	211	193	109	104
安阳	0.280	167	137	155	286	47	178	170
金昌	0.279	168	240	36	229	220	98	57
咸宁	0.278	169	166	137	44	214	219	198
临汾	0.278	170	96	60	268	114	231	196
信阳	0.277	171	95	192	92	153	258	248
沧州	0.276	172	205	134	107	185	116	192
宜春	0.274	173	174	75	214	126	210	189
潮州	0.274	174	144	274	228	76	192	71
乐山	0.274	175	112	215	231	99	228	150
通化	0.269	176	175	79	135	205	137	195
庆阳	0.265	177	199	119	48	156	282	277
韶关	0.262	178	146	249	132	180	190	99
晋中	0.262	179	80	222	275	110	151	147
六安	0.260	180	184	226	126	104	256	209
玉溪	0.260	181	155	220	209	101	173	180
萍乡	0.260	182	216	8	281	163	124	144
梧州	0.259	183	196	251	39	192	232	145
辽阳	0.259	184	276	69	176	217	59	166
池州	0.253	185	206	203	220	94	211	179
怀化	0.253	186	189	63	120	176	244	281
邵阳	0.252	187	160	51	65	256	171	241

续表

城市	可持续竞争力		知识城市竞争力	和谐城市竞争力	生态城市竞争力	文化城市竞争力	全域城市竞争力	信息城市竞争力
	指数	排名	排名	排名	排名	排名	排名	排名
清远	0.251	188	214	148	237	216	191	47
乌海	0.251	189	213	110	240	135	41	245
张家界	0.244	190	272	125	164	119	285	239
白山	0.243	191	248	9	186	235	168	206
攀枝花	0.242	192	118	104	254	199	89	204
濮阳	0.242	193	235	65	191	169	234	212
广元	0.242	194	224	141	234	108	262	193
天水	0.240	195	169	117	203	149	281	222
榆林	0.238	196	218	114	239	91	193	272
益阳	0.236	197	158	48	167	229	217	237
孝感	0.236	198	130	195	243	152	230	161
鹤壁	0.233	199	264	88	235	161	132	202
普洱	0.233	200	263	191	62	221	221	190
武威	0.232	201	244	82	259	69	268	282
荆门	0.229	202	209	161	210	171	138	201
阜阳	0.228	203	123	230	197	215	279	108
淮北	0.226	204	99	94	188	274	181	184
淮南	0.223	205	70	100	271	246	175	188
梅州	0.223	206	134	255	261	125	196	133
南充	0.223	207	89	241	113	225	250	232
四平	0.222	208	84	178	151	249	200	246
娄底	0.221	209	181	111	73	283	209	162
邢台	0.221	210	242	157	219	196	145	171
吴忠	0.220	211	277	156	155	178	226	236
张家口	0.220	212	167	221	204	145	152	242
衡水	0.219	213	230	268	170	159	239	103
巴彦淖尔	0.219	214	220	160	189	251	70	153
雅安	0.217	215	67	163	196	263	241	224
河源	0.215	216	247	247	131	248	139	87

续表

城市	可持续竞争力		知识城市竞争力	和谐城市竞争力	生态城市竞争力	文化城市竞争力	全域城市竞争力	信息城市竞争力
	指数	排名	排名	排名	排名	排名	排名	排名
驻马店	0.214	217	151	179	171	190	254	259
漯河	0.214	218	261	124	201	202	187	210
泸州	0.214	219	128	235	166	167	198	269
宜宾	0.213	220	161	242	208	141	224	220
乌兰察布	0.213	221	173	185	165	211	99	275
平顶山	0.210	222	164	38	279	198	185	233
赤峰	0.210	223	157	170	139	253	166	228
菏泽	0.207	224	211	216	246	146	213	176
绥化	0.206	225	180	112	159	259	76	268
遂宁	0.206	226	268	177	29	278	222	217
辽源	0.206	227	255	106	137	257	118	229
防城港	0.206	228	253	188	230	243	247	67
吕梁	0.205	229	221	207	249	134	204	200
商丘	0.204	230	105	175	260	158	263	270
运城	0.204	231	179	259	285	83	251	143
莱芜	0.202	232	233	130	221	281	87	85
宿迁	0.201	233	215	275	34	267	212	141
松原	0.200	234	280	212	80	223	142	274
阳泉	0.199	235	231	133	277	188	146	187
石嘴山	0.198	236	259	147	224	242	147	155
朝阳	0.197	237	256	58	251	244	177	169
永州	0.192	238	141	120	158	268	249	255
铁岭	0.190	239	288	206	163	254	103	174
周口	0.187	240	202	193	78	270	259	243
白城	0.186	241	186	142	146	258	273	250
枣庄	0.186	242	200	265	174	218	117	183
资阳	0.185	243	228	253	55	252	243	208
渭南	0.181	244	201	227	238	157	223	249
鹤岗	0.180	245	271	108	215	232	235	244

城市	可持续竞争力		知识城市竞争力	和谐城市竞争力	生态城市竞争力	文化城市竞争力	全域城市竞争力	信息城市竞争力
	指数	排名	排名	排名	排名	排名	排名	排名
遵义	0.180	246	98	283	199	166	233	273
通辽	0.176	247	109	171	264	219	180	278
玉林	0.173	248	115	282	127	234	246	253
七台河	0.171	249	258	97	222	238	202	262
安康	0.170	250	182	280	138	170	278	279
铜川	0.169	251	250	269	272	98	184	223
云浮	0.167	252	254	246	265	260	201	42
陇南	0.166	253	286	86	184	224	289	287
定西	0.164	254	283	90	143	262	284	284
崇左	0.163	255	238	248	118	289	252	80
忻州	0.162	256	136	240	283	151	272	234
中卫	0.160	257	284	167	256	209	255	227
巴中	0.158	258	279	257	161	194	271	258
固原	0.158	259	203	166	247	186	280	288
鄂州	0.157	260	262	190	278	240	150	158
揭阳	0.155	261	241	286	130	277	194	105
汕尾	0.154	262	281	281	226	233	229	102
亳州	0.150	263	257	239	192	222	277	240
白银	0.149	264	267	68	263	279	216	182
葫芦岛	0.149	265	270	201	255	269	203	131
百色	0.145	266	165	244	193	264	283	207
阳江	0.133	267	245	276	216	273	160	119
朔州	0.131	268	269	261	273	155	214	265
平凉	0.129	269	278	151	269	226	265	283
商洛	0.129	270	237	287	200	187	286	257
宿州	0.128	271	217	250	233	236	264	238
茂名	0.121	272	187	285	180	271	182	221
钦州	0.117	273	195	288	213	280	257	107
河池	0.115	274	227	228	280	250	274	197

续表

城市	可持续竞争力		知识城市竞争力	和谐城市竞争力	生态城市竞争力	文化城市竞争力	全域城市竞争力	信息城市竞争力
	指数	排名	排名	排名	排名	排名	排名	排名
广安	0.114	275	260	252	284	230	237	186
曲靖	0.095	276	197	284	258	241	225	254
眉山	0.091	277	251	254	253	276	220	213
内江	0.085	278	170	263	262	275	236	263
贺州	0.084	279	234	266	266	255	270	230
达州	0.080	280	232	264	248	265	253	264
铜仁	0.075	281	229	273	270	237	260	285
保山	0.065	282	282	256	227	286	276	251
安顺	0.054	283	212	223	289	266	275	280
临沧	0.053	284	285	277	241	285	266	235
贵港	0.035	285	273	267	267	288	248	260
六盘水	0.032	286	249	258	288	284	208	231
来宾	0.027	287	266	279	287	272	269	271
昭通	0.014	288	289	272	257	287	288	289
毕节	0.000	289	222	289	282	282	287	286

第二章　中国城市竞争力2016年度综述

——从城市看中国：格局演化、转型升级与持久繁荣

倪鹏飞　丁如曦　沈　立

当今时代，全球城市化正在加速推进，世界超过一半人口聚居在城市里。城市作为人类集中从事经济、社会、文化、政治活动的空间载体，已经成为科技创新的动源、经济增长的引擎、文化发展的平台、权利决策的中心。在全球化突飞猛进、信息化日新月异的背景下，城市日益变得重要。城市的发展以及城市间有机联系已经成为一国经济社会发展的重要支撑。从城市维度立体化、动态式审视一个国家尤其是大国的经济社会发展格局与趋势意义重大。

中国是一个疆域辽阔、人口众多、地区差异明显的发展中大国，正处在人类历史上最大规模的城镇化进程快速推进阶段。2011年，中国常住人口城镇化率首次突破50%，达到51.27%，城乡人口结构发生逆转，标志着中国迈向城市时代。与此同时，经历改革开放三十多年的高速增长后，中国经济增速开始放缓，正步入中高速增长的新常态阶段，面临增长速度换档期、结构调整阵痛期、前期刺激政策消化期三期叠加带来的多重机遇与挑战，地区和城市间由于发展不同步而显现出的分化、固化与强化趋势复杂并存。在此背景下，中国的经济社会发展在空间维度和时间维度上将出现一些新特征。一方面，中国城市体系演进与变迁将对中国经济空间格局产生重塑影响；另一方面，城市的经济增长及转型将决定中国宏观经济增长节奏与转型步伐，进而影响中国经济社会的发展格局与进程。

一　城市视角下的中国空间经济：以东中一体和城市群体系为支撑的经济空间新格局更加明晰

空间是人类从事经济社会活动的载体，城市是人们集中从事经济社会活动的重要空间单元与平台，经济客体在空间中的相互关系和布局结构便构成了空间经济。从城市维度审视经济空间格局演变既抓住了重点又意义重大。基于课题组前期的研究及判断，中国将逐渐形成以多中心网群化城市群体系为支撑的"一网五带"巨手型城市中国经济空间新格局。其中，东部地区及其近邻的中部地区构成的区域，北至京呼线、东南临海、西抵东经110°经线附近山区绵延带的网络状城市体系，将聚合成"一网"。随着快速交通网络体系建设和区域经济的发展，东中部城市联结在一起形成多中心集群化的城市网络，并成为城市中国经济空间的中心区域；东北和西部作为成长区域，随着域内中心城市的崛起，以及域内成长型城市群和潜在型城市群的不断发展壮大，将延伸出五大城市发展带（简称"五带"）。一是东北沿京哈线城市发展带，以京哈线为发展主轴，沈阳、大连、长春、哈尔滨为中心城市，依托辽中南城市群和哈长城市群。二是西北沿陇海—兰新线城市发展带，以陇海—兰新线为西北地区的发展主轴，联动关中城市群、兰西城市群、宁夏沿黄河城市群、天山北坡城市群，构筑丝绸之路经济带的核心区。三是西线沿长江上游城市发展带，依托成渝双核横跨四川盆地，向西沿陆桥通道直抵拉萨，形成长江经济带的延长线。四是西南沿沪昆线西段城市发展带，依托湘黔铁路和贵昆铁路由湖南延伸至云贵地区，联动贵阳、昆明两大区域中心城市，通过东中部发达的城市网络体系辐射带动黔中城市群和滇中城市群。五是南线沿南城市发展带，从海上丝绸之路的东段起点，以海峡西岸城市群、珠三角城市群带动北部湾城市群和琼海城市群。

结合中国地级及以上城市的统计数据，以及对各个城市2015年、2016年国民经济与社会发展统计公报数据的搜集整理，从城市的视角对中国经济空间的系统审视发现：随着先行发达地区要素空间集聚扩散效应的释放，以及快速交通建设带来的显著时空压缩影响，中国的城市体系和经济空间正在发生不同于以往任何历史阶段的重塑性改变。无论从城市 GDP 分布还是人口规模变动来看，东中一体、多中心网群化城市群体系为支撑的经济空间新格局愈加明晰。

（一）GDP 空间分布及演变：东中一体与"一网五带"新格局凸现

1. 中心城市的经济集聚引领作用进一步增强，前 20% 的地级及以上城市集聚全国近 3/5 的财富

从全国总体来看，2012 年后中国经济进入中高速增长的新常态阶段，经济增速在近年来持续收窄，但收窄幅度逐渐变小，国内生产总值总体上保持稳中有进的势头。2015 年，中国国内生产总值为 68.9 万亿元，同比增长 6.9%。2016 年，国内生产总值增加至 74.4 万亿元，增长 6.7%。从空间分布上看，中国不同地区和城市的 GDP 规模存在较大差异。以数据相对完备的 2015 年为例，GDP 高值主要分布在长三角、珠三角、京津冀等东部地区和城市，以及东北、中部、西部的核心城市及周边地带（见图 2—1）。

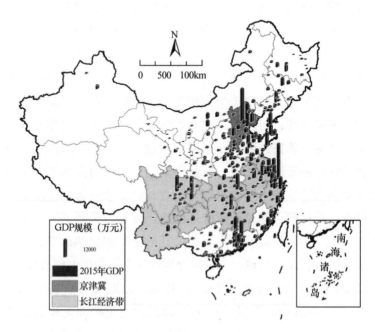

图 2—1　2015 年中国地级及以上城市 GDP 规模分布
资料来源：根据各城市统计公报数据整理绘制。

在中国经济规模持续扩大过程中，涌现出许多富可敌国的大城市。截至2016年，全国共有12个城市GDP超过1万亿元，分别是上海、北京、广州、深圳、天津、重庆、苏州、成都、武汉、杭州、南京和青岛。其中，南京和青岛首次跻身万亿GDP城市行列，GDP规模分别达到10503.02万元和10011.29万元。从万亿GDP城市的空间分布看，有9个分布在东部地区，西部地区占据2席，中部地区有1席。而且东部地区的9个万亿GDP城市集中在长三角、珠三角和京津冀三大城市群。也就是说，除东北地区，其余三大地带皆已有经济规模过万亿的城市，而且中西部地区占据了全国12席位中的3席，且主要分布在长江经济带上，反映了内陆地区核心城市的经济集聚引领作用在不断增强。

比较来看，这12个城市间的GDP规模存在差异（见图2—2）。上海与北京的GDP规模遥遥领先，目前已突破2万亿元的水平；广州、深圳、天津、重庆、苏州GDP位于1.5万亿元—2万亿元之间，而且广州与深圳、天津与重庆GDP规模差别较小，存在广州被深圳赶超、天津被重庆赶超的可能。其余如成都、武汉、杭州、南京、青岛的GDP规模在1万亿元—1.2万亿元之间，且差距不大，呈现你追我赶之势。从横向和纵向比较来看，上海创造的GDP所占的全国比重维持在较高水平，2016年为3.69%，尽管与2014年相比，2015年和2016年该比重略微下降了0.03个百分点，但上海作为全国经济中心城市的地位不可撼动。此外，2016年北京和广州的GDP比重相比于2015年出现了一定的下降。天津、苏州的GDP比重在2015—2016年表现出连续下降的趋势。与之明显不同的是，中部地区的武汉、西部地区的重庆和成都的GDP全国比重呈现总体增大趋势。以上12个城市创造了全国大约1/4的财富，其GDP比重在近三年来都保持在26%以上。

进一步来看，2015年GDP规模排名全国前20的城市总共集中全国近36%的GDP，285个地级及以上城市的前20%（57个城市）集聚了全国大约61%的GDP（见表2—1），约占全国的3/5。不同地区城市GDP规模的进一步提升及其所占全国GDP比重的变动表明，中国经济空间在悄然发生变化，东部地区核心城市的经济集聚速度与前些年相比有所下降，中部和西部地区区域中心城市则在集聚中不断崛起，并在全国经济空间中的相对地位缓慢提升。

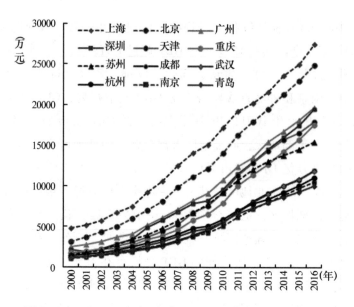

图2—2　2000—2016年12个万亿GDP城市GDP规模变动

资料来源：根据统计数据整理绘制。

表2—12015年285个地级及以上城市（前20%）所占的全国GDP比重

城市	GDP总和（亿元）	占全国的比重（%）
前10名城市	162055.28	23.95
前20名城市	242893.31	35.89
前30名城市	302027.44	44.63
前50名城市	386173.98	57.07
前20%城市（57个）	409914.70	60.57

资料来源：根据统计数据整理计算。

2. 中部地区凭借中心城市的有力支撑正不断崛起，东北地区由于中心城市支撑作用下降而出现持续下滑

在中心城市的支撑下，中国城市GDP的区域空间分布格局也在发生调整，主要表现为东部地区城市GDP的全国比重总体保持稳定、略微有所降低，中部地区城市则缓慢上升。从GDP在全国的比重变动来看（见图2—3），2000年以来东部地区（85个地级及以上城市）始终保持在53%以上的高比重上，但从2006年开始，该比重开始有所降

低，由 2005 年的 59.97% 下降到 2015 年的 55.78%。而中部地区（80
个地级及以上城市）则与此恰好相反，其 GDP 比重从 2007 年开始总体
保持增加趋势，由 18.89% 增加到 2015 年的 21.61%，提升了 2.72 个
百分点，表明中国中部地区在不断崛起。

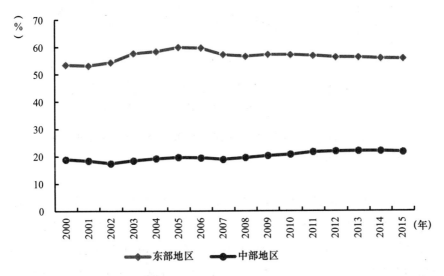

图 2—3　2000—2015 年东部地区和中部地区地级及以上城市 GDP 在
全国的比重变动

资料来源：根据统计数据整理计算。

　　进一步从中部地区 GDP 规模相对较大的各省区中心城市来看，除
山西的太原之外，江西的南昌、安徽的合肥、河南的郑州、湖北的武
汉、湖南的长沙等省会城市，近年来经济进入高速增长和经济规模加速
扩张的阶段，其 GDP 在全国的占比保持不断上升趋势，尤其是武汉、
长沙、合肥的 GDP 在全国的占比快速增加（见图 2—4）。这些区域中
心的快速发展壮大，有力地带动了中部地区的崛起，空间上近邻的中部
和东部地区在向一体化方向迈进。其主要原因在于：近年来以高速铁路
为骨架的大规模快速交通体系建设，正在不断拉近中部地区、城市与东
部沿海经济中心的时空距离，再加之东部沿海地区经济增长的扩散与溢
出效应的显现，中国的区域经济空间已然出现了突破传统四大地带区划
的东中部一体化倾向。

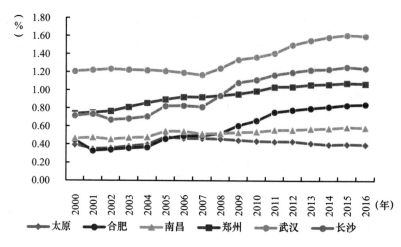

图2—4   2000—2016 年中部地区省会城市 GDP 在全国的比重变动
资料来源：根据统计数据整理计算。

与中部地区崛起明显不同的是，东北地区像沈阳、哈尔滨等中心城市GDP 增速在近年来显著减缓，其区域支撑作用下降，直接导致东北地区的经济下滑。东北地区 34 个地级及以上城市 GDP 在全国的占比由 2010 年的 10.28% 连续下滑至 2015 年的 8.61%。重振并发挥东北地区中心城市的区域支撑带动作用，对于扭转东北地区持续下滑形势意义重大。

3. "一网五带" 城市中国经济空间新格局进一步显现

基于课题组前期研究成果，我们重点划分出了全国大约 25 个城市群（包括成熟型、成长型、潜在型城市群，涵盖全国 177 个地级及以上城市），并将这些城市群归入 "一网五带" 总体空间架构内，通过其GDP 在全国的占比及变动来进一步观察中国经济空间的动态变化（见表 2—2），发现 "一网五带" 城市中国经济空间新格局进一步显现。

在涵盖长三角、珠三角、京津冀、海峡西岸等东部和中部地区城市群的东中部一体化多中心城市网络中，106 个地级及以上城市创造的GDP 所占全国的比重近年来保持在 63% 以上，东中部一体化城市网如"巨手"手掌一样成为中国经济空间的有力支撑。在 "五带" 中，东北沿京哈线城市发展带 GDP 比重在近年来有所降低，但仍然保持在 7%—8%，比重高于其他四带，表明东北地区城市经济下滑使其在全国的经济地位有所降低，但沿京哈线城市发展带依然是中国经济空间中的重要一极。在以成渝城市群为主体的西线沿长江上游城市发展带上，其 GDP 比重随着时间的推移持续增加，2015 年达到了 6.28%，有赶超东北沿京哈线城市发展带的可能。呈现了中国广袤西部地区经济空间出现分化性倾斜，部分优势区位出现局部隆起。西北沿陇—海兰新线城市发展带、西南沿沪昆线西段城市发展带、南线沿海城市发展带在全国的 GDP 比重尽管相对较小，但总体上呈现增加趋势。表明这些地带在中国经济空间中的相对地位也在缓慢提升。

表 2—2　"一网五带" 25 个城市群 177 个地级及以上城市 GDP 的
全国比重变动　　　　　　　　　　（单位：%）

一网五带	城市群	城市个数	2000年	2005年	2010年	2011年	2012年	2013年	2014年	2015年
东中部一体化多中心城市网	长三角城市群、珠三角城市群、京津冀城市群、中原城市群等	106	57.88	65.41	64.24	64.56	64.26	64.22	63.90	63.74
东北沿京哈线城市发展带	辽中南城市群、哈长城市群	24	8.73	8.53	8.82	9.01	8.97	8.87	8.05	7.51
西北沿陇 海—兰新线城市发展带	关中城市群、兰西城市群、宁夏沿黄河城市群等	16	2.17	2.37	2.60	2.71	2.79	2.89	2.92	2.87
西线沿长江上游城市发展带	成渝城市群	15	5.11	5.25	5.50	5.82	6.03	6.10	6.20	6.28
西南沿沪昆线西段城市发展带	黔中城市群、滇中城市群	6	1.67	1.58	1.50	1.54	1.65	1.75	1.80	1.85
南线沿海城市发展带	北部湾城市群、琼海城市群	10	1.79	1.89	1.91	1.97	2.00	2.05	2.11	2.10
合计	—	177	77.35	85.02	84.58	85.60	85.69	85.89	84.98	84.36

资料来源：根据统计数据整理计算。

（二）中国人口空间变化：中部地区、部分高行政等级城市人口流入增加

1. 城市人口增速在区域空间和城市行政级别层面上出现分化，部分城市人口负增长

从全国范围看，城市人口增速出现空间分化：内陆地区省会城市人

口增速加快，部分城市人口负增长。从 2010—2015 年间地级及以上城市常住人口的增量分布来看（见图 2—5），人口增量为正的城市多出现在东部和中西部地区，而东北地区绝大多数城市人口增量为负，表明人口外流形势严峻。进一步通过人口增量规模比较来看，增量较大的城市一般为行政级别较高的省会城市、副省级城市和直辖市，在图 2—5 中表现为其柱状条的城市人口增量一般要高于其他城市。

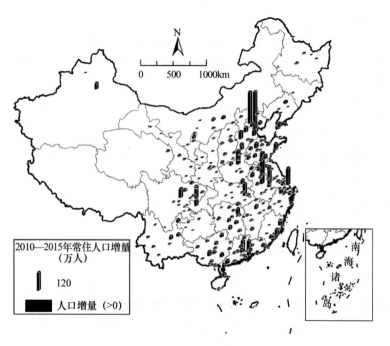

图 2—5　2010—2015 年地级及以上城市常住人口增量空间分布

资料来源：中国社会科学院城市与竞争力指数数据库。

注：图中仅显示增量为正的城市。

从各省区城市人口自然增长率来看，2015 年有 22 个城市人口为负增长，其中绝大多数城市位于东北地区，其中辽宁省有 7 个城市人口负增长，吉林省有 1 个城市人口负增长，黑龙江有 7 个城市人口负增长。江苏、山东、浙江、内蒙古、吉林各有 1 个城市人口负增长，分别是南通、烟台、舟山、乌兰察布和辽源。四川有 3 个城市人口负增长，分别是雅安、内江和乐山。尤其要强调的是，全国城市有 3 个人口自然增长率和 GDP 增长率双重为负值，即辽宁省的丹东和铁岭，黑龙江省的伊春。从长期来看，这些城市的人口衰退和经济衰退必将对其综合经济竞争力产生负面冲击。而作为一线城市的上海和北京，由于经营成本和生活成本的高企，中低端制造业不断外迁，近年来人口增速也将放缓，如上海规划到 2040 年常住人口为 2500 万左右，北京则规划到 2020 年将常住人口控制在 2300 万。京沪的功能疏解、严格的户籍制度以及对人口流向高度管制的政策，使得一线城市的发展空间受到限制，不少人口转移到周边地区城市购房。比如北京周边的河北省三河市燕郊镇从 2010 年的 29.2 万人快速增至 2015 年的约 75 万人，2011—2015 年间天津常住人口年均增加 51 万，较 2000—2010 年的年均 29 万人大幅增加。在上海，同样有不少人口转移到了周边的昆山、嘉兴等地。中部地区的省会城市如武汉、合肥、长沙等，其人口在经历了 2011—2013 年增速放缓之后，2014 年以后增速再度加快。此外，杭州、广州等省会城市的人口增速也非常快，与其经济高增长有密切关系，当前中国正在经历以省会城市人口快速增长为主要特征的大城市化过程。不过，也有少数省会城市的人口增速在不断下降，如乌鲁木齐及沈阳、哈尔滨等东北省会城市，表明这些城市的经济活力略显不足。

2. 人口流向发生部分逆转，中部地区人口流入规模增加

人口在城乡和区域间的流动转移不仅会深刻改变城市体系，还会重新塑造经济空间格局。改革开放以来，由于沿海地区的优先发展及其在就业、收入等方面形成的突出吸引力优势，造就了大量劳动力长期以来不断向沿海地区及核心城市集聚的人口迁流潮。近年来，随着东部沿海地区高房价、拥挤等形成的离心力的推动，以及内陆地区和城市相对经济地位的提升和就业居住吸引力的增加，人口持续向东部地区及其核心大城市集聚的趋势有所减弱，中国人口流向出现了部分逆转。中部地区城市常住人口在全国的比重有所增加，其 80 个地级及以上城市常住人口的全国占比由 2010 年的 25.57% 提升至 2015 年的 25.79%。

从"一网五带"常住人口的全国占比来看（见表 2—3），东中部多中心城市网中的 106 个地级及以上城市集聚了中国 40% 以上的常住人口，且该比重在 2015 年比 2014 年提高了 0.196 个百分点，且其主要贡献来自于中部地区像武汉城市群、长株潭城市群等常住人口规模的提

升。东北沿京哈线城市发展带 24 个城市的常住人口全国占比在 2010—2015 年间连续下降，表明东北地区人口外流明显，经济发展形势严峻。西北沿陇海—兰新线城市发展带常住人口规模在全国的占比相对稳定，维持在 3.2%—3.3% 的水平。在西线沿长江上游城市发展带和西南沿沪昆线西段城市发展带，常住人口规模在全国的比重则经历了由 2010—2011 年间缓慢下降到 2012—2015 年总体提高的弱 "U" 形变动趋势，表明其人口流向也在发生部分变动。

表 2—3 　　　　"一网五带"常住人口占全国人口的比重变动 　　（单位:%）

一网五带	城市个数	2010年	2011年	2012年	2013年	2014年	2015年
东中部一体化多中心城市网	106	42.418	42.838	42.928	43.031	43.018	43.214
东北沿京哈线城市发展带	24	6.347	6.337	6.304	6.263	6.155	6.091
西北沿陇海—兰新线城市发展带	16	3.277	3.281	3.275	3.272	3.271	3.273
西线沿长江上游城市发展带	15	6.734	6.729	6.725	6.726	6.724	6.742
西南沿沪昆线西段城市发展带	6	2.041	2.037	2.042	2.047	2.047	2.052
南线沿海城市发展带	10	2.396	2.411	2.423	2.432	2.438	2.444
合计	177	63.213	63.633	63.697	63.771	63.653	63.816

资料来源：根据统计数据整理计算。

重点从东中部地区看（见表 2—4），能更清晰地发现中国人口流向发生部分逆转、人口分布空间格局调整的证据。比如，长三角城市群常住人口的全国占比在 2013 年后微幅下降，而与其近邻的皖江淮城市群的常住人口比重则持续增加，表明沪苏浙皖地区的城市常住人口分布在发生调整。中部地区如武汉城市群、长株潭城市群和中原城市群常住人口的全国占比在 2012 年以来保持逐年提升趋势，表明中部地区城市群人口流入趋势明显。国家统计局发布的 2015 年农民工监测调查报告数据显示，在中部地区务工的农民工比例明显提高。从输入地看，2015 年在中部地区务工农民工比 2014 年增长了 3.2%，分别高出东部地区（0.4%）和西部地区（2%）2.8 和 1.2 个百分点。由人口数据反映的中国经济空间东中部一体化趋势在逐步显现。

表 2—4　　　　东中部地区城市群常住人口在全国的比重变动　　（单位:%）

城市群	城市数	2010 年	2011 年	2012 年	2013 年	2014 年	2015 年
长三角城市群	15	7.584	7.613	7.621	7.623	7.615	7.589
京津冀城市群	10	6.256	6.337	6.413	6.485	6.454	6.566
珠三角城市群	9	4.189	4.171	4.196	4.200	4.214	4.273
海峡西岸城市群	6	2.177	2.188	2.199	2.207	2.218	2.227
武汉城市群	6	1.991	2.005	2.005	2.007	2.008	2.022
山东半岛城市群	8	3.265	3.269	3.272	3.271	3.272	3.271
中原城市群	8	3.051	3.045	3.046	3.048	3.050	3.058
徐州城市群	8	3.510	3.503	3.495	3.496	3.499	3.504
长株潭城市群	8	3.108	3.107	3.110	3.117	3.120	3.127
皖江淮城市群	11	2.564	2.869	2.843	2.844	2.851	2.856
环鄱阳湖城市群	6	1.716	1.718	1.717	1.717	1.717	1.719
浙东城市群	3	1.285	1.281	1.276	1.276	1.258	1.259
太原城市群	5	1.165	1.168	1.166	1.167	1.166	1.166

资料来源：根据统计数据整理计算。

3. 东部成熟城市群多中心化显现，中西部城市群单核集聚进一步强化

人口流向的部分逆转正在悄然改变着区域和城市群的空间结构。从东部地区来看，人口流向的变动在东部地区集中体现为两个特点：一是东部发展比较成熟的城市群的核心城市人口增速放缓；二是周边次级中心城市人口集聚能力在逐步增强。东部城市群多中心城市体系逐步浮现。从长三角城市群来看（见图 2—6），核心城市上海的常住人口增速明显放缓，在 2015 年还出现了负增长。与之明显不同的是，杭州的常住人口增速则明显加快，2016 年达到 1.89%，领先于上海、南京、苏州等地。从常住人口占全国人口的比重来看，上海由 2014 年的 1.77%下降到 2016 年的 1.70%，杭州则由 2015 年的 0.65%提高到 0.66%。从京津冀城市群来看，北京和天津常住人口增速逐年收窄，石家庄人口增速基本保持平稳，在近邻北京的廊坊市，常住人口增速则呈现总体加速之势，廊坊市 2016 年的常住人口增速明显快于北京、天津和石家庄。不容忽视的是，上海和北京的人口增速在 2011 年以后都出现了明显下

降，这主要是源于国家对超大城市人口流入进行严格限制，不仅采取苛刻的入户政策，而且还通过整治民办的农民工学校和整治群租房等手段来限制低端人口流入。这种行政限制措施再加之核心大城市因为高房价、拥挤等产生的离心力将共同制约人口向单一中心城市的无限制集聚，城市群核心城市部分功能的疏解和中低端产业的外迁，对于通过推进多中心城市群构建来缓解中国"大城市病"具有积极影响。

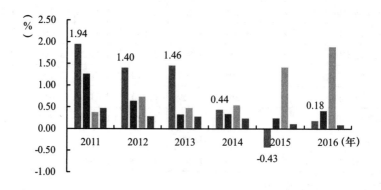

图2—6　2011—2016年长三角城市群主要城市常住人口增速变动

资料来源：根据统计数据整理计算。

从中西部地区来看，由于中西部地区城市群多处在成长发展的阶段，城市群内核心城市的人口集聚进一步强化。比如，中部地区武汉城市群中的核心城市武汉、长株潭城市群核心城市长沙、关中城市群核心城市西安以及黔中城市群核心城市贵阳，近年来的人口增速都呈现出持续加快的趋势，且增速领先于周边城市。表明中西部城市群单核集聚特征在强化。

（三）中国城市群体系：多中心化愈加明显且对经济空间的支撑作用不断增强

1. 中国城市群体系的多中心化在逐步显现

基于课题组前期的研究判断，像中国这样的巨型国家将出现多中心网群化的城市群体系。而且从2006—2014年25个城市群城区人口的规模—位序分布来看，规模—位序幂指数值随着时间的推移而缓慢地向 1 靠近，不断向符合齐普夫法则（幂指数为 1）的合理状态接近，表明中国的城市群体系在逐步形成，而且中小规模城市群的相对规模有所扩大（尽管扩大的成都还不是很大）。

进一步，用各地级及以上城市常住人口的最新数据（截至 2015 年），对城市群体系最新演进特征的考察发现：中国城市群体系的多中心化在逐步显现。一方面，从测度首位城市群与其他城市群在规模上保持差距的首位度指数来看，无论是四城市群还是十一城市群首位度指数，在 2010—2015 年都表现出缓慢下降的趋势（见表 2—5），表明中国首位城市群（长三角城市群）在规模上的地位有所降低，而其他城市群的规模在增加，城市群多中心化趋势明显；另一方面，从城市群规模—位序的幂指数拟合值来看，该数值总体上呈现出向 1 靠近的趋势，反映了中国中小规模城市群的相对规模有所扩大。

表 2—5　　　　　　　中国城市群体系的多中心化测度

	2010 年	2011 年	2012 年	2013 年	2014 年	2015 年
二城市群首位度指数	1.1264	1.1314	1.1332	1.1333	1.1326	1.1257
四城市群首位度指数	0.3666	0.3671	0.3659	0.3646	0.3645	0.3599
十一城市群首位度指数	0.0205	0.0203	0.0203	0.0203	0.0203	0.0202
城市群规模—位序幂指数估计值	0.8134***	0.8135***	0.8148***	0.8152***	0.8148***	0.8159***

资料来源：中国社会科学院城市与竞争力指数数据库。

注：***表示在 1% 的显著性水平上显著。

2. 城市群与非城市群、城市群之间分化明显，十大城市群已经成为中国经济空间的主体支撑

按照城市群的发展、发育状况以及在世界、全国和区域层面上的定位，课题组将中国城市群划分为一线、二线、三线和四线城市群四类。其中一线城市群是指发展相对成熟，未来很有可能成为重要的世界级城市群；二线城市群则主要指发展相对较早并在全国层面上具有重要地位的国家级城市群；三线城市群多是成长型城市群而且是重要的区域性城

市群；四线城市群则多是潜在型城市群。

从 3 个一线城市群和 7 个二线城市群 GDP 占全国的比重及变动来看，这十大城市群（包括 93 个地级及以上城市）创造了大量的财富，2008 年以来其 GDP 占全国的比重长期保持的 60% 以上（见图 2—7），占到全部 25 个样本城市群 GDP 的 75% 左右。表明城市群与非城市群、城市群之间的差异也比较明显。十大城市群已经成为中国经济空间的主体支撑。从时间上看，十大城市群的 GDP 比重在 2014 年和 2015 年出现了微幅降低，由此间接表明，十大城市群创造的 GDP 规模的增减对全国 GDP 的增减有举足轻重的作用，其 GDP 份额的减少直接影响了全国 GDP 规模增速的放缓。

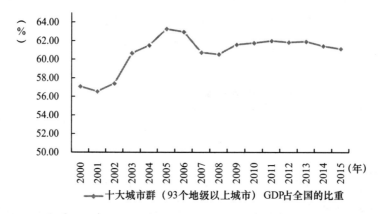

图2—7　2000—2015 年十大城市群（包括 93 个地级市）GDP 占全国的比重变动

资料来源：根据统计数据整理计算。

　　具体来看，东部地区的城市群 GDP 比重的变动总体相对稳定，其中珠三角城市群 GDP 比重随着时间推移而略微下降，由 2010 年的 17.76% 下降到 2015 年的 16.19%，而海峡西岸城市群的 GDP 比重在 2010 年以来保持逐年增加趋势。这说明东部地区部分二线城市群在不断成长壮大。在中部地区，武汉城市群的 GDP 全国占比在 2010—2015 年间持续提升，而中原城市群的 GDP 比重却出现了缓慢下降，表明有万亿 GDP 城市（武汉）支撑的武汉城市群在不断崛起，而中原城市群存在"隐性下沉"风险。在西部地区，成渝城市群 GDP 在全国占比逐年增加，表明其在全国经济空间的相对地位不断提升。与之明显不同的是，东北部地区的辽中南城市群 GDP 全国占比从 2011 年以来持续下降，特别是 2013 以来的下降幅度要明显大于 2011 年和 2012 年，东北部地区由其城市经济下滑带来的地区衰退风险较大。尽管这十大城市群间的相对地位也存在差异并在缓慢调整，但总体上对中国经济空间的支撑作用突出。

3. 绝大多数城市群经济增速高于全国水平，城市群蕴藏发展新动能

在城市群内，特别是发展比较成熟的城市群内，大中小城市的协调发展和城市间集聚与溢出的良性互动具备了基本条件，因而能够通过互补与共享在经济上保持活力。现阶段，中国已经涌现出多个城市群，包括发展相对成熟的珠三角城市群、长三角城市群和京津冀城市群，以及处于成长期的山东半岛城市群、海峡西岸城市群、成渝城市群等，这些城市群在经济增长方面对全国的带动作用正在凸显。

从城市群所含城市的经济增速均值来看（见表2—6），绝大多数城市群经济增速均值高于全国水平。尽管近年来其增速均值也出现了下调、收窄特征，但仍然保持着较快的增长速度和稳中有进的经济活力，这意味着城市群蕴藏着经济发展新动能。以长三角和珠三角城市群为例，域内城市整体上维持着高于全国的经济增速，从经济增速的最大值和最小值来看，保持最快增速的城市经济增速一般要比全国的经济增速高出 2—3 个百分点，即使个别增速较低的城市，其增速与全国水平的差距也不是太大。特别是在珠三角城市群，2014 年、2015 年经济增长相对于群内其他城市最缓慢的东莞等城市，其 GDP 增速也高于全国水平。而由变异系数变动所呈现的城市经济增速差异变化来看，城市群内城市的分化程度较小，表明城市间的集聚与扩散形成的良性互动正在促使城市群内部增速收敛。

表2—6　　　　　　城市群内城市经济增速均值及变动　　　　（单位：%）

城市群	城市数	城市群分线	"一网五带"中的位置	2012	2013	2014	2015
珠三角城市群	9	一线城市群	一网（东中）	9.39	10.34	8.74	8.65

续表

城市群	城市数	城市群分线	"一网五带"中的位置	2012	2013	2014	2015
长三角城市群	15	一线城市群	一网（东中）	10.32	9.15	9.09	8.63
京津冀城市群	10	一线城市群	一网（东中）	10.27	7.22	7.17	6.79
关中城市群	6	二线城市群	五带（西北）	14.42	16.33	10.60	9.33
成渝城市群	15	二线城市群	五带（西线）	13.91	9.93	9.25	9.33
海峡西岸城市群	6	二线城市群	一网（东中）	12.42	10.98	10.43	9.30
中原城市群	8	二线城市群	一网（东中）	10.88	8.84	8.97	8.45
武汉城市群	6	二线城市群	一网（东中）	12.09	12.30	9.58	7.98
山东半岛城市群	8	二线城市群	一网（东中）	10.60	8.77	9.02	7.86
辽中南城市群	10	二线城市群	五带（东北）	10.14	8.22	5.54	1.56
北部湾城市群	5	三线城市群	五带（南线）	13.97	13.21	10.46	9.32
环鄱阳湖城市群	6	三线城市群	一网（东中）	11.80	11.97	9.72	9.27
长株潭城市群	8	三线城市群	一网（东中）	12.10	11.05	10.23	9.00
皖江淮城市群	11	三线城市群	一网（东中）	12.42	9.54	8.62	8.53
徐州城市群	8	三线城市群	一网（东中）	12.27	10.78	9.93	8.28
长春城市群	5	三线城市群	五带（东北）	12.01	9.26	6.35	7.08
哈尔滨城市群	9	三线城市群	五带（东北）	11.58	2.38	1.40	2.78
黔中城市群	3	四线城市群	五带（西南）	15.73	20.76	14.37	13.10
兰西城市群	5	四线城市群	五带（西北）	13.76	11.99	10.20	8.84
呼包鄂城市群	3	四线城市群	一网（东中）	12.20	6.80	8.17	8.03
滇中城市群	3	四线城市群	五带（西南）	13.10	12.26	6.70	7.97
琼海城市群	5	四线城市群	五带（南线）	10.36	12.58	9.12	7.81
宁夏沿黄城市群	5	四线城市群	五带（西北）	12.52	12.51	7.68	7.46
浙东城市群	3	四线城市群	一网（东中）	8.10	9.13	7.23	7.07
太原城市群	5	四线城市群	一网（东中）	10.52	2.99	3.34	2.82

资料来源：中国社会科学院城市与竞争力指数数据库。

与过去不同的是，寻求融入核心城市群或城市圈，推进城市群内大中小城市（镇）的协调发展正在传递出许多积极的信号。比如北京、上海、重庆、广东等发达地区周围的城市通过接轨这些发达经济圈，主动承接发达地区的产业、资本、人才等资源溢出效应。环渝城市圈周围的遵义和泸州两市积极融入重庆，服务重庆，经济增速高居各自省份的前列，如遵义提出了"全方位融入重庆，全面参与重庆市场竞争的定位"，泸州市提出了要在通道建设、产业发展、平台建设和生态建设上融入重庆。环京、津的沧州、廊坊、保定等利用京津冀协同发展的历史机遇，结合各自的比较优势积极争取承接北京的产业转移和非首都功能疏解，经济增速居于全省前列。上海周边的嘉兴、南通、昆山也提出了融入上海的发展战略，如南通积极推动科技创新体系融入上海，江苏省也将南通定位为服务和建设上海的"北大门"，又如昆山始终把主动融入上海、配套上海、服务上海作为实现自身转型升级创新发展的重要途径。作为浙江省接轨上海的"桥头堡"，近年来，嘉兴在与上海的产业、文化、旅游、互联网经济及跨区域产业（科技）平台合作等方面都具备了较好基础和明显优势。广西的梧州、贺州等城市也要积极融入"泛珠三角"，更好地利用珠三角科技产业资源推动自身发展，提高主动融入意识，拓宽发展新空间。

二　城市视角下的中国发展动态：经济增速放缓，城镇化质量并重加速推进

从城市视角审视中国的发展动态，主要集中在经济增速与城镇化进程这两个主要方面上。让经济增速保持中高速平稳运行是中国经济稳中有进、稳中向好的必然要求和重要目标；让城镇化这一自然历史过程继续保持稳步推进，对中国经济社会发展意义重大。而一个国家、地区或城市城镇化增速的变动，既与其所处的城镇化阶段有关，又受经济增长步伐调整以及制度改革的影响。尤其是在新常态和供给侧改革推进背景下，改革红利的释放对中国城镇化推进会产生重要影响。

（一）全国总体状况：经济增速放缓，城镇化增速没有明显放缓的证据

从全国范围来看，中国经济社会发展在时间维度上主要呈现两个方面，一是经济增速的变动，二是城镇化的演进。从经济增速上看，2008年全球金融危机波及全球，受国内国外因素的影响，中国宏观经济增速

也开始步入调整期。与改革开放数十年以来持续的高速增长不同，2012年以后中国经济增速明显放缓。2012 年全国 GDP 增速为 7.9%，比2010 年（10.6%）收窄了 2.7 个百分点，此后经济增速逐年趋缓，但收窄幅度有所减小，表明经济增速下调过程中有企稳迹象。从城镇化水平上看，伴随着改革开放以来中国经济的快速发展，中国的城镇化水平不断提高，由 1978 年的 17.92% 提升至 2016 年的 57.35%，在 2011 年中国常住人口城镇化率首次突破 50%，达到 51.27%，城乡人口结构发生逆转，城镇化速度继续保持每年一个百分点以上的速度，没有明显放缓的证据。

由于城镇化的阶段性特征以及受到经济增速放缓的影响，近年来，中国城镇化增速也出现微幅调整。2008—2016 年间（见图 2—8），在GDP 增速峰值（10.6%）出现的 2010 年，中国城镇化率比 2009 年提高了 1.61 个百分点，是 2008—2016 年时段的最大值。此后，随着经济增速的放缓，城镇化率的增速也有所降低，在 2014 年还出现了城镇化增速的阶段性谷值（1.04 个百分点）。总体上，中国城镇化仍然保持每年不低于 1 个百分点的速度在推进，全国经济增速的放缓并未对城镇化产生明显的抑制作用。

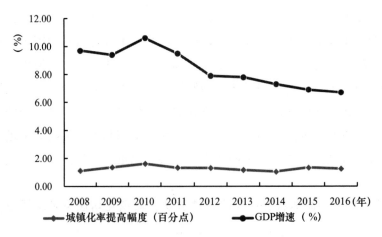

图 2—8　2008—2016 年以来中国城镇化率增速与 GDP 增速变动

资料来源：根据统计数据整理计算。

（二）城市层面：经济增速整体放缓且空间分化明显

1. 城市经济增速整体性放缓带来中国宏观经济增速下调

城市之于国家是部分与整体的关系。近年来，中国地级及以上城市的 GDP 增速逐年收窄，由此带来的直接影响是中国宏观经济增速放缓。全国 285 个地级及以上城市 GDP 增速平均值由 2011 年的 13.23% 收窄至 2013 年的 9.67%，2015 年则进一步下降至 7.5%，比 2013 年低了 2.17 个百分点。从城市 GDP 增速核密度分布图上看（见图 2—9），呈现出由 GDP 高值和低值近乎各占一半的正态分布，向均值继续下降、低值城市数量占多的左偏态分布转变。核密度曲线高值对应的 GDP 增速区间由 2011—2013 年的 10%—15% 缩窄至 2015 年的 10%—6% 以内，表明城市 GDP 增速在整体下降，并直接导致全国经济增速的下降。

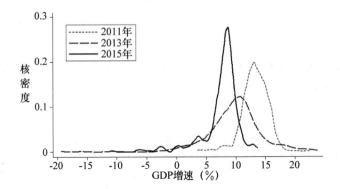

图 2—9 全国地级及以上城市 GDP 增速的核密度分布
资料来源：根据统计数据整理计算。

但城市层面 GDP 增速在下调过程中正传递出一些积极信号：经济增速高出全国经济增速的城市数量在缓慢上升。2014 年，全国 285 个地级及以上城市中，有 214 个城市的 GDP 增速高于全国水平（7.3%），有 2 个城市 GDP 增速与全国同步，其余 69 个城市的 GDP 增速皆低于全国水平。经过一年的调整，2015 年则有 218 个城市的 GDP 增速高于全国水平（6.9%），有 4 个城市 GDP 增速与全国同步，其余 63 个城市的 GDP 增速皆低于全国水平，低于全国增速的城市数量有所减少。这意味着，城市层面反映的中国经济在下行调整过程中出现企稳迹象。

2. 经济增速"西高东低"和"南高北低"并存，部分城市出现经济负增长

理论与经验证据皆表明，大国城市和区域之间的不平衡性是一种常态。城市之间因为要素及要素禀赋的差异，导致城市经济发展的起点不平衡；影响城市经济发展的内在核心动力——集聚机制在空间上的差异，直接导致了城市经济发展的过程不平衡；制约集聚机制发挥效果的外部环境、政策的差异导致了城市经济发展的外部环境不平衡。城市与区域经济发展不平衡具有长期、相对的特征，同时这种不平衡发展具有固化和强化的趋势。从某一个截面来看，由城市经济发展出现的区域经济发展具有差异性；从动态维度上看，这种差异呈现不同程度的扩大或缩小趋势，具有分化、固化或强化动态特征。

从空间上看（见表2—7），中国城市 GDP 增速整体上"西高东低"和"南高北低"并存。2015 年，在六大地区中，按照域内城市 GDP 增速均值由高到低排序依次是：西南地区、东南地区、西北地区、中部地区、环渤海地区和东北地区，其中西南地区和东南地区城市 GDP 增速均值领先全国，而东北地区城市经济增速持续下滑。

表2—7 六大地区地级及以上城市 2015 年 GDP 增速

地区	城市数	平均值	标准差	变异系数	最小值	最大值
环渤海地区	30	7.43	1.08	0.15	5.50	9.30
中部地区	80	7.65	3.08	0.40	-4.70	10.50
东南地区	55	8.59	1.19	0.14	6.20	11.00
西南地区	49	9.04	2.27	0.25	3.10	13.60
西北地区	39	7.89	2.34	0.30	0.50	12.30
东北地区	34	3.11	4.67	1.50	-11.00	9.30

资料来源：根据各城市统计公报数据整理计算。

重点选取东南地区和东北地区比较来看（见表2—8），东南地区城市 GDP 增速下调幅度较缓，且整体增速明显快于全国水平，城市间经济增速差异较小。也就是说率先发展起来而且正在加快推进经济结构转

型的东南地区城市依然充满活力，在缓解中国宏观经济增速下行压力方面发挥了重要的支撑作用。而东北地区城市经济增速均值近年来持续下降，明显低于各期全国水平，而且由变异系数呈现的城市间经济增速差异较大。由于东北地区城市产业结构升级步伐缓慢、经济抗下调的能力较差，东北地区城市经济增速持续下滑，2014—2015 年还明显低于全国 GDP 增速。中国城市经济增速南北分化明显。由此得出的一个重要启示是：后发地区需要从东北地区走过的重工业化、投资主导的老路中吸取教训，更多地借鉴东南地区城市发展转型模式，不断培育其内生增长动力，保持持续的经济活力。

表 2—8　　　 2010—2015 年东南地区和东北地区城市 GDP 增速变动 （单位:%）

		2010 年	2011 年	2012 年	2013 年	2014 年	2015 年
东南地区	均值	13.72	12.20	10.63	10.18	9.31	8.59
	变异系数	0.14	0.15	0.19	0.23	0.14	0.14
	最小值	9.90	8.00	5.10	6.01	7.00	6.20
	最大值	19.60	15.20	13.50	17.23	11.30	11.00
东北地区	均值	16.27	13.59	11.26	7.36	4.24	3.11
	变异系数	0.18	0.17	0.14	1.03	1.14	1.50
	最小值	12.00	5.30	8.30	-19.38	-11.50	-11.00
	最大值	25.10	17.60	14.10	23.96	8.00	9.30

资料来源：根据各个城市统计公报数据整理计算。

从各省区来看，2016 年 GDP 增速前十名中，东部地区仅有福建、天津入席，其他皆为中西部省市。从数据上来看，西藏、重庆、贵州三地 GDP 增速保持两位数增长，分别以 11.5%、10.7%、10.5% 的水平占据全国前三位。东北三省由于历史性、体制性因素导致产业转型较慢，经济增速乏力，尤其是辽宁省成为经济负增长的省份，内蒙古、山西省等资源输出型大省由于煤炭资源价格的下跌，经济增长动力不足。此外，有不少城市尽管经济增长率为正值，但从产业结构分类来看，第二产业呈现断崖式下降，第三产业的快速崛起有效地对冲了第二产业下降带来的经济增速下滑，如运城、阳泉、抚顺、克拉玛依、延安尽管第二产业的增速有较大幅度的下降，但是由于同时期第三产业增速较快，所以 GDP 增速没有出现负增长，这一方面表明这些城市产业转型和经济结构调整及时，并取得了明显的效果，另一方面也需要警惕经济发生"脱实向虚"的风险，加大产业转型升级的力度，促进资源型城市向产业链深加工和价值链上游的方向发展，同时适度扩大产业的多元化发展，运用新技术和"互联网＋"推进传统产业改造提升，在转型升级中使传统行业"脱胎换骨"。

从省内的城市经济增长率看，以下几个省份的部分城市出现经济负增长：山西有 3 个城市是负增长，分别是长治、朔州、吕梁。东北地区的辽宁和黑龙江的部分城市也出现经济负增长，辽宁有丹东、铁岭、朝阳；黑龙江有双鸭山、大庆和伊春。总体来看，经济增速为负的城市大都具备资源枯竭型，或者是产业衰退型城市，或者是产业结构单一城市，或者是人口净流出城市的特点，这些类型的城市面临的产业结构调整和经济转型升级的任务重、负担大，在新常态的背景下经济下行的压力也更大。此外，上述这些类型城市的经济在有的省份即使没有出现负增长，也是省内经济增速倒数的城市，如湖北的黄石、安徽的淮南和淮北、河南的三门峡和平顶山、陕西的延安和榆林、甘肃的金昌和酒泉、新疆的克拉玛依、广西的河池和来宾、山东的莱芜和东营。

3. 部分后发城市经济增速后来居上，部分省会城市经济进入快速集聚阶段

从各个省内的城市看，部分城市的经济增速超过省会城市的经济增速，省内后发城市经济增速后来居上。从 2015 年、2016 年数据来看，总体上，江苏苏北苏中地区、山东鲁南鲁西南地区、河北环京地区、四川环渝地区等经济增速相对省内其他城市更快。具体来看，河北省的廊坊、沧州、衡水的经济增速高于省会石家庄，主要原因在于京津冀协同发展导致河北省内的部分城市承接北京非首都核心功能转移，同时"一带一路"战略有力地促进了沿海港口城市的港城联动、产城融合发展。贵州省的遵义、安顺等城市经济增速均高于省会贵阳。云南的保山、临沧、普洱等经济增速均高于省会昆明，尤其是作为孟中印缅经济走廊的节点城市的保山市经济增速位居全省第一。陕西省的安康、商洛和宝鸡等经济增速均高于省会西安。四川省的遂宁、泸州、广安、眉山等城市

的经济增速均高于省会成都。福建省的漳州、莆田等城市的经济增速均高于省会城市福州和计划单列市厦门。

部分省会城市经济进入快速集聚阶段，比如中部城市武汉、长沙、郑州等。河北的省会石家庄经济增速开始超过省内经济大市唐山，经济体量开始接近唐山；江苏的省会南京的经济增速也超过省内经济大市苏州和无锡；浙江的省会杭州经济增速位居全省城市第一，不断拉大与省内经济大市宁波的差距。需要强调的是，中部省份的江西、安徽、河南、山西等省份城镇化率目前依然较低，未来在这些省份加快城镇化的过程中，除了一部分人口流向沿海发达地区外，大部分人口要就近实现城镇化。作为省内经济总量第一的城市，南昌、合肥、太原、郑州等无疑将是这些省份人口流入的核心地区，因此未来这些城市综合经济竞争力将有较大的提升空间。

（三）城市经济增速放缓没有导致城镇化增速的减缓

改革开放以来，即受城镇化这一自然历史过程的阶段性加速的影响，也得益于全国经济长期保持的高速增长，创造了大量的就业机会，中国城镇化加快推进。东部地区和大城市第二、第三产业的不断发展吸纳了大量的流动力。从城市维度上看，在人口比较稠密且先行发展起来的东部地区和城市，城镇化已经进入到较高水平和增速放缓的阶段，常住人口的城镇化步入存量调整期，户籍人口城镇化蕴藏巨大潜能；而人口相对稀疏的广大内陆后发地区和城市的城镇化水平普遍较低，尚处在加速推进的发展阶段，同时近年来后发地区和城市经济增速的加快，也创造了大量的就业机会和岗位，对农村人口和外流人口的回流的吸引力增强。在此背景下，中国的城镇化增速出现阶段性调整。

1. 处于不同发展阶段的地区和城市的城镇化推进速度存在明显差异

由于缺乏中国地级及以上城市城镇化率的连续性统计数据，这里从省级行政单元出发，重点考察城镇化的地区差异及未来演进趋势。从图2—10反映的城镇化水平与城镇化率增长百分点的散点图拟合线来看，二者存在明显的负向关系，即城镇化水平较高的地区城镇化率的提升幅度较小。具体来看，2015年上海、北京、天津的城镇化率已经突破了80%，辽宁、广东、浙江、江苏等地区城镇化率突破了60%，而内陆地区像贵州、甘肃、四川、河南等地区的城镇化水平远低于全国平均水平。城镇化水平已经超过80%的上海、北京、天津的城镇化率的增速明显较小，皆不足0.5个百分点，而且上海市在2015年的城镇化率还出现了负增长。与此明显不同的是，城镇化水平较低的欠发达地区和城市的城镇化率增速较高，远快于全国水平。其中贵州、河北、山东2015年的城镇化率的增速接近2个百分点。而且与中国城镇化率首次突破50%的2011年相比，2015年城镇化率增量与滞后一期城镇化率的拟合曲线要更加陡峭，反映了处于不同阶段的地区和城市的城镇化进程出现了明显的分化。

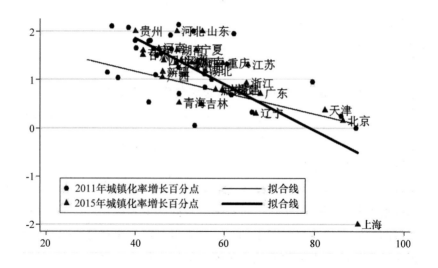

图2—10　处在不同城镇化阶段的省区市城镇化率增长百分点

资料来源：根据统计数据整理绘制。

　　进一步从城镇化水平普遍较低的内陆地区来看，一些城市群内重点城市的常住人口增速近年来呈现逐渐加快之势（见表2—9）。中部地区的武汉在2015年的增速达2.61%，长沙、南昌则从2011年以来保持常住人口增速不断加快的趋势，2016年长沙达到2.87%。从西部地区来看，部分城市常住人口增速在近三年来也是明显加快，比如成都、西安、贵阳等。在中国以城市群为主体形态的城镇化推进过程中，城市群核心城市及周边城市将不断释放其蕴藏的城镇化潜力。

表 2—9　　　　　　中西部部分省会城市常住人口增速　　　　（单位：%）

城市	所在城市群	2011 年	2012 年	2013 年	2014 年	2015 年	2016 年
武汉	武汉城市群	2.40	1.00	0.99	1.15	2.61	1.49
长沙	长株潭城市群	0.71	0.79	1.04	1.25	1.65	2.87
南昌	环鄱阳湖城市群	0.71	0.84	1.01	1.08	1.20	1.29
成都	成渝城市群	0.16	0.76	0.85	0.91	1.59	–
西安	关中城市群	0.46	0.47	0.41	0.46	0.91	1.45
贵阳	黔中城市群	1.49	1.34	1.57	0.75	1.42	1.60

资料来源：根据统计数据整理计算。

2. 城市经济增速的整体放缓及分化叠加影响城镇化空间结构调整

从城市层面来看，随着经济增速的整体放缓，城镇化的推进速度也将出现空间结构调整。从图 2—11 呈现的城镇化率增长百分点和城市 GDP 增速均值的关系来看，二者具有明显的正向关系，即经济增速快的地区和城市，城镇化率的提高幅度也相对较快，而经济增速较慢的地区，城镇化率的增速也相对较缓慢。2015 年，贵州省域内城市的经济增速整体领跑全国，像贵阳、遵义、安顺等城市的 GDP 增速超过 12%，在快速经济增长带动之下，贵州全省的城镇化率加快提升，2015 年提升幅度达到了 2 个百分点。而东北地区的辽宁、黑龙江的经济增速缓慢（部分城市出现负增长），而其城镇化率的提升幅度不足 1 个百分点。

与全国城市经济增速普遍较高的 2011 年相比，2015 年城镇化率增速与 GDP 增速的拟合曲线要稍微平缓一点，表明 2015 年经济增长对城镇化的边际带动作用有所减弱。其部分原因来自经济增速的放缓对短期内城镇化继续保持较快速度推进产生了一定的影响，部分原因则在于随着时间的推进，城镇化水平提升，增速出现阶段性减缓。

从中国地域广袤、地区差异明显的大国现实来看，先行地区和城市是中国常住人口城镇化的存量支撑主体，随着经济增速的放缓，其对中国城镇化的增量带动作用将有所放缓。而在经济增速和城镇化进程较快的后发地区和城市，正在形成对中国宏观经济下行和城镇化速度放慢的缓冲。由于后发地区城市的增长潜力大，经济增速相对较快，城镇化水平较低且处在加速推进的发展阶段，在某种程度上可以对冲部分区域城

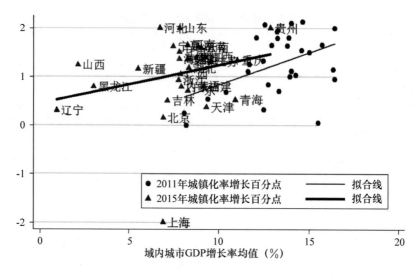

图 2—11　2011、2015 年城镇化率增长百分点与 GDP 增长率的关系
资料来源：中国社会科学院城市与竞争力指数数据库。

镇化增速的放缓程度。经济增速在空间上的"跷跷板"式收敛分布，叠加城镇化进程在先行地区与欠发达地区城市的"跷跷板"式特征，表明中国全国常住人口城镇化进程增速仍然有可能不至于减缓得太多，甚至很有可能继续保持稳步推进。至少从目前已有的数据来看，尚找不到经济增速放缓而显著减慢城镇化进程的证据。

3. 制度改革与政策红利释放将助力城镇化质量并重加速推进

在新常态背景下，制度变革的力度决定城镇化调整幅度。如果没有制度变革，既有制度机制约束难以被突破，潜在发展动能难以释放。如果实施有效的制度改革，城镇化水平将继续保持较快提升。

2016 年 8 月 5 日，《国务院关于实施支持农业转移人口市民化若干财政政策的通知》（国发〔2016〕44 号）发布，明确指出，建立健全支持农业转移人口市民化的财政政策体系，将持有居住证人口纳入基本公共服务保障范围，创造条件加快实现基本公共服务常住人口全覆盖；维护进城落户农民土地承包权、宅基地使用权、集体收益分配权，支持引导其依法自愿有偿转让上述权益，促进有能力在城镇稳定就业和生活的常住人口有序实现市民化，并与城镇居民享有同等权利。

2016 年 10 月 30 日，国务院办公厅关于印发《推动 1 亿非户籍人口在城市落户方案》的通知（国办发〔2016〕72 号）中指出，以人的城镇化为核心，以体制机制改革为动力，紧紧围绕推动 1 亿非户籍人口在城市落户目标，深化户籍制度改革，加快完善财政、土地、社保等配套政策。提出加大对农业转移人口市民化的财政支持力度并建立动态调整机制，建立财政性建设资金对吸纳农业转移人口较多城市基础设施投资的补助机制，建立城镇建设用地增加规模与吸纳农业转移人口落户数量挂钩机制，将进城落户农民完全纳入城镇住房保障体系等配套政策与举措。

随着一系列具有含金量的改革举措和支持政策出台、落地及红利的释放，农民市民化、非户籍人口城镇化将不断推进。处于城镇化加速阶段且经济增长率较快的地区和城市将成为带动全国常住人口城镇化水平提升的后备补充，甚至重要支撑。比如，2016 年四川的宜宾，湖南的邵阳、郴州、株洲等城市常住人口的城镇化率比 2015 年提升幅度皆超过 2 个百分点。但由于制度改革红利的释放需要一个过程，其对未来城镇化的具体影响程度还依赖于制度变革的强度和举措落实的力度。

总之，当前中国的经济空间格局与经济社会发展动态都呈现出一些新的迹象。未来，需要遵从经济规律、顺应发展趋势，进一步推进东部和中部地区在基础设施、公共服务、要素流动等多个维度的一体化。积极发挥政府的引导作用和市场对资源配置的决定性作用，让先行发展起来的东部沿海地区通过高速、快捷的连接性设施，以及经济空间溢出途径，带动周边乃至更广地域空间上的经济社会发展，让多中心群网化城市（群）体系释放更多的发展新动能；对于西部和东北部地区，加大财税、投融资支持力度，加快地级及以下城市基础设施建设和公共服务的完善，支持开发、发展当地特色优势产业，培育内生增长动力，不断提高其当地就业与居住吸引力，顺势引导跨区域流动人口的就地落户，推动城镇化的稳步发展。同时，对于常住人口城镇化水平已经较高的先行地区和城市群，在经济增速下调过程中抓住转型发展机遇，不断推进经济结构的优化，坚持以人为核心的发展理念重点加快户籍人口城镇化，以率先实现高质量的"人的城镇化"。

三 城市视角下的中国转型升级：经济转型升级正处于分化期

1979 年至 2016 年，中国经济实现了年均 9.6% 的高速增长，远远超出世界经济年均增速，创造了经济增长的奇迹。但是，我们也应看到，在创造这一增长奇迹的背后是我们过多地依赖投资和出口来拉动经济增长，而创新动力明显不足的事实。随着中国经济进入新常态，人口红利、资源红利和环境红利已接近极限，投资边际效率也明显下降，这种粗放型增长方式已经难以为继。另一方面，金融危机以后，世界经济处于深度调整之中，发达国家的"再工业化""制造业回流"趋势明显，国际贸易竞争空前激烈，贸易保护主义重新抬头，出口导向型的经济驱动模式受到严峻挑战。在这种情况下，通过经济转型升级重塑新的增长内生动力已迫在眉睫。如果不能及时进行转型升级，重塑新的增长动力，那将可能贻误最佳战略机遇期，落入"中等收入陷阱"而不能自拔。目前，中国经济转型升级正处于分化期，总体上大多数城市的转型升级进展缓慢，只有少数城市已经取得明显进展，城市之间在经济转型升级方面的差距在拉大。

（一）出口需求总体低迷，增速在波动中分化

自 2013 年以来，中国进出口额失速下跌，尤其是 2015 年中国进出口总值同比下降 8%，其中出口下降 2.8% 而进口下降 14.1%，刷新了进出口低速增长的新纪录，2016 年进出口形势延续之前的低迷态势，全年货物进出口总值达 24.33 万亿元，其中出口 13.84 万亿元，下降 2%，但第四季度出口实现 0.3% 的正增长，总体呈现回稳向好态势。

从区域角度来看，出口呈现总体上低迷不振，空间上高度分化，时间上波动加剧的局面。近两年来，除西北地区外，六大区域的出口增速均低于 4%，远逊于过去十年的表现，同时在总体低迷的形势下又蕴含空间上高度分化、时间上波动加剧的趋势。从空间上看，2015 年，东北地区出口遭遇断崖式下降，28 个主要城市中有 21 个城市出口出现不

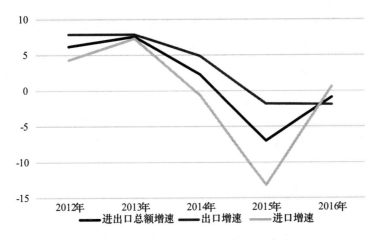

图 2—12　2012—2016 年中国出口增速

资料来源：国家统计局。

同程度的负增长，出口平均下降 19.56%，下降幅度最大的是黑龙江七台河市，下降近 90%，可谓触目惊心。与此同时，西北地区出口形势表现亮眼，2015 年西北地区出口平均增速 16.01%，远远好于其他地区的表现。从时间上看，环渤海地区、西北地区、西南地区的增速波幅都超过 4%，往往在一年之内出口增速出现正负转换，尤其是西北地区，2015 年增速为 16.01%，但到了 2016 年反而下降 1.20%，反差巨大。

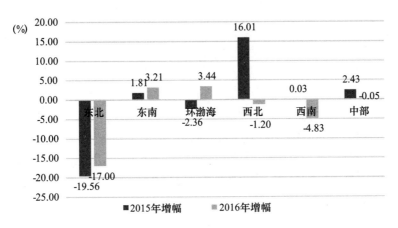

图 2—13　2015—2016 年各地区出口情况

资料来源：根据各城市统计公报数据整理而得。

从城市视角来看，出口同样呈现总体上低迷不振、空间上高度分化，时间上波动加剧的态势。据不完全统计，2015 年全国 257 个主要城市出口平均增长 0.51%，呈现低迷状态。2016 年 188 个主要城市出口平均下降 0.09%，基本延续了上一年度的低迷态势。从时间上看，同一城市出口增速波动很大。2016 年，有 79 个城市的出口增速出现 10% 以上的波动，变化最大的是湖南怀化市，2015 年其出口增速为 -64.4%，但到了 2016 年其增速变为 56.1%，整整提升了 120 个百分点，令人叹为观止。从空间上看，城市间出口增速分化极其严重。从表 2—10 中可以看出，出口增速最高的武威，其增速高达 266.67%，相反，最低的丽江，其增速是 -49.50%，两者相差 316.17%，由此可见城市间出口分化的严重程度。同时，在出口增速前十位城市中，既有西北、西南、中部、东北地区的城市，同样在出口增速后十位的城市中也有西北、西南、中部、东北地区的城市，由此说明在同一区域甚至在同一省域内，城市之间的出口形势差距也很大，甚至存在截然相反的趋势。

表 2—10　　　　　　　　2015 年出口增速前十位和后十位城市　　　　　（单位:%）

前十位城市	出口增速	后十位城市	出口增速
武威	266.67	七台河	-90.10
中卫	198.00	广元	-84.30
乌海	157.20	金昌	-79.00
玉溪	102.90	牡丹江	-74.40
岳阳	59.20	鸡西	-66.00
鹤岗	55.30	怀化	-64.40
定西	53.36	佳木斯	-64.20
临沧	51.50	内江	-57.70
三门峡	48.80	伊春	-55.80
防城港	48.30	丽江	-49.50

资料来源：根据各城市统计公报数据整理而得。

出口作为经济增长的"三驾马车"之一，在经济转型升级的过程中同样发挥着无可替代的作用，现阶段出口需求的总体低迷和分化趋势加剧了城市之间产业转型升级的分化态势。

（二）消费在经济增长中的作用稳步提升，部分城市表现尤为亮眼

近年来，消费在经济增长中的作用呈现稳步提升的态势，成为经济发展的重要支撑，有力地弥补了出口下降所造成的缺口。2016年全社会消费品零售总额为332316亿元，比上年增长10.4%。其中，互联网消费更是突飞猛进，网上商品零售额达到41944亿元，增长25.6%，占社会消费品零售总额的12.6%。

从城市视角看，绝大部分城市的消费都在稳步增长，但直辖市和省会城市的表现尤为亮眼。尽管改革开放以后，沿海许多非省会城市在外贸出口的带动下，经济高速发展，甚至一些城市经济总量还超过了所在的省会，但就消费而言，省会城市仍是不折不扣的中心。以社会消费品零售总额占GDP的比重来衡量，直辖市、省会城市也多高于其他城市。2015年，除了安徽、广东外，大部分省份的省会城市消费占GDP比重都要明显高于省内其余城市的均值。另外，副省级及以上城市的消费占GDP的比重为44.35%，而地级城市仅为38.66%，这也说明了高行政等级城市的消费占GDP比重也往往更高。

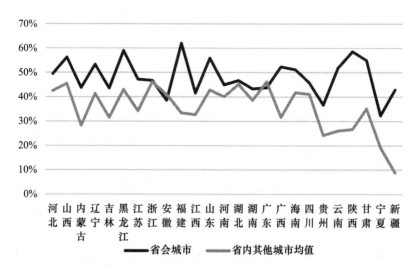

图2—14　2015年各市消费占GDP比重（%）

资料来源：根据各城市统计公报数据整理而得。

但是，作为副省级城市的深圳情况较为特殊，其消费占 GDP 比重明显偏低。2015 年，北京、上海两市的消费品零售额首次超过万亿大关，但作为一线城市的深圳尽管经济总量位列全国第四，但社会消费品零售总额仅位列全国第七。表 2—11 显示，2015 年深圳 GDP 逼近广州，但深圳社会消费品零售总额 5017.84 亿元，增长仅 2.0%，不仅比广州低了近 3000 亿元，而且也不如天津和重庆两大直辖市，更是被中部的武汉超过。以社会消费品零售总额占 GDP 的比值来看，深圳仅为28.67%，在消费总量排名前二十城市中位列倒数第一。一方面，这可能与邻近香港的地理位置和较为年轻的年龄结构有关，更重要的是深圳奉行服务型政府理念，政府规模较小，因此政府消费占消费总额的比重较低，仅为 18.3%，明显低于广州的 25.4%，这也与深圳固定资产投资比重较低的现象相一致。

表 2—11   2015 年主要城市消费情况

城市	消费（亿元）	增幅（%）	GDP（亿元）	消费/GDP（%）
北京	10338	7.30	22968.6	45
上海	10055.76	8.10	24964.99	40.30
广州	7932.96	11.00	18100.41	43.83
重庆	6424.02	12.50	15719.72	40.87
天津	5245.69	10.70	16538.19	31.72
武汉	5102.24	11.60	10905.6	46.79
深圳	5017.84	2.00	17502.99	28.67
成都	4946.2	10.70	10801.2	45.80
杭州	4697.23	11.80	10053.58	46.72
南京	4590.17	10.20	9720.77	47.22
苏州	4424.82	9	14504.07	30.51

资料来源：根据各城市统计公报数据整理而得。

总体而言，消费在经济增长中的作用日益显现，但是不同等级城市之间的分化较为明显，这也为部分城市率先完成转型升级、大多数城市转型升级进展缓慢埋下了伏笔。

（三）多数城市依赖于投资尤其是房地产投资的局面没有明显改变

2016 年，全国固定资产投资 596501 亿元，占 GDP 的 80.2%，而在固定资产投资中，基础设施投资和房地产开发投资合计占固定资产投资的 37.1%，由此可见房地产开发投资和基础设施投资在稳定经济增长中的重要地位。从产业层面看，2016 年，第二产业投资 231826 亿元，增长 3.5%，占固定资产投资总额的 38.9%，而第三产业投资 345837 亿元，增长 10.9%，占固定资产投资总额的 60%。由此看出，无论是从占比看还是从增速看，第三产业已经成为我国固定资产投资的重点领域，这也是中国加速推进经济转型升级的一个积极信号。

从城市视角来看，固定资产投资包括房地产开发投资和城市建设投资依然是促进经济稳定增长的推进剂，但部分经济发达城市的固定资产投资相对较低，转型升级较为成功。通过对图 2—15 的统计分析显示，固定资产投资占比、房地产开发投资占比、城建投资占比、产业投资占比与 GDP 增速的相关系数分别为 0.1348、0.2383、0.2407、0.0438，均为正相关，且房地产开发投资和城建投资占比明显高于固定资产投资

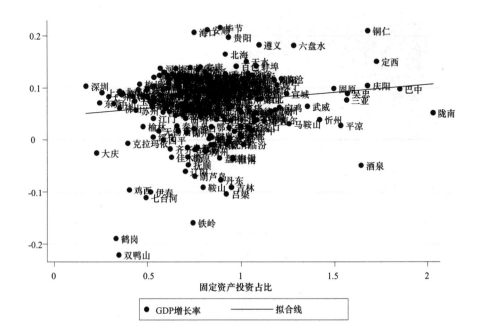

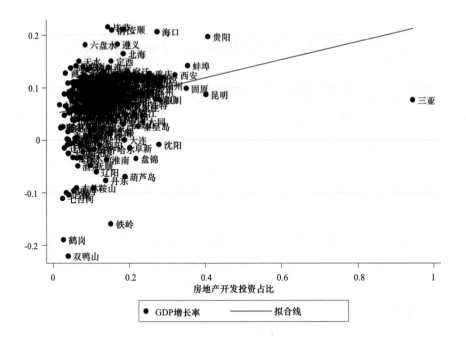

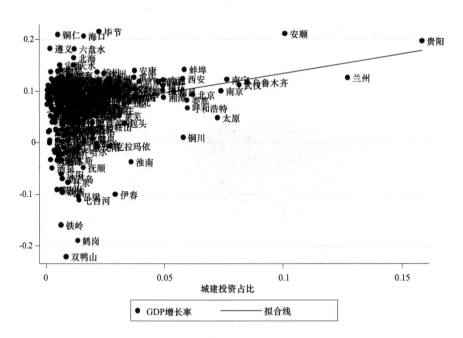

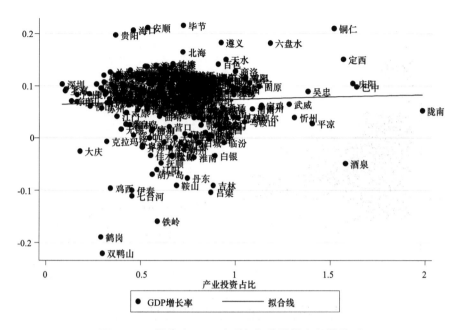

图 2—15 投资占 GDP 比重与经济增长之间的关系
资料来源：根据各城市统计公报数据整理而得。

和产业投资占比，这也说明固定资产投资有助于促进经济增长。其中，房地产开发投资和城建投资对经济增长的促进作用明显要高于整体固定资产投资和产业固定投资对经济增长的促进作用，进一步证明房地产开发投资和城建投资对经济增长具有非常重要的作用。

由图 2—16 可知，固定资产投资占比明显畸高的城市基本都是中西部的中小城市，前十位城市分别是陇南、巴中、定西、铜仁、庆阳、酒泉、吴忠、三亚、平凉、固原，其固定资产投资占比几乎都在 1.5 以上。而在大城市中，除天津、重庆外，北京、上海、广州、深圳、苏州等城市的固定资产投资占比要明显偏低。

另外，对比 2014 年与 2010 年的固定资产投资占比，在全国 285 个城市中，75 个城市的固定资产投资占比下降，相反有 210 个城市的固定资产投资占比出现不同程度的上升；就房地产投资占比而言，仅有 73 个城市的房地产投资占比下降，相应地，有 212 个城市的房地产投资占比上升。房地产投资占比增幅最快的前十位城市与降幅最大的前十位城市相比，分化现象明显，投资增幅前十位城市的均值与降幅前十位

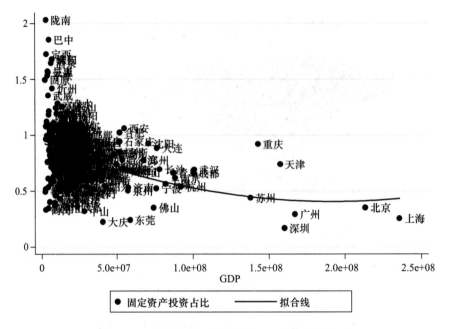

图 2—16　固定资产投资占比与 GDP 之间的关系

资料来源：根据各城市统计公报数据整理而得。

城市的均值相差 31% 之多。

表 2—12　　　　　　房地产投资占比变动幅度前十位和后十位城市

增幅前十位城市	房地产投资占比变动幅度（%）	降幅前十位城市	房地产投资占比变动幅度（%）
三亚	36.9	中山	−28
固原	29.5	上饶	−18.6
蚌埠	23.8	黄山	−13.7
昆明	19.4	防城港	−13.1
临沧	17.3	铁岭	−9.1
亳州	15.2	合肥	−8.6
舟山	13.1	鄂尔多斯	−8.6
贵阳	13.1	营口	−7.9
莆田	12.8	绥化	−7.4
盘锦	12.5	长春	−6.3

资料来源：根据国家统计局数据整理而得。

（四）中国城市在转型升级过程中明显分化

近年来，少数城市在新兴产业和科技创新上取得重大突破，如深圳、杭州等城市，但绝大部分城市在产业转型升级方面依旧进展缓慢，城市之间的分化相当明显。

从新兴产业的角度来看，东部沿海城市及内陆个别中心城市正在大力对接国家推动的"新经济"战略，新的科技浪潮以及高生产效率的新经济正在崛起，而不发达地区城市则明显落后于大趋势，从传统经济向新经济的转型异常艰难。众所周知，由于新技术的研发难度高，对资本的需求更大，"融资上市"模式就成为许多新技术企业的最优选择，而新三板又因为挂牌便捷迅速成为融资首选，因此我们将2015年新三板514家新经济概念挂牌公司的产业分布作为样本进行研究，结果发现：第一，新经济概念公司主要集中于少数发达城市，在514家新经济概念公司中，排名前十位城市所拥有的新经济概念公司数就占到75%，其中，仅北京就拥有147家新经济概念公司，占全部公司数的28.6%，遥遥领先于其他地区。第二，在地域分布上，新经济概念公司主要集中于沿海地区。在前十位城市中，北京、上海、深圳、杭州、广州、厦门、苏州、东莞均位于东南沿海地区，环渤海、西南、中部地区均只有一个城市入围前十，而东北地区、西北地区则没有一个城市入选前十，这也大致反映了各个区域在经济转型升级大背景下的未来发展趋势。第三，除了东莞、厦门外，新经济概念公司挂牌数位居前十的城市基本上都是GDP过万亿且排名前十位的城市，这说明发达城市正在这一轮的经济转型浪潮中勇立潮头。而在GDP排名前十的城市中，只有重庆、天津两市的新经济概念公司数未入围前十，这也从侧面反映了这两地通过大量投资来拉动经济发展，忽略了科技创新在经济发展中的重要作用，为将来的转型发展埋下了重大隐患。

表 2—13 新三板新经济概念挂牌公司分布情况

排名	城市	新经济概念挂牌公司数	比例（%）	行业分布
1	北京	147	28.60	游戏、在线教育、云计算、新互联网营销
2	上海	84	16.34	游戏、互联网金融、体外诊断、医疗服务和虚拟现实
3	深圳	44	8.56	新能源汽车、机器人、云计算、3D 打印、大数据、人工智能
4	杭州	28	5.45	电子商务、O2O、3D 打印、人工智能、生物识别和医疗器械
5	广州	22	4.28	互联网广告、垂直电商、移动支付、干细胞、医疗信息化、体育
6	武汉	18	3.50	机器人、无人机、体外诊断
7	厦门	15	2.92	新能源、生物科技、环保科技
8	成都	12	2.33	机器人、医疗服务
9	苏州	9	1.75	生物医疗
10	东莞	9	1.75	新材料、新能源
	总计	388	75.49	

资料来源：界面新闻网。

从专利申请的角度来看，长三角和珠三角已经成为科技创新的主战场，其他地区明显缺乏创新活力。根据对中国 230 个主要城市的统计分析，东南地区的万人专利申请数为 33.60，是第二名的环渤海地区的两倍多，显示了其强大的科技创新实力，其次是环渤海地区（14.51）、西北地区（10.66）、中部地区（10.54）、西南地区（8.48），最低的是东北地区（5.98），仅是东南地区的五分之一，这也反映了东北地区经济下滑、人才流失严重的现状。由此可知，东南地区在未来高科技时代拥有巨大的发展潜力，必将代表中国参与到占领全球科技制高点的竞争中去。

在排名前二十的城市中，仅有西安、成都属于内陆城市，其他几乎都位于沿海发达地区，尤其以长三角城市居多（9 个），其次是珠三角城市（6 个），这充分说明长三角和珠三角已经成为中国创新发展的发动机，特别是深圳，俨然已经成为中国的科技创新之都。

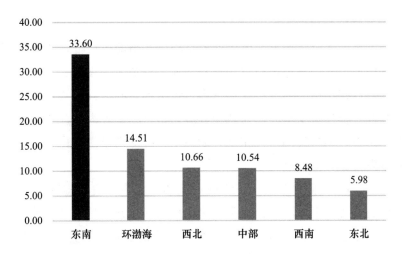

图2—17　万人专利申请数均值

资料来源：中国社会科学院城市与竞争力指数数据库。

表2—14　　　　　　　　部分城市万人专利申请数均值　　　　　（单位：个）

城市	万人专利申请数	排名	城市	万人专利申请数	排名
深圳	97.85878	1	南京	68.27935	11
苏州	93.08186	2	芜湖	57.74399	12
绍兴	90.91808	3	扬州	55.41437	13
中山	87.27409	4	成都	53.7432	14
常州	82.10331	5	天津	52.74227	15
宁波	75.25157	6	青岛	49.70264	16
湖州	74.47782	7	广州	48.38959	17
北京	72.64919	8	南通	47.64319	18
西安	70.68792	9	东莞	45.65929	19
珠海	70.21435	10	惠州	45.2926	20

资料来源：中国社会科学院城市与竞争力指数数据库。

（五）政策建议

未来，中国的转型升级面临两种趋势：一种是城市之间的分化加剧最终导致产业格局固化；另一种是由技术进步的扩散效应导致的均衡发展。从当前来看，积极争取第二种可能是转型升级能否成功的必要条件，唯有实现均衡的产业转型升级才能促使中国经济脱胎换骨，成功跨越"中等收入陷阱"。

第一，稳定出口需求，优化外贸结构。在当前出口低迷不振的形势下，各城市首先需要稳定出口需求和增速，避免大起大落，为产业转型升级创造良好条件。其次，在稳定出口需求的基础上，逐步优化出口结构，坚持完善外贸结构和产业转型升级相结合，扩大内需与扩大外需相结合，短期目标与长期目标相结合的原则，推动出口由规模速度增长型向质量效益提升型彻底转变。

第二，紧紧抓住消费升级的巨大机遇，努力推进产业结构优化升级。居民消费水平的不断提高和消费结构的优化升级是推动产业结构转型升级的原动力，各城市应积极培育和优化消费环境，挖掘消费潜力，消除抑制消费的不利因素，努力扩大消费需求尤其是中低收入者的消费需求，缩小城市间的消费差距，为产业转型升级的均衡发展打下良好的基础。

第三，改善投资结构，逐步降低经济增长对投资的依赖。当前，中国经济增长依赖于投资的局面尚未改变，在此背景下，各城市应努力适应出口、消费需求的优化升级，大力提升第三产业投资的比重，完善投资结构，并逐步降低对固定资产投资的依赖，为经济的健康持续发展夯实基础。

第四，缩小科技创新的地区差距，实现均衡发展。部分城市如深圳、杭州等已经在转型升级的康庄大道上迈出了成功的一步，但是大部分地区进展缓慢，在此背景下，缩小城市间差距，实现均衡发展应该成为下一阶段转型升级的主题。转型升级缓慢地区应该借鉴成功地区的先进经验，加紧产业对接，尽力促使科技创新在地区间的扩散。

四　城市视角下的中国可持续发展：中小城市发展大多缺乏可持续性

随着改革开放以来中国经济近四十年的飞速发展，中国已发展成为世界第二大经济体。与此同时，环境污染、资源枯竭、生态破坏等问题日益严重，已经到了不得不解决的关键时刻。在这样一个大背景下，中国经济要实现持续发展，就务必要遵循"创新、协调、绿色、开放、共享"的发展理念，努力实现短期利益与长期利益相统一、经济发展与资源环境相协调，从而促进人与自然的和谐相处。当前，随着中国城市化的迅猛发展，"大城市病"现象在中国许多大城市不断蔓延，日益成为舆论关注的焦点。但与此同时，中小城市存在的问题并没有得到应有的关注，事实上，中小城市发展大多缺乏可持续性。

（一）相对大城市，中小城市社会治安隐患更大

从总体上来看，全国城市的犯罪率在明显下降。对比 2010 年和 2014 年的犯罪率核密度曲线可以看出，相较于 2010 年的核密度曲线，2014 年核密度曲线总体向左偏移，说明 2014 年犯罪率总体上是减少的，但是 2014 年犯罪率曲线明显呈现单峰收窄的趋势，这说明高犯罪率城市数量在减少，相应地，中低犯罪率水平的城市数量在增加，总体而言，中国城市变得越来越安全。

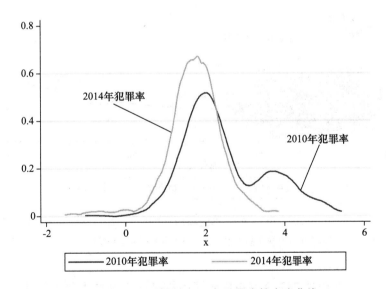

图 2—18　2010 年和 2014 年犯罪率核密度曲线
资料来源：根据中国社会科学院城市与竞争力指数数据库整理绘制。

从空间上看，犯罪率大小与城市规模呈现负相关，中小城市相对大城市更不安全。大城市发生的安全事故更容易引起舆论的关注，像天津

大爆炸、深圳山体滑坡、上海外滩踩踏事件、层出不穷的"楼歪歪"
事件以及许多大城市由于下水管道难以应付短时间大量降水所导致的
"看海奇观"等，此类公共安全事件往往造成巨大的人员伤亡和财产损
失，也暴露出大城市的脆弱性。另一方面，由于公众舆论有意无意地忽
视，导致在中小城市和农村地区发生的许多小型公共安全事件并不容易
引起媒体的关注，从而让人产生某种错觉，以为城市越大越不安全。但
是，根据对每万人刑事案件逮捕人数（犯罪率）这一数据的分析，我
们发现，城市人口规模与犯罪率之间的相关性为 - 0.0836，这说明城市
规模与城市治安呈负相关，并非城市越大越不安全。

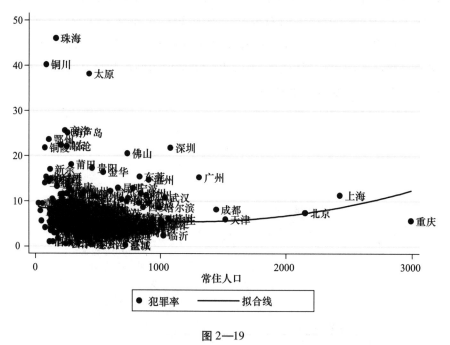

图 2—19

资料来源：根据中国社会科学院城市与竞争力指数数据库整理绘制。

　　另外，在内地 287 个城市中犯罪率排名前十的城市分别是珠海、铜
川、太原、澳门、商洛、葫芦岛、鄂州、崇左、临沧、铜陵，除太原
外，这些城市的总人口均低于 300 万，这也从侧面说明了：相比大城
市，中小城市可能面临更高刑事犯罪之类的公共安全风险。

表 2—15   犯罪率排名前十位城市情况

城市	2014 全市常住人口数（万人）	2014 全市 GDP（万元）	每万人刑事案件逮捕人数
珠海	161.42	1867.2	46.07
铜川	84.51	325.4	40.27
太原	429.89	2531.1	38.18
澳门	63.62	680	29.5
商洛	235.08	576.3	25.66
葫芦岛	257.50	721.6	25.16
鄂州	105.88	686.6	23.69
崇左	203.98	649.7	22.42
临沧	249.30	465.1	22.12
铜陵	73.80	716.3	21.84

资料来源：中国社会科学院城市与竞争力指数数据库。

从时间上来看，相对于大城市，中小城市变得越来越不安全。对比

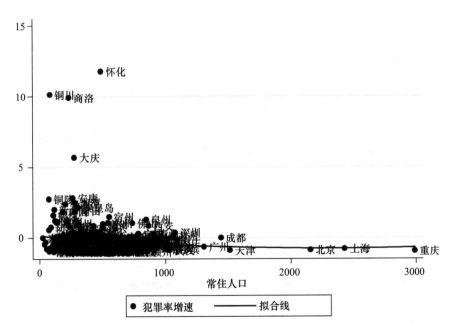

图 2—20 犯罪率增速与城市规模

资料来源：中国社会科学院城市与竞争力指数数据库。

2014 年和 2010 年各城市的犯罪率，由图 2—20 可以看出，犯罪率增长高于 5% 的城市如怀化、铜川、商洛、大庆等无一不是中小城市，而大城市如重庆、上海、北京、天津、广州等则呈现明显的负增长。总体而言，犯罪率增速与城市规模呈显著负相关，其相关系数为 -0.112。由此说明相较于大城市，中小城市的犯罪率增长更快，安全形势不容乐观。

（二）中小城市交通拥堵日趋严重

近十年来，我国私家车保有量迅猛增长，截至 2014 年，私家车保有量达 1.41 亿辆，是 2006 年的近 6 倍，尤其是近两年来，私家车数量更是以年均 2000 多万辆的速度迅猛增长。与此同时，我国城市人均道路面积仅仅从 2006 年的 11.04 平方米增长到了 2015 年的 15.6 平方米，远远赶不上私家车拥有量的增长速度。随之而来的就是日益严重的交通拥堵、空气污染等严重的城市病。

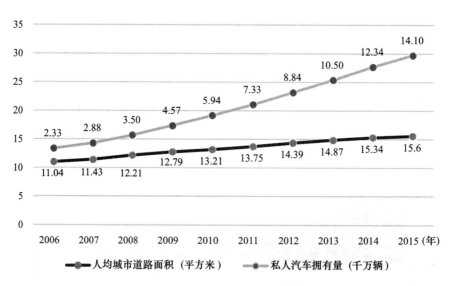

图 2—21　2006—2015 年私人汽车拥有量和人均城市道路面积对比情况
资料来源：国家统计局。

从城市视角看，中小城市汽车拥有量增长很快。根据对全国 285 个城市的统计分析表明，2003 年到 2013 年间，四线中小城市的汽车拥有量平均增长 698%，大大超出一、二线大城市 472% 的增长率。而且汽车拥有量增长最快的前十个城市分别是钦州、萍乡、朝阳、梧州、阜新、贺州、乌兰察布、益阳、永州、嘉峪关，这些城市无一例外都是中小城市，这反映了虽然在汽车拥有量上，中小城市远逊于大城市，但是其增速却要远高于大城市。

与此同时，相较于汽车拥有量的快速增长，中小城市的交通设施发展则远滞后于大城市。2003 年至 2013 年间，四线中小城市的城市道路面积平均增长 165%，远低于汽车拥有量的增速；汽车拥有量增速/道路面积增速的比例位居前十位的城市分别是梧州、常州、萍乡、娄底、三亚、百城、阜新、庆阳、贺州，这些城市大部分都是中小城市。总体而言，中小城市交通设施的建设远远赶不上快速增长的汽车拥有量，而且与大城市相比，这种现象更为严重。另外，中小城市特别是边远地区小城市城市管理滞后，无法提出完善的交通解决方案，因而中小城市的交通拥堵日趋严重。

但共享单车的流行使得城市的交通拥堵有所缓解。自 2016 年以来，共享单车已经覆盖了中国五十多个主要城市，在所有出行方式中，自行车出行占比已经翻番，上升到 11.6%，而小汽车出行占比下降了 3%，出行次数减少了 55%。以北京、上海为例，在北京，当出行距离小于 5 千米时，92.9% 的情况下，共享单车 + 公共交通出行比小汽车更快；同样，在上海，当出行距离小于 5 千米时，91.9% 的情况下，共享单车 + 公共交通出行比小汽车更快。由此可知，共享单车确实有助于缓解城市的交通拥堵。

（三）中小城市购房压力增加总体比大城市更快

自 2003 年以来，中国城市的房价进入了快车道，高房价已经成为城市病的一个重要方面。从 2006 年到 2015 年，全国住宅商品房平均销售价格由 3119 元/平方米上涨到 6473 元/平方米，几乎翻了一倍。但是就房价收入比而言，总体来看，却是呈缓慢下降趋势。但是自 2016 年以来，中国住房市场在快速回暖中经历了一波价格上涨潮，飞速上涨的房价加剧了城市居民住房困难程度，使之成为舆论长盛不衰的关注热点。

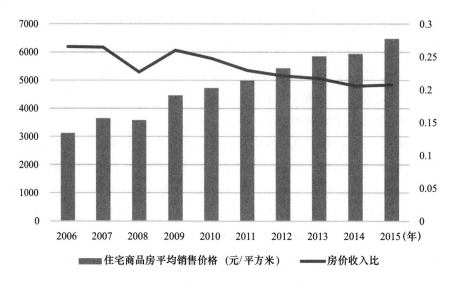

图 2—22 房价收入比与住房价格趋势

资料来源：国家统计局。

从城市视角来看，中小城市的房价收入比增速并不比大城市低。从 2005 年到 2013 年，一、二、三、四线城市的房价收入比分别平均上涨 31%、1.96%、9.5%、15%，一线城市涨幅最大，而通常被舆论忽略的四线城市的房价收入比增速反而超过了二、三线城市，仅次于一线城市，这也进一步说明相对大城市而言，中小城市购房压力增加得更快。我们可以从表 2—16 中看出，房价收入比涨幅最大的十个城市无一例外均是中小城市，这也进一步证明了我们之前的观点：相较大城市，中小城市居民面临着越来越大的购房压力。

表 2—16　　　　　2005—2013 年间房价收入比涨幅前十位城市

房价收入比涨幅前十位城市	涨幅（%）
赣州市	116. 1
潮州市	90. 8
咸宁市	88. 6
抚州市	87. 5
广安市	84. 6
达州市	81. 8

续表

房价收入比涨幅前十位城市	涨幅（%）
吉安市	80.1
宁德市	79.7
温州市	78.9
岳阳市	77.3

资料来源：国家统计局。

其次，由图 2—23 可以看出，2005 年到 2013 年间，房价收入比增速与城市规模的相关系数为 − 0.0052，呈现微弱的负相关。北京、上海、重庆等大城市的房价收入比反而不如温州、赣州等中小城市增长的快，这也一定程度上说明了部分中小城市的购房压力增加比大城市快。

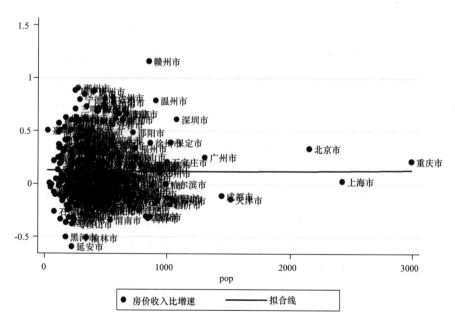

图 2—23　房价收入比增速与城市规模

资料来源：根据国家统计局数据整理绘制。

（四）相较于大城市，部分中小城市环境污染更为严重

总体来说，我国城市环境污染非常严重，但近年来有所好转，严重恶化趋势得到有效遏制。2015 年，全国 338 个地级及以上城市中，265 个城市环境空气质量超标，占总数的 78.4%，全国 PM2.5 年均浓度平均为 50 微克/立方米，是国家二级标准 1.43 倍。但另一方面，我们也应看到大城市总体环境质量也有所好转，全国 74 个新标准监测实施城市（包括京津冀、长三角、珠三角等重点区域地级城市及直辖市、省会城市和计划单列市）平均空气达标天数达到 71.2%，比 2014 年上升 5.2 个百分点；PM2.5 年均浓度平均为 55 微克/立方米，比 2014 年下降 14.1%，达标城市比例为 16.2%，比 2014 年上升 4.0 个百分点。

从城市层面看，一、二、三、四线城市的 PM2.5 年均值平均分别为 50.75、59.03、54.83、49.87 微克/立方米，二、三线城市的空气环境污染程度稍大于一、四线城市，而一线城市和四线城市的空气环境相差无几，因此并不能认为城市越大，环境污染就越严重，恰恰相反，作为一线城市的广州、深圳的 PM2.5 只有 38.8 和 29.9 微克/立方米，远远低于许多中小城市。就城市规模与环境污染的关系而言，比较人口大于 500 万的城市和人口小于 500 万的城市，可以发现，人口大于 500 万的城市曲线斜率相对于人口小于 500 万的城市更加平坦，说明中小城市的环境污染程度对城市规模更加敏感，人口的些许增加就能导致中小城市环境污染的大幅加剧，相应地，大城市的环境污染受人口规模影响的边际效应要小得多。再由环境污染与城市规模的关系图（见图 2—24）可以看出，单位 GDP 二氧化硫排放量与城市规模大致呈现负相关，其相关系数为 -0.3214，这进一步表明中小城市的环境污染可能比大城市更为严重。

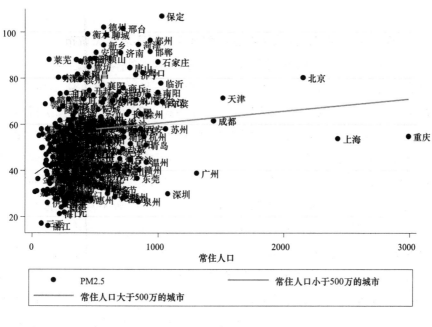

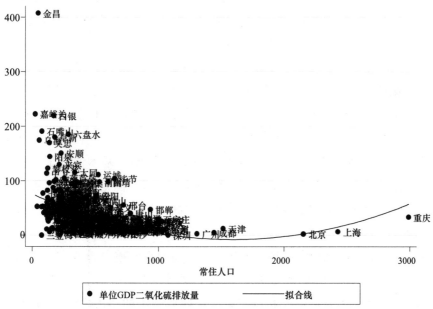

图 2—24　环境污染与城市规模关系图

资料来源：根据中国社会科学院城市与竞争力指数数据库整理绘制。

（五）中小城市公共服务的资源和水平远远落后于大城市

大城市所占有的医疗资源远多于中小城市。总体来说，经过几十年的快速发展，中国医疗卫生事业也取得了长足的进展。从 2006 年到 2014 年，政府卫生支出由 1778 亿元增长到 10579 亿元，增长了将近六倍，相应地，城市人均卫生费用也由 1248 元增加到 3558 元，是八年前的将近三倍，总而言之，最近十年，是中国医疗卫生事业发展最快的十年，极大地满足了人民群众日益增长的医疗需求。但是，与此同时，我们也应看到医疗资源在地区之间、城乡之间的分配极不均衡，甚至存在日益扩大的趋势。但是从城市视角来看，大城市与中小城市之间的医疗资源差距极大，并且中小城市之间的差异也很大。一、二、三、四线城市之间的每百万人三甲医院数均值由高到低依次为 1.12、1.01、0.62、0.4，一线城市接近于四线城市的三倍。与此同时，这四类城市的变异系数排序恰好相反，依次是 0.39、0.65、0.96、1.26，这恰好说明越是大城市，医疗水平越高，同时发展水平相近，而越是中小城市发展水平越低，并且城市间的差异越大。

大城市的教育资源也远高于中小城市。总体来说，自改革开放以来，中国的教育事业取得了长足发展，尤其是过去十年，政府在教育事业上的投入更是连年上涨，全国教育经费投入从 2006 年的 9815 亿元上涨到 2014 年的 32806 亿元，平均每年增长约 30%，与此同时，高中升学率也从 2006 年的 75% 上升到 2014 年的 90.2%，基本实现了高等教育的普及，使上大学由精英教育转变为大众教育。但是，另一方面，我们也应该看到，中国的教育资源在地区之间、城乡之间的分配还是极不均衡的。但从城市视角来看，大城市的教育资源要远高于中小城市，并且中小城市之间因所在区域的不同，其教育资源的差异也非常大。比如一、二、三、四线城市的中学指数均值依次为 6.15、1.63、0.97、0.53，一线城市要远高于其他城市，是四线城市的将近 12 倍，这也充分说明了城市间教育资源分配是极不均衡的，大量的教育资源集中在大城市，造成了人口的加速集聚，而中小城市所获得的教育资源却极少，又因为教育具有规模效应，易造成恶性循环，从而威胁小城市的生存。

表 2—17　　　　　　　　　部分城市教育资源分布

前十位城市	中学指数	排名	GDP 前十位城市	中学指数	排名
北京	14.10	1	上海	8.03	2
上海	8.03	2	北京	14.10	1
盘锦	6.39	3	广州	1.24	61
本溪	6.33	4	深圳	1.22	63
大庆	6.15	5	天津	3.62	11
鹤岗	5.48	6	重庆	0.82	81
太原	5.09	7	苏州	0.87	77
海口	5.06	8	武汉	2.22	24
厦门	4.64	9	成都	1.40	55
衡水	4.46	10	杭州	0.27	170

资料来源：中国社会科学院城市与竞争力指数数据库。

（六）政策建议

目前，中小城市在城市治安、购房压力、环境污染、资源稀缺等方面都面临着不同程度的问题，如果任由这些问题继续下去，中小城市的发展将不可持续，甚至有可能威胁到中小城市的生存。因此，唯有解决好这些问题，中小城市的可持续发展才有希望。

第一，加强社会管理，努力提升中小城市的治安状况。总体而言，中国城市的社会治安状况在近年来有了明显的改善，这是有目共睹的，但是相对于大城市，中小城市的社会治安更差也是事实。因此，通过加强城市管理，合理调配相关资源，从而促使中小城市社会治安状况的提升就成为必由之路。

第二，完善中小城市的基础设施建设，提升城市管理水平，努力缓解中小城市交通拥堵。中小城市交通日益拥堵的关键在于交通设施建设和城市管理水平远远跟不上日益增加的汽车拥有量。因此，要有效缓解城市拥堵，就必须加强基础设施建设，并在此基础上运用大数据等高科技手段，完善城市管理，提升基础设施的利用率。

第三，加强中小城市房地产市场调控，努力增加居民人均收入。在大城市纷纷出台楼市调控政策的背景下，中小城市尤其是大城市周边的中小城市也应该积极调控楼市，防止房价暴涨"传染"到中小城市。同时，各中小城市应积极推进产业结构转型升级，努力增加当地居民的人均收入，减少当地居民的购房压力。

第四，积极推进产业结构转型升级，改善中小城市生态环境。许多中小城市正面临着严重的环境污染问题，有些甚至已经突破了生态环境能够承受的极限，面临如此严峻的挑战，唯有积极推进产业结构转型升级，减少"三高产业"的比重，才有可能有效遏制环境污染的进一步加剧，改善中小城市的生态环境，为后人留下宝贵的环境财富。

第五，增加对中小城市的医疗、教育资源配置，实现城市之间的均衡发展。当前，医疗、教育资源过于偏重于大城市，导致中小城市医疗、教育资源严重不足，进而导致中小城市人口外流，如此形成恶性循环，极有可能威胁中小城市的生存与发展。因此，平衡医疗、教育资源的分配，增加对中小城市的投入，实现大城市与中小城市的协调发展才是最终实现可持续发展的必由之路。

第二部分　主题报告

—— 房价体系：中国转型升级的杠杆与陷阱

第三章 房价体系与城市转型：
新发现与新理论

倪鹏飞　曹清峰　张洋子

一　问题提出

作为拥有大约 1/5 世界人口和 1/15 世界陆地面积的巨型国家，中国正在经历人类历史上最大规模的城市化快速推进进程。2016 年中国城市化率达到 57. 35%，2011—2016 年间城市化率年均提升 1. 22 个百分点。伴随着这一快速的城市化进程，中国的房地产市场得到了迅速发展，整体房价水平快速上涨，这一方面得益于中国房地产市场由计划经济向市场经济转型过程中制度红利的释放，但另一方面，中国城市化进程所导致的资源在空间上的重新配置是推动过去房价长期上涨的最重要经济动因。

同时，在城市体系的形成过程中，中国房价的变动也出现了新现象。随着中国正在形成多中心、群网化的城市体系，不同收入、不同规模城市的房价表现出很大差异，收入高、规模大的城市房价要更高；另一方面，不同城市房价的相互影响与关联性越发明显，房价波动的空间分化特征也日益显著，并形成了一定的等级特征。这意味着我们不能孤立地看待每个城市的房价，必须将不同城市的房价视为一个有机整体，从房价体系的角度来探讨单个城市房价的决定及其波动机制。

所谓房价体系，是指在一定空间范围内，由位于不同性质、规模和类型的区位的房价组成的相互联系、相互作用的系统。具体而言，住房作为一种空间商品，其首先具有满足人们居住需求的消费属性。在市场经济条件下，由于房地产部门是城市经济中的一个重要组成部门，房价由供求关系决定，因此每个城市的均衡房价由该城市的收入等基本因素决定，这表明一定的房价体系内生于相应的城市体系，即城市体系决定了均衡的房价体系。但另一方面，我们必须重视的是住房商品也具有满足人们投资需求的金融属性；而且，由于住房商品具有很强的区位垄断性与非贸易品的性质，当住房作为投资品时，非常容易出现资产价格泡沫的情况，而投资者投机性思考、外推式预期、积极或消极的市场心理、群体性行为等也成为影响房价的重要因素。因此，当作为投资品时，房价体系的波动往往具有一定的独立性，此时，房价体系的波动也会对城市体系产生反作用。

当前，关注城市体系与房价体系的关系具有深刻的现实背景。近年来中国城市住房的金融属性不断增强，房地产投机行为突出，房价体系在很大程度上偏离了基本面；热点大城市的房价泡沫较大，房价收入比较高，而中小城市则由于库存加大、房价过快上涨缺乏支撑等原因，矛盾加剧。在这种情况下，简单地将房地产部门视为城市中一个普通的消费品部门，不考虑由于其金融属性导致的房价体系相对独立的变化，对于理解与破解当前经济社会发展中面临的新问题是远远不够的。具体而言，考虑城市体系与房价体系的互动关系具有以下必要性：

第一，破解中国城市发展中出现的问题需要建立合理的房价体系。当前，我们城市发展中面临着城市病愈演愈烈，城市发展的不平衡趋势不断加剧，局部面临衰退，东部过度聚集，西部过度分散，东北部持续下滑等问题，而不合理的房价体系则进一步加剧了这些问题，例如对大城市房地产市场的炒作加剧了城市居民的住房紧张与区域间城市发展不平衡的问题。因此，建立起合理的房价体系，有助于利用市场的力量引导要素在城市间的合理配置，推动相关问题的解决。

第二，中国经济的成功转型需要建立城市体系与房价体系的合理关系。当前中国面临着经济下行的压力以及部分地区现衰退的问题，这些问题的解决都需要新动能与新支撑。而城市体系与房价体系不合理的关系会导致经济转型不能集聚足够的要素，具体而言：当房价整体水平过高、偏离城市体系决定的均衡水平时，一方面会加剧经济的"脱实向虚"，诱导企业减少研发投入；另一方面，也会使得高房价城市人力资本集聚不足，降低城市的创新能力，这些因素都会阻碍经济的成功转型。

第三，中国的宏观经济运行风险与房价体系密切相关。如果住房完全沦为投资工具，那么高房价通过银行的杠杆作用会给宏观经济带来巨大的风险，从而影响国家的金融安全。同时，房价泡沫的破灭也会加剧当前中国地方政府债务的违约风险，从而进一步扩大对宏观经济的风险。房价泡沫会进一步加剧中国宏观调控的难度，特别是在经济下行压力下，降息等扩张性货币政策会因加剧房价泡沫而更加难以使用。此外，房价破灭也减弱了中国应对外部冲击的能力，例如，为保持汇率稳定，美联储加息时中国也要跟进加息，但这也加剧了房价泡沫破灭的风险。因此，鉴于房价体系的重要性，目前迫切需要对房价合理性的衡量标准以及房价未来变化的趋势做研究判断。

总的来看，房价体系与当前中国改革、发展以及开放面临的重大问题交织在一起。因此，在当前国内外经济形势下，中国房价体系是否合理？与城市体系之间存在怎样的联系？这些问题的解答对于我们完善城市体系的相关理论以及中国对内实现成功转型，对外提高国际竞争力具有重要的理论与现实意义。

二　经验与文献

（一）国际经验

在全世界不同国家城市发展及城市体系形成与演变过程中，与之相适应，也存在着房价体系。本节选取美国等国家为例分析，经验证明：房价体系在不同空间尺度上也具有多样化和分化的特征，国际大城市同样存在一定适度的房价泡沫，房价是产业升级的杠杆也可能是转型的陷阱，城市群中心城市对周边城市房价存在溢出效应。

1. 发达国家存在多中心、网群化的城市群体系

从北美来看，生活在总人口超过 100 万的大城市的人口已占全国总人口的 45.2%，人口超过 100 万的城市数量也远超其他发达国家。美国共有三大城市群，城市群的形成与制造业的发展密切相关，都分布在制造业发达的地区，且功能上有相互依存、各有所长、齐头并进的特征：（1）波士顿—华盛顿城市群，以波士顿、纽约、费城、巴尔的摩、华盛顿等一系列大城市为中心地带，因此又被称作"波士华"。（2）圣地亚哥—旧金山城市群。该城市群分布于美国西南部太平洋沿岸，以洛杉矶为中心，南起加利福尼亚的圣地亚哥，向北经洛杉矶到旧金山海湾地区和萨克拉门托。（3）芝加哥—匹兹堡城市群。东起大西洋沿岸的纽约，西沿五大湖南岸至芝加哥，城市总数达 35 个之多，加拿大的主要城市多伦多和蒙特利尔又与从芝加哥、底特律等城市共同构成了五大湖城市群，这些城市又具有很强的多中心性，中小城市多为专门化的工商业节点，城市之间形成分工协作的网络系统。

从亚洲来看，日本有 57% 的人生活在 500 万以上的超大城市。虽然东京只占全国面积的 3.5%，但东京人口 3500 万，规模远超其他大城市，约为第二大城市大阪府 800 万的 4.37 倍。东京为解决中心区人口过度集聚问题，1956 年，日本将东京城由原有单中心转变为由中心区、新宿、池袋和涩谷共同组成的多中心结构。韩国首尔都市圈包括首尔特别市、仁川广域市和京畿道，占韩国国土面积的 11.8%，人口 2000 多万，占韩国总人口的近一半。圈内各城市职能分工明确，促进城市中心职能分散化，并基于发达的基础设施和管理协调网络密切联系。

从欧洲来看，除伦敦、伊斯坦布尔、莫斯科等巨型城市外，其大部分城市规模均偏小，大部分城市均为中心型城市，人口过百万的城市只有 35 座，但紧凑性较强，共有英格兰东南部地区、荷兰兰斯塔德地区、莱茵—鲁尔地区、巴黎地区和大都柏林地区等八个多中心巨型城市群。欧洲多中心巨型城市结构比单中心结构更有效率、更加均衡，且更持久。同时，呈现出明显的网络特征：例如，巴黎在城市外围建设了马恩拉瓦莱等五座新城。新城并不脱离巴黎独立发展，新城与市区互为补充，功能综合，联系紧密，又避免同质化竞争。

2. 大城市群具有多层次的房价体系

从大城市群房价来看，第一，城市群内部形成多层次的房价体系，中心城市的房价往往处于领先的地位。2015 年，美国"波士华"和圣地亚哥—旧金山都市圈的核心城市旧金山、纽约、洛杉矶、波士顿、华盛顿特区房价最高，其中旧金山平均房价 74.83 万美元/套，洛杉矶平均房价为 43.47 万美元/套，纽约平均房价 38.86 万美元/套，波士顿平均房价 37.46 万美元/套，华盛顿平均房价为 36.78 万美元/套。2015 年，五大湖城市群中加拿大多伦多平均房价 63.513 万加元/套、蒙特利尔 40.212 万加元/套，均超过周边城市。2015 年，日本东京大都市圈、名古屋大都市圈、神大都市圈的核心城市房价最高，东京房价约合 46016 人民币/平方米，大阪 13100 人民币/平方米、爱知（首府名古屋）8498 人民币/平方米，相对于边缘城市明显处于领先的地位。第二，城市群之间也将形成多层次的房价体系，城市群之间的房价存在明显差异，并形成一定的层级结构：芝加哥、底特律、匹兹堡为首的芝加哥—匹兹堡城市群房价远落后于波士华、圣地亚哥—旧金山城市群。其中，核心城市芝加哥平均房价只有 19.25 万美元/套，匹兹堡只有 13.1 万美元/套，和旧金山、纽约、洛杉矶、波士顿等相去甚远。日本东京都城市圈房价一家独大，遥遥领先于名古屋大都市圈、神大都市圈。

3. 规模大、收入高、功能层级高的城市房价存在一定泡沫具有必然性

美国大中小城市之间的收入差距较大且相对稳定。2017 年 OECD 发布成员国贫富差距榜单，美国收入差异排第三。2001 年，美国最富有城市与最贫穷城市的收入比为 3.788，变异系数达到 0.232。金融危机过后。美国收入差距又有了较大幅度的扩大，最富有城市与最贫穷城市之间的收入比达到 4.149，变异系数则高达 0.253。进一步考察美国城市房价泡沫：如图 3—1，分别选取 2015 年纽约、旧金山、西雅图、拉斯维加斯、达拉斯等城市做柱状图，在收入差异已较大前提下，房价差异仍大于收入差异。大城市如旧金山、纽约、西雅图、拉斯维加斯等大型城市房价收入比更高，泡沫也更大。

考察日本城市房价泡沫，如表 3—1，根据 2015 年日本厚生劳动省统计数据进行计算，巨型城市东京房价收入比明显高于横滨、大阪、神

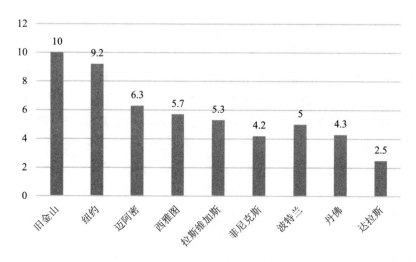

图 3—1   美国部分城市房价收入比柱状图

资料来源：paul. kedrosky 网站。

户、名古屋，存在巨大泡沫。历史上，20 世纪 80 年代后期日本也曾出现过严重的房价泡沫，其中东京的房价泡沫无疑是最严重、最深刻的，对日本政治、经济乃至社会生活都造成了深刻的影响，以至于整个 90 年代被称为"失去的十年"。

表 3—1   日本三大城市群核心城市房价、收入对比情况   （单位：%）

城市群内 核心城市	东京—东京 大都市圈	横滨—东京 大都市圈	大阪—神大 都市圈	神户—神大 都市圈	名古屋—名 古屋大都市圈
房价收入比	11. 00	3. 410	3. 648	3. 066	2. 27

资料来源：根据 2015 年日本厚生劳动省统计发布的国民生活基础调查概况整理计算得到。

从全球范围来看，总体而言，房价收入比在大、中、小城市中呈现明显阶梯性，处于集聚核心区的大城市，如香港、悉尼、温哥华、首尔等一般具有较高的房价收入比，房价泡沫也更大，大城市房价存在一定泡沫具有必然性。相反，沃特福德等中、小城市房价收入比低。

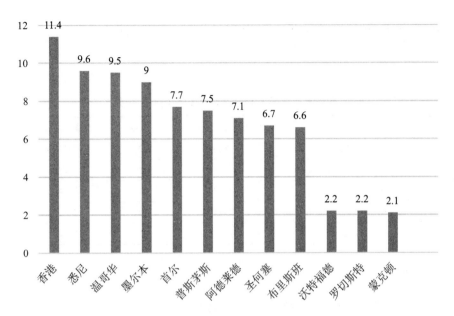

图 3—2　2013 年全球部分城市房价收入比

资料来源：2013 年 Demographia 发布的国际住房可负担性调查。

4. 城市之间房价分化现象明显

由于城市体系与房价体系的互动关系，对于单个城市而言，其房价波动与其所处城市群的整体房价水平密切相关。基于人口划分，美国三大城市群内主要一线城市有：纽约、洛杉矶、芝加哥、旧金山、波士顿、圣安东尼奥、圣地亚哥。美国三大城市群内主要二线城市有：费城、圣何塞、巴尔的摩、西雅图、萨克拉门托、匹兹堡、底特律等。根据 2015 年美国有线电视新闻网（Cable News Network）统计数据计算，结果表明房价分化现象明显，分别体现在城市群内部的房价差异和城市群之间的房价差异。从城市群内部看，美国城市群一线城市房价均值 330860 美元/套远高于二线城市均值，最大值同样高于二线城市均值 182500 美元/套。圣地亚哥—旧金山城市群变异系数最高，达到 0.395。城市群外围城市如巴尔的摩、亚特兰大、萨克拉门托、圣塔巴巴拉等城市的房价均明显低于都市圈核心城市。从城市群之间来看，以芝加哥、底特律、匹兹堡为首的芝加哥—匹兹堡城市群房价均值和最大值远落后于波士华、圣地亚哥—旧金山城市群。核心城市，芝加哥平均住房房价只有 19.25 万美元/套，匹兹堡为 13.1 万美元/套，底特律为 13.5 万美元/套。

表 3—2　　　2015 年美国三大城市群平均住房房价均值、变异系数

房价	均值（美元/套）	变异系数	最大值（美元/套）
主要一线城市	330860	0.321	748300
主要二线城市	182500	0.329	352400
"波士华"城市群	369866	0.317	388600
圣地亚哥—旧金山城市群	294180	0.395	748300
芝加哥—匹兹堡城市群	144480	0.223	192500

资料来源：根据美国有线电视新闻网（Cable News Network）数据整理计算得到。

5. 房价是产业升级的杠杆也可能是转型的陷阱

房地产业是经济的支柱产业，这不仅在于房地产具有使用和投资两种属性，也具有极强的产业关联性，通过自身的发展可以影响相当多的产业发展：

硅谷和曼哈顿：高房价——产业升级的杠杆

硅谷（Silicon Valley），位于美国加利福尼亚州北部、旧金山湾区南部，是高科技事业云集的美国加州圣塔克拉拉谷（Santa Clara Valley）的别称。作为整个美国的经济中心，硅谷聚集了全世界的高端人群。硅谷在整个发展的过程中，房价一路上涨，直到目前，硅谷是美国房价最高的地区，也是旧金山湾区较为昂贵的居住地段，房价约为 704 美元平方英尺。

房地产市场的强有力走势，极大地带动了硅谷产业聚集、产业升级，发展了高新技术产业，挤出了落后产业。产业升级带来了极大的正外部性，IT 行业的创业大军和科技专家聚在一起，很容易迸发出创新的火花。尽管房价猛涨，创业公司集聚势头不减，也提高了就业率，并拉动此区就业率的上升。研究报告显示，硅谷的科技员工增加速度在全美所有的创新中心名列前茅，科技员工生产力极高。Collaborative Economics 对美国联邦数据的分析显示，2014 年，硅谷创新员工人均增加价值 22.5 万美元，排名第二的纽约仅为 20.5 万美元。

纽约的曼哈顿区，是美国纽约市 5 个行政区之中人口最稠密的一个。曼哈顿被形容为整个美国的经济和文化中心，是纽约市中央商务区所在地，世界上摩天大楼最集中的地区，汇集了世界 500 强中绝大部分公司的总部。纽约的曼哈顿区 CBD 经济全球闻名，华尔街是世界上最重要的金融中心。它的房地产业非常发达，曼哈顿的房地产市场也是全世界最昂贵之一。稳定的商业房地产租金和较低的空置率吸引了大批金融、高科技企业和服务业来此落户，极大刺激需求，提高产业水平。大量跨国公司总部落户纽约，要求具备更好的基础设施、办公环境、居住环境及购物环境，为城市提供众多就业机会。2008 年建筑业在纽约雇用已超过 13 万人，拉动了 300 亿美元的经济活动，从而提升了曼哈顿区城市竞争力。

大阪、横滨和马德里：高房价——产业升级的陷阱

大阪（Osaka），位于日本西部近畿地方大阪府的都市，是大阪府的府厅所在地，是日本次于东京、横滨人口第三多的城市。横滨（Yoko-hama），是日本第二大城市，也是神奈川县东部的国际港口都市。历史上，大阪大力发展钢铁、机械制造、金属加工为主的重工业，而横滨依靠沿岸设有大量的港埠设施发展伴生的工业与仓储产业。80 年代后期起，日本城市土地价格指数从 1985 年的 91.5 上涨到 1991 年的 147.8，上涨幅度 61%。随着房价上涨，大阪和横滨逐渐向"轻薄短小"型结构转换，商业中心写字楼竞相建设，着力发展金融证券、科技信息产业等新兴产业。由于房价、地价极具飙升，造成巨大泡沫。房价泡沫严重影响到了实体产业的发展，由于价格成本过高，许多工厂企业难以扩大规模，而像丰田汽车、富士重工、日立等这些日本经济的领头羊也难以为继，正在建设的第二东名高速也因地价高涨，计划难于推进。随着日本 1991 年房价泡沫破裂，建筑投资额从 1991 年的 824036 亿日元连续下降至 2011 年的 432923 亿日元，降幅达 47.5%，同期城市土地价格指数下跌 62.7%，兵库银行、北海道拓殖银行等相继倒闭，使得企业在资本市场的融资日益困难，也无法继续为两市产业升级、创新提供金融支持。

马德里（Madrid），西班牙首都，国内最大城市，是西班牙的商业中心。从 90 年代开始，西班牙经济增长迅速，很快成为欧洲经济发展最快的国家之一，但西班牙房地产行业却过度发展，供大于求，导致了房地产行业的泡沫。从 1996 年至 2007 年，是西班牙房地产市场"疯狂的十年"，全国平均房价上涨了 197%（通胀调整后的 117%），是欧洲房价涨幅最高的一个。从 2000 年到 2007 年，平均每年增加 60 万套住房，其数量超过了法国、德国、英国和意大利四个国家的总和。首都马德里房价则上涨 188%（通胀调整后的 109%）。在此期间，马德里经济增长和产业创新升级十分依赖于房地产行为拉动，高房价撑起的经济增速又吸引消费、商业、金融和高新技术产业。例如，IBM2005 年在马德里建立面向整个欧洲、非洲和中东的分处，到 2008 年结束。房价暴跌重创了西班牙的经济，并带来了不断上升的失业率及巨大的债务，产业转型因此困难重重。

6. 城市群中心城市对周边城市房价存在溢出效应

随着城市的交通基础设施日益完备，要素流动产生的需求转移效应

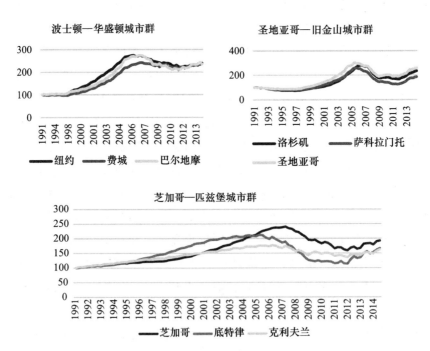

图 3—3　美国三大城市群 1991—2014 年中心城市和周边城市房价指数

资料来源：根据美国住房价格数据库月度数据整理得到。

逐渐放大，城市群中心城市房价会对周边相邻城市产生扩散效应，即城市群中心城市房价的上升会带动周边城市房价的上涨。从美国三大城市群 1991—2014 年中心城市和周边城市房价走势看，费城、巴尔的摩、底特律、克利夫兰、萨科拉门托等房价跟随核心城市纽约、圣地亚哥、芝加哥走势，具有显著溢出效应。同时，圣地亚哥房价对洛杉矶又存在的空间传染效应。

（二）文献综述

为建立研究房价体系和城市体系关系的模型，有必要对已有文献进行梳理。通过梳理发现：对于房价体系的研究仍然欠缺，学者们大多是从城市体系、城市空间的角度研究——

有关城市和城市体系的文献最早可以追溯到 Thünen（1826）提出的农业区位论，对前工业经济时期城市与乡村之间的区位地租、农产品的价格和农业区位等问题的讨论，即在中心城市周围，在自然、交通、技术条件相同的情况下，不同地方对中心城市距离远近所带来的运费差，决定不同地方农产品纯收益（Thünen 称作"经济地租"）的大小。

随后，在 Thünen 基础上形成 Alonso-Mills-Muth 模型体系：Alonso（1964）将 Thünen 区位地租的概念引入城市空间结构均衡分析，他以中心商务区替代 Thünen 模型中的城市，假定城市居民收入不变，认为在单中心模型中，通勤成本和居住成本之间密切相关，前者随着距离增加而增加，而后者随着距离的增加而降低，并进一步以城市边际收益和边际成本说明最优规模的存在。Mills（1967）、Muth（1969）将 Alonso 家庭效用函数中的土地替换成住房，由于住房的生产需要土地和其他非土地的投入，所以家庭对土地就具有一种派生需求，研究城市内部空间结构，描述市场机制下城市土地的使用分配、城市稀缺资源竞争等问题。然而，基于 Alonso 模型的城市经济学研究，假定条件仍旧属于规模收益不变和完全竞争模型范畴，较为理想化。关注点也局限于城市内部结构问题，涉及的领域比较狭窄。

Rosen-Roback（1967）的城市模型中，考虑了城市间人口自由流动的前提下，劳动力在各地区间将获得相同的保留效用水平，城市间工资和住房价格的差异可以看作对不同城市居住适宜性的补偿，高收入被高价格或各种不便利性所抵消。模型指出在均衡状态下，假设劳动力是可以充分流动的，各城市居民的收入不同，市内交通成本不同，高收入城市房价更高，低收入城市房价则更低。但是，RR 模型对于中小城市房价和经济规模的发展逻辑缺少合理解释。

Henderson（1987、1996）将 Alonso 模型对单个城市的研究扩展到城市体系上，实现了研究范围的巨大跨越。在迪克斯特—斯蒂格利茨的竞争垄断标准模型框架下，从城市形成、城市类型、城市增长及城市体系规模结构等多个方面对城市体系进行系统的研究，用一般均衡的方法研究城市体系问题，并且从边缘城市和核心城市博弈考察了多中心城市体系的形成问题。该扩展得出：在就业比较分散的城市，距离城市中心的距离和住房价格之间的关系较平坦。

Fujita（1999）在 Henderson（1987、1996）基础上，构建的模型解释了等级城市系统的存在机制，从报酬递增、运输成本和要素流动之间的相互作用进行研究。该模型跳出了 Alonso 模型的假设，假定规模收益递增和不完全竞争相结合。在消费者效用函数中考虑地租影响，通过人口持续增长这一外生动力机制演绎了城市体系，表明替代弹性低的城市将成为区域中心，城市中心之外的某些边缘地区也将会形成新的城市，并在演化形成城市层级体系。

Helpman（1998）的研究最接近 Thünen（1826）的本意，他在 Thünen（1826）模型基础上进行深入分析，在新经济地理学的分析框架中引入房价要素，证明在运输成本的一定范围内，因偏好于大型城市的差异化产品并甘愿忍受高房价的消费者将流向大型城市，相反，不能忍受高房价、并只能接受较小选择范围的差异化产品的消费者将迁移到中小城市，最终消费者的效用水平将达到一个均衡值。Hanson（2005）通过实证分析证实了 Helpman（1998）模型的结论，将研究目标定位于工资水平，检验了工资水平变化与市场距离之间的关系。Helpman-Hanson 模型的研究虽较好地反映了房价对城市体系的影响，但未考虑房地产金融属性，投资具有空间流动和不确定性的影响。

近些年，随着城市体系问题研究深入，研究角度也有所创新：Davis（2014）使用个人效用函数和劳动异质性关系进行研究，讨论美国城市之间的比较优势，发现大城市的高技能比例更高，技能所占比例较低。

大城市的技术密集型行业比重大，且具有比较优势。Graser（2001）对人力资本和劳动异质性问题进行了研究。指出因为劳动的异质性产生城市异质性。高生产效率的劳动者集中于高工资的城市，低生产效率的劳动者集中于低工资的城市，城市会按照劳动质量高低形成阶梯形式城市体系。但是，Davis 和 Graser 都仅把地租作为城市体系一个影响因素，并未以房价为核心做专门讨论。

范建勇（2011）详细阐述城市房价水平过快上涨（特别是大型城市）对差异化产品区位选择产生扩散倾向的内在影响机制与城市体系扁平化趋势的"非黑洞"条件的关系，并发现 Krugman-Helpman 模型中导致城市体系扁平化趋势的"非黑洞"条件在中国也是成立的。因此得出，通过遏制房价水平非正常过快上涨等方法来扭转城市体系的扁平化趋势可能对调整经济结构与增长方式等具有启示意义的结论。

高波（2012）通过引入房价因素，对新经济地理学模型进行拓展，对 2000—2009 年中国 35 个大中城市进行实证检验，发现区域房价差异导致劳动力流动，城市间的相对房价升高，导致相对就业人数减少，并促使产业价值链向高端攀升，实现了产业升级。结果发现城市间的相对房价升高，导致相对就业人数减少，并促使产业价值链向高端攀升，实现了产业升级。

综上所述，现有研究主要是从城市空间和城市体系的角度进行的研究，在此过程中形成的大量研究成果为分析城市体系问题奠定了重要的理论基础。然而，现有研究没有将房价因素作为独立因素进行研究，更没有看房价对城市体系的影响。作为拥有大约 1/5 世界人口和 1/15 世界陆地面积的巨型国家，对于中国城市体系和房价体系关系，房价对城市体系的影响还有待进一步探索研究。

三　模型与推论

（一）理论模型

城市体系是不同类型、规模城市构成的城市群体组织，在现实中可以从国家、城市群、城市内等不同空间尺度上来理解，因此城市体系在理论上可以视为集聚经济在不同空间尺度上的具体表现。另一方面，房价体系在不同空间尺度上也具有多样化的含义：首先，城市内部的房价体系。当城市内部不同经济主体（居民或企业）在进行区位选择时，居民需要在通勤成本与住房成本之间进行权衡来最大化其效用，企业则需要在不同生产要素投入之间进行权衡来最大化其利润。因此，当经济主体实现区位均衡时，城市内部往往会形成规律性的房价体系，例如在单中心城市模型中房价由市中心向城市边缘逐渐递减的规律。其次，城市群内部与城市群之间的房价体系。在理论的均衡状态下，无论城市群内部的城市体系还是城市群体系都会符合一定的规模位序规律，由于房地产市场具有很强的区位异质性，均衡房价主要受其所在城市因素的影响，因此，在城市群内部与城市群体系中也会存在一个相对稳定的房价体系。总的来看，对城市体系与房价体系的理论分析需要基于以下三类经济主体的个体最优化行为及其相互间的一般均衡关系：

（1）居民部门。在一般均衡体系中，居民一方面作为消费者，通过消费住房以及其他差异化产品来实现效用最大化，其偏好的性质会影响产品的需求，进而通过本地市场效应影响单个城市的规模。这里需要强调的是，住房商品与其他消费品不同，除了具有消费品的属性外，还具有投资品的属性。因此，住房商品在进入居民效用函数的同时，也会进入居民的收入约束，从而对居民的区位选择产生双重影响。

另一方面，居民还是劳动力市场中劳动力的供给者，居民作为劳动力所具有的技能水平、生产率的高低也会影响企业利润最大化行为，并通过劳动力市场均衡来确定城市的均衡工资水平，进而影响对住房及其他消费品的需求；同时，不同城市间居民的工资差距也会通过城市间人口流动的方式影响整个城市体系的分布。

（2）制造业部门。制造业企业通过投入相应的劳动力、资本等生产要素，采用规模报酬递增的生产技术来生产差异化产品。在单个城市中，制造业企业的总体份额是影响城市规模的重要因素，而城市的房价水平则通过影响企业投入成本的方式来影响产业的总体规模；另一方面，产业在不同城市间的转移则是影响城市体系的重要途径，而城市间的房价差异则是导致产业空间转移的一个重要驱动力。

（3）房地产部门。在市场经济条件下，城市中的房地产开发商通过投入劳动力、资本、土地等生产要素来生产住房商品，进行城市的开发建设，从而推动城市空间形态的形成与演化；另一方面，房地产市场的波动不完全取决于城市基本面因素，消费者的非理性预期、投机式的思考等都可能会导致房价波动脱离城市基本面因素所决定的均衡房价水平。因此，房价体系相对于城市体系会表现出一定的独立性，从而对城市体系产生反作用。

下面我们进一步从上述三个方面，分别对单个城市以及城市体系的价值与房价体系的关系进行理论分析。

1. 单个城市的价值与房价关系

由于城市体系一般是从一个单中心城市发展而来，因此我们将单个城市的价值与房价的关系作为分析城市体系与房价体系关系的逻辑起点。一个城市的价值主要由这个城市的经济密度所决定，由于住房部门是城市中一个经济部门，因此在单个城市中城市价值是决定房价的基本面因素。这里考虑一个简化的封闭单中心城市模型下房价的决定，所谓封闭，是指城市中人口、企业数量是固定的，不存在城市间的要素与产品流动。下面分别对不同部门进行分析。

（1）居民部门。居民具有多样化的消费偏好，且居民在市中心工作，距离市中心的距离为 x ，每单位距离的通勤成本为 t ，因此可以得到居民的效用函数为：

$$U = H^\mu M^{1-\mu}$$

$$s.t.\ P_M M + p_H H = w - tx + E(\pi_H)$$

$$M = \left[\int_0^N m_i^{(\sigma-1)/\sigma} di \right]^{\sigma/(\sigma-1)}, \mu > 0,\ \sigma > 1$$

其中，H 与 M 分别为住房商品与差异化工业品的消费量，P_M 为工业品的价格指数。居民的总可支配收入分为两部分，一部分是居民的工资收入减去通勤成本后的部分 $w - tx$ ，另一部分则来源于居民住房投资的预期收益 $E(\pi_H)$ 。因此，可以得到居民的住房需求为：

$$H = \frac{\mu(w - tx + E(\pi_H))}{p_H}$$

注意到，在上式中住房的价格与需求都是居民距离市中心的距离 x 的函数，将上式代入效用函数，并对 x 求解一阶条件，可以得到：

$$p_H^{'}(x) < 0, H^{'}(x) > 0$$

即对于城市内部的房价体系而言，随着离市中心的距离越远，房价越低，住房需求越大。同时，可以很容易验证，居民收入越高、住房投资预期收益越大，城市内部的整体房价水平也越高。

（2）制造业部门。假定制造业企业的生产技术是规模报酬递增，其市场结构是垄断竞争的，企业使用劳动力作为唯一的投入要素，其成本函数为 $C = w(F + mq)$。其中，F 为（用劳动数量衡量的）固定成本，m 为边际成本，q 为产量，w 为劳动力的工资。企业利润最大化的产品定价为：

$$p = \frac{\sigma}{\sigma - 1}wm$$

令 $m = \frac{\sigma - 1}{\sigma}$，因此 $p = w$，因此，居民对某一企业产品的需求为：

$$q = \frac{p^{-\sigma}(1 - \mu)}{P_M^{1-\sigma}}(w - tx + E(\pi_H)) = \frac{(1 - \mu)(w - tx + E(\pi_H))}{Nw}$$

由上式可以发现，居民的工资 w 水平越高，会提供制造业企业的生产成本，从而降低对其产品的需求。在长期中，企业的自由进入和退出使得利润为零，即

$$\pi = pq - w(F + mq) = 0$$

因此可以得到长期均衡的制造业企业总量为：

$$N^* = \frac{(1 - \mu)(w - tx + E(\pi_H))}{w\sigma F}$$

由上式可以发现，长期均衡的产业规模（用制造业企业总量来衡量）也会受到居民收入、城市内部的通勤成本、房地产投资的预期收益等因素的影响。具体而言：居民的收入越高，产业规模越大；城市内部的通勤成本越高，产业规模越小；房地产投资的预期收益越高，产业的规模越大。

此外，制造业部门还涉及劳动力均衡工资的决定，这里存在两种情况：

（1）在产业规模一定的情况下，我们可以假定劳动力市场是完全竞争的，并具有无限量的供给，此时劳动力的工资水平 w 是一个外生的

常数。

（2）考虑劳动力工资水平是内生决定的情况，将产品定价 $p = \dfrac{\sigma}{\sigma-1}wm$ 代入到利润函数中，并令其为零（长期均衡条件），可以得到长期中企业的最优规模（产量）$q^* = \sigma F$，假定城市内劳动力的供给数量为 L_s，因此企业的总量为 $N = \dfrac{L_s}{\sigma F}$（此时产业的总体规模被外生确定了）；同时，由于企业仅使用劳动力一种要素作为投入，因此长期中企业的总收益将全部用来支付劳动力的工资。因此，劳动力市场的均衡为：

$$(1-\mu)(w - tx + E(\pi_H)) = wL_s$$

由此可得均衡工资水平 $w^* = \dfrac{(1-\mu)(-tx + E(\pi_H))}{L_s - (1-\mu)}$，均衡工资的决定方程揭示了在单个城市中房地产市场对收入的重要影响机制，那就是居民的房地产投资预期收益越高，提高了居民的可支配收入，进而扩大了对制造业企业的产品需求，企业收益的提高也增加了对劳动力的需求，而劳动力的需求的扩大又提高了居民的收入，由此形成了一个一般均衡系统。同时，城市内部通勤成本因素也通过类似的机制对均衡工资产生影响。

（3）房地产部门。房地产部门是完全竞争的，假定住房的总供给为 H_s，居民的住房总需求为 $\int_0^{x_f} \varphi x H(x) dx$，其中 x_f 为城市边缘距离市中心的距离，φ 为表示城市空间形状的参数，例如，如果城市空间形态为同心圆形状的话，$\varphi = 2\pi$。因此，城市内房地产市场的均衡为：

$$H_s = \int_0^{x_f} \varphi x H(x) dx = \int_0^{x_f} \varphi x \frac{\mu(w - tx + E(\pi_H))}{p_H} dx$$

由上式可以确定城市内部的均衡房价，上式所要强调的是，房价的决定除了受收入（w）、城市空间面积（x_f）等因素的影响，还会受到住房投资预期收益率（$E(\pi_H)$）的影响。请注意，住房投资预期收益率可能不会与收入等基本面因素的变动保持一致，更容易受到投机因素的冲击而呈现出相对独立的变化，这也会导致房价出现相对独立的变化。

（4）开放城市情况下的探讨。上述分析都是基于封闭城市的情况，当城市是开放的时候，由于存在要素、产业的流动，单个城市内部的房价体系也会发生变化。具体而言，当劳动力可以完全自由流动时，此时劳动力的工资对单个城市而言是不变的，换句话说，被外部区域市场所确定；对单个城市而言，本地房地产市场的波动对劳动力收入的影响被削弱，因为此时劳动力可以通过流动来对本地房地产市场波动做出反应；同时，城市的产业规模被内生决定；对房地产市场而言，外部输入型冲击对本地房价的影响增大。

需要说明的是，上述开放城市的情况主要适用于分析一些小城市，其在要素市场中所占份额较少，因而是一个价格接受者。因此，在分析大城市时则不够精确。开放型城市的理论分析表明，房价通过要素流动的作用机制会产生溢出效应，对单个开放的城市而言，如果其城市规模较小，那么其房价体系要受本地与外部区域的共同影响。

通过上述针对单个城市的理论分析，我们可以得到以下结论：

①单中心城市内部存在一定的房价体系。在单中心城市中，随着距离市中心的距离越远，房价越低，住房消费越多；同时，房价受到居民收入、通勤成本以及住房投资预期收益的影响，居民收入越高，通勤成本越低、住房投资预期收益越高，房价越高。

②房价也会对城市的产业规模产生影响。具体而言，工资收入越高、通勤成本越小的城市，由于居民的可支配收入较高，因而具有较高的产业规模。另一方面，房地产预期收益越高，由于提高了居民的可支配收入，扩大了市场需求，从而导致较大的产业规模。请注意，这说明合理地发挥房地产的投资品属性，也可以对产业的发展产生正向影响。

③房价会对城市收入水平产生反作用。该作用机制通过产品市场与劳动力市场的联动来实现。具体而言，在产品市场上，居民的房地产投资预期收益越高，提高了居民的可支配收入，进而扩大了对制造业企业的产品需求，这是需求关联效应；另一方面，在劳动力市场上，企业收益的提高也增加了对劳动力的需求，从而提高了城市均衡的工资水平。

④房价的变动不完全取决于城市的基本面因素。由于房地产投资的预期收益存在较强的不确定性，容易受到投机因素的干扰，因此城市房

价体系会出现偏离基本面所决定的房价体系的情况。

⑤对于开放型小城市而言，其房价体系受到外部区域因素的影响更明显。具体可以分为两种情况：首先，当外部区域收入等基本面因素发生变化时，要素的自由流动也会提高本地城市的工资水平，从而提高本地的房价；其次，当外部区域房地产市场发生变化时，例如外部区域房地产投资预期收益率的提高通过一般均衡效应提高了外部区域的工资，也会进一步引起本地城市劳动力工资的提高，从而使得本地城市房价上升，也就是开放小城市的房价更容易受到外部区域房价溢出效应的影响。

2. 城市体系与房价体系的关系

城市体系必然涉及多个城市的空间均衡，这里我们将上述单个城市模型拓展为简化的两区域模型来分析城市体系与房价体系之间的关系。我们分两种情况进行理论分析，即不考虑劳动力异质性的基准模型与引入劳动力异质性的拓展模型。

（1）不考虑劳动力异质性的基准模型。

首先，居民的效用函数为：

$$U_r = H_r{}^{\mu} M_r{}^{1-\mu}$$

$$s.t.\ P_{M,r} M_r + p_{H,r} H_r = w_r + E(\pi_{H,r}) = E_r$$

$$M_r = \left[\int_0^N m_i{}^{(\sigma-1)/\sigma} di \right]^{\sigma/(\sigma-1)},\ \mu > 0,\ \sigma > 1$$

上式中 $r = 1,2$，分别表示城市1与城市2。与单个城市的模型不同，由于城市体系的演变取决于要素的跨区域流动，所以这里省略城市内部的通勤成本，其他各变量的含义与上文相同。

其次，制造业部门生产技术的设定与上文单个城市中相同，其成本函数为 $C_r = w_r(F + mq_r)$，仅使用劳动作为生产要素，且劳动力在城市间可自由流动，每个城市的劳动力数量为 L_r；工业品在跨区域贸易存在冰山成本 τ。

最后，房地产部门是完全竞争的，在每个城市住房的总供给为 $H_{s,r}$，因此每个城市房地产市场的均衡条件为：$H_{s,r} = \dfrac{\mu E_r}{p_{H,r}}$。

具体来看，劳动力的均衡工资由下式决定：

$$(1 - \mu)w_{L,r}^{1-\sigma}B_r = F\sigma w_{L,r}$$

$$B = \frac{E_1}{\Delta} + \frac{\varphi E_2}{\Delta^*}, \quad B^* = \frac{\varphi E_1}{\Delta} + \frac{E_2}{\Delta^*}, \quad \Delta_1 = L_1 w_1^{1-\sigma} + L_2 \varphi w_2^{1-\sigma}, \quad \Delta_2 = L_1 \varphi w_1^{1-\sigma}$$

$$+ L_2 w_2^{1-\sigma}, \quad \varphi = \tau^{1-\sigma}$$

其中，每个区域的总收入分为两部分，一是工资收入，二是住房投资的预期收入，其中住房投资的预期收入是房价 p_H 的函数，具体如下所示：

$$E_r = w_r L_r + E(\pi_{H,r}(p_{H,r}))L_r$$

在长期中，当不同城市居民的效用相等时，劳动力的跨区域流动实现均衡，即需要满足以下条件：

$$V_1 = V_2 , \quad 其中，V_1 = \frac{w_1 + E(\pi_{H,r}(p_{H,r}))}{P_{M,1}^{1-\mu}p_{H,1}^{\mu}}, \quad V_2 = \frac{w_2 + E(\pi_{H,r}(p_{H,r}))}{P_{M,2}^{1-\mu}p_{H,2}^{\mu}}$$

上式中 V_r 为城市 r 居民的间接效用函数。由上式可以发现，房价影响城市体系的途径主要有两条：①生活成本效应，即房价的变动会影响城市的整体价格指数，从而使得居民的实际收入发生变化。因此，高房价城市会通过提高居民生活成本的方式导致劳动力或产业流出该城市，导致城市体系变动。②收入效应。即房价的变动会影响居民的住房投资预期收益，从而对居民的总收入产生影响，而总收入的变动又会通过本地市场效应影响产业的分布。因此，高房价城市也存在通过收入效应促进产业在该城市集聚的动力，所以高房价也存在促进产业集聚的合理成分。

另一方面，由于城市的均衡房价 $p_{H,r} = \frac{\mu E_r}{H_{s,r}}$，因此，当不同城市的住房供给水平、工资水平以及住房投资预期收益水平一定时，城市间的房价体系也就被确定了；但注意到，当城市间房地产投资预期收益发生变化时，城市的总收入会发生变化，房价体系也会发生相应变化。

但这里需要强调的是，由于劳动力流动导致的需求转移效应，不同城市间房价的差异往往要大于收入的差异，其内在的作用机制为：①在不考虑要素流动情况下，收入水平高的城市对住房的总需求要大，在总供给一定的情况下，其均衡房价要更高；②当要素可以自由流动时，收入水平高的城市会吸引劳动力或产业的流入，新增的住房需求会进一步推高房价，从而进一步增大城市间的房价差异。

（2）引入劳动力异质性的拓展模型。引入劳动力异质性主要是为了考察房价对不同类型劳动力的影响差异，这里主要关注劳动力的技能异质性。在引入劳动力技能异质性后，由于高技能劳动力的生产率更高，此时城市中不同类型劳动力的工资会存在差异，即 $w_{H,r} > w_{L,r}$，其中，$w_{H,r}$ 是城市 r 中高技能劳动力的工资，$w_{L,r}$ 是城市 r 中低技能劳动力的工资，即高技能劳动力的工资相对于低技能劳动力存在一个工资溢价。因此，如果城市中高技能劳动力的比重越高，那么该城市的收入水平也越高，房价也就越高。

另一方面，房价对不同类型劳动力流动的影响不同。当房地产投资收益在不同技能劳动力间不是平均分配时，一个合理的假定是高技能劳动力比低技能劳动力获得更多的房地产投资收益，这会导致不同技能劳动力对房价变动的反应不同。例如，当房价上升时，高技能劳动力的效用水平相对于低技能劳动力的下降幅度要更小，这意味着低技能劳动力的流动对房价反应更敏感。因此，当一个城市房价上升时，由于低技能劳动力的流出更快，该城市中的劳动力技能结构会发生变化，即高技能劳动力所占的比重会提高。

综合以上关于城市体系与房价体系关系的理论分析，我们可以得到以下结论：①存在着与一定城市体系相匹配的房价体系，特别是城市间要素的自由流动，会使城市间房价差距大于收入差距。②房价体系通过生活成本效应与收入效应影响城市体系。③贸易自由度的变化会影响产业分布，并通过影响住房需求的方式引起房价体系的空间分化。④房价变化对不同技能劳动力流动的影响存在差异，因此，房价体系的变化会引起城市体系中劳动力技能结构的变化。

（二）研究推论

结合理论模型中揭示的城市体系与房价体系的一般规律性特征，根据居民、制造业和房地产三大部门在城市与房价体系形成及其相互关系中的作用机制，本报告就中国的城市体系与房价体系提出以下推论：

1. 中国将形成多层次、多中心的城市体系：东中一体，一网五带

根据理论分析，在一定的交通技术、收入水平等条件下，城市中居

民、制造业部门与房地产部门的均衡可以确定城市中心区、中心城市、城市群的最优规模，并决定一个国家的城市体系。因此，结合当前中国的交通与收入条件，本报告认为中国将形成多层次、多中心的城市体系，具体体现为"东中一体，一网五带"，即中国东部和中部一体化趋势明显，将集聚为中心，东北部和西部则分散为外围；以东中部一体化城市网为"一网"，分别延伸出"五带"——沿京哈线城市发展带、沿陇海—兰新线城市发展带、长江上游城市发展带、沿沪昆线西段城市发展带和东南沿海城市发展带。

2. 中国将形成多层次房价体系

理论模型分析表明，存在着与一定城市体系相适应的房价体系，因此在中国多层次的城市体系下将会形成多层次的房价体系。第一，城市内部房价体系的多层次性，城市中心区与其他区域的房价差异明显；第二，城市群内部形成多层次的房价体系，中心城市的房价往往处于领涨地位，而边缘城市房价走势则紧跟中心城市；第三，城市群之间也将形成多层次的房价体系。具体体现为城市群间的房价存在明显差异，并形成一定的层级结构。

3. 中心城市房价存在一定适度的泡沫具有必然性：房地产具有金融属性，房地产投资具有空间流动性和不确定性

房地产具有消费品与投资品的双重属性，理论分析表明，其作为投资品的金融属性使得房地产投资预期收益往往不完全取决于基本面因素，而房地产投资的空间流动性、不确定性等，往往容易导致房价泡沫的产生。另一方面，在城市体系中，由于要素流动产生的需求转移效应，城市间房价的差异要大于收入的差异。因此，对于处于集聚核心区的中心城市而言，一般具有较高的房价收入比，这意味着中心大城市存在一定适度的房价泡沫具有必然性。

4. 中国的房价体系是动态变化的，随着市场条件的变化将向新的方向演化

根据理论分析，一定的城市体系决定了房价体系，因此，对于单个城市而言，其房价波动与所处城市体系的房价体系密切相关，同一城市体系中城市的房价波动会表现出较强的同步性，因此市场条件变化导致的城市体系变化也会引致房价体系的动态变化；另一方面，由于房地产

投资收益预期波动导致的房价体系变动的相对独立性，因此房地产市场自身条件变化也会导致房价体系的变动。

5. 房价是转型升级的杠杆也可能是陷阱

理论分析表明，房价波动会影响城市内部的劳动力技能结构，其中高房价可以提高高技能劳动力的比重，从这个意义上讲，高房价对于城市的产业升级是有促进作用的，因为高房价挤出了更多的低技能劳动力。但另一方面，高房价也提高了居民的生活成本，降低了居民的效用水平；同时，如果住房投资收益在居民中不是平均分配的话，高房价也会加剧收入差距，而这对产业或经济的长期转型都是不利的因素。

6. 房价体系会反过来影响城市体系

均衡房价不仅取决于城市体系决定的基本面因素，还受房地产市场自身因素的影响。特别是房地产预期投资收益容易受到投机因素的影响，具有很强的不确定性，从而形成对房价的冲击。因此，房价体系的变动相对于城市体系存在一定的独立性，并通过生活成本效应与收入效应影响城市内部居民的效用水平、产业规模以及城市间的要素流动等途径对城市体系产生反作用。

7. 城市群中心城市对周边城市房价存在溢出效应

城市群中心城市处于集聚的核心区域，城市规模大，而周边区域城市规模相对较小；同时，由于位于同一城市群内部，中心城市与周边城市的要素流动频繁，贸易自由度高。因此，根据开放型小城市的理论分析结论，此时房价体系受到外部区域因素的影响更明显。也就是说，通过要素与产业的流动，中心城市房价会对周边城市产生正向溢出效应，即城市群中心城市房价的上升会带动周边城市房价的上涨。

综合来看，随着中国将形成多层次的房价体系，房价波动对宏观经济的影响将不再限于单个城市，房价体系中不同城市（群）间的交互作用与相互影响会对中国宏观经济产生重大影响。特别是对中国的转型升级而言，房价体系的作用存在双重性：一方面，当房价体系内部以及房价体系与城市体系的关系处于合理区间时，房价体系能够促进资源在空间上的合理配置，尤其能够提高高素质、高技能劳动力的集聚，从而发挥对中国转型升级的杠杆作用；另一方面，当房价体系内部以及房价体系与城市体系的关系处于不合理区间时（例如，过高的房价），由此导致的过高的生活成本、收入差距扩大等因素则不利于经济的转型升级，成为中国转型升级的陷阱，在现实中房价体系对中国的转型升级的作用方向要取决于这两种作用的相对大小。因此，如何在最大化房价体系对中国转型升级杠杆作用的同时，最小化其陷阱作用，对理论研究与政策实践而言是一个重要的挑战。

第四章　房价体系与城市转型：
中国的实证

倪鹏飞　王海波

本文主要使用泰尔指数作为衡量我国城市规模与房价分化程度的指标。泰尔指数（Theil Index）是一个衡量经济与社会等领域内的不平等程度的统计量，如收入差距、地区差距等。泰尔指数由亨利·泰尔于1967年提出，他参照信息论中的熵理论设定了泰尔指数的概念。泰尔指数与其他衡量不平等的统计量相比有一个重要优点，假如总体按一定标准分组，那么总体泰尔指数等于各个分组内样本不平等程度的加权和。在本文中，中国地级及以上城市房价的不平等就是每个城市群内的不平等的加权和。

考虑到数据的可得性与可靠性，本部分主要选取我国285个地级及以上城市2001年到2015年的年度城区人口、房价、GDP与收入等数据进行实证分析，探讨我国城市体系与房价体系的互动关系，2016年4月到2017年3月的城市房价月度数据探讨我国房价体系的新动态。此外，结合已有研究与规划内容，并根据城市群发展阶段，本报告在中国识别出33个城市群，在剔除了部分潜在城市群之后，从地级及以上城市层面集中考察25个城市群的房价体系，对我国城市与城市群的房价体系做一个直观呈现。

一　关于多层次多中心的城市体系的实证

（一）我国城市群人口规模显著分化，东中一体趋势渐显

从表4—1中可以发现，2015年我国城区人口最多的三个城市群依

次为长三角城市群、京津唐城市群与珠三角城市群，分别为 4718.4 万人、3222.9 万人与 2486.0 万人，其中长三角城市群的优势十分突出。人口最少的城市群则依次为银川城市群、浙东城市群与黔中城市群。

从新世纪以来我国城市群城区人口增幅来看，我国城市群的发育速度出现了显著分化。其中 2015 年人口较 2001 年人口实现翻番的城市群则有长三角、珠三角、成渝、徐州、海峡西岸、浙东与南宁城市群，除成渝城市群外均处于我国东中部地区，而辽中南、哈尔滨与长春城市群的人口增幅均少于 0.4%，与近年来东北经济持续衰落，人口不断流出的现实相符。

从 2011—2015 年增速来看，我国一线城市群人口规模增幅趋缓，中部地区二级城市群城区人口增幅明显提升。长三角、珠三角与京津唐城市群 2011—2015 年城区人口增幅较 2006—2010 年间大幅趋缓，中原、环鄱阳湖、太原等中部城市群 2011—2015 年城区人口增幅较 2006—2010 年间有所上升，说明我国中部地区的城市群发育速度明显提速。这在一定程度上表明我国中部地区与东部地区的城市群差异有所减小，东中一体趋势显现，与本系列报告之前的判断相符。

其中需要指出的是，成渝城市群、关中城市群增幅也较为明显。这两个城市群在历史上属于中华民族的核心区域，开发历史较早，自然条件与其他西部地区相比较适宜人类居住，所以近年来发展迅速。

表 4—1　我国城市群 2001—2015 年城区人口规模及其变化趋势

城市群	2001 年城区人口（万人）	2015 年城区人口（万人）	2001—2005 增幅（%）	2006—2010 增幅（%）	2011—2015 增幅（%）	2001—2015 总增幅（%）
长三角城市群	2099.5	4718.4	0.74	0.19	0.09	1.25
京津唐城市群	1621.0	3222.9	0.53	0.19	0.09	0.99
珠三角城市群	1061.0	2486.0	0.95	0.10	0.10	1.34
成渝城市群	891.0	2046.6	0.72	0.13	0.18	1.30
辽中南城市群	1328.5	1641.2	0.18	0.05	0.00	0.24
山东半岛城市群	741.2	1229.5	0.43	0.07	0.09	0.66
中原城市群	573.7	1027.8	0.50	0.09	0.10	0.79
哈尔滨城市群	768.0	943.5	0.23	−0.01	0.02	0.23

续表

城市群	2001 年城区人口（万人）	2015 年城区人口（万人）	2001—2005增幅（%）	2006—2010增幅（%）	2011—2015增幅（%）	2001—2015总增幅（%）
徐州城市群	410.8	861.6	0.50	0.19	0.18	1.10
长株潭城市群	445.3	857.9	0.46	0.19	0.11	0.93
皖江淮城市群	489.5	793.5	0.44	0.09	0.03	0.62
武汉城市群	530.9	715.2	0.20	0.19	-0.06	0.35
关中城市群	400.1	687.0	-0.39	0.09	0.18	0.72
长春城市群	449.6	617.6	0.14	0.13	0.06	0.37
海峡西岸城市群	272.7	569.3	0.64	0.19	0.07	1.09
石家庄城市群	333.0	535.3	0.30	0.12	0.10	0.61
环鄱阳湖城市群	265.1	495.7	0.48	0.05	0.20	0.87
太原城市群	285.9	466.9	0.41	0.07	0.08	0.63
兰州城市群	267.9	394.6	0.34	0.03	0.07	0.47
琼海城市群	189.7	327.5	0.26	0.19	0.15	0.73
南宁城市群	154.5	310.5	0.72	0.15	0.15	1.01
呼包鄂城市群	212.4	303.4	0.23	0.27	-0.08	0.43
黔中城市群	195.8	290.7	0.33	0.09	0.02	0.49
浙东城市群	95.5	258.0	1.54	-0.03	0.10	1.70
银川城市群	113.2	216.7	0.52	0.11	0.14	0.92

资料来源：中国社会科学院城市与竞争力指数数据库。

（二）我国城市间人口规模差异进入下降期

我国地级及以上城市和城市群内部泰尔指数可以分为两个阶段（见图 4—1）。在 2000—2010 年，地级及其以上城市之间的泰尔指数与城市群内部泰尔指数同步增大，说明我国城市人口规模差距不断扩大，且我国总体差距主要由城市群内部的差距决定。在 2010—2015 年，这两者又同步缩小，但城市群之间的规模差距略微增大。这意味着 2010 年以来我国城市群发育日渐成熟，城市群内部城市的规模差异有所降低，即城市群内各城市人口规模差异有所弱化，多中心化趋势逐渐显现。城市群之间的规模差异略微上升，二者出现了分化趋势。

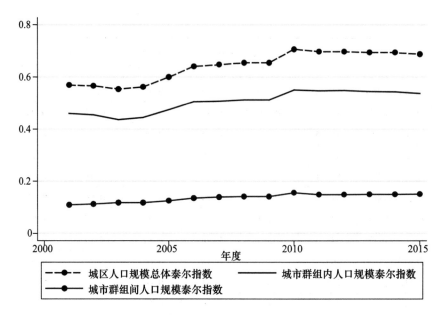

图 4—1　我国地及其以上城市城区人口泰尔指数趋势

资料来源：中国社会科学院城市与竞争力指数数据库。

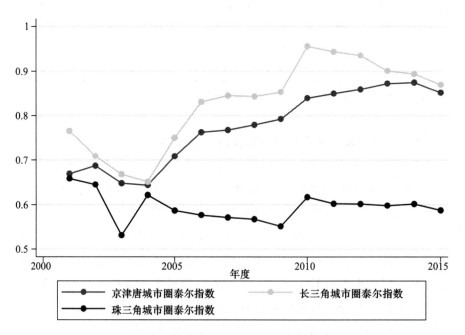

图 4—2　我国主要城市群的城区人口泰尔指数趋势

资料来源：中国社会科学院城市与竞争力指数数据库。

三大成熟城市群内部城市规模差异均进入下降期，多中心趋势显现（见图4—2）。在2001—2004年期间，三大城市群的内部城市规模差异均缓慢下降，三大城市群的泰尔指数均有所下降。但2005年开始，三大城市群开始分化，长三角城市群与京津唐城市群的内部差异开始逐步增大，其中长三角城市群规模泰尔指数于2010年达到顶峰，峰值为0.956，而后开始持续下降，人口规模差距开始逐年下降；京津唐自2014年也出现拐点，2015年泰尔指数为0.852。珠三角城市群的人口规模差异相对于另两个城市群来说较小，且长期处于下降趋势。

二　中国将形成多中心多层次的房价体系

在我国多中心多层次性的城市体系基础上，我国将形成多中心多层次性的房价体系。房价体系是在一定空间范围内，以中心城市为核心，各种不同性质、规模和类型的城市的房价相互联系与作用的城市群房价体系。房价体系包含城市房价的多中心性与联系性，多中心性是指城市房价在房价水平与房地产市场规模上表现出的城市群内城市相对位置差异，联系性是指城市群内部与城市群之间房价的相互作用。房价体系的中心性与联系性受到产业转移，职住分离，人口流动，投资资金流动等因素的影响，其中前三个因素受距离条件较为显著的影响，距离越近，城市间的相互作用越明显，而资金流动则与距离条件关系不大，跨区域流动性很强。中心性和联系性互为影响，比如城市联系的增强有助于提高该城市在网络体系中的节点地位；而中心性的提升有助于让城市在整合网络体系中进行更广范围的集聚与扩散联系。中国城市房价体系中心性表现为尖塔形、多层次性、多中心性与集群化，联系性表现为城市群内部城市的扩散效应、虹吸效应与城市群间城市的传染效应与迁移效应。中心城市若房价上涨，将带动周边城市房价上涨，是为扩散效应；若一个城市群（或中心城市）房价上涨，引起另一个城市群（或中心城市）房价同步上涨，则为扩散效应；若中心城市房价过快上涨，则可能会对周边城市产生负面影响，是为虹吸效应。

（一） 当前我国一、二线城市房价高企，房价体系呈现多中心性与集群化

使用大数据手段获取了我国地级及以上城市 2016 年 4 月到 2017 年 3 月的月度二手房房价数据，使我们可以对我国地级及以上城市房价的近期态势有一个直观的了解。我国大城市已进入"存量交易"为主的阶段，故选择二手房房价进行分析，本部分房价均指二手房房价。

一线城市二手房价格高企，个别三、四线城市入围。观察我国二手房房价前十名城市可以发现，房价分布呈阶梯状。北京以 63716 元/平方米的房价高居榜首，形成第一阶梯；上海与深圳位列北京之后，分别为 48114 元/平方米与 45466 元/平方米，厦门也以 41538 元/平方米的房价强势入围，形成房价的第二阶梯。天津、南京、广州、三亚、杭州与珠海则形成第三阶梯，其房价处于 21832 元/平方米与 26188 元/平方米之间。从区域层面来看，除位于海岛的三亚外，其余九个城市均处于环渤海和东南地区，其中尤以东南地区居多。从城市规模来看，一线城市房价高企，除广州外其余三个城市包揽前三名，需要指出的是，珠海与三亚作为三线城市与四线城市入围，这两个城市的房地产市场不容乐观。从城市群角度来看，则三大成熟城市群内城市占据八席。在 2016 年 4 月到 2017 年 3 月期间，从增幅角度来看，在房价最高的十个城市中，天津的增幅最大，达 54.447%；厦门紧随其后，增幅为 53.069%；北京增幅为 44.262%，居第三位；其他城市房价增幅较为接近，多处于 20%—30% 间。需要指出的是，深圳在经历了 2015 年与 2016 年的楼市疯涨后，其二手房价格恢复性回落，下降 8.613%。

表 4—2　　　我国地级及以上城市 2017 年 3 月二手房房价前十名

城市	区域	级别	城市群	房价（元/m²）	增幅（%）	房价排名
北京	环渤海	一线城市	京津唐城市群	63716	44.262	1
上海	东南	一线城市	长三角城市群	48114	19.363	2
深圳	东南	一线城市	珠三角城市群	45466	-8.613	3
厦门	东南	二线城市	海峡西岸城市群	41538	53.079	4
天津	环渤海	二线城市	京津唐城市群	26188	54.447	5
南京	东南	二线城市	长三角城市群	25947	29.793	6

续表

城市	区域	级别	城市群	房价（元/m²）	增幅（%）	房价排名
广州	东南	一线城市	珠三角城市群	25525	22.722	7
三亚	西南	四线城市	琼海城市群	22586	26.795	8
杭州	东南	二线城市	长三角城市群	22487	22.285	9
珠海	东南	三线城市	珠三角城市群	21832	22.755	10

资料来源：中国社会科学院城市与竞争力指数数据库。

　　我国房价体系表现出很强的多中心性与集群化。观察图4—3（左）可以发现，从当前我国城市房价来看，京津唐城市群、长三角城市群与珠三角城市群无论是从当前房价还是房价增量来看，均处于全国前列，北京、上海与深圳的房价领跑全国，为全国范围内的房价中心城市，这三个城市群内的城市较之于其他城市房价普遍较高，其房价起伏与该城市与三个中心城市的距离有较强的关系。观察图4—3（右）可以发现，2016年4月至2017年3月的房价增幅表现出了更强的多中心性。三大城市群房价增幅高于其他城市群，其他城市群的中心城市房价增幅大于群内其他城市。

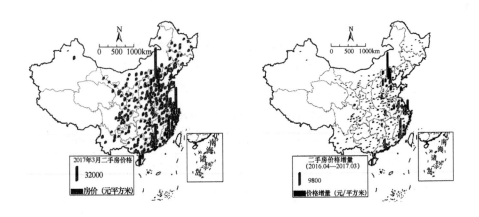

图4—3　我国地级及以上城市房价形势

（二）我国城市房价体系为尖塔形分布，呈现多层次性

考虑到控制变量的可得性，使用我国285个地级及以上城市2015

年商品房销售数据，分析我国多层次的房价体系。

　　我国城市房价体系具有多层次性。从图4—4（左）与表4—3可以发现，我国285个地级及以上城市房价呈右偏态分布。房价均值为5297.88元/平方米，中位数为4412.73元/平方米，中位数小于均值。最大值为33942.16元/平方米，为深圳市，变异系数为0.59。结合图4—4（左）与图4—4（右），我国城市房价呈尖塔形分布，房价高于25000元/平方米的城市只有1个，位于15000—25000元间的城市有4个，10000—15000之间的城市有11个。低于4500的城市有152个，占比53.33%。

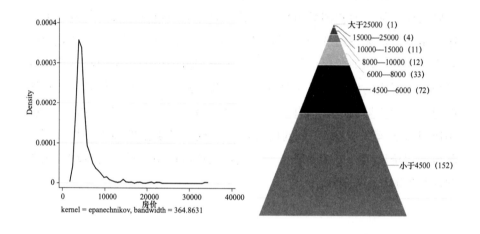

图4—4　我国地级及以上城市房价核密度图与金字塔图

资料来源：中国社会科学院城市与竞争力指数数据库。

表4—3　　　　　　　　　我国地级及以上城市房价统计描述

变量	样本数	均值	中位数	标准差	最小值	最大值	变异系数
房价	285	5297.88	4412.73	3139.38	2182.73	33942.16	0.59

资料来源：中国社会科学院城市与竞争力指数数据库。

（三）我国城市群内部扩散效应与城市群之间的存在显著的传染效应

　　一个中心城市房价上涨会影响另一个中心城市。2015年以来，我国三大城市群的中心城市的房价增幅此起彼伏，相互推动。2015年伊始，深圳房价开始提速，2015 年 6 月达到顶点，月度环比增幅 7.1%，然后经历了阶段性回落，于 2015 年 10 月达到低点，而后有所上升，继续领跑。在此期间，上海房价开始逐步升温，北京房价也于 2016 年伊始快速上涨。三大房价中心城市于 2016 年 3 月达到最大值，而后同步回调，此时上海房价增幅开始领跑，深圳房价增幅迅速回落。2016 年 5 月开始，北京房价涨幅最高。2016 年 6、7 月份，深圳房价涨幅陡增，紧接着 8、9 月份上海与北京房价大幅上涨。

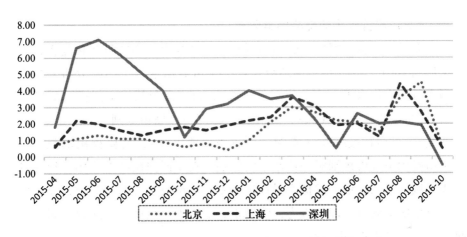

图 4—5　北京、上海与深圳房价环比涨幅趋势

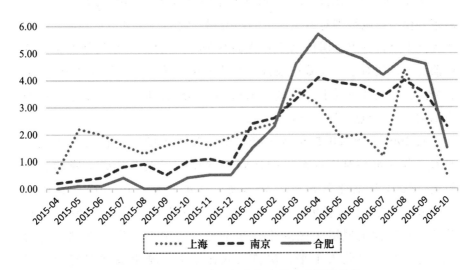

图 4—6　上海、南京与合肥房价环比涨幅趋势

高级别中心城市会对低等级城市有较大影响（见图4—6）。上海作为我国房价体系中心城市，对南京与合肥的房价有重要影响。2015年全年上海房价涨幅领跑南京与合肥，南京与合肥在上海房价涨势影响下，开始逐步升温，且南京领跑于合肥。2016年伊始，南京、合肥房价暴涨，南京于2016年1月房价增幅超过上海，合肥则于2016年3月房价增幅超过上海与南京。此后这三个城市的涨幅排序基本不变，趋势基本相同。

（四）房价水平的影响因素分析

为了进一步考察房价的影响因素，识别其影响程度与变化趋势，本文使用2001—2015年全国地级及以上城市数据进行了回归分析，其中因变量为房价水平（商品房均价对数），自变量包括城市规模（城区人口对数）、收入水平（人均可支配收入对数）、城市级别（一、二、三、四线）、城市行政级别（省级、副省级、地市级），需要指出的是，为了精确刻画城市级别对房价水平的影响，在本回归模型中使用虚拟变量表示城市级别，根据虚拟变量设定法则，城市级别有四个等级，故虚设定单个虚拟变量，即是否为二线城市、是否为三线城市、是否为四线城市，结果见表4—4。

从2015年回归结果来看，收入水平与城市级别对房价的影响最大，城市规模与行政级别对城市房价的影响相对较小。其中，人均可支配收入提高1个百分点，房价水平将提高0.58个百分点。在其他变量不变的前提下，相对于一线城市来说，二线城市房价低于一线城市0.76个百分点，三线城市低于一线城市1.03个百分点，四线城市低于一线城市1.15个百分点，逐级增加。

从2001年到2015年各个变量对房价水平的影响程度变化趋势来看，收入水平对房价水平的影响程度经历了先上升后下降的变化轨迹。2001年估计系数为0.56，而后逐年增大，至2007年达到峰值1.01，在经历短暂波动后开始下降，2015年下降至0.58，这意味着近年来我国城镇居民的收入水平与房价水平发生了背离，房价水平越来越偏离收入水平，房价收入比增大。城市级别对房价水平的影响逐渐增强，二、三、四线城市与一线城市的房价差距逐渐增大。此外城市行政级别对房价水平的影响程度也经历了从增强到减弱的历程，总体上来看变化不大，且与城市级别相比，系数较低，这意味着我国城市房价水平相对于行政级别，更多地受到城市级别的影响。

表4—4　　中国地级及以上城市房价水平的影响因素及估计系数

年度	人口规模	收入水平	是否为二线城市	是否为三线城市	是否为四线城市	行政级别
2001	0.13	0.56	−0.28	−0.44	−0.51	−0.05
2002	0.10	0.60	−0.23	−0.41	−0.49	−0.08
2003	0.08	0.67	−0.30	−0.50	−0.61	−0.06
2004	0.08	0.68	−0.26	−0.45	−0.52	−0.09
2005	0.08	0.83	−0.16	−0.34	−0.41	−0.09
2006	0.04	0.88	−0.27	−0.47	−0.57	−0.12
2007	0.08	1.01	−0.35	−0.52	−0.57	−0.05
2008	0.08	0.94	−0.36	−0.51	−0.58	−0.05
2009	0.05	0.90	−0.42	−0.60	−0.72	−0.08
2010	0.02	1.01	−0.46	−0.66	−0.78	−0.09
2011	0.01	0.87	−0.45	−0.72	−0.83	−0.06
2012	0.00	0.80	−0.45	−0.70	−0.83	−0.07
2013	0.02	0.79	−0.61	−0.86	−0.95	−0.01
2014	0.01	0.67	−0.61	−0.86	−0.96	−0.06
2015	0.01	0.58	−0.76	−1.03	−1.15	−0.07

资料来源：中国社会科学院城市与竞争力指数数据库。

三　我国大城市存在房价泡沫有一定的必然性

房价收入比是指住房价格与城市居民家庭年收入之比。我们假定一个家庭有3口人，且每个家庭的住房面积应90平方米，以此为标准，计算我国各城市的房价收入比。一般认为，合理的房价收入比的取值范围为4—6，若计算出的房价收入比高于这一范围，则认为其房价偏高，房地产可能存在泡沫，高出越多，则存在泡沫的可能性越大，泡沫也就越大。在本章理论分析部分，我们得出结论：对于处于集聚核心区的大城市而言，一般具有较高的房价收入比，这意味着现实中大城市存在一定适度的房价泡沫具有必然性。

我国地级及以上城市的房价收入比偏高，部分城市形势较为严峻。从图4—7（右）可以发现，我国地级及以上城市的房价收入比呈现出以5.66为轴心的右偏分布，285个样本城市中的180个城市房价收入比低于6，较为合理。同时有11个城市高于10，严重超过了合理区间。其中深圳房价收入比为23.75，为全国最高，这与深圳2015年下半年房地产市场的过热有直接关系，三亚为20.55，北京为16.04，分别为第二高与第三高。

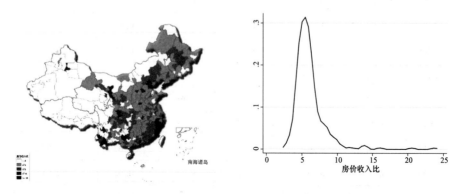

图4—7　2015年我国地级及以上城市房价收入比分布

资料来源：中国社会科学院城市与竞争力指数数据库。

人口规模与房价收入比存在着显著的U形相关关系（见图4—8A）。2015年，我国地级及以上城市随着人口规模增大，其房价收入比值先降低后升高，且其变速速度有所不同，降低的速度小于升高的速度，这意味着随着人口的增加，房价收入比增加的趋势更快，从而我国大城市存在一定适度的房价泡沫具有必然性。

收入水平与房价收入比存在着一定程度的U形相关关系（见图4—

8B)。2015 年，随着城镇居民人均可支配收入水平的升高，我国地级及以上城市的房价收入比先降后升。这意味着我国收入水平与房价收入比发生了背离，收入水平高于一定水平的城市，其收入水平的上升并未带来住房购买力的上升。

从城市规模与收入水平来看，我国大城市的房价收入比普遍较高。北京、上海与深圳三个城市的城区人口规模居于我国前三位，收入水平也位于前列，其房价收入比则分别为 23.75、16.04 与 13.59，分别位居第一、三、六位。广州、厦门、杭州、温州等大中城市的房价收入比也较大。

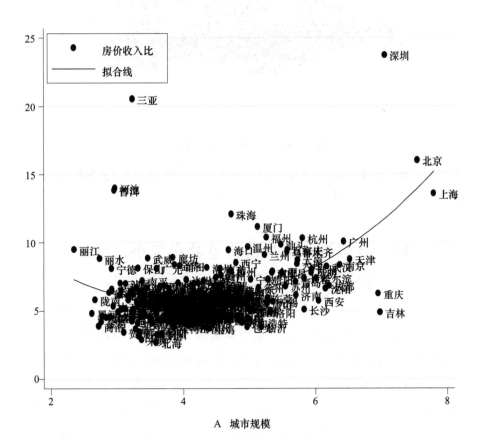

A 城市规模

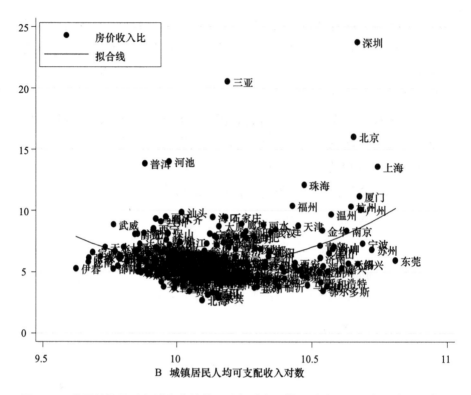

图4—8　我国地级及以上城市房价收入比与城市规模和城镇居民可支配收入散点图
资料来源：中国社会科学院城市与竞争力指数数据库。

四　我国城市群内房价差异在变小，城市群间房价差异在增大

中国的房价分化体现为城市群之间的房价差异越来越明显，从全国层面看，城市群内部的差异逐步变小，城市群之间的差异逐步增大。从图4—9来看，整体层面上来，我国地级及以上城市的房价差异在逐步增大，泰尔指数由2016年4月的0.259增加到2017年3月的0.299。这意味着该年度内，随着房地产市场的升温过热，我国城市间的房价差异也有所加剧。

值得注意的是，伴随着我国城市群的发育，我国城市群内的房价差异在总体差异中的占比有所减少。从2016年4月的58.8%下降到2017

年 3 月的 54.6%，虽然仍构成了超过五成的总体差异，但其有不断变小的趋势。与之相对应的，城市群间的房价差异占比则在增大。这种趋势与本文的理论推断相符，即中国的房价分化体现为城市群之间的房价差异越来越明显，从全国层面看，城市群内部的房价差异虽然仍大于城市群之间的房价差异，但缩小的趋势十分显著。

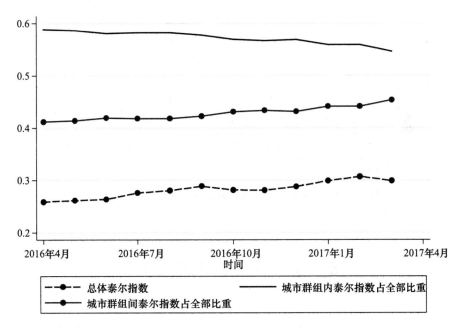

图4—9　2016 年 4 月—2017 年 3 月我国地级及以上城市房价分化趋势
资料来源：中国社会科学院城市与竞争力指数数据库。

我国三大成熟城市群房价差异的分化趋势则有所不同（见图4—10）。京津唐城市群的房价体系在波动中保持稳定，其房价差异幅度在三个城市群中始终是最大的，2017 年 3 月泰尔指数为 0.281。长三角城市群则由于 2006 年第二季度与第三季度上海、南京、苏州等城市的房地产市场过热，其泰尔指数显著上升，房价差异幅度增大，但随着楼市调控力度的增大，其房价分化有所减少。珠三角城市群的房价差异则在波动中下降。

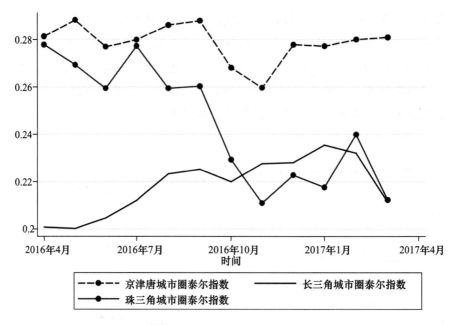

图 4—10　我国三大成熟城市群的内部城市房价泰尔指数

资料来源：中国社会科学院城市与竞争力指数数据库。

五　房价对产业升级的作用

　　理论分析表明，房价波动会影响城市内部的劳动力技能结构，其中高房价可以提高高技能劳动力的比重，从这个意义上讲，高房价对于城市的产业升级是有促进作用的，因为高房价挤出了更多的低技能劳动力。从图 4—11 可以发现，我国地级及以上城市房价与高新技术产业劳动力占比的关系共有四个类型，房价高低与高技能劳动力占比高低形成四个象限。在第一象限，房价越高的城市，其高新技术产业劳动力占比也越高，这在一定程度上论证了高房价对城市的产业升级具有一定的积极作用，北京、上海、深圳、厦门、苏州等城市均处于这一区间，这与这些城市高新技术产业高速发展有直接关系。处于第二象限的城市，其房价水平较低，高新技术产业劳动力占比相对较高，西安、成都、重庆等城市处于这一象限，这与这些城市相对其他城市较为健康的房地产市场有关。在第三象限，其房价与高技能劳动力占比都较低，大多数中小城市处于这一象限，符合我国的惠及情况。在第四象限，房价水平较高，而高技能劳动力占比较低，温州、佛山、东莞处于该区间，佛山、东莞外来务工人员较多，对此有直接影响。

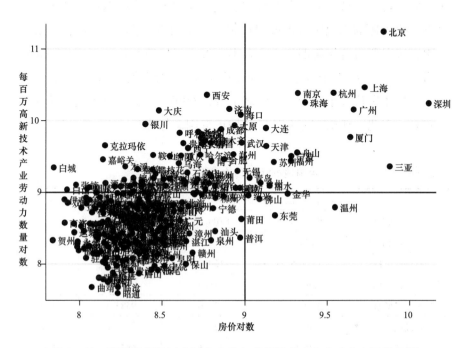

图4—11　我国地级及以上城市房价与高新技术产业劳动力占比散点图

资料来源：中国社会科学院城市与竞争力指数数据库。

六　城市群视角下的房价体系

本部分使用我国地级及以上城市2001—2015年度商品房统计数据，对我国城市群房价的现状及其发展趋势进行论证。

（一）中国城市群房价现状及其发展趋势

从我国2015年城市群房价来看，珠三角城市群最高，第二至第五名依次为长三角城市群、浙东城市群、京津唐城市群与海峡西岸城市群。其中房价最高的珠三角城市群与长三角城市群房价分别为11481.8

元/平方米与 11121.0 元/平方米，十分接近，这与这两个城市群是我国
发育最为成熟的两个城市群有关，且其经济发展水平也较高。

分区域从房价来看，东南地区四个城市群全部进入前五位，珠三角
城市群、长三角城市群与浙东城市群包揽前三名，海峡西岸城市群也位
居第五位。环渤海地区城市群房价则有一定分化，但总体房价仍较高。
京津唐城市群房价居第四位，山东半岛城市群居第八位，石家庄城市群
居第十一位，在 25 个城市群中处于中上游。中部地区城市群房价分化
明显，总体房价处于中游。武汉城市群以 6907.0 元/平方米的房价位居
第六名。东北、西南与西北地区的城市群则总体靠后。

表 4—5 　　　　　　　　中国城市群 2015 年房价基本情况

城市群	销售额（亿元）	销售面积（元/m²）	均价（元/m²）	区域
珠三角城市群	9997.0	8706.9	11481.8	东南
长三角城市群	16561.5	14892.1	11121.0	东南
浙东城市群	1221.5	1150.0	10621.7	东南
京津唐城市群	7592.1	7348.6	10331.3	环渤海
海峡西岸城市群	3200.1	3339.0	9584.1	东南
武汉城市群	2708.1	3920.8	6907.0	中部
琼海城市群	936.0	1365.5	6854.3	东南
山东半岛城市群	3880.0	5933.7	6539.0	环渤海
长春城市群	582.7	934.6	6235.3	东北
太原城市群	453.6	758.3	5981.0	中部
石家庄城市群	1087.2	1831.8	5935.1	环渤海
辽中南城市群	2130.3	3608.0	5904.3	东北
兰州城市群	654.6	1110.2	5896.4	西北
关中城市群	1429.6	2503.0	5711.6	西北
皖江淮城市群	2791.8	4903.0	5694.0	中部
环鄱阳湖城市群	1187.2	2088.5	5684.3	中部
成渝城市群	6349.4	11350.7	5593.9	西南
中原城市群	2405.4	4332.5	5551.8	中部
哈尔滨城市群	947.0	1768.6	5354.8	东北
黔中城市群	921.8	1838.3	5014.7	西南

续表

城市群	销售额（亿元）	销售面积（元/m²）	均价（元/m²）	区域
南宁城市群	931.8	1884.6	4944.6	西南
呼包鄂城市群	490.7	1002.6	4894.5	西北
长株潭城市群	2019.2	4280.3	4717.3	中部
银川城市群	370.3	839.2	4412.7	西北
徐州城市群	1877.766	4292.469	4374.561	环渤海

资料来源：中国社会科学院城市与竞争力指数数据库。

（二）中国城市群之间房价差距不断扩大

通过汇总城市群内城市的商品房销售额与商品房销售面积数据，本部分对我国 25 个城市群 2006—2015 年城市群房价—位序关系进行了测算。结果发现（见图 4—12）城市群房价—位序分布中的幂指数在这十年间均大于 1，这表明中国城市群体系内的城市群之间的差价差距很大，高位次城市群的房价远高于低位次城市群。

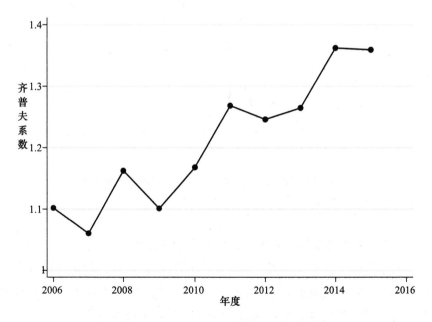

图 4—12　我国 2006—2015 年城市群房价—位序关系的估计结果

资料来源：中国社会科学院城市与竞争力指数数据库。

从 2006—2015 年的城市群房价—位序体系变化来看，幂指数（n）的估计值在波动中持续上升，从 2006 年的 1.233 上升到 2015 年的 1.359。这表明中国当前的城市群房价间的差异不断变大，高房价城市群与低房价城市群的差距持续增大，分化加剧。

新世纪以来，我国城市群首位城市间房价差距在波动中扩大。2001 年，我国城市群首位城市间泰尔指数为 0.083，伴随着我国房地产市场的快速发展，2006 年起首位城市间泰尔指数开始迅速扩大，2007 年增至 0.143，2010 年又上升至 0.163，而后于 2012 年又下降至 0.113，最终于 2015 年上升至 0.174 的历史高点。

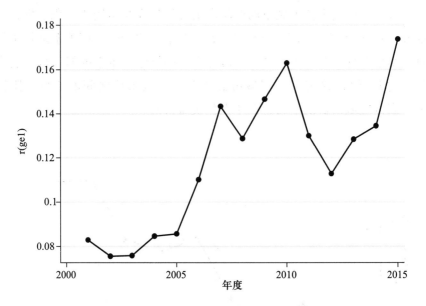

图 4—13　我国城市群首位城市间房价差距趋势示意
资料来源：中国社会科学院城市与竞争力指数数据库。

（三）中国城市群内部的城市之间房价—位序分析

根据房价—位序的关系可以知道，作为系数的幂指数估计值 n 大于 1，表明城市体系内的城市房价差距明显，这意味着大城市的房价比齐普夫定律描述的更高，中小城市的房价则相对大城市更低。

对我国城市群内部城市的房价—位序关系的计算结果显示（见表 4—6），各个城市群内部城市的房价—位序的幂指数估计值普遍大于 1，部分城市群的幂指数估计值远大于1，这表明我国城市群内部房价差距相对于其位次来说更为不均，城市群内部房价高的城市与房价低的城市的差距很大。其中，2015年幂指数估计值位于1—2之间的有京津唐城市群、石家庄城市群、太原城市群、海峡西岸城市群、武汉城市群、珠三角城市群、南宁城市群、琼海城市群与关中城市群，这些城市群内的房价—位序关系差距相对于其他城市群较小。幂指数估计值位于2—4的城市群有辽中南城市群、长春城市群、哈尔滨城市群、长三角城市群、浙东城市群、环鄱阳湖城市群、山东半岛城市群、中原城市群、长株潭城市群、黔中城市群、银川城市群与兰州城市群。幂指数估计值大于4的城市群有呼包鄂城市群、皖江淮城市群、徐州城市群、成渝城市群，这些城市群内部城市的房价差距较大。

进一步通过对比我们可以发现，发育成熟的城市群其房价体系内部差距较小，其幂指数估计值较小，如2015年珠三角城市群的幂指数估计值仅为1.15，在所有城市中处于最小之列，仅高于琼海城市群，这表明珠三角城市群内的房价差距与齐普夫定律较为接近，城市房价—位次关系较为合理；京津唐城市群的幂指数估计值为1.25，仅次于珠三角城市群；长三角城市群的幂指数估计值为2.08，在25个城市群中处于中上游位置。

成熟城市群内部城市房价差距变小。观察表4—6中国城市群内部2005年与2015年房价—位序幂指数变化情况可以发现，我国成熟城市群内部城市房价的幂指数存在变小的趋势，京津唐城市群幂指数由2005年的1.43变为1.25，长三角城市群幂指数由2005年的2.45变为2015年的2.08，珠三角城市群幂指数由2005年的1.57变为2015年的1.15。与此同时，处于发育中的城市群内部房价差距则普遍有所增大。如成渝城市群由2005年的1.91大幅增加到2015年的4.54，武汉城市群由2005年的1.44增加到2015年的1.71。

表4—6　我国城市群内部城市房价—位序关系的现状与变化

城市群	2005 年		2015 年	
	幂指数估计值	可决系数	幂指数估计值	可决系数
京津唐城市群	1.43	0.98	1.25	0.94

续表

城市群	2005 年		2015 年	
	幂指数估计值	可决系数	幂指数估计值	可决系数
石家庄城市群	4.66	0.78	1.56	0.96
太原城市群	1.39	0.77	1.75	0.95
呼包鄂城市群	4.92	0.90	6.00	0.79
辽中南城市群	2.70	0.98	2.89	0.88
长春城市群	2.20	0.91	2.41	0.89
哈尔滨城市群	2.58	0.97	2.54	0.97
长三角城市群	2.45	0.94	2.08	0.99
浙东城市群	3.99	0.99	2.65	0.75
皖江淮城市群	2.78	0.93	4.26	0.84
海峡西岸城市群	1.63	0.97	1.67	0.96
环鄱阳湖城市群	2.02	0.86	3.27	0.90
山东半岛城市群	2.53	0.96	2.84	0.97
徐州城市群	4.92	0.96	5.33	0.98
中原城市群	2.64	0.98	2.66	0.73
武汉城市群	1.44	0.98	1.71	0.82
长株潭城市群	2.56	0.94	2.92	0.97
珠三角城市群	1.57	0.96	1.15	0.97
南宁城市群	1.78	0.94	1.50	0.84
琼海城市群	1.66	1.00	1.08	0.95
成渝城市群	1.91	0.97	4.54	0.97
黔中城市群	1.68	0.78	2.12	0.76
关中城市群	1.30	0.95	1.99	0.97
兰州城市群	1.77	0.91	2.45	0.82
银川城市群	2.08	0.80	3.72	0.89

资料来源：中国社会科学院城市与竞争力指数数据库。

七　城市群中心城市房价对周边城市存在显著溢出效应

从 2016 年 4 月至 2017 年 3 月的房价数据来看，我国城市群中心城市的溢出效应显著，其中尤以京津冀城市群为最。在上涨幅度前十名的地级及以上城市中，有六个城市属于京津冀城市群，包揽前三名，其中廊坊上涨幅度达 74.89%，石家庄上涨达 59.93%，天津上涨达 54.45%。张家口、北京、沧州也进入前十名，依次为第六、七、八名。

表 4—7　我国地级及以上城市 2016 年 4 月至 2017 年 3 月房价增幅前三十名

城市	房价增幅（%）	增幅排名	城市	房价增幅（%）	增幅排名
廊坊	74.89	1	合肥	33.29	16
石家庄	59.93	2	嘉兴	32.36	17
天津	54.45	3	中山	31.79	18
厦门	53.08	4	芜湖	31.26	19
漳州	51.20	5	衡水	30.04	20
张家口	48.26	6	南京	29.79	21
北京	44.26	7	青岛	27.89	22
沧州	42.10	8	滁州	27.46	23
武汉	40.31	9	承德	27.10	24
济南	37.89	10	三亚	26.80	25
陇南	37.19	11	长沙	26.65	26
保定	36.07	12	常州	26.57	27
福州	35.51	13	淮安	26.27	28
盐城	35.40	14	六安	26.09	29
郑州	34.91	15	黄山	25.68	30

资料来源：中国社会科学院城市与竞争力指数数据库。

我国城市群中心城市对周边城市房价存在显著的溢出效应。在表 4—8 中列出了经计算得出的城市群内首位城市与其他城市 2016 年 4 月到 2017 年 3 月的房价增幅。通过对比我们发现，大部分城市群的首位城市与城市群内其他城市的平均房价增幅的幅度相近。其中京津唐城市群中，北京的房价增幅为 44.26%，其他城市的房价平均增幅为 47.05%；长三角城市群中，上海的房价增幅为 19.36%，其他城市房价平均增幅为 16.32%，表现出了较为显著的溢出效应。珠三角城市群则由于深圳房价出现回落，出现了首位城市增幅与其他城市房价增幅背道而驰，这是由于深圳二手房房价经历前期的暴涨后有所回调。

表4—8 近期我国各城市圈首位城市房价增幅与除首位城市外均价增幅

城市群	首位城市房价 （元/m²）	首位城市增幅 （%）	除首位城市外均价 （元/m²）	除首位城市外增幅 （%）
京津唐城市群	63716	44.26	12579.43	47.05
石家庄城市群	14072	59.93	6261.00	12.22
太原城市群	8218	2.51	4131.00	3.87
呼包鄂城市群	6724	5.56	5184.50	4.84
辽中南城市群	10211	4.61	4477.09	0.64
长春城市群	6655	2.23	4440.67	3.16
哈尔滨城市群	7604	0.17	4174.60	0.86
长三角城市群	48114	19.36	12037.86	16.32
浙东城市群	16866	−2.64	11954.00	1.86
皖江淮城市群	14583	33.29	5817.70	15.38
海峡西岸城市群	41538	53.08	11741.80	23.73
环鄱阳湖城市群	9801	8.17	4906.40	6.61
山东半岛城市群	14678	27.89	7243.29	10.63
徐州城市群	6741	5.94	5411.14	6.55
中原城市群	13193	34.91	4725.29	7.21
武汉城市群	15429	40.31	3960.40	7.30
长株潭城市群	8246	26.65	3922.43	4.02
珠三角城市群	45466	−8.61	12358.00	19.43
南宁城市群	7965	11.04	3745.50	2.86
琼海城市群	22586	26.80	6467.75	10.70
成渝城市群	9391	13.90	4805.80	3.97
黔中城市群	6495	2.53	4187.50	1.76
关中城市群	7107	4.68	3547.75	−0.91
兰州城市群	9180	4.83	4736.75	5.42
银川城市群	4762	−3.99	3684.33	0.95

资料来源：中国社会科学院城市与竞争力指数数据库。

为了更进一步考察城市群内首位城市房价对其他城市房价平均增幅的影响，使用25个城市群的二者增幅进行简单的回归分析，结果如表

4—9 所示。首位城市房价增幅每增加 1 个百分点，群内其他城市房价平均增幅将上升 0.304 个百分点，该结果在 1% 的显著性水平下显著。这意味着城市群中心城市对群内其他城市有着统计上显著的溢出效应。

表 4—9　　城市群首位城市房价增幅与其他城市增幅拟合结果

除首位城市外增幅	拟合系数	标准误	t	P > t
首位城市房价增幅	0.303921	0.092611	3.28	0.003
常数项	3.58282	2.30823	1.55	0.134

资料来源：中国社会科学院城市与竞争力指数数据库。

八　政策建议

针对我国城市体系与房价体系的关系，在文献回顾、理论研究与实证分析的基础上，采取与之相适应的对策措施，完善与培育我国城市体系，调控房价体系，有以下政策建议：

一是推进建立一个经济竞争力、社会凝聚力、环境永续力强的多中心群网化城市体系。为了更好地适应我国城市化的客观规律、满足国家转型的迫切需要，发觉发展新动力与新红利，规划和构建中国城市体系应确立"经济竞争力强、社会凝聚力强与环境永续力强"三个目标价值，形成"多中心、网络化、集群化、哑铃型"的城市结构，采取重点发展城市群体系、放开对大城市的限制、因地制宜区别发展小城镇、构建多尺度的多中心以及促进城市空间和功能体系的网络化等五项路径措施，推进建立一个经济竞争力、社会凝聚力、环境永续力强的多中心群网化城市体系，支撑中国现代化和民族复兴。

二是做好宏观调控，构建一个合理的房价体系。采用住宅价格等级化、差异化的房价调控策略和分区施策的土地市场调控。在一线城市和部分房价上涨过快的二线城市，应增大保障性居住用地供应比重，提高住房供应数量，从根本上缓解一线城市房价增长过快的趋势；在规模较小的三线城市，鼓励或吸引人口流入，促进人口城市化，使房地产市场更加健康和可持续地发展。针对房地产去库存压力较大的城市，应减少土地供应指标，对库存少、前期土地供应紧张、地价上涨较快的城市适当增加该用途土地的供应。

三是贯彻"稳增长"助经济企稳，保障居民收入平稳增长。长期内房价必然要与居民的收入相匹配，而随着杠杆购房模式的逐渐普及，居民可承受的房价将不仅与其当前的收入相适应，也需要与其未来预期收入相适应。在房价收入比均值恢复趋势不可避免的情况下，应确保居民收入平稳增长，稳定居民收入增长预期，以防止房价过度回调而引发楼市风险。在经济新常态下，应贯彻"稳增长"政策目标，确保经济实现可持续发展，切实保障居民收入实现稳步增长，从而实现"需求侧"托底促楼市平稳运行。

四是进一步深化改革，在完善市场作用的基础上，加强房地产市场的宏观调控。政府应尽快建立健全楼市调控的长效机制，使房价及其变动处在一个合理的区间内，使房价成为中国转型升级的杠杆而不是陷阱，助力中国经济顺利转向创新驱动型经济，避免陷入"中等收入陷阱"。

五是加大对特大城市、大城市、周边中小城市和小城镇的住房供应，缓解大城市、特大城市住房紧张。首先要加大城市群内部基础设施和公共服务一体化程度，加强城市群内部轨道交通等基础设施建设，缩小城市群内部基本公共服务的差别，尽快实现教育、医疗等的同城化、一体化，加强中小城市和小城镇对人口的吸引力，吸引部分人口来中小城市和小城镇置业。其次要加快推动区域间产业转移步伐，鼓励大城市、特大城市将部分产业转移到周边具有一定发展基础的中小城市和小城镇，以提高这些地区的产业基础和就业吸纳能力，从而切实实现农民工就近城镇化，也有利于农民工在当地买房。

第五章　房价体系与城市转型：中国的故事

苏州：系统创新下的"苏州样本"

蔡书凯[*]

江南名城苏州，改革开放的排头兵，经济发展起步早、平台高，制造业基础雄厚，传统企业众多。既具有以中国—新加坡苏州工业园为首的区域开发优势，又拥有五个中国百强县的强大经济活力与雄厚的创新型企业集群，经济社会发展一直走在全国前列。近年来，苏州市委市政府审时度势，深入实施创新驱动发展战略，在"十三五"发展规划中，苏州提出要"建设成为具有全球影响力的产业科技创新中心和产业创新高地"的新目标。

1. 系统创新的含义及特点

系统创新就是同时做好科技创新、开放创新和政府创新这三篇创新文章。科技创新是实现区域可持续发展的重要手段。然而，经济全球化在增进世界各城市间联系的同时，也重塑了创新形态，催生了创新新模式，开放背景下需要最大限度地调动全球各种资源为创新所用，开放创新成为全球化时代的鲜明特征。同时，由于科技创新具有高投入、高风险等特性，虽然企业是科技创新的核心，但单纯的市场机制不能完全满

---

* 蔡书凯，管理学博士，安徽工程大学副教授，中国社会科学院财经战略研究院博士后。研究方向：城乡经济发展。

足科技创新需求，需要政府通过财政政策发挥引导作用，以弥补市场缺陷，通过建立绩效评价体系，优化资金投入结构，矫正市场失灵现象，政府创新是实现科技与经济的良性互动与循环的重要一环。

2. 系统创新的内在价值

单纯依赖技术创新难以实现创新驱动发展，系统创新则通过集成技术创新、开放创新和政府创新，能够有效推动区域的创新驱动发展。开放创新通过在更大尺度和深度上塑造全球创新要素的空间联系和相互作用，围绕全球价值链的联系，深度融合各创新主体角色、重构各主体的相互联系。创新主体可以根据需求和降低成本的运作原理在全球吸纳创新资源，与所在地区的研究机构、大学开展合作，推动在全球化层面信息、知识、人才的跨国界流动和高度整合，推动区域创新系统向全球创新系统的加速演变。政府创新强调从政府自身创新做起，形成多元参与、协同高效的创新治理新体系，合理界定自身的行为边界，通过宏观指导和引领科技创新，来充当科技创新的"助推者""护航者"，为技术创新营造良好的外部环境。

3. 苏州做法：系统创新

三十年来，苏州市委市政府主动顺应市场，房地产市场保持平稳发展，有力地促进了经济社会发展和产业的转型升级发展，创造了中国经济发展的"苏南模式"。但是，2016年以来，苏州房地产市场变得炙手可热，资金炒作不断融入，房价上涨的预期不断增强，房价上涨来势汹汹。显然过快的房价上涨，会对实业造成挤压。不利于系统创新的实施。高房价还带动了企业"地租"普遍上升、人力资源成本的提升，制造业萎缩退出和企业家精神的丧失。在此背景下，苏州市出台了一系列控制房价的政策措施（见表5—1），有力地控制了房价的飞涨，为系统创新创造了良好的外部环境。

表5—1　　　2016年度苏州市出台的各项房地产市场管理政策

时间	政策	主要内容
2016年1月	苏州市区实施不动产统一登记	自2016年1月5日起，市区（姑苏、吴中、相城、虎丘区）实施不动产统一登记。

续表

时间	政策	主要内容
2016 年 2 月	执行国家出台的相关政策	降准；降契税、营业税；公积金存款利率上调；首付下降。
2016 年 3 月	出台"苏十条"	加强土地供应管理、完善商品房预售管理、强化商品房价格管理、建立市场平准房源机制、加强房地产税收监管、全面清查金融违法行为等。
2016 年 4 月	苏州"房八条"出炉	严格认定首次贷款资格、严查首付资金来源，杜绝"假离婚"、公平竞争。
2016 年 5 月	土地拍卖限价	对土地设置最高报价，报价超过最高报价的，终止土地出让。
2016 年 8 月	新"苏十五条"出台	加大土地供应；差别化信贷；对于第二次使用公积金来购房的，首付款和利率都进行了上调。
2016 年 9 月	昆山、吴江限购	主要针对非户籍居民购房实施限购。
2016 年 10 月	实施全面限购	再度出台《关于进一步加强全市房地产市场调控的意见》，进一步完善差别化住房信贷政策，实施全面限购。

苏州还通过强化科技创新驱动发展，增强产业竞争能力，从推进原始性创新、集聚高端创新人才、建设重大创新载体和优化创新生态系统四个方面集聚创新资源，瞄准创新区域，打造创新高峰，提高科技进步对经济发展和产业转型升级发展的贡献。

同时，苏州市积极推动开放创新。建立了基于市场机制的科技成果利益分配制度，加强国际科技创新监督管理，全力推动人才自由流动和国际创新产业人才的引进；创建世界知识产权交易市场，改革和完善知识产权制度；促进研发性投资双向自由流动；逐步构建了一个开放、平等的世界科技贸易体制与交流环境。

在政府创新方面，苏州市通过转变政府的理念思路、角色定位和行为模式，出台了"苏州市贯彻国家创新驱动发展战略纲要实施方案""苏州市关于建设具有全球影响力产业科技创新高地的若干措施""苏州市关于打造具有国际竞争力先进制造业基地的若干措施""关于深化人才政策创新和体制机制改革进一步促进人才优先发展的若干措施"等若干含金量十足的文件，科学探索建立科学合理的政府与企业、政府与市场的关系，从而确保各种资源得到最优配置。

4. 苏州成就：创新驱动发展外部环境良好、成绩显著

苏州房地产市场调控取得较好的效果。为系统创新、制造业的转型升级发展提供了良好的外部环境。2016 年 12 月苏州市区（吴江除外）整体房价再次下跌，最新住宅均价跌破 2 万/平方米，降到 18105 元/平方米。相比较与其在同一个类型的城市，如南京、天津、厦门、合肥、深圳、广州等城市，这个房价水平还是比较适宜和富有竞争力的。房地产市场的良好发展也为系统创新提供了财力支持，2016 年苏州市一年的土地出让收入超过 1700 亿元，而当年苏州市的一般公共预算收入才 1730 亿元。土地出让收入的增加为系统创新的实施和政府财政政策驱动提供了充裕的财力支持。

创新驱动发展取得显著成效。苏州正在成为具有国际竞争力的先进制造业基地、具有全球影响力的产业科技创新高地。在电子信息、装备制造、纺织服装、冶金和石化等传统主导产业的基础上，形成了新材料、高端装备制造、软件和集成电路等千亿元级新兴主导产业，且科技综合实力保持全省第一。全国工商联发布"2016 中国民营企业 500 强"榜单，苏州占 20 席，比 2015 年增加 1 家。江苏沙钢集团有限公司、亨通集团有限公司等 4 家跻身前百强。有 25 家企业入围"2016 中国民营企业制造业 500 强"，入围企业数居全省首位。《中国城市创新报告》的测评和排名也显示，苏州的创新能力连续多年位居全国地级市第一名。

科技创新加快推进，2016 年苏州市发明专利申请量、授权量位居全国城市前列，科技综合实力多年保持全省第一。R&D 支出占地区生产总值的比重达到 2.7%。全市新增高新技术企业 920 家，累计 4133 家。高新技术产业产值 14382 亿元，占规模以上工业总产值的比重达 46.9%，比上年提高 1.0 个百分点。创新载体加快培育，2016 年新增 24 家国家级众创空间，41 家省级众创空间，年末共有国家级众创空间 32 家，省级众创空间 88 家，规模领跑全省。创新成果突出，万人有效发明专利拥有量达到 37.6 件，比 2015 年增加 10.1 件。

5. 苏州启示

苏州市推动系统创新的成功经验带给我们的启示在于：一是要推动开放创新。苏州的实践说明城市的创新经济应该发挥全球创新要素的作

用，通过集聚外来创新要素，才能有效地推动城市的创新发展。二是推动政府创新。苏州的实践表明创新要素的聚合需要从政府自身创新做起，形成多元参与、协同高效的创新治理新体系，形成多元化、多渠道的科技投入体系，营造创新文化氛围，营造尊重知识、尊重人才、鼓励创新的创新氛围。三是统筹协调系统创新、房地产发展与制造业转型。苏州在这方面做了有益的探索，在积极控制房价、抑制投资需求的同时，通过系统创新提升产业竞争力，促进制造业转型升级。长期来看，苏州的系统创新、制造业转型升级发展，也为房地产市场的长期健康发展提供了坚实的经济基础。

包头：政民齐心激活"棚改"动力，上下联动探索发展新路

陈　飞[*]

包头市委市政府坚决贯彻落实中央政府的部署和要求，坚持"政府主导、以民为本"的工作思路，加强组织领导，坚持全民动员、上下联动，深挖"棚改"的内生动力，积极探索改革发展新路，实现人居环境和经济社会共同发展的良好局面。

安居乐业是人类的基本追求和美好愿望。尽管早在 2002 年，包头市就已经获得联合国人居奖，但是由于历史原因，人居条件相对较差的棚户区问题日益成为制约包头经济社会发展的重要问题之一。"棚改"既是重大的民生问题，又是重大的发展问题。2013 年以来，包头市委、市政府扎实推进棚户区改造工作，通过"棚改"来造福群众、助力发展，创造出了仅用 1 年多时间，就改造 13 平方千米棚户区、安置 5.3 万户居民的巨大成绩。2016 年全年改造棚户区 28705 套，整治老旧小区 194 个，共计 538 万平方米。

"棚改"不仅改善了棚户区居民的生活环境，还稳定了城市的住房市场。包头市房地产产权处数据显示：2016 年包头商品房累计成交

---

* 陈飞，经济学博士，首都经贸大学讲师。研究方向：城市与区域经济。

39402 套，面积 3795494. 75 平方米，同比分别增长 37. 3%、21. 3%；其中，住宅成交 28953 套，均价 5186. 06 元/平方米，同比分别增长 23. 9%、2. 5%，成交套数和成交面积增幅明显，但住宅价格基本持平，涨幅不明显。

"棚改"提高了土地利用效率，助力了产业的转型升级，推动了经济的持续稳定发展。2016 年，包头在北梁棚户区改造腾空区引进设立 18 个重点项目并全面启动。在"棚改"过程中，加快产业的转型升级：积极推进"三去一降一补"，2016 年化解钢铁过剩产能 193 万吨；改造提升传统产业，2016 年新增汽车用钢、高强耐磨贝氏体钢轨等 161 种高附加值产品；努力培育战略性新兴产业，高端装备制造业增加值增长 11. 2%，稀土功能材料产量增长 19. 8%；大力发展现代服务业和农牧业，服务业投资占比和经济总量占比均超过 50%。在产业结构转型升级的过程中，经济增长保持较高速度，2016 年，包头市地区生产总值达 3867. 6 亿元，增长 7. 6%；固定资产投资 2955. 8 亿元，增长 14. 4%。

一　坚决落实中央要求，加强"棚改"组织领导

2013 年 2 月，中央对北梁"棚改"提出了明确要求。包头市认真贯彻落实中央及上级政府要求，深挖"棚改"内生动力，部署并开展棚户区改造工作。包头市成立了以市长任组长的"棚改"领导小组，抽调干部组建征收安置工作机构，建立了市级领导包联街道（镇）、市区两级县级领导包联社区（片区）、抽调干部包联住户的三级包联工作机制。

二　坚持"政府主导、以民为本"，明确"棚改"思路定位

坚持"政府主导、市场参与"的运作模式，充分发挥政府配置公共资源作用，同时积极引导鼓励企业参与，注重发挥好市场作用。以公益性为"棚改"准则，坚持搬迁安置政策、顶层设计一切以老百姓的意愿为出发点，以保障群众的利益为落脚点。采取了"先安置、后拆迁""异地搬迁为主、局部原地改造为辅、统筹兼顾居民就业"的工作思路，妥善解决居民房屋被征拆后无处安置、就业困难等问题。

三　坚持"积极对接、主动协调",破解"棚改"资金瓶颈

以上级财政拨款和转移支付作为资金杠杆撬动"棚改"工作;以市住建公司、市土储中心为融资平台;以国家政策性银行的过渡贷款资金作为主要突破口。成立由市财政部门牵头的资金调度组,对资金使用进行整体运作谋划。同时,按照产业升级设想和土地利用规划,统筹拆迁腾空地块,通过整理配套、综合打造,提高土地出让收益,实现资金的总体平衡和动态平衡。

四　坚持"群众参与、公开透明",调动居民的积极主动性

采取依靠群众、发动群众的工作方法。由居民自主推选出有威信、有能力的居民代表,每名居民代表负责联系 30 户左右居民,居民代表是政府和群众沟通协调的桥梁:向群众宣讲政策,解疑释惑,及时向政府反映群众需求,反映舆情动态,为各级组织出主意、当参谋。开通了棚户区搬迁改造网。住户信息及棚户区改造规划方案、征迁政策、补偿安置标准、办事程序、安置房源、搬迁改造进度在网上公布。组建了"棚改一站通"数字化微机管理服务平台,对所有征拆户房屋面积、补偿标准、协议签订、安置分配、选择次序等情况向群众公示,将安置小区位置、户型、面积、朝向等信息公开。

五　坚持"输血为辅、造血为主",保障后续发展

将困难群众全部纳入社会保障体系,"棚改"居民养老保险参保率达到91.3%,医疗保险参保率达到100%。将失地农民全部纳入基本养老保险统筹,与城镇职工的养老保障待遇标准相同。多措并举支持就业和创业,开展免费技能培训,发放自主创业小额担保贷款,大力开发物业管理、保洁绿化、社区劳动保障服务等公益性岗位,保证了每户家庭至少一人就业的底线,消减"棚改"居民的迁居及改造顾虑。

六　坚持"棚改"与产业的转型升级相结合,拉动经济增长

棚户区改造通过支持"住"抑制炒房行为;"棚改"居民的货币化安置有效缓解部分城市商品房空置率高的问题,盘活闲置的住房资源。

在棚户区改造中，通过优化土地利用，带动传统产业的升级改造和新兴战略产业的培育发展，实现经济的稳定快速发展。

从棚户区林立的传统工业城市到如今环境优美、和谐宜居的装备制造业重地，包头在城市改造和城市发展的经验做法带给我们很多启示：1. 棚户区改造不是赔本赚吆喝的、投入高产出低的经济行为，科学规划、精心组织，既能提升城市形象，又能带动产业的转型升级和经济社会发展。2. 棚户区改造涉及千家万户低收入居民，需要在政府的统筹规划下依靠群众、发动群众，最大限度地调动居民的积极主动性。3. 棚户区改造涉及利益的再分配和改革发展成果的共享，坚持阳光操作、公开透明才能顺利推进。4. 利用政府财政杠杆撬动社会资金，是解决公共物品及半公共物品供给不足的良好模式。

南通：夯实发展基础，培养持续竞争力

李煜伟[*]

在长三角众多城市中，南通具有独特的地理区位。南通位于长江入海口的北侧，与上海隔江而望，是除上海外唯一可以实现江海联运的城市，有"据江海之会，扼南北之喉"之称。同时南通北接苏北平原，是苏南和苏北相联系的重要节点城市。在重要地理位置的条件下，从南通2016年城市竞争力综合来看在全国排位50，经济增速在全国城市城中居于中游位置，同时其房地产价格增加适中，特别是从宜居角度看，南通2016年的城市宜居竞争力全国排名为8，进入全国前十，在经济增速和房价之间获得一个较好的均衡，究其原因，这里可以从三个方面予以总结。

一 依赖区位优势，着眼长期发展

由于历史上南通经济水平落后于苏南地区，所以南通城市竞争力的提升需要协调较高速的经济增长与经济转型两个方面。

* 李煜伟，经济学博士，中央财经大学副教授。研究方向：城市与产业经济。

在实现这一目标的过程中，南通的优势在于其优越的地理区位。在苏东大桥等外联交通基础设施发挥联通上海的作用后，南通一方面在高铁、机场、港口等方面完善外联交通基础设施，另一方面，减少断头路、增加县区联系、改善市区交通等市内交通基础设施改进措施也在推进①，这为南通发挥区位优势奠定了物质基础。

在交通难题得到初步解决时，南通的经济发展面临两个方向的选择。最为简单的是接受上海、苏南等长三角发达地区纺织、冶金等低端过剩产业的转移，其优点是能够获得更快的经济增长，缺点是经济稳定性差，产业层次低，缺乏长期发展潜力。现实情况是，南通并没有选择这一发展道路，而是通过聘请大量专家研究论证，以顶层设计为主要方式，确定以装备制造、高端制造业为核心的产业发展战略，在保持一定经济增速的情况下推进经济转型。这种放弃短期高增长的城市发展战略，有利于放缓城市消费品及房地产价格增速，从而降低企业运营成本的增加速度，并从长期角度增加城市经济发展潜力和抗风险能力。

从数据来看，南通综合经济竞争力、综合增量竞争力和综合效率竞争力在全国排名分别为25、23和30，位居前列，江苏省内来看，也位于苏北各城市之前，接近苏南各城市，说明南通较为有效利用了苏南经济辐射，在没有接受苏南传统产业转移的基础上经济增速没有大幅放缓，城市发展战略的实施已经获得一定成功。

二　以创新为方向，构筑可持续发展环境

南通经济发展战略的实现以产业政策为核心，而装备制造业和高端制造业的发展需要一个长期稳定，但利于创新的环境。

第一，就中国城市而言，这样的环境首先在于政府创新政策。南通致力于成为区域创新中心，通过建立中央创新产业园等创新平台，提供创新相关的金融政策，鼓励和创建相关金融创新，通过各类活动吸引人才在南通入职、兼职，为创新建立了良好的政策环境。

第二，通过有选择地引进产业与其他城市合作，推进产业创新体系的建立。通过对接上海全球科技创新中心，推进了南通与上海的创新分

① 见《南通市县道公路网规划（2014—2020）》，江海明珠网。

工。通过将智能装备及高端纺织作为核心产业促进产业升级，形成城市产业结构的横向和纵向扩展，从而为南通产业创新创造环境。

第三，城市化建设形成的城乡融合降低了城乡差别、改进了城市环境、提高了市场容量，从而提高了对企业和高端人才的吸引潜力，为城市人才存量的增加提供了基础。

从数据上看，南通知识城市竞争力全国排名靠前，达到 31，江苏省内各城市中，南通与苏南城市排名近似，说明其创新企业吸引、培育政策，人才吸引政策等政策推进的效果初步显现。同时，全域城市全国排名 40，城市化建设的成果对企业和人才的吸引力也处于全国前列。

三 减少干扰因素，房地产市场供求双稳健

整体上看，南通房地产市场发展较为平稳，与房地产相关的优质公共资源供给较为充分，供需结构性差异较小，而其价格在长三角城市中仍然处于相对较低水平。房地产市场的稳定有利于吸引奖励人才吸收的成本及企业迁移的成本，为吸引上海、苏南产业转移创造条件，从而为经济转型创造条件。南通房地产的发展可以从需求和供给两方面来阐述。

从需求角度看，如前文所述，由于南通的经济转型战略和可持续发展战略的实施及初步成果显示，其经济增速适中，在整体市场稳定的情况下，一定程度上抑制了房地产市场的投机需求，这对维持南通房地产市场需求稳定具有显著作用。

从供给角度看，全域城市建设缩小了城乡差异，降低了各类房地产产品的价格级差，同时教育、健康、公共活动区域等公共资源较为丰富，社区间公共服务均等化情况较好，降低了公共资源差异对房地产产品价格的扰动，产品种类差异和容量与市场对住宅和商业地产本身的需求之间的差异较小，市场供给较为稳定。因此，在供给需求双稳定的情况下，南通房地产市场整体较为稳定。

从数据上看，南通经济环境活跃指标全国排名为 42，位居前列，结合经济竞争力排名和南通可持续竞争力排名，能够说明南通增速适中，整体市场较为稳定。南通全域城市竞争力靠前，同时优质教育环境、健康医疗环境、安全的社会环境、舒适的居住环境分别排名 48、

51、42、42，均居于全国前列，对房地产产品价格形成均具有良性作用。正是在供需两方面的良性因素使得南通宜居竞争力获得全国排名第8的优秀成绩。

四　南通的启示

南通目前的房地产和城市经济均衡发展的根源在于其有选择地发展经济，放弃了短期高增长的经济发展模式。但是要实现这一模式不仅要坚持长期发展战略，同时也要为长期发展战略创造良好的环境，以保障短期内适度规模的经济扩张，从而满足经济社会对增长的需求。

长期可持续发展政策为房地产市场稳定创造了基础，但是要维持城市房地产市场的稳定，还需要尽量减少包括投机需求、公共资源异质、城乡差异等多方面的干扰。房地产市场的稳定实际上进一步支撑了城市经济社会的持续稳定发展，形成两者间的良性关联。

当然，南通当前较为良好的经济发展模式还依赖于其政策的持续性，特别是在对应产业发生波动时，政府是否还能够坚定执行可持续发展政策将是南通未来发展的关键。

长沙：科技助力转型，释放澎湃发展动力

刘　凯[*]

"科技助力转型，释放澎湃发展动力"是长沙在准确把握国内外经济发展大势，立足于更高目标和定位，把经济结构优化和转型创新发展摆在重要位置所提出来的战略发展方向。面对经济下行压力加大的复杂形势，长沙市始终坚持稳中求进、改革创新的总基调，主动作为，攻坚克难，统筹推进稳增长、促改革、调结构、惠民生，全市经济总体保持平稳运行，经济转型升级亮点频频。改革推动，造就长沙全新发展速度。创新驱动，形成长沙发展新动力。项目支撑，长沙经济结构不断优化。长沙当前要走好调结构促转型、依靠创新驱动来加快经济提质增效

* 刘凯，经济学博士，中南财经政法大学讲师。研究方向：贸易与投资政策。

这步棋。其正在努力转变经济发展方式，加大力度促进战略性新兴产业的发展，新兴产业的蓬勃兴起，成为长沙转变经济发展方式的新亮点。

1. 紧紧把握机遇，高起点定位城市未来

长沙不仅是沿海和东部发达地区产业梯度转移的理想输出地，也是西部资源输出的中心节点和重要桥梁，具有与两大经济区域进行密切经贸合作的得天独厚的条件。同时，长沙位于长江经济带和华南经济圈的结合部，在全国经济战略布局中，长沙拥有长江开放经济带和沿海开放经济带结合部的区位优势和战略定位。此外，长沙是"一带一路"的首位城市，是连接中南地区和东中西部地区的枢纽城市，是渝长厦高铁连接"21世纪海上丝绸之路"和"丝绸之路经济带"的中心节点。长沙要把握大局大势，从重大时间节点的把握中强化责任担当，从宏观经济形势的研判中敏锐捕捉机遇，从长沙自身潜能的释放中提升发展标杆，以更强信心、更宽视野、更高定位谋划长沙未来发展。

面对新常态下经济发展增速换挡、结构优化升级和驱动方式调整的新特征，经济结构发生一些深刻的变化，新产业、新业态、新产品在分化中孕育、在分化中成长，全面推进"四更"长沙、国家中心城市建设，全市经济社会保持了稳中有进、稳中向好态势。

2. 积极深化改革，释放转型发展新动能

长期以来，工程机械一直是长沙产业的顶梁柱。尽管受宏观形势影响，近年来全球工程机械产业进入深度调整期，长沙这一龙头产业主动适应变化，开始了新一轮的转型升级，从"一业独大"转变为"多点支撑"，形成新材料、工程机械、食品、电子信息、文化创意、旅游六大千亿产业集群。

一是全面实施"制造强市"战略。在积极稳妥化解产能过剩的重要任务，加快清理僵尸企业，淘汰落后产能的同时，以智能制造为统领。实施智能制造三年行动计划，首批重点支持30个示范企业实施生产过程智能化和产品智能化改造，设立长沙智能制造研究总部等平台，推进技改项目4407个，完成投资2091.7亿元，有力推动制造业转型升级。同时，支持企业在"四基"（核心基础零部件、先进基础工艺、关键基础材料、产业基础技术）领域加速突破，鼓励制造业企业主辅分离，推动产品质量和竞争实力的大提升。二是推动服务业发展提档加速。2015

年，落实支持"电子商务产业发展 13 条"、现代物流业发展规划、养老服务业发展实施意见等政策。服务业增加值占地区生产总值比重较 2014 年提高了 1.5 个百分点，旅游总收入达到 1351.5 亿元，打造"智慧旅游"城市，金融业增加值增长 24.2%，电子商务交易额增长 30%。推动科技服务、现代金融、现代物流、设计咨询、商务会展等生产性服务业不断壮大。三是积极发展现代都市农业。2015 年，粮食、生猪、蔬菜生产稳步增长。家庭农场、专业大户、农民合作社等新型经营主体达 1.5 万家，农产品加工销售收入达到 1550 亿元，休闲农业经营收入突破 50 亿元。大力推进农村第一、二、三产业融合发展，加快培育新型农业经营主体和新型职业农民，不断提升科技装备水平和劳动力素质，加快实现农业增效、农民增收和农村繁荣发展。四是大力发展"互联网"经济。抢抓互联网经济"爆发式"增长契机，依托国家信息惠民试点城市、国家电子商务示范城市等平台，推动互联网新技术、新产品、新模式与三次产业的融合渗透，加快苏宁云商产业园等电商区域总部基地、湖南省移动互联网产业园、阿里巴巴长沙产业带等重大项目建设，大力抢占信息经济制高点。

3. 强化科技创新，加快培育经济发展新引擎

长沙拥有国家自主创新示范区、湖南湘江新区等四大国家级战略平台；拥有国防科学技术大学等 3 所 985 高校，创新资源高度集聚、创新发展得天独厚；人居环境优良，外来创新创业人口加快流入。坚持依靠改革创新加快新动能成长和传统动能改造提升，预期高新技术产业增加值增长 20%，推动科技成果就地转化。长沙重视科技创新在全面创新中的引领作用，突出抓好国家自主创新示范区建设，推进湖南省大学科技产业园、湖南大学科技园二期、中南大学科技园研发总部等孵化平台建设，谋划建设未来生态科技城，着力打通科技成果孵化、转化和产业化的通道。强化企业在产业技术创新转化中的主体地位，重点扶持一批具有行业技术主导权的创新型领军企业。探索设立科技成果转化引导基金，重点支持拥有自主知识产权且带动作用强的重大科技成果转化项目。同时，推进创业创新平台建设。落实好关于支持发展创客空间的政策措施，加快 58 众创、三一众智新城等众创平台建设，打造一批众创、众包、众扶、众筹、众智示范性支撑平台。

4. 多项举措齐发，确保房地产平稳发展新常态

房地产业是城市化的基础载体和经济增长的重要引擎。长沙市为保证其房地产市场平稳健康发展，市政府出台了房地产市场调控的七条措施：严格房价审查，严控预售网签，开展重点稽查，强化资金监管，抑制投机炒房，增加有效供应，曝光不良企业。截至 2016 年底，长沙市政府已经完成了对全市今年批准预售的 135 个房地产开发项目及全市所有房地产中介机构的全面检查，对其中 31 个项目提出了整改要求并采取了相关措施。同时，政府开展专项检查和督查，确保这七条措施落实到位，达到"确保长沙房地产市场平稳、有序、健康发展，确保长沙房价平稳"的目标。

长沙市将控总量、去库存与调结构、提品质结合起来，合理引导房地产企业兼并重组，扩大有效需求，打通供需通道，引导房地产健康有序发展。科学引导、加快房地产市场结构转型。强化规划的前瞻性、科学性和可持续性，引导开发企业开发符合市场需求的产品，加大节能、环保、智能楼盘开发力度，推进房地产业的可持续性发展。同时，重视监管，重点防范和制止各种规避结构调整政策、变相囤积房源等行为，严厉查处违规销售、哄抬房价、利用虚假合同套取银行贷款、偷逃税款等违法违规行为。

在全国重点城市中长沙经济增速脱颖而出带给我们很多启示：一是"过渡带"与"结合部"的发展定位，重构了长沙的发展格局。二是在改革转型大局"关键一程"上，勇立潮头，提高供给侧的质量和效率。三是着力强化科技创新，靠自主创新为城市发展提供不竭动力。四是强力政策与有效监管共同发力，走出楼市"高烧不退"的怪圈。

佛山：聚焦市场与政府合力实现产业与城市协同升级

肖　耿[*]

佛山是市场与政府合力实现产业与城市协同升级的一个精彩案例。

* 肖耿，香港大学教授及香港国际金融学会会长。

佛山地处珠江三角洲腹地，与广州共同构成"广佛都市圈"，也是粤港澳大湾区 11 个城市中的一个重要制造业基地，在广东及全国经济社会发展版图中一直处于领先地位。2016 年佛山全市地区生产总值达8630 亿元，增长 8.3%，产业结构持续优化，城市升级加快，经济社会发展平稳。

笔者从 2011 年开始跟踪调研佛山，当时非常惊讶地发现佛山人均GDP 在 2012 年就超过了北京与上海，进入了世界银行定义的高收入经济体。有关佛山的故事，在最近由中信出版社出版的《中国未来：佛山模式》及《政府与市场：中国经验》两本书中有相当深入细致的介绍。

按照我们的研究，佛山的发展模式包括三个层面：有效市场、有为社会及有责与问责政府。有效市场主要是靠民营企业主导资源配置；有为社会是通过地方政府向社会转移社区及行业职能，培育发展基层社会组织及民主自治；有责/问责政府主要体现在将行政审批、财权、事权等地方政府权力下沉到区县及镇街基层地方政府，并通过基层地方政府之间的区域竞争形成问责压力及区域分工，及有规模、有特色、互补的专业镇。这种市场、社会、政府三者各司其职，既不错位也不缺位越位的佛山发展文化奠定了当地"强市场、大社会、小政府"的基本发展格局，其中政府的作用主要体现在弥补市场缺陷和市场失灵的服务功能方面。本文主要介绍佛山近年来在持续推进产业升级的同时是如何成功实现房地产及城市建设方面的改革与发展的。

充分利用市场机制完成供给侧结构改革及产业升级

佛山的地方官员及企业家并不很担心产能过剩、库存太多、杠杆率太高、成本太高等中央政府及北京专家特别关注的供应侧改革的问题。他们认为这些供应侧的问题是属于企业家的事，几年前就开始处理了，现在已经基本处理完成了。他们更关心的是中国与全球宏观经济的稳定及政策变化，包括汇率、利率、通胀率、全球供应链的演变及政府宏观调控政策，因为这些变幻莫测的宏观环境会影响到他们的订单及利润。

和大多数中国的制造基地一样，2008 年全球金融危机后，佛山原有的产业结构和发展模式也遇到极大的困难与挑战。从需求看，由于收入增加及选择更多，中国老百姓对产品的质量、品种、档次、安全性等越来越计较，也愿意支付更高的价格，而对传统以拼价格为主、产品单一、质量一般的产品需求大大减少。从供给看，佛山的劳动力与土地成本不断上升、环保要求也越来越高，传统生产模式下的制造成本持续上升。整体看，佛山的传统产品及生产模式等供给能力严重过剩，而中高端产品、产业、生产模式供给能力不足，环境变化迫切要求佛山转型。

在充分遵循市场经济规律的《佛山市供给侧结构性改革总体方案(2016—2018 年)》框架下，佛山地方各级政府制定了去产能、去库存、去杠杆、降成本、补短板五个行动计划，并取得很好成效。2016 年，全市"僵尸企业"出清 106 户，完成年度任务的 104.95%；去商品房库存 476.33 万平方米，超额完成广东省下达的任务，库存周期降至7.93 个月；全市银行不良贷款率同比下降 0.41 个百分点，各类金融机构杠杆率持续达到监管要求；全年帮助企业减负 284 亿元，完成全年目标任务的 101.43%；补短板各项计划推进顺利，57 项补齐软硬基础设施最后一公里短板重大项目平稳推进。在以创新驱动产业转型升级方面，佛山 2016 年高新技术企业总数达 1388 家，国家级科技企业孵化器14 家、国家级众创空间 15 家，现代服务业占第三产业增加值比重达 58.5%。

佛山产业转型升级的主要经验包括以下几个方面：

·不断提高产品质量。例如，纺织企业转向具有高科技含量的高档布料，避免了与低端产品的激烈竞争；铝材企业转向生产新型节能环保门窗；陶瓷企业生产出微晶石及轻质陶瓷板等国内外领先新产品。

·延长产业链。铝材企业由原来单一的产品生产，转为提供门窗的安装、设计、咨询等综合解决方案；制鞋企业向上游皮革自动化切割设备延伸。

·改进资源配置效率。相当多的企业开始用机器代替人工，不仅节约了不断上涨的人工成本，也提高了生产过程的灵活性，更在佛山催生出机器人产业。铝材企业采纳了"竖起来"的立体自动化仓储，不但节约土地，也节省了大量的人工。陶瓷业能耗及排放较多的企业纷纷采取节能环保的先进设备和技术。家具企业通过互联网和信息化技术，把家具的设计、生产、配送、安装等统一起来，真正做到了零库存"按需生产"。

· 持续引进外来技术及企业。当销售由中低端市场转向中高端市场时，一些企业不得不加快国际化进程，与行业内的国际一流公司在技术、研发、商标、专利、渠道等方面开展紧密合作，包括购买先进的技术、设备、生产线等。在改善产业结构方面，佛山市南海区主动招商引入了投资 80 亿元的一汽大众汽车项目，带动了新的汽车产业集群发展。

· 努力自主创新，包括技术、工艺、管理、经营模式、销售渠道及品牌等。从 2010 年到 2014 年，佛山市南海区的专利数量由 4194 件上升到 7238 件，年均增长近 15%，其中科技含量最高、能为企业带来更高附加值的发明专利增长速度更达到年均增长近 40%，占全部专利的比重也由 10.5% 上升到 23%，营造了佛山企业的工匠文化。

· 提供产业升级公共服务。佛山的区镇两级政府都建立了一些公共技术服务中心，为中小企业提供研发、设计、测试、人才培训等服务。

建设有责问责政府促进城市升级及房地产市场稳定发展

为完善有责问责政府，佛山出台了各类权责清单监督管理办法，其中"一门式一网式"政务服务模式入选全国创新社会治理最佳案例，获全省推广。佛山数字城管市区统一平台已经上线运行，全市光纤入户率超过 80%。通过推行"一窗通办"模式，办事窗口减少 15%，窗口工作人员精减 30%。全市"一门式"综合窗口办件量超 650 万件，群众满意度达 98% 以上。通过推广行政审批标准化，设置了 102 个通用标准项和 254 个个性化标准项。

佛山不断地努力完善关键城市基础设施，如佛山西站，地铁 2 号线一期、3 号线、广州地铁 7 号线西延线、一环西拓北环段，也成功清理魁奇路东延线二期等 18 条"断头路"，基本建成"两环四纵五横"高速公路网，全线开通广佛地铁南延线，中心城区公交分担率提升至 40.1%。

在环保方面，佛山在 2008 年就出台了陶瓷业严格的环保标准，倒逼陶瓷行业淘汰大批不达标企业。佛山近年还推动了 7 个海绵城市试点建设。全市空气质量优良天数占有效天数的比例目前已经达到 84.7%，市域森林覆盖率达 35.5%，成为全国绿化模范城市。佛山加快了创建培育 15 个市级特色小镇，强化了环境综合治理及市容提升项目，建成岭南天地、千灯湖公园、东平河滨江景观带等一批可以与全国一线城市媲美的亮点工程。

广州与佛山接壤边界长约 200 公里，水、陆、空运基础设施齐备，距广州白云国际机场、广州南沙港、广州新火车站车程均在 1 小时之内。2016 年，两市共同编制《广佛同城化"十三五"规划》，出台《广佛两市轨道交通衔接规划》，谋划建设 10 条地铁线与广州地铁线网中的 13 条地铁线实现无缝对接。

受益于毗邻广州的优势，2009—2016 年，佛山商品住房均价由 6424.47 元/平方米升至 10142.1 元/平方米，跃升近一倍。2016 年，佛山商品住房成交面积为 2327 万平方米，约为 2012 年的 2.83 倍，连续三年位居全省第一，总量超越北、上、广、深四个一线城市，约占全国销售面积 1/40，其中二手房成交面积接近一半，达 1023.83 万平方米。

2017 年随着全国各地限购政策出台，佛山商品住房市场也逐步降温。但截至 2017 年 2 月，佛山商品房均价为 9486.46 元/平方米，比同期珠三角均价（12678.29 元/平方米）低 3191.83 元/平方米。其中商品住房均价（9958.08 元/平方米），较 2016 年 10 月（10050 元/平方米）只降低 1%。

佛山房地产市场的稳定发展得益于在土地供给方面的一些大胆尝试。为破解土地短缺的难题，佛山通过推进旧城镇、旧厂房、旧村庄的改造，来完善土地出让收益补偿分配制度，大大激发了土地权利人参与改造的积极性。佛山在住房租赁市场及住房保障货币化改革方面也做了许多试点工作。

佛山模式的启示

作为中国制造业最集中，也是最普通的一个城市，佛山经验对中国地方产业与城市下一步的发展有一些值得借鉴的经验：制造业升级不能脱离实体经济；市场机制在供给侧结构调整中应该发挥主导作用；地方政府在供给侧结构性改革中可以起到服务市场及弥补市场失灵的作用，但政府为企业服务、为市场服务的内容需要与时俱进，目的是营造有利于产业转型、创新发展、形成新供给结构所需的公共环境，确保市场在资源配置中可以起到决定性作用。佛山经验其实没有秘密，这里地方干部及企业家一直都在忙升级、忙"最后一公里"的琐碎小事，将提高竞争力真正当作自己的事。正是从佛山这些微观层面平凡及艰苦的努力中我们看到了中国经济发展的潜力与未来！

表5—2　　　2016年10月至2017年2月佛山商品住房销售情况

（单位：万平方米；元/平方米）

	2016.10		2016.11		2016.12		2017.01		2017.02	
	商品住房销售面积	商品住房销售均价	商品住房销售面积	商品住房销售均价	商品住房销售面积	商品住房销售均价	商品住房销售面积	商品住房销售均价	商品住房销售面积	商品住房销售均价
全市	216.80	10049	143.80	10955.89	136.23	10068.56	118.67	9868.45	58.11	10142.10
禅城	25.41	11956.61	8.51	13042.43	18.12	12090.51	12.86	11985.92	6.59	12029.98
南海	80.65	12292.26	70.13	13363.39	46.60	11599.44	43.93	11922.28	24.72	11801.55
顺德	55.17	9671.31	31.92	9858.25	39.96	9992.33	27.56	9083.18	10.92	9747.56
高明	21.26	5424.75	14.97	5287.34	13.12	6175.31	16.88	6794.71	6.69	6342.40
三水	34.32	7030.75	18.28	7308.63	18.43	7146.64	17.44	7349.52	9.19	7555.21

资料来源：佛山市住房和城乡建设管理局。

成都：去库存促"双创"，高房价逼"双创"

颜银根[*]

成都位于中国西南地区，是西南地区的经济、科技、文创以及对外交往中心，同时也是中国11个国家中心城市之一。成都土地面积1.46万平方千米，2016年GDP为12170.2亿元，经济总量位居中国大陆第

---

[*] 颜银根，经济学博士，南京审计大学副教授。研究方向：空间经济理论与政策。

八，截至 2015 年底，成都常住人口超过 1430 万人。2017 年，成都的可持续竞争力指数排名位列所有参与排名城市第 13 位，宜居竞争力指数排名则位于所有参与排名城市的第 23 位。成都的可持续竞争力指数排名得益于成都市优良的高等教育资源（大学指数，0.98）、丰富的文体活动（每万人文化、体育和娱乐业从业人数，0.91）、不断提升的对外经济开放（外贸依存度，0.85）以及良好的治安（每万人刑事案件逮捕人数，0.83）。而影响成都宜居竞争力指数的因素中，房价收入比是一个十分明显的因素，标准化得分仅为 0.39。在去库存和高房价的双重背景下，成都市实现了政府去库存促"双创"，市场高房价逼"双创"的"双响炮"。

一　政府去库存与促"双创"

2015 年底，成都甲级办公楼平均空置率达到 37.7%，市场总存量攀升至约 260 万平方米，甲级办公楼市场的净吸纳量仅达约 20 万平方米。2016 年成都市甲级写字楼的需求有所回暖，净吸纳量约为 22 万平方米。而成都市的甲级写字楼的需求则源于政府的相关优惠和制度创新。以郫县"菁蓉镇"为代表的创客小镇，将闲置楼宇充分利用，盘活给予中小企业创新的政策扶持，形成"双创"示范区。成都市通过整合资源既解决了去库存问题，成功改造创业创新载体 40 万平方米；同时，也促进了地区创新和产业升级，引进培育了 30 个孵化器、创业项目 1098 个，引进 20 多家创业投资机构，聚集创业创新人才 1.2 万人。

从"双创"指数来看，成都市的"双创"指数正在快速上升，由 2016 年 5 月的 203 提升到 2017 年 3 月的 220。与全国平均水平相比，成都市的"双创"指数在 2017 年第一季度高出 7.39 个百分点。成都市的"双创"正在迅速形成，而城市的竞争力也正得到逐步释放，尤其是高教资源的溢出效应逐步形成。成都市的"双创"指数的迅速上升，得益于成都市在去库存中的创新，降低了企业成本，同时激发了企业活力。

二　市场高房价与逼"双创"

在国家利好政策"一带一路"国家战略和中国（四川）自由贸易试验区建设，地方利好政策地铁大幅建设开通，加之频繁房价调控促进投机行为，以及预售新规导致住房供给现断档的共同作用下，2016 年成都市房价进入了快速上升通道。从 2016 年 5 月至 2017 年 5 月，成都市二手房房价同比上涨 29.29%。在国家和城市双重利好同时出现时，成都市的房价高涨进入快速上升通道难以避免。国家的利好政策会吸引大量的外部资金流入，这无疑会促进城市的经济快速发展，但也引起工业用地等的增加。与此同时，这些企业的迁入，也会吸引劳动力的回流，引起购房需求的增加。在这两个因素的共同作用下，成都市的房价无法避免上涨的局势。城市房价的上涨增加了劳动力的生活成本，这也就要求地区工资水平需要提高，从而倒逼地区"双创"。

住房市场具有典型的"羊群效应"，一旦房地产的投资功能凸显，势必引起房价的大幅上涨。在中国 2015—2016 年房价高涨阶段，消费者已经对成都市的房价上涨普遍形成了较强的预期。而成都市在短期内多次从多方面出台调房价调控政策，并且出现了政策"大反转"，势必引起观望者的出击，造成房价短期快速上涨。预售新规的出现，导致住房的供给出现了研究，短期内住房供给大幅减少。也正是在这样一个新政出台期，成都的房价从"去库存"变成"控房价"的大逆转。在高房价的背景下，城市持续发展需要居民收入水平快速提升。而居民收入水平的提升则有赖于地区企业生产效率和创新能力的提高。因此，市场通过高房价来促进倒逼成都市的"双创"快速提升，以促进城市经济的可持续发展。

成都市具有优良的教育资源，科研和创新能力具有后发力量，从 2016 年快速上涨的"双创"指数可见一斑。现代城市的高房价已经成为影响城市未来经济发展的重要因素，包括企业的生产成本上涨、居民的消费被挤占以及低收入劳动力和人才的流出。尽管成都市房价高涨阶段也对引进的"高端人才"购房给予了宽松政策，从而有利于人才的流入。但值得一提的是，虽然高房价可以成为劳动力筛选力量，促进城市创新和效率提升，但成都目前并未进入这样一个阶段。成都市的产业层次有着较大提升空间，尚未进入技术密集型产业阶段，产业发展需要同时吸纳技能劳动力和非技能劳动力。如果成都市过早地通过房价进行劳动力筛选，势必会导致成都市低技能劳动力的稀缺，从而导致城市未来发展缺乏竞争力。如果房价无法得到控制，预期对成都未来城市竞争力产生不良影响。

重庆：坚持住房居住功能，以安居来促进乐业

颜银根

重庆是中国的四大直辖市之一，长江上游地区的经济、金融、物流中心，中国中西部地区的特大城市。重庆土地面积为8.24万平方公里，截至2016年底常住人口达到3048.43万人，城市率达到62.60%，国内生产总值达到17558.76亿元，经济总量仅次于上海、北京、广州、深圳、天津，位列中国大陆城市经济总量第六。重庆的经济高速增长有两个重要特征：第一，国内生产总值从2002年开始连续15年保持两位数的高速增长，并从2013年开始连续四年领跑全国；第二，城镇房地产开发投资一直相对较为稳定，自2000年以来一直保持稳步增加，但控制在25%之内。重庆坚持住房居住功能，不靠房地产作为地区经济支柱，以安居来促进乐业。在这样的背景下，重庆对产业投资者更富有吸引力。重庆培育了一大批各类众创空间、创业孵化基地、楼宇产业园、微企孵化器，截至2016年9月，吸引入驻各类企业3.8万家，创业团队5300多个。两江新区获批国家双创示范基地，九龙坡区获批国家小微企业创业创新基地示范城市，重庆高新区更是获批国家自主创新示范区。那么，重庆是如何做到住房保持居住功能，最低限度降低炒房，从而促进地区创新的呢？主要有以下四点经验值得借鉴。

一　地票制度保障土地供给：降低企业用地成本

2008年，重庆市开全国之先河，成立农村土地交易所，启动"地票"交易试点。地票制度是中国城镇化阶段的重要尝试，缓解了城镇化过程中城市土地供给矛盾问题。城镇化的过程既包括人的城镇化，也包

括土地的城镇化，而地票制度则将二者合一。大量农村人口从农村地区向城市地区迁移，势必产生两个方面的结果：第一，转移劳动力需要在城市有安身之处，造成城市土地供给不足；第二，人口从农村向城市流出，造成农村土地的闲置。土地流转交易，则将农村闲置宅基地在空间上转移成城市建设用地，既提高了土地使用效率，也解决了城市建设用地不足的矛盾。土地的"空间置换"在不减少耕地面积的同时，又增加了城市建设用地。这也确保企业用地得到保障，企业用地成本相对较低。

随着城镇化的推进，一些大城市尤其是特大城市和超大城市诸如上海、北京、南京等城市的土地供给不足问题日益凸显，造成城市房价不断高升，土地日益稀缺。而重庆市得益于地票制度，成为中国为数不多的土地供应充足的城市，也成为中国较为罕见的城市房价控制较好的城市。"占补平衡"的重庆市地票制度是中国城镇化过程中的重要制度创新，符合经济学原理，正获得成都、郑州等大城市的大力推广，有望破解中国城镇化过程中土地供给不足的难题。

二　完善的保障性住房体系：低收入劳动力不流失

保障性住房是政府为低收入群体提高的住房保障，包括公租房、廉租房、经济适用房以及安置房等。此轮重庆市住房价格的稳定，得益于本地的保障性安居工程的合理结构。重庆市保障性安居工程的结果有两个项比重高：第一，保障性住房占保障性安居工程比重高。重庆市的保障性住房占保障性安居工程比重大约在90%，远远高于国内其他城市。多数城市的保障性安居工程中棚户区改造项目占比较高，只有极少部分用于保障性住房。这种棚户区的改造无益于农村人口向城市转移。第二，保障性住房中公租房比重较高。重庆市的公租房大约占保障性安居工程的65%，这一比例也是远远高于全国其他城市的。完善的保障性住房体系，让重庆的低收入劳动力不会流失，降低企业用工成本。

重庆市以公租房为主导的保障性住房，能够彻底地解决低收入和外来务工人员的问题。而大规模的公租房和廉租房建设，减少房屋购买需求，确保低收入群体退出房地产市场，避免盲目购房引起的房产市场"羊群效应"。重庆市公租房政策的成功与新加坡公租房政策有着相似之处，已引起广泛关注。纵观其他城市的保障性住房，需要尽快调整保障性安居工作中各项的比重，不能仅仅将城市兴建的红利由本地"土著"居民获得。重庆市完善的保障性住房也留住了低收入人群，降低了企业用工成本，促进企业投资增加。

　　稳定的住宅价格、多样化载体的创业创新空间，促进了重庆"双创"快速发展，产业结构快速调整。一方面，稳定的住宅价格让炒房者无利可图，从而更多的资金进入实体经济促进地区产业发展；另一方面，"两创"空间和政策优惠的提供，为重庆的中小企业提供了相对较低的生产成本，激发企业创新。

深圳：构建以人为本的市场经济，转向创新驱动的城市经济

杨　杰[*]

　　深圳是中国改革开放这一巨大皇冠上的一颗最为璀璨的明珠。从一个一穷二白的小县城，在短短的几十年间，一跃而进入中国四大一线城市的行列，且具有自身鲜明的特点。深圳是中国第一个基本实现全域城市化的城市，2015 年，其第一产业占 GDP 比重已不足 0.1%；深圳的经济增速在四大一线城市中长期处于领先地位，2015 年，其 GDP 增速为 8.9%，同期广州为 8.4%，北京和上海均为 6.9%；尽管深圳的 GDP 总量在四大一线城市中敬陪末座，但考虑到其相对更小的城市土地和人口规模，其创造 GDP 的效率是遥遥领先的。2015 年，深圳以 1137.9 万常住人口，在 1996.9 平方千米的土地上，创造出了 17503.0 亿元的 GDP，人均 GDP 达 15.8 万元，地均 GDP 达 87653.0 万元/平方千米，而同期，广州的人均 GDP 为 13.4 万元，地均 GDP 为 24348.1 万元/平方千米，北京的人均 GDP 为 10.6 万元，地均 GDP 为 13996.7 万元/平方千米，上海的人均 GDP 为 10.3 万元，地均 GDP 为 39377.0 万元/平方千米；与此同时，深圳的单位 GDP 耗电量在四大一线城市中却

* 杨杰，国土资源部信息中心助理研究员。研究方向：国土资源经济

并非最高，2015 年万元 GDP 耗电量为 465.9 千瓦时，同期最高的是上海为 563.0 千瓦时，北京为 414.8 千瓦时，广州为 430.6 千瓦时，其单位 GDP 耗水量在四大一线城市中更是最低，2015 年万元 GDP 耗水量为 9.7 立方米，同期北京为 16.6 立方米，上海为 12.5 立方米，广州为 12.2 立方米；深圳还是一个自然环境优美的城市，2016 年，其空气质量优良天数达到了 354 天。

深圳为何能取得如此的成功？这是由于深圳在城市的竞争中，为自己构建起了一项可持续的竞争优势，那就是相对于中国大陆的其他城市，深圳在更大程度上构建起了以人为本的市场经济，在宏观经济低迷与房价高企的形势下，实现了以创新驱动的经济转型升级，具体途径有四条：一是包容人的多元价值，二是发挥人的创造性，三是保障人的尊严，四是解决人的康居。正是这四条使得深圳能够吸引并留住人才，从而为其经济转型升级不断提供创新的动力。

一　包容人的多元价值

如果说北京、上海和广州的多元，有其历史和政治因素，深圳的多元则完全来自于其高度的开放与包容。深圳是一座纯粹的移民城市。有一种说法是当新移民看到深圳的那一刻起，他就是深圳人了，"来了就是深圳人"这一口号，就鲜明地反映了这一点。深圳的常住人口来源涵盖了全国所有省份和民族，还有数十万外籍人士在此长期工作、生活和学习，这一点可能只有北京这一全国的政治中心能够相比。这种多元化的人口结构，塑造并体现了深圳对人的多元价值的包容。

深圳为什么能够吸引如此多元的人？深圳起于一个小县城，从自身条件来说，文化发展过程中没有强大的本地文化能够对外来的文化进行排斥，经济发展过程中也没有丰富的自然资源和既有的优势可以依凭。发展之初，完全依靠的是外来的资本和劳动力，尤其是从全国各地前往深圳寻求新生活的人，在深圳，都是作为一个市场的参与主体，按照知识和能力，而非按照与生俱来的身份是市民还是农民、原来是干部还是工人或是操着何方的口音来加以衡量，这种基于市场经济规律的价值标准，被一批又一批来到深圳的移民所接受，并逐渐生发出了包容人的多元价值的文化。包容的结果就是多样，而多样性正是城市的根本特征之一，从而包容人的多元价值来自于对市场经济规律的尊重，又通过增强多样性，为城市提供了竞争力。

二 发挥人的创造性

深圳对各类人才具有非常强的吸引力，虽然深圳本身并非高等教育的高地，却吸引了全国各地的大量高校毕业生和海外留学生，也吸引了世界各地的各类人才，现代产业发展迅速。截至 2017 年 4 月，深圳累计引进国（境）外专家 98 万多人次。2016 年，深圳引进留学生总数突破 7 万人。2015 年，深圳全市各类专业技术人员达到 135.3 万人，比上年增长 5.6%，其中具有中级技术职称及以上的专业技术人员 41.50 万人，增长 4.4%。年末国内专利申请量 105481 件，增长 28.2%。国内专利授权量 72120 件，增长 34.3%。2015 年深圳四大支柱产业中，金融业增加值 2542.8 亿元，同比增长 15.9%，物流业增加值 1782.7 亿元，增长 9.4%，文化产业增加值 1021.2 亿元，增长 7.4%，高新技术产业增加值 5847.9 亿元，增长 13.0%。七大战略新兴产业，生物产业、互联网产业、新能源产业、新一代信息技术产业、新材料产业、文化创意产业和节能环保产业，也均较上年实现了两位数的增长。

在全球经济低迷，宏观上资本已经相对不再稀缺的"新常态"下，深圳的现代产业凭什么还能实现这样的高速增长？只能是凭人才，凭人的创造性。深圳在发挥人的创造性方面做了许多工作，其核心就是在让"市场在资源配置中起决定性作用"的基础上，不断降低人才进入的门槛，提高吸引人才的优惠条件，减少市场发挥作用的体制障碍，从而使得人才的能力得以在市场上获得适当的评价和回报，激发出人才的创造力，从而使得创新成为深圳城市竞争力的可持续来源。

三 保障人的尊严

对人的尊严最好的保障，就是人人平等。深圳在保障人的平等，从而保障人的尊严方面在全国城市中处于领先地位。在这里，人人平等包含两个方面。一是尊重市场经济规律基础上的人人平等，即公平竞争，最大限度地保障人能够基于自身的知识和能力，通过自身的努力，而非依靠特权或其他人为扭曲市场的行为，来实现自己的价值，这一价值构成了人的尊严的一部分。二是作为人，不以其是否能够通过市场来实现自身的价值为前提的，基本的生存尊严，即不应以市场竞争之外的手段，将人分为三六九等，如户籍人口与非户籍人口、体制内与体制外等，一方面这种区分在认知上造成了身份的区隔，另一方面公共资源向户籍人口或体制内倾斜，甚至是完全以这一身份区隔来决定是否能够获得一些基本的生存资源，如子女的教育资源等，也对人的尊严造成了极大的损害。

对于第一方面，深圳主要通过服务型政府的建设，做市场的"保姆"，减少对市场的行政干预，简化办事流程，从而最大限度地减少妨碍市场发挥作用的摩擦力，并加强法制建设，来保障市场的公平竞争。对于第二方面，深圳自 1987 年起，就允许非户籍人口参加社保，自2008 年起，深圳开始实施居住证制度，居住证持有人的子女可在深圳接受义务教育，近年来，还不断采取措施，减小户籍人口与非户籍人口之间的差别。

城市是人的聚居地，人在其中不光要进行经济的再生产，还要进行社会的再生产，而不论是经济的再生产还是社会的再生产，要可持续地进行，都要建立在尊重再生产的主体，即人的尊严的基础上，一个只想让人在经济的再生产上为自己添砖加瓦，却不为人的社会的再生产，如子女的教育等，提供公平条件，从而无法保障人的尊严的城市，如何能够期望实现可持续的发展？而深圳正是通过相较于中国的其他城市，在更大程度上保障了人的尊严，从而也为自身的可持续发展提供了保障。

四　解决人的康居

当前，高企的房价已经成为阻碍人才进入北上广深这些一线城市的一个巨大壁垒。深圳作为四大一线城市中土地面积最小的城市，近年来，住房短缺的压力也非常巨大。这种短缺的压力，在宏观因素的推动下，转化成了房价上涨的巨大动力，而房价的不断上涨，所激发出的高涨的投资与投机需求，则进一步加剧了短缺的压力，从而推动房价的进一步上涨。事实上，房价随着城市的发展而适度上涨，会促进土地这一重要的资源，由旧的、低效率的和粗放的产业向新的、高效率的和集约化的产业进行重新配置，即促进城市的产业转型升级，而当投资和投机需求与房价上涨，在金融因素的促进下陷入一个恶性循环，不断推动房价过度上涨之时，旧的产业逐渐被挤出，新的产业所需的人才却由于高企的房价而无法进入，则城市的发展终将难以为继。

面对这一问题，深圳除与其他城市一样采取限购限贷等措施抑制房价的过快上涨外，还采取了一系列实实在在的措施，加大住房的供应。为最大限度地吸引人才，深圳实行了保障性住房和人才住房的双轨制，除加大保障性住房供应外，还不断加大和优化人才住房的供应力度和结构，力争实现通过人才住房留住人才，通过人才的创新实现城市经济的转型升级。2014 年深圳颁布了《深圳市人才安居办法》，"十三五"期间，深圳计划新建保障性住房和人才住房 40 万套，其中人才住房不少于 30 万套。2016 年 7 月深圳又颁布了《关于完善人才住房制度的若干措施》，不仅对人才住房的数量，还对人才住房的质量也提出要求，要求人才住房的面积一般要大于保障房和公租房的面积。通过这些措施，深圳在一定程度上解决了人的康居问题，特别是通过人才住房制度，在一定程度上化解了房价高企造成的人才进入的壁垒，从而为产业转型升级提供了人才的保障。

五 深圳的启示

现实表明，深圳在中国城市经济转型升级的这一竞争中已经居于领先地位。过去几年，在全球经济低迷、中国经济进入新常态与宽松的货币政策的共同作用下，中国经济的非贸易部门的资产价格不断快速上涨，最突出地表现为大城市房价的不断快速上涨，在这样的宏观经济背景下，深圳的房价也出现了巨幅的上涨。那么这种房价的上涨与深圳的经济转型升级有何关联？首先，新产业的发展，尤其是创新产业的发展，往往会带来大量高收入岗位，高收入的人群也具有更强的加杠杆的能力，从而推动房价的上涨；其次，房价的上涨会对一些低效率和低端的产业形成一定的挤出效应，从而为新产业的发展释放出一部分公共资源；最后，房价的上涨也会提高新产业发展的成本，特别是由过度加杠杆的投机性需求推动下的房价快速上涨，将会阻碍新产业的发展。迄今为止，深圳所表现出的强劲的经济转型升级势头表明，深圳房价的上涨在更大程度上是经济转型升级的结果，而非其阻碍。而深圳之所以能做到这一点，在于相对中国大陆的其他城市，深圳在更大程度上构建起了以人为本的市场经济，通过包容人的多元价值、发挥人的创造性和保障人的尊严吸引了人才，通过解决人的康居留住了人才，通过人才的创新活动驱动城市经济的发展。

创造、开放与宜居：城市转型发展的"广州经验"

尹　涛*

广州既不是直辖市，也不是特区，更不是国家政策特别聚焦的新区，但仍能够与北京、上海等中国超级城市相比肩，30 年来一直被民间誉为"北上广"或中国经济"第三城"，这种盛誉的背后，是广州综合实力的象征，是城市功能能级的体现，也是对城市发展成就的高度认可。与国内众多一、二线城市相比，广州面临的区域竞争条件、格局相对尴尬，甚至处于明显劣势，比如，作为全国三大经济圈的中心，北京、上海在其圈内都具有独一无二的龙头地位，而广州在狭小的珠三角却同时面临体量相若的两大特区城市的高位竞争。在财税体制上，广州创造税收的地方留成比例仅为 1/4，几乎是全国最低的。与此同时，不同于国内新崛起的一批年轻城市，广州公共服务及养老"负担"又是较高的，至少大大高于年轻移民为主体的深圳。此外，国内许多中心城市都有国家战略的强力支持，如滨海新区、京津冀一体化之于京津，长三角经济带、浦东新区、自贸区战略之于上海，经济特区之于深圳等，但广州基本没有多少像样的国家战略的资源支持。即便在这种不利条件下，广州依然能保持一线城市的地位，依然能达到国内一流的消费水平，依然能使广大居民享有很高的幸福感，这背后的秘密何在？有哪些值得推广的经验？我们应如何正确、全面、客观地看待广州城市地位及其长期竞争力？值得我们深入探究。

---

* 尹涛，就职于广州市社会科学院广州城市战略研究院。

多元之城：多元功能铸就强大综合竞争力

从城市功能定位看，广州不仅是华南地区经济中心，也是政治、文化中心，它在经济强市、经济中心的基础上叠加了深圳所缺乏的省会城市功能。另外，广州还被授予国家中心城市，具备了较强的国际交往（如签证）、国际交通（如航空枢纽）等功能。即使从单纯的经济维度看，广州也形成了比较完善的综合性产业体系：不仅拥有发达的服务业，还拥有较先进的制造业，不仅有发达的轻纺工业，还拥有华南地区最强大的重化工业，不仅有庞大的传统产业，还培育出相当规模的高新技术产业，此外，广州现代农业实力也远胜于深圳、苏州。正是这种综合性产业体系一直支撑着广州经济的可持续发展，这就是国家一直以来并没有在广州布局多少大型项目，广州也没有多少在国家层面上拿得出手的战略产业，但多年来广州却一直能保持中国经济"第三城"地位的秘密所在。因此，从某些单项指标如资金、科技、房价、薪酬等来看，也许广州确实已不具备一线城市的水平，但若从经济、政治、文化、科技、基础设施、城市管理、社会民生、对外交往等综合功能看，广州在众多国内外关于城市综合实力的评价中，依然不失为"北上广深"一线城市的地位。需要强调说明的是，从世界范围看，国际上的城市一般分为综合性和专业性两大类，专业性城市在其主导产业发展的"黄金期"一般享有更高的经济成长性，但综合性城市则具有更强的抗危机能力，从而也具有更持久的长期竞争力。

广州多元的城市功能加快了经济转型升级。国际金融危机后，广州就逐步开启了一系列经济转型计划，腾笼换鸟、退二进三、"米产"模式、创新条例……，其结果是广州的经济增速慢了下来，而经济转型升级提质方面却有了显著成效。无可否认，没有一定量的积累将难有质上的突破，但在发展到一定水平后，质量与效益在城市竞争力中往往占据更重要地位，因为它决定了数量或规模扩张能否可持续。近年来，广州经济的总体规模、速度以及许多单项经济指标不尽如人意，纷纷被"追兵"所超越，如资金总量、财政收入、固定资产投资、吸引外资、R&D经费等，已被一线城市乃至部分二线城市所抛离，但广州胜在经济质量和效益较好。比如，广州人均经济指标仍位列前茅，人均 GDP 超过 2

万美元，略低于深圳但明显高于北京、上海（均为 1.7 万美元）；劳动生产率方面，广州仅次于深圳、上海而居全国主要城市第三位；经济效率较高，资本投入产出率（GDP/固定资产投资）在全国 20 个主要经济发达城市中，仅次于深圳而居全国第二位；地均 GDP 产出率低于深圳、上海，但高于国内其他主要中心城市；在综合能耗水平上，广州万元吨标煤指标大大低于其他四个国家中心城市。此外，作为经济效益的标志，广州规模以上工业经济效益综合指数长期高于北京和上海。总体上看，广州经济发展质量和效益较高，虽其数量竞争力有所弱化，但广州基本实现了对能源消耗达到全国最低，而人均产出和投入产出率接近全国最高。

创新之城：科技托起未来产业新格局

科技创新一直是广州经济的一大短板，但经过近些年的努力，这种状况有了较大改善。我们看到这几年伴随着经济不断下行，广州专利创造却呈现爆发式增长，发明专利授权量在 2015—2016 年连续两年同比增长超过 40%。2016 年，广州平均每天诞生 7 家高新技术企业，全年净增高新技术企业 2820 家，增速居全国副省级以上城市首位，一批具有世界级水平的技术项目取得重大突破。此外，广州虽然科技创新略弱，但业态创新、模式创新却极为活跃，跨境电商、云制造、智能家居、分享经济等新业态、新模式发展均走在全国前列。2016 年，广州有 13 家企业入选中国最佳创新公司 50 强，入选企业数连续两年位居全国第二。由于营商环境的大幅改善，高端产业项目纷纷落户，特别是去年以来，思科智慧城、特斯拉、富士康 10.5 代显示器、GE 生物科技园、国新央企基金、华电智能制造等一批百亿、千亿级特大产业项目先后签约入驻广州，中铁、中铁建、亚信数据、联邦快递等产业巨头加速布局广州，依托这些高科技产业项目，广州未来以"I.A.B"为代表的新一代支柱产业格局呼之欲出。

民本之城："买得起房"强化一线城市居民的幸福感

与经济模式上的"弱政府"形成鲜明对比的是，广州充分显现出"强民生"的施政形象。"十二五"以来，广州在社会民生发展方面取得显著进步，特别是近几年，以"十大民生实事"工程为导引，广州加大了民生保障方面的投入力度，以 2014—2015 年为例，广州市本级财政用于民生及各项公共事业支出占市本级公共预算支出的比重高达 76% 以上，两年时间投入超过千亿元建设民生项目，涵盖文化、教育、医疗卫生、养老等十大社会民生领域，这与大多数城市财政支出仍以经济事务、基础设施为主形成了鲜明对比。正是由于社会民生领域的大手笔投入，广州的民生发展指数才能够连续两年获得全国城市排名第一，这还是在广州地方公共财政收入十分拮据有限的条件下取得的。此外，消费在很大程度上代表着民生水平，近年来，广州 GDP 第三城地位频频告急，但广州的社会消费品零售总额却一直保持强劲增长，稳居全国前三的位置，2016 年达到近 9000 亿元。近些年，广州消费对 GDP 增长的贡献率一直稳定在 60% 左右，在国内处于最高水平之列，这也同时表明，广州 GDP 大蛋糕构成中，绝大部分份额体现在了消费板块上，也就是用在了民生上。所以说，广州经济发展成果的福利溢出高，百姓获得感强，广州经济结构是一种更加体现民生主导型经济，经济成果转化为民生消费比重较高，说明广州不是"只长骨头不长肉的经济"。

此外，能否买得起房也是关乎民生幸福的重要指标之一。最新数据显示，2016 年广州住房交易均价约为 2.2 万元/平方米，同期深圳成交均价超 6 万元/平方米，北京为 5.2 万元/平方米，上海为 4.6 万元/平方米，广州不及北上深房价的一半，中国指数研究院的百姓住宅数据总结，广州的房价排到了中国城市第二梯队，几乎大部分中产阶层通过努力都能买得起一套住房。拥有一线城市的收入，享受二线城市的房价，不能不说这是广州市民的一种幸福！

广州在民生发展方面的成绩也获得了国际机构的关注和肯定。联合国开发计划署发布了《2016 年中国城市可持续发展报告：衡量生态投入与人类发展》，这份报告是基于人类发展指数和城市生态指数，对 35 个中国大中城市进行了定量分析，以评估城市的可持续发展能力。其结果显示，在人类发展指数（主要由人均预期寿命、人均受教育年限等构成）这一关键指数上，广州以 0.869 位居中国城市第一。此外，广州在生态环境建设上也是不遗余力且成效显著，2016 年，广州空气质量指数仅次于深圳而居全国主要大城市领先地位，在全国五大国家中心城市中排名第一。

活力之城：市场主体与民间投资逆势迸发

正是因为缺乏国家的政策、资源支持及本地较少的政府干预，无意间塑造了民间巨大的经济活力，使广州成为国内有口皆碑的活力之城。这里有一系列数据为证。例如，与全国经济下行形成鲜明对比，广州近两年市场活力持续迸发，市场主体逆势大幅增长，据统计，2015 年，全市新登记内资企业增长 13.6%，私营企业增长 24.9%，2016 年，全市新登记内资企业更猛增 42.6%，大大高于 GDP 增长率，市场主体大幅增长显示出广州未来经济的巨大潜力，表明经济体系内部酝酿了新一轮增长动能。与此同时，我们看到，广州民间投资活力日趋凸显，据广州市发改委 2016 年上半年统计数据显示，广州民间投融资活跃，上半年民间投资增长率 18.9%，比全国高出约 16 个百分点，今年以来，广州产业投资更呈现井喷式增长。与此同时，2016 年，广州直接融资规模也迅速扩大，增速高居全国大城市第一位，新增直接融资占比达到发达国家水平，也排全国第一位。再从人口流动状况看，近两年北上深等一线城市人口净流入均呈现停滞甚至负增长，而广州人口净流入比率最高，流入量最大。最后，我们看到，尽管近几年全国经济处于下行乃至萧条状态中，但广州消费畅旺的景象依然让人印象深刻，这些逆势中高增长的事实充分体现出广州不愧是一座活力之城。

机遇之城：外籍人"创富神话"不断上演的地方

在今年普华永道与中国发展研究基金会联合发布的《机遇之城2016》报告显示，广州、深圳与杭州跻身前三。而广州的评分又再次排名第一，这个"机遇之城"的内涵，不仅包括发展机遇相对最公平，也表明成功创业就业的机会全国最多，其中包容地接纳了近 10 万亚非拉外籍人口来穗生活创业的事实即是力证。在广州，每天都在上演关于创富的神话故事，这种成功的创富者，不仅包括部分本地人，更多的是外地人甚至外国人。在这一个个创富神话的背后，折射出广州特有的开放、多元、包容性文化！

总之，一个城市的竞争力需要从多个维度综合评判，尤其是要更多地从功能、质量、结构、人均方面看。近年来，广州城市 GDP 出现了增长趋缓而被"追兵"城市所迫近，但不能据此就断定广州衰落了。需要特别强调的是，GDP、公共财政收入绝不等于城市竞争力，比如新加坡、中国香港的经济规模并不大，但它们在全球经济体竞争力榜单中却长期名列前茅；GDP 更不等于民生幸福度，这还要看 GDP 的结构和质量，尤其是对 GDP 的公平分配状况及经济成果为社会共享水平。广州的房价水平没有跟随其他三个一线城市而疯长，这是 GDP 增长之殇，但确是民生之福。从国际经验看，高房价对创新有明显的挤出效应，香港、孟买的发展即是力证，而那些创新力很强的国家或城市，如新加坡、瑞典、以色列等，无一例外地是对房价实施严格控制的。广州公共财政收入确实严重偏低，排到了全国城市第七位，与其经济"第三城"地位很不相称，这固然有产业结构上的原因，但主要是财税分配体制差异造成的，事实上，从全口径看，广州财税总规模并不算低。北上广深四个一线城市，只有广州受省级政府全面管辖，缺乏优惠政策，发展上也缺自主权，又要照顾省内贫困地区，而就是依靠如此有限的财力，广州还能够长期居于经济"第三城"地位，还能够在大多数经济、民生指标上处于全国领先地位，其发展模式和经验确实值得借鉴！

反面案例

张洋子[*]

A 市，临某大都市，是一个发展中的新兴城市。历史源远流长，人文艺术繁荣，名人辈出。自然、旅游资源丰富，平原广阔，土壤肥沃，生态环境优美，是国家环保模范城市、国家园林城市、全国绿化模范城市。区位优势独特，位于某大型城市群腹地，是该城市群一小时经济圈的中心地带。交通发达，五条铁路干线、三条高速公路和五条国家级公路纵横交错，形成了依托中心城市和空港、海港的独特优势。

A 市近年来房价巨幅"飙涨"，增速屡创新高。国家统计局发布的

---

* 张洋子，中国社会科学院研究生院。研究方向：城市与房地产金融。

数据显示：到 2016 年 10 月，房地产平均价格已达 18167 元/平方米，环比增长 15.32%，同比增长 104.79%，根据预测，到 2018 年随着临某大都市新机场、新城际铁路即将建成等利好的再次释放，A 市房价极可能升到 2 万元/平方米的水平。

政府对投机炒作纵容、缺乏限制办法，任由房价"飙涨"。由于 A 市紧邻大都市，受到中心城市规划和楼市限购政策的影响，导致刚需外溢至环都市圈边缘城市，而房价相对环都市圈边缘城市仍处低位且配套较完善的 A 市成了较佳去处。然而，A 市政府对于投资投机缺乏限制办法，纵容投机炒作，反而多次推出买房补贴优惠新政策，降低购房门槛，试图利用房价拉动经济，导致房价水涨船高。直到 A 市上半年出台 9 条稳控楼市措施，使用限购政策目的在于抑制房价，然而为时已晚，并没有使楼市彻底冷清下来，反而会倒逼现有存量地产借势涨价。

房价飙涨可能增加经济泡沫风险，产业结构滞后，抑制科技创新。2015 年，A 市城镇居民人均可支配收入 31925 元，比上年增长 8.5%。远低于房价增长率。房价的疯涨带来高杠杆恐提高了金融风险系数，泡沫膨胀危害经济增长。中国企业 500 强数量只有两家，无法承载 A 市产业升级以及外来购房者炒作热度，产业与楼市严重不匹配。A 市发展的长远之计所需要的还是科技创新，然而，受资产泡沫的吸引，A 市薄弱的企业恐逐渐将有限的资金投入有泡沫的房地产业部门，对企业创新投入产生消极影响。

B 市，某省省会城市，全省政治、经济、文化中心。地理位置优越，四面环湖，濒江近海；属亚热带季风性湿润气候，四季分明，气候温和。B 市地处都市圈中心城市，城市带核心城市之一，是国家重要的科研教育基地、现代制造业基地和综合交通枢纽。境内名胜古迹、历史名人众多，首批中国国家园林城市，自然景色优美。B 市兼具世界科技城市联盟会员城市、国家科技创新型试点城市、中国综合性国家科学中心。

B 市楼市房价不断攀高，房价收入比远超合理范围。近年来，根据国家统计局监测数据显示，B 市作为二、三线城市之间的省会城市，2016 年 6 月，B 市住宅均价 11854 元，同比涨幅 49.88%，位列省会城市之首，相比于去年环比涨幅为 4.8%，排名第三，房价收入比 9.8，与合理范围上限 7.8 的偏离幅度为 25%。短期内 B 市楼市维持现状，房价不断攀高，房价收入比已超出合理范围，必将对经济产业发展和居民生活产生一定的压力。

土地供给有限，库存紧张，政府监管调控不到位助长房价攀高。首先，从土地供给的角度看，土地供应量紧缩和库存量不足是造成 B 市房价上涨的根本原因。数据显示，2016 年 5 月 B 市供应土地面积和住宅类用地面积分别为 553 万平方米和 366 万平方米，较去年同比分别下降了 12% 和 11%。B 市的楼市库存紧张，库存量不到两个月。土地供给的限制导致地价溢价率大幅度提高，刺激地王大量出现，对此缺乏有效调控措施。其次，政府对开发商捂盘惜售和炒作现象的监管不到位，特别是政务区等热门区域，地块有限，出现了供求紧张。在楼市经过 2015 年至 2016 年 6 月达到阶段性宽松后，2016 年 10 月推出限购限贷政策，然而为时较晚。

房价高速上涨可能增加高端产业成本，恐削弱人力资本和科技优势。B 市 GDP 总量 5000 多亿元，经济总量全国排名 30 位左右，中国企业 500 强中，B 市也占有 6 家。2014 年，B 市城镇居民可支配收入突破 2.8 万元，处于全国 60 名之后。然而随着高房价上涨又提高生产成本，可能挤走高端产业。作为南方拥有高校最多的省会城市之一，高端毕业生人才可能由于房价压力，很难留在 B 市安家就业。同时，高房价可能增加工业企业新产品产出和研发投入的成本，削弱其科技创新优势，降低当地企业的创新倾向。

C 市，沿海城市，陆海面积超过 2000 平方千米，是中国对外开放政策的最前沿地区之一，是两岸新兴产业和现代服务业合作示范区、国际航运中心、两岸区域性金融服务中心和两岸贸易中心。旅游业发达，现代化国际性港口风景旅游城市，拥有第一批国家 5A 级旅游景区。亚热带海洋性季风气候，气候宜人，宜居条件得天独厚。

近两年，C 市房价强势走高，楼市火热高歌猛进。C 市凭借气候宜人、经济发达、投资居住环境俱佳、地理位置优越等一系列得天独厚的城市条件，吸引了来自国内外大批投资者的目光，大量资本的涌入，尤其是进入房地产市场，该市房价不断走高，楼市火爆。自 2015 年以来，C 市房价没有下跌过，一路高涨到现在的 26000 元/平方米。从房价走势图来看C市的二手房似乎比新房更吃香，从2015年8月开始紧咬一手房价格，甚至超越一手房。2017年4月C市新房房价31291元/平方米，环比上涨2.4%，二手房房价44235元/平方米，环比上涨6.5%，同比上涨46.98%。

政策倾斜力度强，限制土地供应，对地王缺乏约束，是导致C市房价不断走高的主要原因：其一，政府的政策倾斜力度之强，导致对周边城市具有一定的虹吸效应，吸引大量人口和资本流入城市，人口数量的激增，房地产市场热钱的流入，城市本身有限的住房供应面积，导致供需紧张矛盾突出，尤其是购房者对二手房市场的青睐。其二，2015年C市政府加大限制土地供应，制造土地供应的饥饿效应，对地王缺乏约束，哄抬地价。其三，政府行政干预过度，向市场释放强烈的兜底保市信号，造成大量投资客对该市投资价值的市场预期提高。

房价过高可能推动人口流出，抑制新兴服务产业创新动力。C市房价收入比高达11.54，生活成本较高。据C市统计局统计，C市非户籍的常住人口2015年比2014年少了2.71万人，并且为5年来首度出现减少。经过近年持续努力，C市产业结构调整和转型升级取得明显成效，尤其是以金融业、电子商务为代表的新兴服务产业已成为财政增收的新引擎。然而高房价恐削弱当地企业的创新倾向，该抑制效应对新兴服务产业恐更为严重，2016年专利授权数下降358件。

D市，某省省会城市，全省政治、经济、文化和金融中心，中国大陆与东协经济体贸易合作的关键通道，全国综合性铁路枢纽。地处山地丘陵之中，群山环抱，是全国重要的生态休闲度假旅游城市，荣登"中国十大避暑旅游城市"。D市是多民族共居的城市，还是国家级大数据产业发展集聚区，国家级数据存储灾备基地和国家级云计算应用基地。

D市房价呈现总体上涨的态势，销售量库存量同比增长。自2010年以来，经历了疯狂上涨、周期下跌、企稳回升的时期。近两年，该市房价再次出现疯长的局面。根据权威机构的统计数据显示，2016年上半年，D市共卖出31860套住宅，相比较去年上半年将近涨幅约10%，公寓卖出了15.2万元/平方米，比去年上半年整整增加了65.4%；商铺、写字楼销售量相比2015年上半年，涨幅同样明显。因此，房价也从1月份的4676元/平方米涨到现在的5680元/平方米，半年时间，足足涨了 1000 元。2017 年该市房价保持继续上涨的态势。

利好政策频出、土地财政等因素是影响 D 市房价上涨的重要原因。第一，由于城市本身的宜居条件优越，吸引大量的外来投资客拉高房价。然而，D 市政府对于投资投机缺乏限制办法。政策的整体方向仍然较为宽松，反而抛出异地公积金可贷款买卖、二手房交易、房屋租赁利好信息刺激了房价的上涨。第二，政府大量土地拍卖，尤其是新建轨道交通 1、2 号线和 1.5 环 BRT 建设沿线楼盘。据 D 市公共交易监测显示，2016 年上半年 D 市（包括三县一市）土地销售面积为 230 万平方米，揽金 52.93 亿元。销售面积共计 3782843.53 平方米，全市住宅库存面积就减少了 682057.98 平方米。全市住宅销售面积大大超过新增供应面积，在需求大于供应的情况下，房价势必会上涨。

高房价不利于新兴产业的发展，可能造成科技创新成本增加。城镇常住居民人均可支配收入为 29502 元，增长 8.3%，低于房价涨幅。高房价不利于 D 市发展旅游业和宜居生态城市发展，高房价可能会增加创新成本。2016 年，D 市专利授权数下降 40%。需要特别注意的是，该市现阶段是调整经济结构，大力发展新兴产业的重要战略期，房价合理对产业转型和新兴产业的发展是非常重要的。

E 市，某省省会城市，全省政治经济文化中心，地处某经济圈城市之一。交通便利，全国铁路运输的主要枢纽之一。农业发达，农产品主要产区之一，农业集约化和产业化水平较高。环境气候温和，土地资源类型多样，光、热、水、土条件适宜，土地利用率和生产率高，但地域差异明显，土地后备资源不足。红色旅游城市，2015 年度十大最具幸福感省会城市之一。

E 市房价一片火热，在全国省会城市中已位居中上游水平。根据国家统计局数据显示，2016 年 E 市房地产市场可以说是一片火热。从年初到 5 月持续小幅上涨，"红五月"之后，房价涨幅提升。9 月开始至年末涨幅巨大，12 月房价一度达到 15000 元/平方米。总体来说，全年房价走势整体向好。11 月与 1 月相比，房价上涨 16.7%。

土地供给不足，释放兜底信号，是 E 市高房价的重要原因。第一，对于 E 市而言，最大的问题是土地供给不足。土地供给不足主要包括土地供给总量不充足和住宅面积所占比例较小。该市三环内条件较好的土地已处于紧缺状态，土地一拍卖就是天价。该市土地供应数据显示，2015 年，E 市国土资源局共挂牌出让 65 宗国有建设用地使用权，总面积 270.5588 万平方米，约合 4058.3814 亩。其中住宅供应面积在全部用地类型中比例较小。第二，政府各种政策利好较多，导致大量资本的流入。政府兜底信号强，投资预期好于省内其他城市。总之，E 市在土地供给有限，利好较多的情况下，房价上涨有其必然性。

高房价可能抑制高端要素集聚，增加生产、投资成本。2016 年，城镇居民人均可支配收入 30459 元，增长 8.1%，远低于房价涨幅 16.7%。金融从业人数减少了 0.21 万人。随着 E 市当地居民的压力增大，加重了以居住为目的购房者的经济压力，可能迫使劳动力尤其是高端人才因房价过高进入其他地区。高房价增加投资成本，影响企业的相对效用，进而抑制制造业在该地区的集聚。E 市拥有不少小企业，但创新意识相对不足，高房价背景下，可能面临更大困境。

综上所述，五个城市案例高房价、增速过快的表现、成因及影响，引人深思，得到启示和教训如下：第一，地方政府行为不当，会推高房价，导致房价过快增长。政府对投机炒作纵容、缺乏限制办法，任由房价"飙涨"。土地供给的限制导致地价溢价率大幅度提高。地王大量出现，对此缺乏有效调控措施。市场与政府关系不清，依赖土地财政增收。第二，房价过高、增长过快，恐对经济发展、产业升级和科技创新产生负面影响。高房价可能危害居民住房基本需求，增加居民生活成本和企业经营成本，挤出高端产业，资本从实向虚，抑制企业创新投入，对竞争力提升产生负面消极影响。

第三部分

城市竞争力分项报告

第六章　中国城市经济竞争力报告

周晓波　丁如曦*

2016 年，是中国"十三五"规划的开局之年。面对复杂多变的外部环境和艰巨繁重的国内改革攻坚任务，中国经济由高速增长转向中高速增长的"新常态"，从规模速度型粗放增长转向质量效率型集约增长，从要素投资驱动转向创新驱动。在经济增速换挡期、结构调整阵痛期、前期刺激政策消化期"三期叠加"的下行压力下，中央政府坚持稳中求进的工作总基调，精准把握宏观调控区间管理界限，强力推进结构性调整、简政放权等一系列市场化改革措施，积极推动"十三五"时期经济社会发展良好开局，促进经济运行缓中趋稳、稳中向好。2016年国内生产总值达到 74.4 万亿元，增长 6.7%，名列世界前茅，对全球经济增长的贡献率超过 30%。工业企业利润由上年下降 2.3% 转为增长 8.5%，单位国内生产总值能耗下降 5%，经济发展的质量和效益明显提高。经济结构加快调整，消费在经济增长中发挥主要拉动作用，服务业增加值占国内生产总值比重上升到 51.6%，高技术产业、装备制造业较快增长。城市轨道交通、地下综合管廊的完善推动了国内海绵城市的建设，同时以"互联网＋"和分享经济为代表的新技术、新业态促进了我国智慧城市的建设。北京、上海建设全球影响力的科技创新中心加快推进，11 个城市获得国家中心城市的批复，6 个国家自主创新示范区新设，我国创新性城市布局不断扩大。城市生态环境有所改善，绿色发展取得新进展，74 个重点城市细颗粒物（PM2.5）年均浓度下降

---

* 周晓波，就读于南开大学；丁如曦，经济学博士，西南财经大学讲师，中国社会科学院财经战略研究院博士后。研究方向：城市与房地产经济。

9.1%，省级空间规划试点和市县"多规合一"试点工作取得重要进展，生态城市的理念和建设不断推广。深入推进"互联网＋"行动和国家大数据战略，全面实施《中国制造2025》，落实和完善"双创"政策措施，新产业、新技术和新业态的蓬勃发展为中国城市注入了强大动力。

经过"十二五"时期的长足发展以及"十三五"时期开局之年的稳中有进，中国城市的经济竞争力呈现出一些新的阶段特点。通过分析比较港澳台与内地294个城市综合经济竞争力指数，以及在企业本体、当地需求、当地要素、硬件环境、软件环境和全球联系六大方面的表现，可以清晰地勾勒出中国城市经济竞争力的总体格局、区域现状等时空演进特征。

一 中国城市综合经济竞争力状况

（一）十强分布：深圳、香港和上海蝉联三甲，中部城市武汉首次跻身十强

2016年综合经济竞争力指数十强城市依次是：深圳、香港、上海、台北、广州、天津、北京、澳门、苏州、武汉。与2015年相比，综合经济竞争力十强城市名单出现了一些新变化。武汉首次跻身第10位，无锡跌出前10行列，台北超越广州跻身第4位。从十强城市的区域分布来看，主要集中在珠三角、长三角、环渤海和港澳台地区，中部地区开始有城市进入综合经济竞争力十强行列，西部地区尚无城市进入十强榜单。但从反映城市潜在经济竞争力和经济活力的综合增量竞争力指数来看，重庆、成都分列第5、第8位，表明广大西部地区经济增长的后发优势比较明显，其区域中心城市有跻身中国城市综合经济竞争力十强的可能。在综合经济竞争力十强城市中，上海的综合增量竞争力指数最高，而澳门的综合效率竞争力指数优势明显。

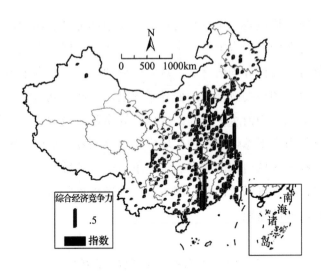

图6—1 中国城市综合经济竞争力空间分布柱状图

资料来源：中国社会科学院城市与竞争力指数数据库。

表6—1 2016年中国城市综合经济竞争力前十强城市

城市	综合经济竞争力指数	排名	综合增量竞争力指数	排名	综合效率竞争力指数	排名
深圳	1.000	1	0.857	6	0.333	4
香港	0.881	2	0.342	19	0.647	3
上海	0.747	3	1.000	1	0.155	5
台北	0.697	4	0.156	62	0.864	2
广州	0.569	5	0.923	4	0.093	8
天津	0.466	6	0.989	2	0.055	17
北京	0.459	7	0.971	3	0.054	18
澳门	0.457	8	0.051	205	1.000	1
苏州	0.424	9	0.682	7	0.067	12
武汉	0.342	10	0.584	9	0.049	19

资料来源：中国社会科学院城市与竞争力指数数据库。

（二）区域格局：东南地区领先全国，西北与东北地区相对靠后

从全国六大区域的综合经济竞争力指数分布来看，东南地区①和环

---

① 为了便于竞争力的区域比较，本章将香港、澳门归于东南地区。

渤海地区的城市均值高于全国平均水平，而中部地区、西南地区、东北地区和西北地区则低于全国平均水平，其中西北地区和东北地区城市综合经济竞争力指数得分均值靠后。从各区域的综合经济竞争力变异系数来看，东南地区和环渤海地区的变异系数最高，而西北地区的变异系数最低。也就是说，均值水平越高的区域变异系数也越大，这也反映出了综合经济竞争力水平总体较高的区域内，也存在着明显的城市间分化特征。此外，各大区域内部的综合经济竞争力变异系数均小于全国城市间的变异系数，由此可以看出，中国城市综合经济竞争力的区域差距要大于区内城市之间的差距。

表6—2　　　　　　　　　2016 年六大区域综合经济竞争力指数

区域范围	城市数目	均 值	标准差	变异系数	最小值	最大值
环渤海地区	30	0.136	0.100	0.736	0.050	0.466
中部地区	80	0.078	0.047	0.603	0.036	0.342
西北地区	39	0.057	0.032	0.559	0.027	0.193
东北地区	34	0.064	0.040	0.619	0.036	0.306
东南地区	57	0.190	0.198	1.045	0.047	1.000
西南地区	49	0.068	0.047	0.690	0.030	0.306

资料来源：中国社会科学院城市与竞争力指数数据库。

（三）纵向比较：综合经济竞争力总体水平微降，部分地区城市间分化明显

从全国范围看，中国城市综合经济竞争力平均水平由 2012 年的 0.088 逐年稳步上升至 2014 年的 0.112，但在 2015 年小幅回落至 0.108，2016 年进一步回落至 0.103。这说明，在全国经济增速放缓的新常态背景下，中国城市的综合经济竞争力也进入调整期，总体水平出现了微幅下降。从综合经济竞争力的变异系数来看，2015 年延续了近四年来的稳步下降趋势，进一步回落至 1.044，但 2016 年则增大至 1.126，表明整体上中国城市间综合竞争力差异有所扩大，这很有可能与局部分化加剧有关。总体而言，在经济步入新常态阶段，中国城市的综合经济竞争力无论在时间维度上还是空间分布上都出现了一些调整新迹象。

表6—3　　　　　　2012—2016 年中国城市竞争力的变化趋势

年份	城市数目	均值	标准差	变异系数	最小值	最大值
2012	293	0.088	0.099	1.131	0.023	1.000
2013	294	0.103	0.115	1.113	0.022	1.000
2014	294	0.112	0.119	1.066	0.024	1.000
2015	294	0.108	0.113	1.044	0.025	1.000
2016	294	0.103	0.116	1.126	0.020	1.000

资料来源：中国社会科学院城市与竞争力指数数据库。

从六大地区的城市综合竞争力的纵向比较来看，2016 年各地区延续了 2015 年的微幅下降趋势，城市综合经济竞争力指数得分均值皆出现了不同程度的下降，其中东北地区城市的均值下降的绝对量最大（-0.017），其次为环渤海地区（-0.012），其余四大区域的城市综合经济竞争力下降幅度相对较小。从变异系数来看，与 2015 年相比，2016 年西北地区和东北地区城市综合经济竞争力的变异系数有所下降，而其余四大区域的变异系数皆不同程度地增加，这意味着西部地区和东北地区内城市间综合经济竞争力在低水平上差距不大，甚至有缩小之势，而其余地区内部的城市综合经济竞争力分化扩大。中国城市综合经济竞争力在南北之间的分布及调整特征存在明显差异。

表6—4　　　　2015—2016 年六大区域城市综合经济竞争力指数

区域范围	2015 年均值	2015 年变异系数	2016 年均值	2016 年变异系数
环渤海地区	0.148	0.696	0.136	0.736
中部地区	0.083	0.584	0.078	0.603
西北地区	0.062	0.570	0.057	0.559
东北地区	0.081	0.648	0.064	0.619
东南地区	0.195	1.005	0.190	1.045
西南地区	0.070	0.682	0.068	0.690

资料来源：中国社会科学院城市与竞争力指数数据库。

从具体的指标来看，虽然近几年来中国城市经济竞争力的整体表现出现了先收敛后扩大趋势，但从具体分项竞争力状况以及排名前列和排名靠后的城市之间差距仍有进一步扩大的趋势。从2016年综合经济竞争力核密度曲线分布可以看出，中国城市的核密度曲线明显出现右偏的态势。表明中国城市竞争力表现较好的城市数目较少，而绝大多数城市处于中等偏下水平，并且从近几年的趋势来看，排名最靠前的十个城市和排名最靠后的十个城市之间差距还在进一步扩大。

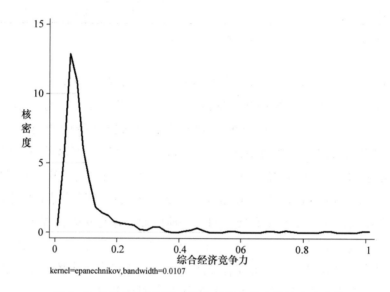

图6—2　2016年中国城市综合经济竞争力的核密度分布

资料来源：中国社会科学院城市与竞争力指数数据库。

（四）空间特征：东经110°经线以东呈现高—高集聚分布，西部与东北地区出现分化性倾斜

东经110°经线附近是中国的中部地区和西部地区的划分断裂带，也大体对应中国地形第三阶梯与第二阶梯的分界线。从中国城市综合经济竞争力按照维度大小的东西向空间分布来看，东经110°经线以东和以西地区差异明显：那些具有强竞争力优势的城市皆位于该经线以东的东中部地区（比如深圳、上海等前十强城市），而且高值与高值城市在空间分布上相对集中；在东经110°经线以西的地区，城市综合经济竞争力出现分化性倾斜分布格局，像成都、重庆、西安等具有较高行政级别的个别大城市综合经济竞争力指数得分相对较高，而其余城市普遍较低。此外，东经130°经线附近的东北地区的城市综合经济竞争力指数得分也整体较低。这共同反映了中国特定自然地理特征状况与制度政策背景下城市经济竞争力在空间分布上的不均衡特征。

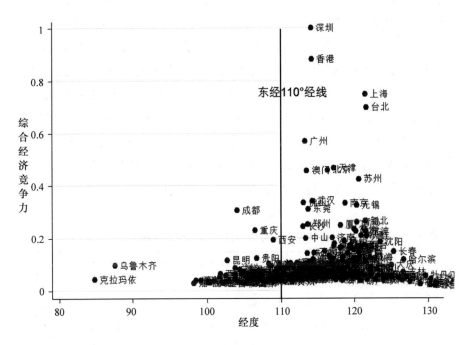

图6—3　中国城市综合经济竞争力按照维度线的空间分布

资料来源：中国社会科学院城市与竞争力指数数据库。

值得注意的是，在综合经济竞争力方面，区域中心城市的表现与区域整体的表现显著正相关。香港、澳门、北京、上海、广州、深圳、天津等中心城市的辐射带动作用显著提升了东南地区和环渤海地区的整体竞争力，在空间上表现为高竞争力城市和高竞争力城市分布比较集中，而东北地区、西南地区和西北地区的整体表现低于全国城市平均水平，则与其区域性中心城市的辐射带动能力相对较弱有很大关系。

二 中国城市综合经济竞争力分项竞争力状况

（一）西南和东北地区的城市企业本体指数较小，城市间差异较大

从企业本体来看，不同地区的企业本体指数的均值从大往小依次是环渤海湾、中部、东南、西南、东北和西北。其中，与总体城市的企业本体指数均值相比西北、西南和东北地区相对较低，其他地区的企业本体指数均高于均值。不同地区的企业本体指数的变异系数从大往小依次是东北、西南、西北、中部、环渤海湾以及东南，与总体城市的变异系数相比，环渤海湾、东南以及中部和西北地区的变异系数相对较小。从企业本体分项中的中国企业 500 强数量排名看，北京、上海、杭州、广州、深圳、天津、东营、无锡、重庆、苏州依次位于全国前十名，从区域分布看，前十名城市集中在长三角、珠三角和环渤海湾地区，中西部地区只有一个城市。

表6—5　　　　　　　中国城市经济竞争力分析指标描述性特征

地区	变量特征	企业本体	当地要素	当地需求	软件环境	硬件环境	全球联系
总体城市	均值	0.3983	0.1922	0.2538	0.4517	0.4939	0.2383
	变异系数	0.4288	0.9166	0.6363	0.466	0.4035	0.65
环渤海湾	均值	0.4685	0.2392	0.3612	0.5467	0.4264	0.318
	变异系数	0.2989	0.8856	0.4915	0.4407	0.4627	0.5544
中部	均值	0.4394	0.1865	0.2029	0.4431	0.4319	0.198
	变异系数	0.417	0.7773	0.4895	0.4318	0.3651	0.5009
西北	均值	0.28	0.1429	0.1834	0.3677	0.3457	0.1463
	变异系数	0.4207	1.1128	0.6962	0.4906	0.4274	0.85
东北	均值	0.3382	0.1699	0.215	0.3919	0.5123	0.2078
	变异系数	0.5011	0.9451	0.6721	0.5478	0.3194	0.5422
东南	均值	0.4277	0.2327	0.3723	0.554	0.7136	0.3662
	变异系数	0.272	0.7576	0.4842	0.3665	0.1848	0.3797
西南	均值	0.3721	0.1561	0.2093	0.3886	0.4757	0.1881
	变异系数	0.4735	1.068	0.6421	0.4644	0.3408	0.7571

资料来源：中国社会科学院城市与竞争力指数数据库。

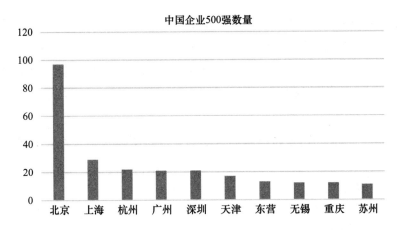

图6—4　拥有中国企业 500 强数量最多的前 10 个城市

资料来源：中国社会科学院城市与竞争力指数数据库。

（二）东北、西北和西南地区城市间的当地要素差异较大

从当地要素来看，不同地区的当地要素指数的均值从大往小依次是东南、环渤海湾、东北、西南、中部以及西北地区。其中，与总体城市的当地要素指数的均值相比，东北、西南、中部和西北地区相对较低，其他地区的当地要素指数均高于均值。不同地区的企业本体指数的变异系数从大往小依次是西北、东北、西南、环渤海湾、中部和东南地区，

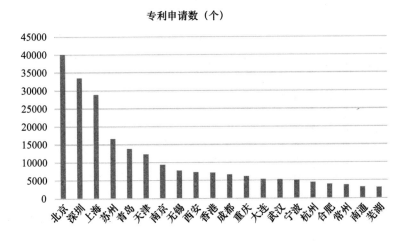

图6—5　专利申请数在全国排名前十的城市

资料来源：中国社会科学院城市与竞争力指数数据库。

与总体城市的变异系数相比，环渤海湾、中部、东南地区的变异系数相对较小。从当地要素分项中的专利申请数来看，北京、深圳、上海、苏州、青岛、天津、南京、无锡、西安和香港依次位于全国前十名，从区域分布看，前十名城市集中在东南和环渤海湾地区，中西部地区只有一个城市。

（三）东北、西北和西南地区城市的当地需求指数较小，城市间差异大

从当地需求看，不同地区的当地需求指数的均值从大往小依次是东南、环渤海湾、东北、西南、中部和西北。其中，与总体城市的当地需求指数的均值相比，东北、西南、中部和西北地区相对较低，其他地区的当地需求指数均高于均值。不同地区的当地需求指数的变异系数从大往小依次是西北、东北、西南、环渤海湾、中部和东南，与总体城市的变异系数相比，环渤海湾、中部和东南地区的变异系数相对较小。从当地需求分项中的全市常住人口来看，全国前十名的城市依次是重庆、上海、北京、天津、成都、广州、深圳、武汉、苏州和保定，这些城市的常住人口均达到了 1000 万以上。从当地需求分项中的全市经济规模来看，大陆前十名的城市依次是上海、北京、广州、深圳、天津、重庆、苏州、成都、武汉和杭州，这些城市的 GDP 规模均达到 1 万亿人民币以

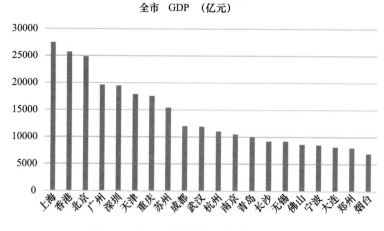

图 6—6　全市 GDP 排名全国前 20 的城市

资料来源：中国社会科学院城市与竞争力指数数据库。

上，其中来自中西部地区的城市仅有三名。从当地需求分项中的城镇居民人均可支配收入来看，大陆前十名的城市依次是东莞、深圳、上海、苏州、广州、宁波、厦门、绍兴、北京和杭州，这些城市均位于东部发达地区。

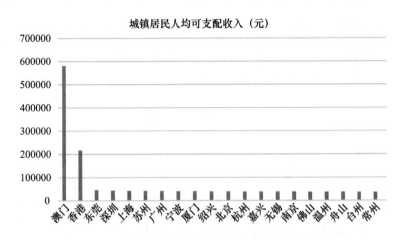

图6—7　我国城镇居民人均可支配收入前20的城市

资料来源：中国社会科学院城市与竞争力指数数据库。

（四）东北、西北地区城市的软件环境较差，城市间软件环境差异大

从软件环境看，不同地区的软件环境指数的均值从大往小依次是东南、环渤海湾、中部、东北、西南、西北。其中，与总体城市的软件环境指数的均值相比，中部、东北、西南和西北地区相对较低，其他地区的软件环境指数均高于均值。不同地区的软件环境指数的变异系数从大往小依次是东北、西北、西南、环渤海湾、中部和东南地区，与总体城市软件环境指数的变异系数相比，西南、环渤海湾、中部和东南地区的变异系数相对较小。

（五）环渤海湾和西北地区城市的硬件环境较差，城市间差异大

从硬件环境看，不同地区的硬件环境指数的均值从大往小依次是东南、东北、西南、中部、环渤海湾和西北。其中，与总体城市的硬件环

境指数的均值相比，西南、中部、环渤海湾和西北地区相对较低，其他
地区的硬件环境指数均高于均值。不同地区的硬件环境指数的变异系数
从大往小依次是环渤海湾、西北、中部、西南、东北和东南地区，与总
体城市硬件环境指数的变异系数相比，中部、西南、东北和东南地区的
变异系数相对较小。从硬件环境分项中的 PM2.5 年均值来看，全国前
十名的城市依次是保定、德州、邢台、衡水、聊城、郑州、菏泽、新
乡、邯郸和安阳，全国 PM2.5 年均值最高的 30 个城市除了北京，其他
城市全部位于河北、山东和河南三省。

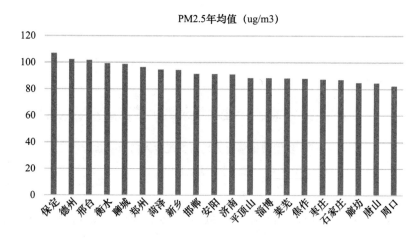

PM2.5年均值（ug/m3）

图6—8 PM2.5 年均值全国最高的 20 个城市

资料来源：中国社会科学院城市与竞争力指数数据库。

（六）西南和西北地区的城市全球联系指数较低，城市间的差异大

从全球联系看，不同地区的全球联系指数的均值从大往小依次是东
南、环渤海湾、东北、中部、西南和西北。其中，与总体城市的全球联
系指数的均值相比，东北、中部、西南和西北地区相对较低，其他地区
的全球联系指数均高于均值。不同地区的全球联系指数的变异系数从大
往小依次是西北、西南、环渤海湾、东北、中部和东南地区，与总体城
市全球联系指数的变异系数相比，环渤海湾、东北、中部和东南地区的
变异系数相对较小。从全球联系分项中的外贸依存度来看，全国前十名
的城市依次是香港、深圳、珠海、东莞、厦门、苏州、北京、日照、惠

州和上海。此外，改革开放以来，东部沿海省份的城市由于地理位置的优越，通过发展外向型经济，取得了快速的经济增长。如图 6—10 所示，城市距最近港口的距离（千米）和外贸依存度呈现了明显的负向关系，即城市距离港口越近，进出口占该城市的 GDP 比重也就越高。

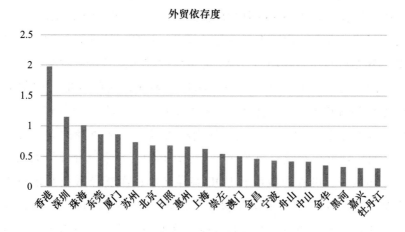

图6—9　外贸依存度全国最高的 20 个城市

资料来源：中国社会科学院城市与竞争力指数数据库。

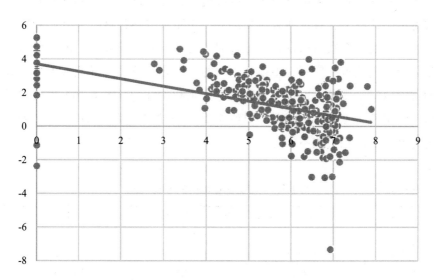

图6—10　距最近港口的距离（公里）和外贸依存度的关系（取对数）

资料来源：中国社会科学院城市与竞争力指数数据库。

三 重要经济变量关系和规律的发现

（一）各省省内城市 GDP 和综合竞争力的变异系数

静态比较看，2015 年 GDP 变异系数较小的省份依次是山西、山东、贵州、河北、江西、内蒙古、福建、江苏、广西，这些省份的内部城市 GDP 差异相对较小；2015 年 GDP 变异系数较大的省份依次是吉林、甘肃、云南、辽宁、黑龙江、广东、四川、湖北，这些省份的内部城市 GDP 差异相对较大。动态比较看，观察 2007 年到 2015 年各省省内城市 GDP 的变异系数变化可以发现，省内城市变异系数下降的有江苏、湖北、宁夏、河北、福建、黑龙江和云南，其中变异系数降幅最大的是江苏，上述这些省份省内城市的 GDP 差异变小；而变异系数升幅较大的省份全部位于中西部，依次是贵州、江西、吉林、湖南、山西、内蒙古、广西、河南、四川、安徽和甘肃，这说明上述省份省内城市的 GDP 差异变大。总体来看，我国绝大多数省份省内城市的经济总量差异性在扩大，且这些省份大部分位于中西部地区，而经济总量差异性在收敛的省份依然比较少，且这些省份大部分位于东部发达地区。此外，观察综合竞争力变异系数可以发现，综合竞争力变异系数差异较小的省份依次是山西、内蒙古、广西、山东和江西等，综合竞争力变异系数差异较大的省份依次是黑龙江、辽宁、四川、广东和湖北。从图 6—11 也可以看出，GDP 变异系数大的省份，其综合竞争力的变异系数也较大，二者呈现高度的正向相关关系。

表 6—6　　　　　　　　各省 GDP 和综合竞争力的变异系数

省份	综合竞争力变异系数	2007 年 GDP 变异系数	2015 年 GDP 变异系数
河北	0.4413	0.6374	0.6110
山西	0.3050	0.4637	0.4942
内蒙古	0.3386	0.5939	0.6270
辽宁	0.6927	1.1347	1.1450
吉林	0.5692	0.9038	0.9294

续表

省份	综合竞争力变异系数	2007 年 GDP 变异系数	2015 年 GDP 变异系数
黑龙江	0.6523	1.2541	1.2506
江苏	0.5278	0.7345	0.6388
浙江	0.4663	0.7244	0.7346
安徽	0.4931	0.7379	0.8712
福建	0.6051	0.6480	0.6371
江西	0.4210	0.5903	0.6118
山东	0.3903	0.5465	0.5619
河南	0.5082	0.6268	0.7050
湖北	1.7554	3.6484	3.5888
湖南	0.6125	0.8369	0.8652
广东	1.3273	1.3222	1.3367
广西	0.3575	0.6529	0.6904
四川	0.8233	1.3482	1.4446
贵州	0.4270	0.5522	0.5712
云南	0.5389	1.0320	1.0310
陕西	0.6365	0.8786	0.8871
甘肃	0.4328	0.8010	0.9520
宁夏	0.4322	0.9123	0.8844

资料来源：中国社会科学院城市与竞争力指数数据库。

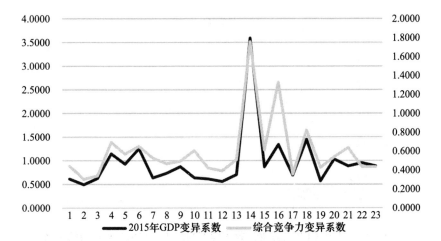

图 6—11　GDP 变异系数与综合竞争力变异系数的相关趋势

资料来源：中国社会科学院城市与竞争力指数数据库。

（二）人均 GDP 与可支配收入增速的同步性和综合竞争力的关系

对于一个经济结构合理的城市来说，人均 GDP 增速与人均可支配收入增速在长期来看应该大体上同步。但我国许多城市的实际情况是，人均可支配收入的增长多年来一直慢于人均 GDP 的增长，这反过来对城市的可持续竞争力和综合竞争力带来较大的负面影响。人均 GDP 增速与人均可支配收入增速不同步和我国的发展战略和城市发展方式有关，因为以前的五年计划中都明确设定目标：城镇居民人均可支配收入和农村居民人均纯收入的增速慢于人均 GDP 的增速。"十二五"规划中第一次提出了"城镇居民人均可支配收入和农村居民人均纯收入分别年均增长 7% 以上"这一快于人均 GDP 增长的目标。人均 GDP 的增长明显快于人均可支配收入主要是因为存在大量的低效率重复投资，长期积累会导致人均可支配收入相对人均 GDP 的比重出现下降的现象。因此，转变发展方式是我国众多城市人均可支配收入增长快于人均 GDP 增长的先决条件。目前，很多城市都把居民人均可支配收入增速跑赢人均 GDP 增速看作民生改善和转变发展方式的重要指标。如天津市在公布2016 年经济社会运行数据中特别强调了全市居民人均可支配收入增长与天津地区生产总值 9% 的增幅接近同步；又如 2016 年青岛市国民经

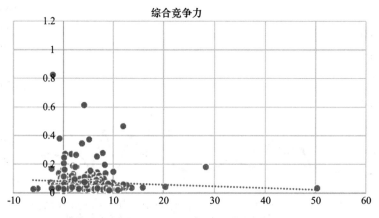

图 6—12　人均 GDP 与可支配收入增速的同步性和综合竞争力的关系

资料来源：中国社会科学院城市与竞争力指数数据库。

济和社会发展统计公报显示 2016 年青岛市居民人均可支配收入同比增长 8.5%，高于同期 GDP 7.9% 的增速；北京市统计局发布的 2016 年北京市经济运行情况显示北京市人均收入实际增长比 GDP 增速高 0.2 个百分点。从以下的人均可支配收入与 GDP 之差和综合竞争力的拟合关系看，二者呈现负向关系，即人均可支配收入与 GDP 之差越大的城市，其综合竞争力也相应较高。同样，人均可支配收入与 GDP 之差和可持续竞争力二者也呈现了负向关系，即人均可支配收入与 GDP 之差越大的城市，其可持续竞争力也相应较高。

（三）城乡收入差距和综合竞争力的关系

观察全国 288 个内陆城市，可以发现大多数城市的城乡差距依然较大，城乡一体化发展水平滞后，尤其是西部地区的甘肃省、广西壮族自治区、陕西省、云南省、贵州省的许多城市城乡差距在全国表现更为突出。城乡要素互动水平较低，忽视农村孤立发展城市的局面在上述省份的多数城市表现突出，城乡之间缺乏有效、科学、合理的统一规划，城乡网络体系仍在构建之中，城乡隔离现象严重，城乡公共服务、基础设施等方面的差距明显。城乡差距最大的 10 个地级市依次是陇南、昭通、百色、天水、定西、庆阳、河池、忻州、平凉和白城，其中甘肃的城市

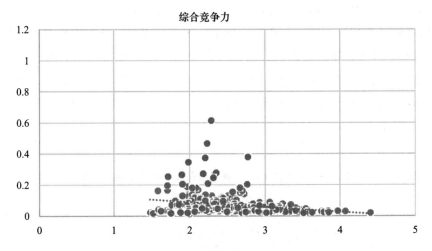

图 6—13　城乡收入差距和综合竞争力的关系

资料来源：中国社会科学院城市与竞争力指数数据库。

占据了一半，广西有两个城市，山西、云南和吉林各有一个城市。从以下的城乡收入差距和综合竞争力的拟合关系看，二者呈现负向关系，即城乡收入差距越大的城市，其综合竞争力也相应较低。

（四）西北地区城市间人均 GDP 存在较大差异，西南地区城市间 GDP 规模差异较大

从城市所在的不同区域人均 GDP 来看，由大到小依次是东南、环渤海湾、西北、东北、中部和西南地区，其中东南、环渤海湾和西北三个地区的城市人均 GDP 超过全国平均水平；从城市所在的不同区域城镇居民人均收入来看，由大到小依次是东南、环渤海湾、东北、西北和西南地区，其中只有东南地区的城市城镇居民人均收入超过全国平均水平；从城市所在的不同区域的 GDP 来看，由大到小依次是环渤海湾、东南、中部、东北、西南和西北，其中只有环渤海地区和东南地区的城市城镇居民 GDP 超过全国平均水平。从城市所在的不同区域人均 GDP 的变异系数来看，由大到小依次是西北、东北、环渤海湾、中部、东南和西南地区，其中只有西北地区的城市人均 GDP 的变异系数超过全国平均水平，这意味着西北地区的城市人均 GDP 存在较大的差异；从城市所在的不同区域城镇居民人均收入的变异系数来看，由大到小依次是东南、环渤海湾、西北、东北、中部和西南地区，其中所有地区的城市城镇居民人均收入的变异系数均低于全国平均水平。从城市所在的不同区域的 GDP 变异系数来看，西南、东北、东南、环渤海湾、西北和中部地区，其中只有西南地区的 GDP 变异系数高于全国平均水平，即西南地区城市之间的 GDP 规模差异较大，而中部地区城市之间的 GDP 规模差异最小。

表 6—7　全国分地区人均 GDP、城镇居民人均可支配收入以及
GDP 的描述性特征

地区	变量特征	人均 GDP（元）	城镇居民人均可支配收入（元）	GDP（万元）
总体	均值	50471	27085	24090511
	变异系数	0.6428	1.2964	1.3153

续表

地区	变量特征	人均 GDP（元）	城镇居民人均可支配收入（元）	GDP（万元）
环渤海湾	均值	59223	26913	42109965
	变异系数	0.5295	0.2124	1.0324
东南	均值	66497	30617	41456363
	变异系数	0.4658	0.2656	1.0755
中部	均值	40619	22153	17360142
	变异系数	0.4669	0.1433	0.8846
东北	均值	49967	23021	17224590
	变异系数	0.5490	0.1816	1.1031
西北	均值	56100	22816	12608886
	变异系数	0.8093	0.2112	0.9528
西南	均值	33919	22301	15651266
	变异系数	0.4375	0.1138	1.5024

资料来源：中国社会科学院城市与竞争力指数数据库。

（五）人均 GDP 越高的城市，单位产出对空气质量带来的负面影响越小

观察单位 GDP 的 PM2.5 量和人均 GDP 的关系可以发现，总体上看

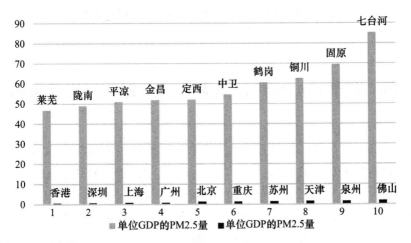

图 6—14　单位 GDP 的 PM2.5 量全国城市前十名和后十名

资料来源：中国社会科学院城市与竞争力指数数据库。

人均 GDP 较高的城市，其单位产出对空气质量带来的负面影响也越小。这一点也可以从全国单位 GDP 的 PM2.5 量排名上得到印证。单位 GDP 的 PM2.5 量最低的全国城市前十名分别是香港、深圳、上海、广州、北京、重庆、苏州、天津、泉州和佛山，这十个城市的经济总量和人均 GDP 均处于全国的前列。单位 GDP 的 PM2.5 量最高的全国城市后十名是莱芜、陇南、平凉、金昌、定西、中卫、鹤岗、铜川、固原和七台河，这十个城市大部分都位于西部经济发展欠发达的地区。

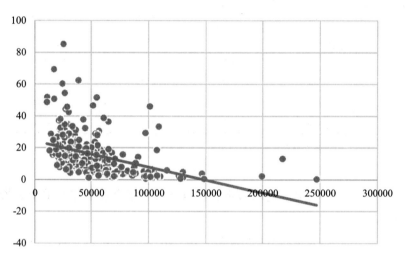

图 6—15　单位 GDP 的 PM2.5 量和人均 GDP 的关系
资料来源：中国社会科学院城市与竞争力指数数据库。

四　代表性城市经济竞争力的点评：以武汉为例

过去一年，武汉的对外交往中心和交通枢纽中心地位、区域创新型城市建设都取得了较大的进步。其一，作为中部地区对外交往的门户城市，武汉市对外交往的区域中心地位进一步巩固。继去年英国在武汉设立总领事馆，目前总计有法国、美国、韩国、英国四个国家在武汉设立总领馆，俄罗斯也即将于今年设立总领事馆，香港也于 2014 年在武汉设立经济贸易办事处。其二，作为全国高铁中心、全国性铁路路网中心和长江中游航运中心城市，武汉市的全国性综合交通枢纽地位日益突出和重要。水运、铁运、空运等立体的交通网络覆盖有利于发挥武汉作为中部地区区域中心城市的核心作用，从而带动中部崛起和促进长江经济带建设。其三，中国（湖北）自由贸易试验区的获批、国务院支持武汉建设国家中心城市的政策红利进一步促进了武汉作为全国重要的创新城市的地位。2016 年武汉东湖新技术开发区成为全国首批双创示范基地，武汉市高新技术产业产值占规模以上工业总产值比重达到 64%，发展新动能加快形成。

从空间比较看，武汉市 2016 年 GDP 和常住人口分别达到 11912.6 亿元和 1076.6 万人，在全国城市 GDP 和常住人口排名中，武汉分别是全国第九位和第八位，其中 GDP 规模非常接近第八名成都，在全国城市常住人口排名中武汉轻微超过苏州。武汉作为中部六个省份中的城市人口最多和经济规模最大的城市，其综合经济竞争力在全国位列第十，在中部六省的所有城市中武汉的综合经济竞争力、综合增量竞争力和综合效率竞争力三项均排第一。在城镇居民可支配收入方面，武汉市位居中部省会城市第二，仅次于长沙。从时间比较看，与 2015 年相比，武汉市综合经济竞争力有所提升，由去年的全国第十二位上升到第十位，超越无锡和佛山。其中，综合增量竞争力与去年保持一致，处于全国城市排名第九，而综合效率竞争力较去年提升一位，全国城市排名第二十。

表 6—8　　　　中部六省省会城市经济竞争力的比较

城市	综合经济竞争力指数	排名	综合增量竞争力指数	排名	综合效率竞争力指数	排名
武汉	0.342	10	0.584	9	0.049	19
郑州	0.253	18	0.391	14	0.038	23
长沙	0.244	20	0.464	12	0.027	34
合肥	0.180	32	0.325	22	0.019	49
南昌	0.151	43	0.212	40	0.020	44
太原	0.099	80	0.107	101	0.015	60

资料来源：中国社会科学院城市与竞争力指数数据库。

五 中国城市未来发展格局的展望

随着国家"一带一路"战略的稳步推进，东西双向开放、陆海统筹的区域发展格局逐渐形成，因此原先东部发展相对滞后的沿海城市和西部的沿海城市、沿边城市、丝绸之路沿线城市将获得重要的发展机遇期。同时随着"八纵八横"的铁路网的中长期布局，未来高铁网络将众多大中小城市连接起来，城市之间的时空距离都被压缩，经济联系将越来越密切，高铁经济也将赋予内陆地区和交通运输不方便的城市重要发展机遇。此外，随着东部省份内部的经济发达城市的产业向省内或周边省份的城市梯度转移和有序疏解，传统经济发展相对滞后的城市承接发达城市的产业一方面促进了自身的经济发展，另一方面延长了我国传统优势产业的发展周期。总体来看，在我国经济较发达的城市进行产业升级和创新型城市建设的同时，经济发展相对滞后的中西部城市和部分东部地区城市未来经济发展的后发优势将逐渐凸显。

第七章　中国城市宜居竞争力报告

李　博[*]

　　人类是城市的主人，城市是现代文明发展的核心载体，因此城市应该为人类提供更好的服务。只有能为人类提供活跃的经济环境、舒适的居住环境、绿色的生态环境、安全的社会环境、便捷的基础设施、优质的教育环境以及健康的医疗环境的城市，才是彰显人性和现代的光辉，打造宜居城市，提升城市宜居竞争力的核心价值取向。

　　近年来，随着中国经济发展进入以创新为驱动、以人力资本聚集为竞争力的历史新阶段，中国城市在推动产业结构升级，承载城市化人口方面发挥了重要作用，但也面临着公共资源服务消费拥挤、资源环境质量下降、人口承载过度等一系列日趋严峻的问题，尤其是教育、医疗、交通等基础设施消费与使用方面的过度拥挤现象，导致城市的宜居竞争力正在面临较为重大的挑战。近一段时间以来，社会上对于学区房问题、高考的城市公平性问题、看病难看病贵问题，以及出行难问题的关注与热议都反映出上述问题的严重性与迫切性，如果不能给予充分重视与妥善的处置，将会严重影响城市的宜居性与可持续发展能力。

　　面对种种严峻的问题与挑战，为了解决中国城市发展中的新问题，2016 年 2 月 21 日，中共中央、国务院印发《关于进一步加强城市规划建设管理工作的若干意见》，明确提出要"营造城市宜居环境"。实际上就是要把发展城市宜居竞争力作为下一阶段城市发展的重中之重，这既彰显出最高决策层对于解决宜居城市建设所面临问题的决心，也预示着中国的城市发展必将进入更加以人为本的发展新阶段，更好地实现

---

　　* 李博，经济学博士，天津理工大学讲师。研究方向：城市与区域经济。

"绿水青山"与"金山银山"两大目标的互融共赢。

一 现状

（一）特征

1. 总体特征：宜居竞争力整体提升缓慢，城市间分化进一步加剧

综合考察 2015 年至 2017 年的宜居城市竞争力综合得分情况，可以发现，从整体角度看，中国各城市的宜居综合得分均在 0.5 以下，整体水平偏低。其中，2016 年，289 个城市的宜居竞争力得分均值为 0.422，中位城市的得分为 0.421，有 145 个城市的宜居竞争力低于平均水平，达到半数以上，表明总体宜居水平较弱。进一步具体考察城市之间得分的差距情况可以发现，2016 年宜居竞争力得分不低于 0.8 的城市只有 6 个，仅占总数的 2.08%，表明只有少数城市的宜居竞争力水平较高，得分明显高于其余城市，而多数得分较低的城市将均值拉到了中位数的附近。

从时间变化趋势角度看，近三年来，中国城市的宜居竞争力水平整体呈现波动下降趋势。2015 年 289 个城市的宜居竞争力指数均值为 0.384，比 2014 年的均值 0.435 下滑了 0.051。到 2016 年，整体宜居水平虽有所恢复，达到了 0.422 的均值水平，但仍然比 2014 年的水平低了 0.013。这一变动趋势也能从中位城市的宜居竞争力水平的变化中得到反映（见表 7—1）。进一步考察反映 289 个城市宜居竞争力得分差异程度的变异系数、基尼系数与泰尔指数可以发现，上述指标在三年内均呈现不断攀升的态势，从而可以较为稳健地得出以下判断：即中国城市间的宜居竞争力水平差异正在随时间的推移不断扩大，空间分化的态势进一步加剧。而这一判断也是对本报告在去年所作结论的进一步验证与巩固，因此更加说明提高中国宜居城市建设的整体水平，弥合城市间宜居竞争力的差距已成为当前中国城市发展过程中亟待解决的重要问题。

表 7—1　　　　　　2014—2016 年报告中城市宜居竞争力指数情况

年份	样本数	均值	中位数	标准差	变异系数	基尼系数	泰尔指数
2014	289	0.435	0.413	0.169	0.389	0.218	0.075
2015	289	0.384	0.376	0.163	0.426	0.239	0.094
2016	289	0.422	0.421	0.190	0.450	0.257	0.104

资料来源：中国社会科学院城市与竞争力指数数据库。

2. 全国十强：香港拔得头筹，广州、澳门跃居前五

2016 年，在中国 289 个城市的宜居竞争力排名中（见表 7—2），香港、无锡、广州、澳门、厦门、杭州、深圳、南通、南京和上海位居前十名。从前十强城市的区域分布看，长三角地区有五市入选，占据半壁江山；珠三角地区有两个城市入围；此外港澳台地区中的香港和澳门分列第一位和第四位。从具体指数得分看，前十强城市中梯队效应明显，继 2015 年由第二位滑落至第四位后，香港排名明显提升，独占鳌头，并与其他城市拉开明显的差距。后九位城市中无锡、广州、澳门、厦门与杭州五个城市的指数得分在 0.8—0.9 区间内，属于第二梯队。而深圳、南通、南京与上海四座城市得分则在 0.7—0.8 区间内，属于第三梯队。从 2014—2016 年的排名变化趋势看，香港、无锡、厦门、深圳四市的排名虽然两升两降，但三年间均在前十名之列。在前两年位居第一的珠海市排名下滑明显，没能进入 2016 年的前十位，仅排名第四十。广州、澳门、杭州、上海、南通、南京六市的排名则经历先降后升的波动走势，并于 2016 年进入前十之列。

表 7—2　　　　　2014—2016 年宜居竞争力排名全国前十的城市

排名	2014 年	2015 年	2016 年（指数）
1	珠海	珠海	香港（1.000）
2	香港	厦门	无锡（0.896）
3	海口	舟山	广州（0.830）
4	厦门	香港	澳门（0.809）
5	深圳	海口	厦门（0.804）
6	三亚	深圳	杭州（0.802）

续表

排名	2014 年	2015 年	2016 年（指数）
7	舟山	三亚	深圳（0.795）
8	无锡	温州	南通（0.786）
9	杭州	苏州	南京（0.778）
10	苏州	无锡	上海（0.766）

资料来源：中国社会科学院城市与竞争力指数数据库。

（二）格局

1. 东强西弱格局仍存，东北地区快速提升

从区域视角看，中国城市的宜居竞争力东强西弱格局仍然存在，这种格局随着东北地区的快速提升而进一步加强。2016 年，东部、东北部、中部、西部四大区域城市宜居竞争力指数的平均水平分别为0.501、0.431、0.389 与 0.367（见表 7—3），其中东、中、西部区域空间逐次递减的态势仍然延续，但东北部区域则从 2015 年的第四位跃居至 2016 年的第二位，实现了较为明显的提升。

从反映各区域内部各城市之间宜居竞争力差异的指标情况看，东北部与中部区域内部的均衡程度要强于东部与西部区域。尤其值得注意的是，东北部区域的均衡程度由 2015 年的垫底水平提升至 2016 年的首位，实现了发展水平与均衡程度的双重改善。

表 7—3   四大地带宜居竞争力指数的统计描述（港澳算东部）

地区	城市数量	平均值	标准差	最小值	最大值	变异系数	基尼系数	泰尔指数
东	89	0.501	0.220	0.000	1.000	0.439	0.248	0.101
东北	34	0.431	0.158	0.152	0.722	0.366	0.207	0.069
中	80	0.389	0.165	0.092	0.759	0.423	0.239	0.089
西	86	0.367	0.164	0.043	0.749	0.446	0.253	0.104

资料来源：中国社会科学院城市与竞争力指数数据库。

2. 南高北低格局改变，阶梯状分布格局整体巩固内部分化

将 289 个城市进一步划分为七大区域，可以发现：一方面，南高北

低的分布格局则呈现出一定程度的改变；而另一方面，阶梯状分布格局在整体巩固延续的同时，其内部也出现了一定程度的分化。根据各区域内部城市的宜居竞争力均值进行排序，从高至低依次为：港澳台、东南、东北、环渤海湾、西北、中部和西南。各区域中宜居竞争力得分最高的城市为香港（1.000，位列第 1 名）、无锡（0.896，位列第 2 名）、大庆（0.722，位列第 22 名）、北京（0.740，位列第 15 名）、西安（0.749，位列第 13 名）、武汉（0.759，位列第 11 名）、成都（0.714，位列第 23 名）。

进一步观察各区域的宜居得分均值情况，可以发现区域阶梯的分布格局在延续强化的同时，也出现了内部的进一步分化现象。在 2015 年同处于第一阶梯的港澳台与东南区域，内部均值差异加剧，导致 2016 年港澳台区域均值提升为 0.905，远高于其余六区域，独居第一阶梯；而东南区域则由于均值水平为 0.534 而成为第二阶梯的唯一区域；接下来，东北区域得益于宜居竞争力水平的快速提升，与环渤海湾区域共同构成第三阶梯，宜居竞争力均值分别为 0.431 与 0.409；第四阶梯则由宜居竞争力得分均值在 0.353—0.393 间的西南、中部与西部三个区域构成（见表 7—4）。

根据变异系数、基尼系数、泰尔指数三个指标所反映的各区域内部各城市之间宜居竞争力差异情况看，首先，港澳台区域的差异程度均为最小，宜居竞争力发展的均衡程度最高，东北区域的均衡程度则均排在第二位。其次，由三个指标所反映东南与西北区域的内部城市宜居竞争力发展差异程度虽略有不同，但所反映的发展均衡程度均在第三、第四位之间。中部与环渤海湾区域的情况类似，尽管三个指标的排序结果有所不同，但发展均衡程度均在第五、第六位之间。最后，由三个指标的排序结果看，西南区域内部城市间的宜居竞争力发展差距始终最高，表明其发展均衡程度排名垫底。

表 7—4　　　　　　　　七大区域宜居竞争力指数描述

梯队	地区	城市数量	平均值	标准差	最小值	最大值	变异系数	基尼系数	泰尔指数
第一	港澳台	2	0.905	0.135	0.809	1.000	0.149	0.053	0.006

续表

梯队	地区	城市数量	平均值	标准差	最小值	最大值	变异系数	基尼系数	泰尔指数
第二	东南	55	0.534	0.207	0.075	0.896	0.388	0.216	0.086
第三	东北	34	0.431	0.158	0.152	0.722	0.366	0.207	0.069
	环渤海	30	0.409	0.207	0.000	0.740	0.506	0.284	0.116
第四	西北	39	0.393	0.157	0.167	0.749	0.399	0.224	0.079
	中部	80	0.389	0.165	0.092	0.759	0.456	0.347	0.096
	西南	49	0.353	0.170	0.043	0.714	0.638	0.402	0.157

资料来源：中国社会科学院城市与竞争力指数数据库。

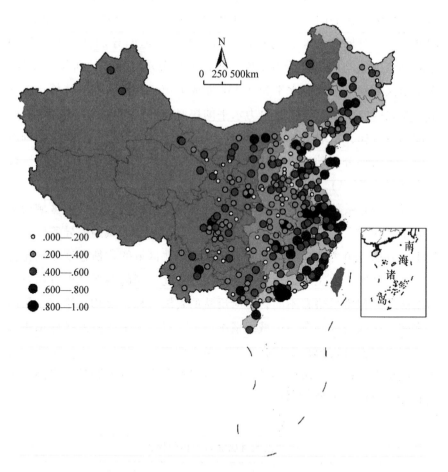

图 7—1　2016 年中国城市宜居竞争力得分状况的空间分布

资料来源：中国社会科学院城市与竞争力指数数据库。

　　利用可视化呈现手段，可以将 289 个城市的宜居竞争力直观地投射到中国地图之上（见图 7—1）。从图中可以看出，与上一年的情况一致，位于东部沿海地区的城市仍然在宜居竞争力方面具有较为明显的优势，从图中可以明显看出，代表较高城市宜居竞争力水平的较大黑色圆点多集中于珠三角与长三角地区。此外，值得注意的是，东北部地区一些城市也表现出了较高的宜居竞争力水平。而中西部地区只有个别城市在宜居竞争力方面具有较高的水平，且分布较为零散，其余多数城市则得分普遍较低，与高水平城市的差距明显。

（三）阶段

　　延续本报告一直以来对于中国城市宜居竞争力发展所处阶段的总体判断，总体而言，中国城市宜居竞争力自 2014 年以来经历波动下滑后虽开始缓慢回升，但整体仍处于较低的发展水平，较多关键环节仍有待提升与完善。伴随着城市人口的快速增长，以交通拥堵、房价偏高、资源紧张、环境恶化、公共服务消费拥挤等问题为代表的一系列"城市病"症状集中突显，成为引起社会各界普遍关切的焦点，也对城市宜居竞争力的可持续提升形成了严峻挑战。与此同时，大量已完成城市化的人口对于城市的教育、医疗、居住、安全、生态等软环境的关注日益增加，可以说当前中国城市的发展正处于由关注硬件环境建设转向关注软件环境建设的过渡阶段，这也是城市化发展由量变积累到质变突破的关键阶段。

　　从区域格局视角看，中国城市竞争力呈现出东强西弱格局延续，南高北低格局改变，东北地区快速提升的特征。同时，阶梯状分布格局呈现出整体延续巩固而内部分化的特征。在港澳台区域城市宜居竞争力远高于其余六区域，独居第一阶梯，而东南区域则成为第二阶梯的唯一区域，东北区域得益于宜居竞争力水平的快速提升，与环渤海湾区域共同构成第三阶梯，第四阶梯则由西南、中部与西部三个区域构成。上述格局进一步表明，多数城市的宜居发展均刚刚起步，较少城市进入爬坡阶段，仅有个别城市已跨入成熟阶段。

　　总体上，随着中国经济的发展，工业化与城镇化水平不断提升，随着城市人口需求的不断提升，以往城市建设滞后经济发展的问题逐渐严峻，因此前一段时期多数城市的宜居建设尚处于着重解决硬件环境提升的初级阶段，即关注经济、社会、文化以及生态环境等方面的提升，因此城市宜居竞争力水平便显现出与经济活跃程度相耦合的发展特征。但是，随着从中央到地方对于宜居城市建设认识程度的不断加深，一些城市正在经历由片面关注城市硬件环境建设向关注公共服务与具体民生问题的软件环境建设过渡的阶段，因此下一阶段的越来越多的宜居城市建设势必将走上硬件环境建设与软件环境建设并重的发展之路，尤其将会着眼于提升城市的公共服务功能，以及城市的人文环境与文化氛围，同时城市间宜居竞争力的发展差距也将进一步深化，区域发展的波动性与分化现象也将逐渐明显。

二 规律聚焦：以教育为代表的公共资源成为决定城市宜居竞争力的重要因素

（一）评价指标体系细化与更新，强调以教育为代表的公共资源的作用

2017 年中国城市宜居竞争力评价指标体系将 2016 年所选取的人口素质、社会环境、生态环境、居住环境、市政设施五个维度进一步细化为基础设施、教育、医疗、社会、生态、居住，以及经济环境七个维度（见表 7—5），所涵盖的具体指标也从 2016 年的 14 个进一步细化拓展为 21 个，并且仅保留了 7 个与 2016 年相同的指标，其余 14 个指标均为新建指标。这一调整将人们对于城市居住生活的主观需求，即对教育环境优质性的需求、医疗环境健康性的需求、社会环境安全性的需求、生态环境绿色友好的需求、居住环境舒适的需求、城市基础设施便捷性的需求，以及经济环境活跃性的需求用各种具有典型性和代表性的客观指标加以度量，从而更为突出地反映了城市宜居竞争力的应有内涵。

进一步对比新旧两版指标体系，可以发现：

第一，准则层的放弃与新增。一方面，新的指标体系去掉了旧体系中的"人口素质"准则及其相应指标，这一调整使新的指标体系更为聚焦于城市环境方面，与城市宜居竞争力这一评价目标更为贴合。另一方面，新的指标体系中新增了"活跃的经济环境"这一准则，并在其范围内增加了"城镇居民人均可支配收入""城镇居民人均可支配收入增长率"，以及"小学生数增长率"这三个具体指标，从而更为全面立体地反映了城市宜居竞争力这一评价目标，尤其是"小学生数增长率"这一指标，能够比其他指标更为精确地反映常住人口与就业人口等的增长率，从而更好地反映一个城市的真实吸引力以及人才聚集的潜力。

表 7—5　　　　　　　　七大区域宜居竞争力指数描述

2016 指标体系		2017 指标体系	
准则层	指标层	准则层	指标层
人口素质	人均预期寿命	优质的教育环境	中学指数
	大专以上人口比例		大学指数
社会环境	每万人拥有医生数	健康的医疗环境	每百人图书馆藏书量
	千人小学数		每万人拥有医生数
	每万人刑事案件数		三甲医院数
居住环境	房价收入比	安全的社会环境	每万人医院床位数
	每万人餐饮购物场所		每万人刑事案件逮捕人数
	人均住房面积		人均社会保障、就业和医疗卫生财政支出
生态环境	空气质量	绿色的生态环境	户籍与非户籍人口之间的公平性
	气温舒适度		空气质量
	绿化覆盖率		单位 GDP 二氧化硫排放量的倒数
市政设施	人均道路面积	舒适的居住环境	绿化覆盖率
	排水管道密度		气温舒适度
	用水普及率		房价收入比
			每万人剧院、影院数
		便捷的基础设施	交通拥堵指数
			排水管道密度
			每千人互联网宽带接入数
		活跃的经济环境	城镇居民人均可支配收入
			城镇居民人均可支配收入增长率
			小学生数增长率

资料来源：中国社会科学院城市与竞争力指数数据库。

第二，准则内指标体系的更新。一方面，旧版指标体系中的"居住环境"与"生态环境"两个准则得到保留，但具体指标进行了重组与更新，其中，将旧版"居住环境"中的"房价收入比"与"生态环境"中的"气温舒适度"两个指标调整进入新版的"舒适的居住环境"准则，并在该准则中新增了"每万人剧院、影院数"这一指标，并且没有保留旧版居住环境中的"每万人餐饮购物场所"与"人均住房面积"两个指标。同时，在新版的"绿色的生态环境"准则中，保留了旧版生态环境准则中的"空气质量"与"绿化覆盖率"两个指标，并新增了"单位 GDP 二氧化硫排放量的倒数"这一指标。考虑到空气各种空气污染物的影响广度与深度，将旧版中的"空气质量综合指数（AQI）"调整为"PM2.5 年均值"。另一方面，旧版体系中的"市政设施"准则更名为"便捷的基础设施"，其中只保留了旧版中的"排水管道密度"这一指标，放弃了"人均道路面积"与"用水普及率"两个指标，更新为"交通拥堵指数"与"每千人互联网宽带接入数"两个指标。总之，这些调整使指标与准则层的匹配性更高，也使评价结果更具科学性与合理性。

第三，准则层的细化扩展。旧指标体系中的"社会环境"主要由反映医疗、教育、安全的三个具体指标构成，在新的指标体系中，上述内容被分别细化扩展为"优质的教育环境""健康的医疗环境"，以及"安全的社会环境"三个准则。其中：（1）"优质的教育环境"没有采用旧版中的"千人小学数"这一指标，而是采用了由"入选博雅领军计划人数占比"构成的中学指数、由"最好大学排名"构成的大学指数，以及"每百人图书馆藏书量"这三个具体指标。（2）"健康的医疗环境"保留了旧版体系中的"每万人拥有医生数"指标，并增加了"三甲医院数""每万人医院床位数"两个指标。（3）"安全的社会环境"方面保留了旧版体系中的"每万人刑事案件逮捕人数"指标，并新增了"人均社会保障、就业和医疗卫生财政支出"，以及"户籍与非户籍人口之间的公平性"两个指标。（4）尤为值得注意的是，"优质教育环境"的分项得分与城市宜居竞争力综合得分的相关系数达到 0.8，是七个维度中与宜居竞争力总得分相关性最高的维度。结合近一段时间来，社会上关于学区房、入学人数与人口流动情况的讨论可见，教育环境所代表的公共资源质量情况正成为影响城市宜居竞争力的最重要因素，因此尤其值得关注。（5）总体而言，新版指标体系的细化与更新补充更为全面立体地反映了医疗、教育与安全三方面环境的质量。这一变化使得公共服务对于城市宜居竞争力的决定作用更为突显。一方面，城市公共服务已经被公认为是决定城市生活质量的重要因素，是承载宜居竞争力的城市硬软环境重要体现，是影响城市对于高端人力资本吸引力的关键因素；另一方面，不同规模、不同行政等级的城市在城市公共服务方面之间存在着较为明显的差异，规模较大、行政等级较高的城市往往在公共服务的数量与质量方面远超规模较小、行政等级较低的城市，城市之间在公共服务方面的这种不均等性事实上也是造成中国城市整体宜居竞争力差距的重要原因。

（二）教育分项指标的整体特征：总体水平偏弱，城市间差异明显

从分项数据结果来看（见表7—6），全国289个城市在教育环境的优质性方面的分项均值水平为0.417。全部城市中，在教育环境得分方面超过平均水平的城市数量只有121个，占总数的41.87%，半数以上的城市在这两方面的得分偏低，表明各城市在教育方面的总体水平偏弱，整体环境现状并不理想。进一步考察城市间的情况，可以发现差异明显。从教育环境得分情况看，289个城市的变异系数为0.620，基尼系数为0.348，泰尔指数为0.193，前十名城市的均值为0.969，而后十名城市的均值仅为0.027，表明不同城市间的教育环境竞争力差异巨大。

表7—6　　　　　　　　城市教育环境质量状况

	样本数	均值	中位数	标准差	变异系数	基尼系数	泰尔指数
优质的教育环境	289	0.417	0.376	0.259	0.620	0.348	0.193

资料来源：中国社会科学院城市与竞争力指数数据库。

（三）十强分布：北京位居第一，入围城市东部地区最多

从教育环境分项指标得分角度看（见表7—7），2016年位列前十的城市依次为北京、上海、香港、厦门、天津、武汉、大连、长春、长沙和沈阳。从空间分布情况看，半数城市位于东部沿海地区（含香港），中部有武汉、长沙两座城市入选，而东北地区则有长春、沈阳、大连三座城市入选。从入选城市的所处的城市群角度看，除香港外，京津唐与辽中南城市群各有两座城市进入前十，长三角城市群、海峡西岸城市群、武汉城市群、长春城市群，以及长株潭城市群则各有一座城市入选，表明东部沿海与东北部地区城市，以及省会城市等位于城市群中心地位的城市往往具有较为优质的教育环境，而西部地区的教育环境竞争力整体偏弱。从十强城市的得分来看，总体在 0.94 以上，差距并不明显，说明这些位居前列的教育质量与教育环境均处于较高水平。

表 7—7 城市教育环境排名前十的城市

排名	城市	省份	区域	规模	城市群	教育环境
1	北京	北京	东部	超大城市	京津唐	1.000
2	上海	上海	东部	超大城市	长三角	0.998
3	香港	香港	东部	特大城市	—	0.987
4	厦门	福建	东部	Ⅰ型大城市	海峡西岸	0.972
5	天津	天津	东部	超大城市	京津唐	0.966
6	武汉	湖北	中部	超大城市	武汉	0.961
7	大连	辽宁	东北	特大城市	辽中南	0.959
8	长春	吉林	东北	特大城市	长春	0.957
9	长沙	湖南	中部	特大城市	长株潭	0.950
10	沈阳	辽宁	东北	特大城市	辽中南	0.941

资料来源：中国社会科学院城市与竞争力指数数据库。

（四）区域格局：东北、东南地区领先，西北、西南地区垫底

从区域格局来看，教育环境分项得分排序依次为：港澳台、东南、环渤海湾、东北、中部、西北和西南（见表 7—8）。其中，港澳台地区以 0.925 的平均得分遥遥领先其他区域，表明其在教育环境方面优势明显；东南与环渤海湾地区教育环境得分均值为 0.496 和 0.467，属于内地教育环境较好的地区，但仍与港澳台地区存在不小差距；东北与中部地区的得分均值为 0.433 与 0.414，虽排在第四、第五位，但是与第二、第三位差距不大；西北地区平均得分为 0.380，在 0.4 以下，排名第六；西南地区平均得分仅为 0.302，得分垫底。这也表明在提升城市宜居竞争力方面，西部地区，尤其是西南地区的教育质量形势严峻，改善教育环境的任务较为迫切。

表 7—8　　　　　　　　分区域城市教育环境得分情况

区　域	城市个数	平均值	标准差	变异系数	最小值	最大值
东北	34	0.433	0.270	0.623	0.035	0.959
东南	55	0.496	0.271	0.547	0.003	0.998
港澳台	2	0.925	0.089	0.096	0.862	0.987
环渤海湾	30	0.467	0.248	0.531	0.090	1.000
西北	39	0.380	0.259	0.681	0.031	0.939
西南	49	0.302	0.268	0.890	0.004	0.929

资料来源：中国社会科学院城市与竞争力指数数据库。

（五）教育环境在城市宜居竞争力中具有较为重要的影响作用

从实际数据角度看，教育环境质量的高低对于城市宜居竞争力水平具有较为重要的影响作用（见图 7—2），这一作用表明，教育环境质量较好的城市，其城市总体宜居竞争力往往也会呈现较高的水平。两者间存在较强的一致性。例如上海、香港、厦门等城市，其在综合宜居竞争力排名中位居前列的重要原因正是在于其在教育环境方面具有较高的质量，从而较好地支撑了其自身的宜居竞争力水平。此外，从具体指标的变异系数角度看，"大学指数"的变异系数为 0.962，在 21 个具体指标中差异程度最大，同时"中学指数"与"每百人图书馆藏书量"的变异系数分别为 0.670 与 0.580，变异程度排序分别在第四位于第八位，反映出城市教育环境质量差异较为突出，从而对于城市宜居竞争力的综合得分与排名的影响也较为突出。

而诸如在教育环境质量方面得分较低的商洛、武威等城市，其城市的综合宜居竞争力显然也受到了较大影响，从而排名较为落后。总体而言，城市教育环境质量与宜居竞争力之间的正向相关关系对于当前中国的宜居城市建设具有重要的指导意义，即应当重点从公众较为关心的教育环境建设入手，加大公共教育资源投入，在为城市未来人力资本积累创造条件的同时，也妥善处理了城市化过程中公众的重点关切，尤其是对于西南、西北等西部地区而言，要相应提升城市的教育环境质量，一旦真正做到以人为本的城市建设，使良性互动得以激发，则城市的整体宜居竞争力也将得到相应提升。

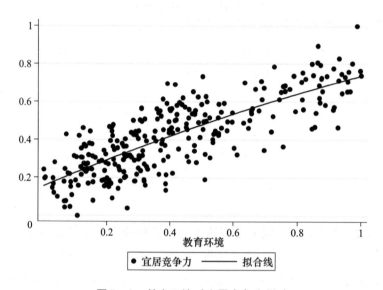

图 7—2　教育环境对宜居竞争力影响

资料来源：中国社会科学院城市与竞争力指数数据库。

三　现象

（一）城市间宜居竞争力存在正向空间自相关关系

从全国 289 个地级及以上城市宜居竞争力指数的分布直方图上看（见图 7—3 上），总体接近正态分布。从城市宜居竞争力指数的核密度分布图上可以进一步观察到我国城市宜居竞争力的分布规律（见图 7—3 下），表明我国多数城市的宜居竞争力仍处于"中下"水平，整体宜居竞争力相对较弱。

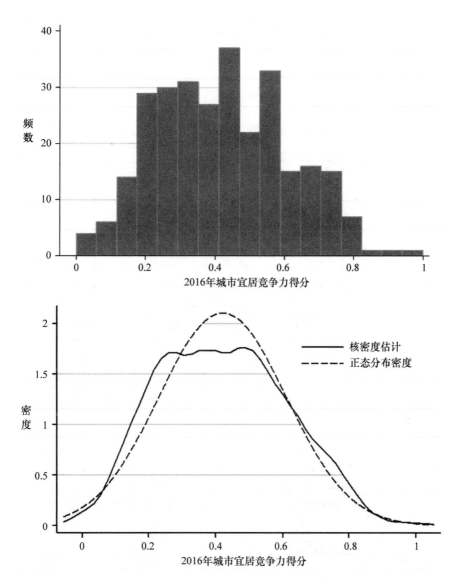

图7—3　中国地级及以上城市宜居竞争力指数分布直方图与核密度图
资料来源：中国社会科学院城市与竞争力指数数据库。

在此基础上考察城市宜居竞争力的空间相关性问题。根据 Moran I 指数的分析结果（见图7—4上），结果显示289个城市的宜居竞争力之间存在显著的空间正相关关系，即在宜居竞争力水平较高的城市周围，与之相距较近城市的宜居竞争力水平也较高，即城市的宜居竞争力存在

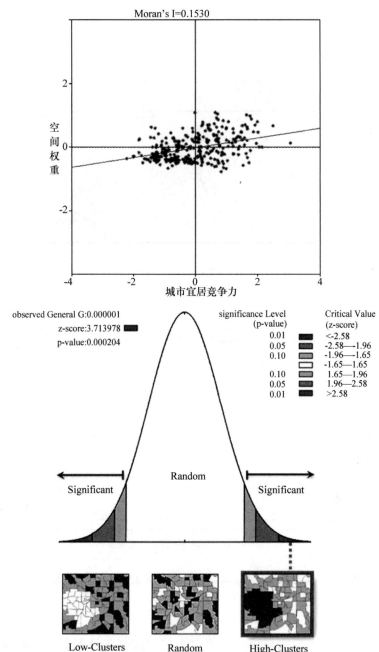

图7—4　城市宜居竞争力空间相关性分析

资料来源：中国社会科学院城市与竞争力指数数据库。

与邻近城市之间的正向溢出作用。进一步考察空间高低聚类的分析结果（见图7—4下），可以发现Z值显著为正，表明宜居竞争力水平较高的城市之间存在显著的空间聚类现象，即高宜居竞争力城市之间的空间溢出与良性互动作用更为显著。这一现象对于指导城市宜居竞争力的提升具有重要指导意义，即应当注意空间溢出性的作用与距离相近城市之间的互动影响作用，以城市群为单位实现城市宜居竞争力的整体提升将很可能取得事半功倍的效果。

（二）宜居水平按城市随人口规模等级呈"两头高，中间低"的分布现象

2014年11月20日，国务院印发《关于调整城市规模划分标准的通知》（国发〔2014〕51号）（以下简称《通知》），对原有城市规模划分标准进行了调整，明确了新的城市规模划分标准。具体划分标准是以城区常住人口为统计口径，将城市划分为五类七档，即：城区常住人口50万以下的城市为小城市，其中20万以上50万以下的城市为Ⅰ型小城市，20万以下的城市为Ⅱ型小城市；城区常住人口50万以上100万以下的城市为中等城市；城区常住人口100万以上500万以下的城市为大城市，其中300万以上500万以下的城市为Ⅰ型大城市，100万以上300万以下的城市为Ⅱ型大城市；城区常住人口500万以上1000万以下的城市为特大城市；城区常住人口1000万以上的城市为超大城市。这一城市规模的划分标准为分析城市宜居竞争力的分布特征规律提供了新的视角。

通过计算最近三年不同人口规模等级城市的宜居竞争力得分可以发现，中国城市宜居水平按照城市的人口规模呈现出"两头高，中间低"的分布规律（见表7—9）：2016年，具有最高人口规模的超大型城市在宜居竞争力方面的排序也位居第一，而城市规模较小的Ⅰ型小城市在宜居竞争力方面则位居第二，与之相反，人口规模居中的Ⅱ型大城市则在宜居竞争力上排名垫底，其得分仅为特大型城市的59.44%。进一步考察2014—2016年的宜居竞争力均值，仍然可以看到类似规律，即城市人口规模最大的超大型城市与人口规模较小的中等城市和Ⅰ型小城市在城市宜居竞争力方面的三年平均水平排名分列第一至第三位，而城市人

口规模居中的 II 型大城市则在三年宜居竞争力均值方面排名最后，仅为特大型城市的 61.85%。这一结果表明，由于近些年在公共资源配置方面较多资源往往较多向超大型城市倾斜，因此造成人口规模居中的城市在宜居方面竞争力不足，但同时这一结果也预示着人口规模中等的城市在下一步的宜居城市发展中将具有较大的潜力可供挖掘。

表 7—9 不同规模城市宜居竞争力得分

城市规模	2016 年宜居竞争力	2016 年均值排序	2014—2016 年宜居竞争力均值	2014—2016 年均值排序
I 型小城市	0.514	2	0.471	3
中等城市	0.467	3	0.481	2
II 型大城市	0.390	6	0.380	6
I 型大城市	0.406	5	0.405	5
特大城市	0.439	4	0.429	4
超大城市	0.657	1	0.614	1

资料来源：中国社会科学院城市与竞争力指数数据库。

（三）经济环境的活跃程度对城市宜居竞争力具有一定的影响作用

通过考察城市宜居竞争力综合得分与城市经济环境活跃程度的分项得分（见图 7—5），可以发现，经济环境的活跃程度对城市宜居竞争力具有一定的影响作用，即经济环境活跃程度较高的城市，往往具有较高的城市宜居竞争力。这一现象有着较为重要的指向意义。对于城市宜居竞争力的内涵，人们往往有着不同的认识，以往在考虑一个城市是否具有宜居竞争力的问题上，往往主要侧重于考察城市的生态环境、公共环境与社会环境，而较少考虑城市的经济发展水平及其活跃程度。然而，从某种程度上讲，经济活力往往是构成一个城市宜居竞争力的基础，纵然在城市经济发展中会存在这样或那样的问题，往往以生态环境或公共资源使用的拥挤为代价，但较为雄厚的经济基础将支持城市有机会借助技术、制度、经济等手段不断解决发展中的问题，从而以更为宜居的方式实现自身的发展。与此同时，对于微观主体而言，经济环境的活跃往往意味着个人自身及其后代将有机会获得更好的物质生活条件，这一点对于处在当前经济发展阶段的国民而言，仍有着较强的吸引力，往往成为引导人口流动的重要激励。这一现象也提示城市建设者与规划管理者，在解决城市资源环境问题、公共资源使用拥挤问题等大城市病的过程中，应当重视经济激励的作用，即以城市群的整体发展视角来实现人口臃肿的超大型城市的人口合理流动与疏解，从而保证最优城市规模目标的达成。

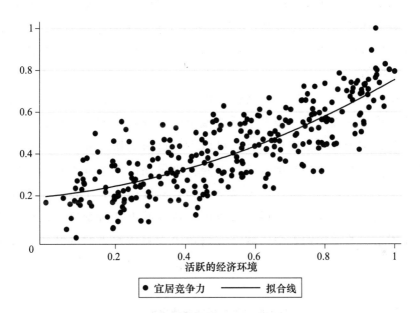

图7—5　经济环境活跃度对城市宜居竞争力的影响作用
资料来源：中国社会科学院城市与竞争力指数数据库。

四　问题

（一）城市公共资源短板对城市宜居水平的制约明显

随着中国城市化发展水平的不断提升，以及经济结构的调整与转型升级，以教育、医疗、公共交通等基础设施等为代表的公共资源投入与公共服务环境逐渐成为城市居民关注的焦点，也成为决定公众满意度以及城市宜居竞争力的重要决定因素。根据2016年城市宜居竞争力七个准则维度均值从大到小排序（见表7—10），依次分为活跃的经济环境（得分均值为0.530）、舒适的居住环境（得分均值为0.528）、绿色的生态环境（得分均值为0.513）、安全的社会环境（得分均值为0.478）、便捷的基础设施（得分均值为0.471）、优质的教育环境（得分均值为0.417），以及健康的医疗环境（得分均值为0.356）。得分最高的准则为活跃的经济环境。经济环境与居住环境的平均得分较高，居于前两位；生态环境与社会环境得分居中，分列第三、第四位；基础设施、教育环境与医疗环境得分较低，列第五至第七位。特别是，健康的医疗环境方面平均得分最低，成为制约城市宜居竞争力的提升的短板（见图7—6）。

在某种程度上，城市公共资源投入与公共服务已经成为决定城市价值的重要基础。进一步考察反映城市间差异程度的变异系数、基尼系数与泰尔指数三个度量指标，可以发现健康的医疗环境、优质的教育环境，以及便捷的基础设施是差异程度最高的三个分项指标。这进一步表明，以教育、医疗、公共交通等基础设施等为代表的公共资源投入与公共服务这三个发展短板也成为造成城市宜居竞争力差距的最主要因素，严重制约着中国城市宜居竞争力整体水平的提升，亟待改善。

表7—10　　　　　　　　各维度分项指标得分情况汇总

	样本数	均值	中位数	标准差	变异系数	基尼系数	泰尔指数
活跃的经济环境	289	0.530	0.537	0.262	0.494	0.285	0.133
舒适的居住环境	289	0.528	0.544	0.174	0.329	0.187	0.055
绿色的生态环境	289	0.513	0.520	0.177	0.344	0.193	0.063
安全的社会环境	289	0.478	0.476	0.212	0.444	0.254	0.103
便捷的基础设施	289	0.471	0.419	0.248	0.527	0.301	0.150
优质的教育环境	289	0.417	0.376	0.259	0.620	0.348	0.193
健康的医疗环境	289	0.356	0.279	0.228	0.639	0.359	0.208

资料来源：中国社会科学院城市与竞争力指数数据库。

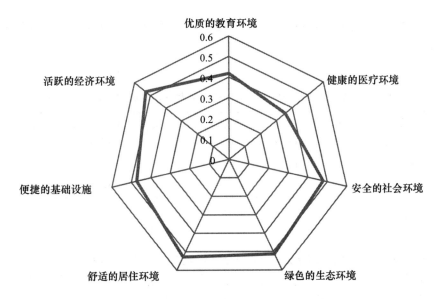

图7—6　2016年宜居竞争力七维度得分情况

资料来源：中国社会科学院城市与竞争力指数数据库。

（二）区域间差异有所弥合，各区域内部差异走势分化

基于东、中、西、东北四区域的划分方式，以及东北、东南、港澳台、环渤海、西北、西南、中部七区域的划分方式，对289个城市的宜居竞争力得分进行泰尔指数分解。根据四区域划分的分解结果（见表7—11），可以发现2014—2016年，东、中、西、东北四区域间的宜居竞争力差距逐渐缩小，但各区域内部城市间的宜居竞争力差距在总体上却有明显扩大的趋势，并且各区域内部城市之间的差异呈现出不同的变化趋势。具体而言，只有东北部城市间差异有所减小，其余三个区域内城市间的宜居竞争力差距都有不同程度的扩大。

进一步考察基于七区域划分方式的分解结果（见表7—12），同样可以发现，区域间差异呈现缩减趋势，区域内差异总体上呈现扩大趋势。具体考察不同区域内部差异的变化，可以发现，东北、西北、港澳台三个区域内部城市间的宜居竞争力差异呈现缩小趋势，而其余四区域内部城市间差异均出现不同程度的加剧趋势。

总体而言，上述结果均反映出具有一致性的变化趋势，即中国各区域之间的城市宜居竞争力差异在逐渐弥合，但是总的区域内差异呈现扩

大趋势，特别是各区域内部差异变化走势不同，呈现出分化发展的格局。

表7—11　　　按四区域划分城市宜居竞争力差异的泰尔指数分解　　　单位:%

年份	东部	中部	西部	东北	区域内总和	区域间
2014	23.88	13.80	25.31	9.80	72.78	27.22
2015	21.79	12.88	28.80	11.05	74.52	25.48
2016	35.50	21.80	25.91	7.92	91.12	8.88

资料来源：中国社会科学院城市与竞争力指数数据库。

表7—12　　　按七区域划分城市宜居竞争力差异的泰尔指数分解　　　单位:%

年份	东北	东南	港澳台	环渤海	西北	西南	中部	区域内总和	区域间
2014	10.30	14.73	14.73	4.94	13.00	15.39	13.68	72.17	28.27
2015	10.74	13.10	0.11	4.72	11.43	19.63	12.90	72.63	28.40
2016	7.94	20.05	0.08	10.89	9.59	16.85	21.88	87.28	12.70

资料来源：中国社会科学院城市与竞争力指数数据库。

（三）不同行政等级城市间在教育医疗等公共服务方面存在较为明显的不均等性

通过计算不同行政等级城市2016年教育环境竞争力得分可以发现，反映城市公共服务竞争力的教育环境分项指标得分呈现出按照城市行政级别由高到低的阶梯状递减分布规律（见表7—13）：具有最高行政等级的"直辖市与特别行政区"以0.935的教育环境竞争力得分高居第一层级；"副省级城市与计划单列市""除副省级外的省会城市"分别以0.909和0.859的教育环境竞争力得分位居第二、第三层级；行政等级最低的"地级市"的教育环境竞争力得分仅为0.347，与"直辖市及特别行政区"城市教育环境竞争力得分相差达2倍以上。同时，考察反映差异程度泰尔指数可以发现，教育环境竞争力均值水平位居前三个层级的城市的差异级别呈现依次递减的格局，而第四层级的"地级市"则差异情况较为突出。

表 7—13　　　　不同行政等级城市 2016 年教育环境竞争力得分

城市行政级别	均值	泰尔指数
直辖市与特别行政区	0.935	0.004
副省级城市与计划单列市	0.909	0.002
除副省级外的省会城市	0.859	0.002
地级市	0.347	0.163

资料来源：中国社会科学院城市与竞争力指数数据库。

反观不同行政等级城市 2016 年医疗环境竞争力得分可知，不同行政等级的城市在医疗环境方面呈现出"两头低、中间高"的分布格局（见表 7—14），即"除副省级外的省会城市"以及"副省级城市与计划单列市"分别以 0.771 和 0.750 的医疗环境得分位居第一、第二层级，而"直辖市与特别行政区"则以 0.673 的得分仅位列第三层级，行政级别较低的"地级市"医疗环境得分则仅为 0.299 与第一层级城市的平均水平相差 1 倍以上。同时，考察反映差异程度泰尔指数可以发现，"副省级城市与计划单列市"以及"除副省级外的省会城市"在医疗环境差异程度最小，泰尔指数仅为 0.006 与 0.009，"直辖市与特别行政区"的医疗环境差异程度较大，泰尔指数为 0.047，"地级市"之间的差异则更为严重，泰尔指数为 0.183。

表 7—14　　　　不同行政等级城市 2016 年医疗环境竞争力得分

城市行政级别	均值	泰尔指数
直辖市与特别行政区	0.673	0.047
副省级城市与计划单列市	0.750	0.006
除副省级外的省会城市	0.771	0.009
地级市	0.299	0.183

资料来源：中国社会科学院城市与竞争力指数数据库。

由于中国的城市具有明显有别的行政等级，不同行政等级城市在公共资源配置等方面权限存在差异，特别是在优质教育资源的投入与分配方面，行政等级较高的城市往往是优质资源相对集中的地方，并且这种资源往往与户籍等因素存在较强的绑定关系，其使用具有长期性特征，因此导致各行政等级城市之间由高至低的阶梯状差异格局明显。而在医疗环境的问题上，尽管行政等级较高城市也是集中了较多的优质资源，但由于医疗资源的使用往往具有短期性特征，尤其是优质资源的使用往往不与户籍等因素存在过强的联系，因此使用者的流动性较强，因此导致流动人口较多的直辖市与特别行政区由于拥挤效应反而使其医疗环境竞争力低于行政级别较低的省会城市，以及副省级城市与计划单列市，并且其医疗环境竞争力差异也高于后者。但总体而言，在数量方面占据主体地位的地级市无论是教育环境竞争力还是医疗环境竞争力都远低于行政等级较高的城市，同时其城市间的竞争力差异也更为明显，反映出教育、医疗等公共服务在不同行政等级城市之间分配的不均等性问题仍较为严重。

（四）城市公共服务水平与空气环境质量之间存在此消彼长的关系

通过考察 2016 年城市教育环境竞争力与空气质量得分之间的散点图（见图 7—7），可以发现，较多的城市样本点分布于第二象限与第四象限，即教育环境质量较高的城市往往空气质量得分较低，而空气质量得分较高的城市则教育环境质量往往较低。通过线性回归可知，两者之

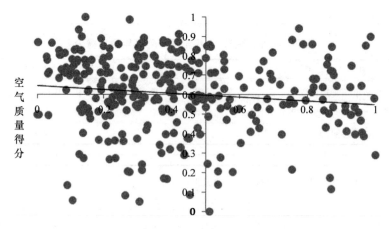

图 7—7 城市教育环境竞争力与空气质量得分关系散点图

资料来源：中国社会科学院城市与竞争力指数数据库。

间的相关系数为 - 0.096，p 值为 0.30，通过了 0.05 的显著性水平检验，可见城市的教育环境竞争力与城市空气质量之间存在显著的负相关关系。

进一步考察 2016 年城市医疗环境竞争力与空气质量得分之间的散点图（见图 7—8），同样可以发现类似的规律特征，即较多的城市样本点位于第二象限与第四象限，表明医疗环境质量较高的城市往往空气质量得分较低，而空气质量得分较高的城市则医疗环境质量往往较低。通过线性回归可知，两者之间的相关系数为 - 0.109，p 值为 0.30，通过了 0.05 的显著性水平检验，可见城市的医疗环境竞争力与城市空气质量之间也存在着显著的负相关关系。

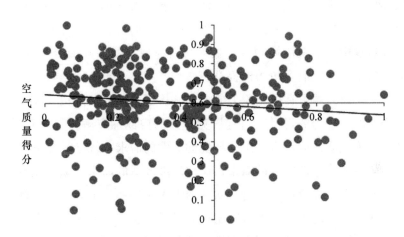

图 7—8　城市医疗环境竞争力与空气质量得分关系散点图

资料来源：中国社会科学院城市与竞争力指数数据库。

上述结果表明，以教育和医疗为代表的城市公共服务竞争力越高的城市，往往其空气质量也较为令人担忧，两者之间似乎存在某种此消彼长的关系。这一发现具有一定的现实意义，结合前文的分析可知，当前城市之间发展水平存在一定程度的差异，以教育和医疗为代表的公共服务资源分配存在一定程度的不均等性，因此势必吸引更多的人口向资源较丰富的城市聚集，这种聚集一方面使城市经济社会活力得到激发，产生较强的网络经济外部性，使得更多的分工与跨领域交叉得以实现，带来效率的提升与创新合作行为的增强，但另一方面也使得以空气环境质量下降为代表的城市病问题愈发突显。

（五）城市发展缺乏整体协调性，缺乏从微观主体的需求视角看待发展问题的能力

一方面，城市宜居竞争力所呈现出的空间自相关性，特别是高水平城市的空间聚类特性表明，一个城市的宜居竞争力往往会受到距离相近城市宜居竞争力的影响，同时又会反过来影响这些城市，从而形成良性的空间互动。这就要求在城市发展宜居竞争力的过程中，不仅要关注一城一地的发展水平，还应当具有整体发展的眼光，从城市群、区域，乃至全国的整体视角去制定发展规划以及采取相应的实践举措。近年来，虽然各大区域之间在宜居竞争力方面的差异有所减小，但是各区域内部城市之间的宜居竞争力差距却总体呈不断扩大的趋势。这显然是由于城市发展过程中缺乏整体协调性，缺乏与其他城市的相互配合所导致的，因而制约了整体宜居竞争力的提升。

另一方面，城市宜居竞争力的提升，从更本质的角度讲，实际上是以人为本的竞争力的提升。将宜居竞争力的内涵加以解析，不难发现，对教育环境优质性的需求、医疗环境健康性的需求、社会环境安全性的需求、生态环境绿色友好的需求、居住环境舒适的需求、城市基础设施便捷性的需求，以及经济环境活跃性的需求，这些需求无一不反映出居住生活在城市中的主体，即每个城市居民对于城市所能提供的服务功能的期许。而当前一些城市所表现出的某些发展中的问题如交通拥堵、环境恶化、公共资源使用拥挤等，均是城市整体发展没有充分考虑到微观主体的需求所致。面临上述问题的城市往往是承载力超过最优规模所致，而激励微观主体不断涌入这些城市的关键原因往往是由于其他城市没能更好地满足这些问题主体对于城市服务功能的需求，而如果能够从微观主体需求的视角出发，从城市群整体的视角出发来优化公共资源投入配置与人口流动引导，那么城市宜居竞争力将在整体上得到更为明显的提升，城市发展中的上述问题也会得到更好的解决。

五　城市点评

（一）香港

2016 年中国宜居城市竞争力表现最佳的城市，2014 年和 2015 年分别位列全国第二与第四。中西方文化交融之地，是一座高度繁荣的国际都市，有着"东方之珠"的美誉。在 2016 年的分项指标排名方面，在教育环境方面排名第三，生态环境方面排名第一，经济环境方面排名第九。具体指标排序方面，在中学指数方面排名第一，在大学指数方面排名第二，三甲医院数量得分排名第一，人均社会保障、就业和医疗卫生财政支出得分排名第一，空气质量排名第六，单位 GDP 二氧化硫排放量（倒数）得分排名第四，绿化覆盖率排名第一，排水管道密度排名第一，城镇居民人均可支配收入排名第一。未来宜居城市的建设上，要继续着力关注社会环境的安全性与基础设施的便捷性等方面的提升。

（二）无锡

2016 年中国宜居竞争力城市位于第二，比 2015 年提高了八位。生态环境良好，风景秀美，拥有多个国家级旅游度假区和 5A 级旅游景区。在 2016 年的分项指标排名方面，优质的教育环境、健康的医疗环境，以及活跃的经济环境方面排名靠前。具体指标排序方面，在排水管道密度方面排名第二，在城镇居民人均可支配收入方面排名第十四。未来宜居城市的建设上，绿色的生态环境、安全的社会环境、便捷的基础设施等方面有待进一步提升。

（三）广州

广东省省会，国家历史文化名城，2016 年中国宜居竞争力城市居于第三。作为东部沿海城市，在自然环境宜人性与人文环境舒适性方面享誉盛名，注重国家重要中心城市核心功能区建设，坚持生态宜居建设，绿化美化水平和城市建设。2016 年的分项指标排名方面，在教育环境方面排名第十二，医疗环境方面排名第七，经济环境方面排名第三。具体指标排序方面，在大学指数方面排名第十二，每百人图书馆藏书量排名第十一，每万人拥有医生数排名第十二，三甲医院数排名第四，人均社会保障、就业和医疗卫生财政支出排名第十一，单位 GDP 二氧化硫排放量排名第八，气温舒适度排名第十一，每千人互联网宽带接入数排名第三，城镇居民人均可支配收入排名第七。未来宜居城市的建设上，要重点考虑安全的社会环境、舒适的居住环境、便捷的基础设施等方面的提升。

（四）澳门

特别行政区，是世界人口密度最高的地区之一，旅游业、酒店业非常发达。2016 年中国宜居竞争力城市居于第四。在 2016 年的分项指标排名方面，绿色的生态环境方面排名第四，舒适的居住环境方面排名第十一，活跃的经济环境方面排名第九。具体指标排序方面，大学指数与每百人图书馆藏书量方面均排名第六，人均社会保障、就业和医疗卫生财政支出排名第二，绿化覆盖率排名第一，排水管道密度方面排名第三，每千人互联网宽带接入数排名第四，城镇居民人均可支配收入排名第一。未来宜居城市的建设上，安全的社会环境、便捷的基础设施，以及健康的医疗环境等方面有待进一步提升。

（五）厦门

中国经济特区，东南沿海重要的中心城市，土地资源丰富。拥有"海上花园"之称的鼓浪屿，风景宜人。2016 年中国宜居竞争力城市排行中位居第五，在交通便捷性方面享有盛名。在 2016 年的分项指标排名方面，优质的教育环境方面排名第四，绿色的生态环境方面排名第八，活跃的经济环境方面排名第二。具体指标排序方面，每百人图书馆藏书量排名第九，人均社会保障、就业和医疗卫生财政支出排名第七，每千人互联网宽带接入数、城镇居民人均可支配收入，与小学生数增长率方面均排名第九。未来宜居城市的建设上，要重点考虑关注舒适的居住环境、便捷的基础设施、安全的社会环境等方面的提升。

（六）杭州

浙江省省会，长江三角洲城市群中心城市之一，人文古迹众多，素有"鱼米之乡""人间天堂"等美誉。2016 年中国宜居竞争力城市排在第六。在 2016 年的分项指标排名方面，健康的医疗环境排名第八，活跃的经济环境排名第七。具体指标排序方面，在大学指数方面排名第五，每百人图书馆藏书量与每万人拥有医生数均排名第七，三甲医院数排名第八。未来宜居城市的建设上，要继续着力关注安全的社会环境，舒适的居住环境，以及便捷的基础设施等方面的提升。

（七）深圳

广东省省辖市、副省级市，地处广东省南部，珠江三角洲东岸，与香港隔水相望，2016 年中国宜居竞争力城市居于第七。在自然环境宜人性与人文环境舒适性方面得到广泛赞誉。在 2016 年的分项指标排名方面，绿色的生态环境方面排名第五，活跃的经济环境方面排名第一。具体指标排序方面，每百人图书馆藏书量排名第一，每万人拥有医生数排名第十，人均社会保障、就业和医疗卫生财政支出排名第三，单位 GDP 二氧化硫排放量排名第二，每千人互联网宽带接入数排名第八，城镇居民人均可支配收入排名第四，小学生数增长率排名第三。未来宜居城市的建设上，要重点考虑安全的社会环境、便捷的基础设施，以及舒适的居住环境等方面的提升。

（八）南通

江苏省地级市，历史文化悠久，雨水充沛，四季分明，2016 年中国宜居竞争力城市位于第八。在 2016 年的分项指标排名方面，在安全的社会环境，舒适的居住环境，以及活跃的经济环境方面均进入了前50 名，排名较为靠前。未来宜居城市的建设上，在便捷的基础设施与绿色的生态环境等方面有待进一步提升。

（九）南京

江苏省省会，副省级城市，是我国四大古都和首批国家实力文化名城，全国重要的教育基地和交通枢纽，2016 年中国宜居竞争力城市排名中居于第九。在自然环境宜人性方面享有盛名。在 2016 年的分项指标排名方面，优质的教育环境方面排名第十六，活跃的经济环境方面排名第八。具体指标排序方面，大学指数排名第七，每百人图书馆藏书量排名第十，三甲医院数排名第十一。未来宜居城市的建设上，要重点考虑便捷的基础设施，安全的社会环境，以及舒适的居住环境等方面的提升。

（十）上海

中国四大直辖市之一，首批沿海开放城市，拥有深厚的文化底蕴。2016 年中国宜居竞争力城市排在第十。在自然环境宜人性与人文环境舒适性方面均得到广泛赞誉。在 2016 年的分项指标排名方面，优质的教育环境方面排名第二，活跃的经济环境方面排名第十一，健康的医疗环境方面排名第十六。具体指标排序方面，中学指数、大学指数、每百人图书馆藏书量，以及三甲医院数方面均排名第三，人均社会保障、就业和医疗卫生财政支出排名第四，排水管道密度排名第九。未来宜居城市的建设上，安全的社会环境，便捷的基础设施，以及舒适的居住环境等方面有待进一步提升。

六　对策

随着人类对于城市的追求向宜居方向的转变，以及城市的宜居竞争力水平的不断提升，打造理想中的宜居城市，成为世界各地城市发展的首要目标。尽管不同的人对于宜居城市的理想蓝图会有不同的理解与期许，但能够提供活跃的经济环境、舒适的居住环境、绿色的生态环境、安全的社会环境、便捷的基础设施、优质的教育环境，以及健康的医疗环境的城市，无疑将是打造宜居城市的核心价值取向。反观目前中国的城市宜居竞争力发展现状，除极个别城市外，多数城市仍然有着漫长的发展之路要走。对于当下而言，在充分认识中国城市发展现状与面临问题的前提下，充分吸收借鉴国内外先进城市在宜居发展方面的先进经验，本报告认为下一阶段应当着力从三大方面推进中国城市宜居竞争力的提升。

（一）以公共资源服务升级为重点填补城市宜居短板

人类是城市的主人，城市是人类文明的载体，应当彰显人性和现代的光辉，因此让城市为人提供能够更好满足其需求的服务功能，将是打造宜居城市，提升城市宜居竞争力的核心价值取向。为此，应当以城市公共资源服务提升为重点，填补城市宜居短板。一是必须着力打造优质的教育环境，着力提升优质中学与大学的数量与质量，同时加大对公共文化教育设施的投入，构建高质量的教育软环境，弥合城市间在教育环境方面的差距。二是应当努力创造健康的医疗环境，加大对高质量公共卫生资源的投入力度，同时着力提高公共医疗服务的均等性。三是应当构建便捷的基础设施，着力加大对公共交通与信息化建设的投入力度，在满足基本的出行与通信需求的基础上，努力实现节能低碳、支撑高端产业升级的基础设施网络，缩小城市间在技术设施投入方面所存在的差距。

（二）实现城市群协调发展以提升整体宜居竞争力水平

缺乏从整体协调发展的视角思考城市发展是导致中国城市宜居竞争力整体提升效果缓慢的一个重要原因，距离相近城市之间的空间溢出与空间互动作用是一把双刃剑，如果不能清楚认识其作用，只着眼于一城一地的发展，则效果往往差强人意。反之，如果能够对这一作用给予足够重视，并加以妥善利用，则城市的发展往往能取得事半功倍的效果，这就要求要从城市群发展的视角与高度来看待宜居竞争力的提升，以城市群为主要空间载体实现城市软硬件环境的协调发展。一是必须着力加强城市群范围内的高速交通与通信网络建设，提高城市群内部的人流、物流与信息流的通达性；二是合理规划城市群内部的教育、医疗、公共文化设施等资源投入的配置，实现公共资源服务的便利性与高质量；三是优化城市群内部的空间规划，以环境友好、居住舒适和安全稳定为目标，形成城市群内部的宜居生活空间布局，进而有效推动产业布局与要素聚集，增强城市群内部的经济活力。

（三）建立健全以微观主体需求为导向的宜居城市发展制度机制保障

随着中国经济进入以创新为驱动，以人力资本聚集为竞争力的历史发展新阶段，中国的城市发展也必将进入更加以人为本的发展新阶段。因此就要求以打造宜居竞争力为目标的城市的规划建设者与城市管理者为以微观主体需求为导向的城市发展提供健全的制度与机制保障。一是应当注重城市建设与发展中的人性化，处处以满足人的需求为出发点与落脚点；二是应当提高城市建设与管理中的创意化，在城市的设计中着力提升城市的软实力，通过打造高水平的文化氛围与创意形象来吸引高质量的人力资本的长期聚集；三是应当注重城市管理中的细节化，在相关规定的制定中应当以人的体验感与满意度为衡量标准，同时重视民众在城市建设与管理中的广泛参与性，激活大众的主动性与潜能。

第八章　中国城市可持续竞争力报告

王雨飞*

　　城市作为人类活动的主要场所，它积聚了一定地域范围内的人口、资源、技术等重要生产要素，逐步演变成经济活动的中心并得到了空前的繁荣和发展。我国城市的发展不仅历史悠久而且由于地域环境和资源禀赋的差别逐渐形成了各自独特的社会风情、生态环境、文化信仰。然而，从城市的起源到经济快速发展的今天，城市已经遭受了各种不可避免的严峻考验，人口膨胀的压力、资源开发的过度、生态失衡的挑战、文化传承的断续无疑不是城市持续发展的瓶颈约束，同时也容易产生经济失调、社会失序、心理失衡、政府失信等重要问题。在如此重要且艰难的时期，可持续发展成为每个城市极力追求的发展目标，也是城市发展必然的战略选择。城市是国家经济的基本单元，只有城市走上可持续发展之路，才会有国家乃至全球的可持续发展。《中华人民共和国可持续发展国家报告》已经为城市推进可持续发展提出了具体要求，城市要高度重视能源资源的节约与保护，充分考虑历史文化基础和能源资源条件，提高城乡统筹，加强住房保障，发展低碳城市，改善人居环境，寻找适宜的城市可持续发展之路。城市经济一直在蓬勃发展，近些年取得了骄人的成绩，但也不可否认城市繁荣的背后仍然暗藏着诸多问题，对城市层面的可持续发展还需倾注更多的关注。中国城市可持续竞争力报告将从科技创新、社会和谐、生态环境、城乡协同、文化多元以及全球联系六个维度深度解读中国城市在可持续发展道路上取得的成绩和面临的挑战。

---

* 王雨飞，管理学博士，北京邮电大学经济管理学院讲师。研究方向：城市与区域经济。

一 城市视角下的中国可持续竞争力

（一）总体介绍

当国家经济基础薄弱的时候，以牺牲生态环境为代价求得经济的快速发展，这是全世界经济发展的"俗套"，西方发达国家曾经走过，事实上，我们也或多或少经历过。值得庆幸的是我们及时纠正了发展观念，选择了可持续发展的道路，经过十几年的努力，中国的可持续发展取得了举世瞩目的成就。国家用于生态建设、环境治理的投入明显增加，能源消费结构逐步优化，重点江河水域的水污染综合治理得到加强，大气污染防治有所突破，资源综合利用水平明显提高，生态环境的恢复与重建取得成效。但是牺牲环境换取经济发展的陈旧观念在一些区域或城市还普遍存在，生产方式粗放与科技创新的能力薄弱，城乡二元问题依然存在，社会保障体系不健全，文化传播基础设施与人口文化素质不高，社会运行封闭对外联系与对外交流不畅等问题阻碍着城市可持续竞争力的提高。中国在经济社会的可持续发展道路上还需艰难前行，对城市可持续竞争力的研究还需更加深入，更加切合城市发展的实际。

关于衡量中国城市可持续竞争力的指标体系，中国社会科学院可持续竞争力研究课题组经过多年的研究和努力已经做过一版，在全社会取得了较大反响，连续多年成为从中央到地方各级政府每年参考的城市发展的重要依据。今年的指标体系是在往年指标体系的基础上进行的更新，新旧指标体系的对比情况，如表8—1所示。根据课题组多年对城市竞争力理论和实证的研究，2016年使用的可持续竞争力指标体系相比往年做了以下几点变化。第一，新的指标体系在原有指标体系的基础上更加突出了特别重要的指标，剔除了概念模糊含义牵强的指标。第二，出于数据可得性的考虑，保留了数据可得性和准确性比较高的指标，剔除了争议较大、难以获得以及资料来源复杂与准确程度较低的指标。第三，应用大数据技术开发出更能反映可持续竞争力的关键指标，这些指标更能反映城市可持续发展的真实情况。新的指标体系思想更加聚焦、框架更加清晰、评价更加客观、数据更加可靠、含义也更加完善，能够准确地反映城市可持续竞争力的六大分项的主体特征。

表 8—1　　　　　　　　可持续竞争力新旧指标体系对照

分项		旧指标体系	新指标体系	
知识城市	知识需求	科技经费支出额占财政收入比重	经济增长	GDP 增量
		人均教育支出		
		每百人公共图书馆藏书		
	知识投入	中等以上学生占全部学生比重	知识投入	大学指数
		大学指数		
	知识产出	专利指数	知识产出	专利指数
		论文发表数		
	知识经济	每百万人金融、计算机服务和科学研究从业人数	知识经济	每百万人科学研究、技术服务和地质勘查业从业人数
		高科技产品进出口总额		
和谐城市	社会公平	户籍与非户籍人口之间的公平性	社会公平	户籍与非户籍的公平性
		各阶层之间的公平性		
	政府善治	行政透明度（信息公开度）	社会包容	参加社会保障的人口占常住人口的比重
		群众需求关注度（政府服务指数）		
	社会保障	人均社会保障、就业和医疗卫生财政支出	社会保障	人均社会保障、就业和医疗卫生财政支出
		社会保障程度		
	社会安定	每万人刑事案件数	社会安定	每万人刑事案件逮捕人数
		每万人交通、火灾事故死亡人数		
生态城市	资源节约	单位 GDP 耗电	资源节约	单位 GDP 耗电
		单位 GDP 耗水		
	环境质量	空气质量	环境质量	单位 GDP 二氧化硫排放量
		单位 GDP 二氧化硫排放量		
	生态状况	地表水水质	生态保护	国家级自然保护区数量
		—		
		人均绿地面积	生态状况	人均绿地面积
		4A 级及以上旅游景区数量		
		国家级自然保护区数量		
		降水丰沛度		

续表

分项	旧指标体系		新指标体系	
文化城市	历史文化	历史文化名镇名村	历史文化	历史文明程度
		历史文化指数		
		非物质文化指数		
	现代文化	现代文化艺术指数	现代文化	每万人剧场、影剧院数量
		每万人剧场、影剧院数量		
	文化多元性	城市国际知名度	文化多元性	城市国际知名度
		语言多国性指数		
	文化产业	每百万人文化、体育和娱乐业从业人数	文化产业	每百万人文化、体育和娱乐业从业人数
		外国入境旅游人数		
全域城市	居民收入	城乡人均支出比	居民收入	城乡人均收入比
		城乡人均收入比		
	公共服务	人均教育支出比（全市/市辖区）	公共服务	每百人公共图书馆藏书量比（全市/市辖区）
		每百人公共图书馆藏书量比（全市/市辖区）		
		每万人拥有医生数比（全市/市辖区）		
	公共设施	每千人国际互联网用户数比（全市/市辖区）	公共设施	城乡人均道路比
		城乡人均道路比		
	结构转换	城市化率（市辖区人口/全市总人口）	结构转换	城市化率（市辖区人口/全市总人口）
		城市化与工业化适应性		
信息城市	客体贸易	外贸依存度	客体贸易	外贸依存度
		当年实际使用外资额占固定资产投资比例		
	主体交流	外资工业企业比重	主体交流	国际商旅人员数
		国际商旅人员数		
	信息交流	千人国际互联网用户数	信息交流	千人互联网用户数
		千人移动电话年末用户数		
	物质交流	公路交通便利程度	物质交流	航空交通便利程度
		铁路交通便利程度		
		航空交通便利程度		
		利用海运便利程度		

资料来源：中国社会科学院城市与竞争力指数数据库。

（二）现象发现

发现一：均值低变异系数高，指数近似正态分布

2016 年中国 289 个地级及以上城市（包括港澳地区），可持续竞争力指数均值为 0.326，全国城市的可持续竞争力整体均值还是偏低，方差为 0.164，与全国均值的偏离程度不高。可持续竞争力变异系数为 0.502，反映出排名高位的城市与低值城市的偏离程度较高，城市之间的差异比较大，城市可持续发展程度参差不齐。中位数 0.305 低于均值，具体来看有将近六成的城市低于全国均值。

表 8—2　　　　　2016 年中国可持续城市竞争力指数统计描述

年份	样本数	均值	方差	中位数	变异系数	低于均值城市数量
2016	289	0.326	0.164	0.305	0.502	168

资料来源：中国社会科学院城市与竞争力指数数据库。

从全国可持续竞争力指数排名的情况看，全国只有大约 40 个城市的可持续竞争力指数高于 0.5，绝大多数的城市指数都在 0.3 以下。对照核密度分布图来看，指数在 0.3 附近的城市密度较高，指数在 0.3 以下的城市分布也比较密集，因此，可持续发展比较落后的城市偏多，大

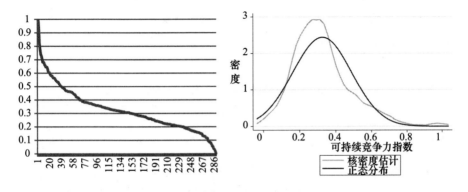

图 8—1　可持续竞争力排名与核密度分布

资料来源：中国社会科学院城市与竞争力指数数据库。

大地拉低了全国的均值，这些城市也应该是未来贯彻可持续发展战略的重点。全国城市可持续竞争力的整体分布接近正态分布，但指数高值的城市太少。

发现二：各分项竞争力均衡发展，知识和全域城市仍待提高

可持续竞争力由知识城市、和谐城市、生态城市、全域城市、文化城市和信息城市六个部分组成。从全国整体来看，知识城市和全域城市是明显的短板，绝大多数城市的知识创新能力、知识投入产出比，以及知识转化为生产的能力非常薄弱，这是城市的经济发展的动力，也是可持续发展战略实施的技术保证。自从十八大报告提出"人的城镇化"概念以后，以人为本的城镇化建设被提上日程，一方面更加重视农村人口进入到城市的人口融入问题，另一方面加快了对农村的建设步伐，城乡二元问题逐步获得了改善。从图8—2来看，与可持续竞争力其他分项相比，全域城市指数均值依然偏低，反映出全国城市在快速城镇化进程中拉大了城乡之间的差异，城乡协同发展依然是城镇化建设中的首要理念。城市和农村发展的巨大反差也将最终阻碍城镇化的进程，由城乡二元经济结构向现代经济结构转化任重道远。

发现三：港京沪进入全国三甲，中西部城市榜上无名

2016年全国城市可持续竞争力前十名城市中，香港、北京和上海位列前三，而且三座城市的指数差距不大。从区域来看，前十名城市几乎都分布在我国东部地区，唯独第十名城市大连位于东北地区，广大中部和西部城市无一上榜。从全国十强城市的分布来看，可持续竞争力分布已经固化为东强西弱的基本格局，东部地区又尤以东南城市更强，占据了前十名的一半数量，环渤海地区的北京和青岛登上前十。

表8—3 2016年可持续竞争力全国十强城市

排名	1	2	3	4	5	6	7	8	9	10
城市	香港	北京	上海	深圳	广州	杭州	南京	澳门	青岛	大连
区域	港澳	环渤海湾	东南	东南	东南	东南	东南	港澳	环渤海	东北
指数	1.000	0.989	0.922	0.818	0.770	0.738	0.729	0.706	0.682	0.681

资料来源：中国社会科学院城市与竞争力指数数据库。

发现四：全国可持续发展的格局固化，发达地区内部差异分化严重

把全国分成七大区域，分别比较区域内部的均值和变异系数可以看出，港澳地区的两座城市香港和澳门是全国城市可持续发展的典范，其中香港排名第一，澳门排名第八，港澳城市均值超过了0.8，两座城市之间的发展差距也不大。位于东部地区的环渤海和东南两大区域是内地均值最高的地区，但是内部城市之间的分化非常严重，变异系数都在0.5左右。西南地区的城市可持续竞争力整体水平不高，而且变异系数全国最高，主要原因是位于该地区的成都和重庆两座城市拉高了城市的均值，但其余城市均处于全国末尾，因此城市之间的分化显得尤为严重。东北、中部和西北地区的整体均值差距不大，变异系数也不高，说明城市之间的差距虽然不大，但都处于较低水平。

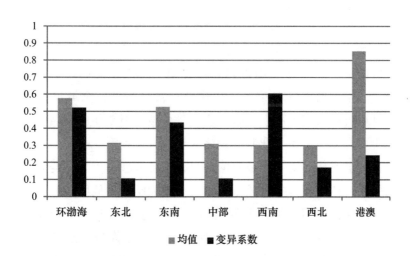

图8—2　全国各区域可持续城市竞争力指数均值和变异系数柱状图

资料来源：中国社会科学院城市与竞争力指数数据库。

（三）城市点评

——香港：具有"东方之珠"美誉的香港在2016年可持续竞争力中排名全国第一。历史上，香港文化是东西方两种文化的互相碰撞、渗透、交融之地，1997年回归以后，香港依旧保持着经济自由、法律制度完备的世界领先位置，从制度上保障了香港的自由开放、融合中西、商业都市型的多元混合体系。香港的知识城市竞争力排名第四,和谐城市排名第十七位,生态城市和全域城市排名第二,文化城市排名第八,信息城市排名第一。从具体指标来看,香港全部指标均比较靠前,但相比内地城市而言香港的万人刑事案件逮捕人数偏高。未来香港的发展在现有基础之上需在改善社会和谐、相融相通方面做出努力。

——北京:北京是六朝古都,是世界闻名的历史古城和文化名城。北京作为国家首都,是全国的政治、经济、交通和文化中心,是走在世界前列的著名都市。北京在 2016 年可持续竞争力中排名第二。北京的知识城市和文化城市竞争力排名第一,科技创新是北京最大的竞争优势,历史人文景观与现代文化交相辉映形成了北京古老而又现代的文化氛围。生态城市排名第十六,全域城市排名第五,信息城市排名第四。综上,北京可持续发展的瓶颈依然在处理好经济发展与生态环境的相互关系上。

——上海:风姿绰约的上海是全国最具包容性的国际大都市。先天历史条件和资源环境优势的天生丽质和后天的持续辉煌让上海在全国城市中脱颖而出。2016 年上海的可持续竞争力排名全国第三。知识城市排名第二,生态城市排名第六,文化城市排名第九,全域城市排名第三,信息城市排名第二。上海是一座文化名城,但今年的排名却不尽如人意,主要是由于上海文化基础设施人均保有量偏低。另外,生态环境的排名也为上海传达了一个危险的信号,正确处理经济发展与环境承载能力的关系,持续改善空气质量也是上海要面临的挑战所在。

——深圳:中国改革开放的窗口深圳经过了三十多年的发展,从一个南方的边陲小镇,发展成为一座拥有上千万人口,经济繁荣、社会和谐、功能完备、环境优美的现代化都市,创造了世界工业化、城市化、现代化史上的奇迹。2016 年深圳的可持续竞争力排名第四。知识城市竞争力排名第三,生态城市排名第七,文化城市排名第四十三,全域城市和信息城市均排名第六。深圳可持续竞争力是具有很大潜力的,文化城市竞争力的相对落后拉低了深圳可持续竞争力的总体排名。深圳是因为国家的改革开放政策兴起的新城,与香港、北京、上海等历史文化名城相比,深圳不具有先天优势,但深圳可以在后现代文化的建设上超过这些城市,其雄厚的经济和创新能力就是重要的保障和资源。

——广州：2016 年广州的可持续竞争力排名第五，是位次最靠前的省会城市。两千多年来一直都是华南地区的政治、军事、经济、文化和科教中心。广州的知识城市排名第九，生态城市排名第八，文化城市排名第十二，全域城市排名第十，信息城市排名第五。温和，包容，自由，平等，平民，是广州的城市精神，借助得天独厚的港口资源优势和与港澳毗邻的优势，广州成为全国一线重点城市。但未来的广州需要更加发挥其创造力，加速经济的腾飞。

——杭州："忆江南，最忆是杭州"，杭州在 2016 年全国可持续竞争力排名中位列全国第六。杭州的知识城市竞争力排名第八，生态城市竞争力排名第六十七，文化城市排名第三，全域城市排名十一，信息城市排名第十三。从以上各分项排名中可以看到，杭州具有较强的文化城市竞争力，杭州是吴越文化的发源地之一，历史文化积淀深厚。其中主要代表性的独特文化有良渚文化、丝绸文化、茶文化，以及流传下来的许多故事传说成为杭州文化的代表，这是杭州的优势。但影响杭州可持续竞争力整体排名的是生态环境，注重城市生态建设，使杭州真正成为"钱塘繁华"和"休闲雅致"的宜居城市应该是未来的努力方向。

——南京：六朝古都南京 2016 年可持续竞争力全国排名第七，这个屹立在长江之畔、历经风雨的沧桑古城处处萦绕着纷繁复杂的历史情结，让人剪不断、理还乱。南京的知识城市和文化城市竞争力排名第六，生态城市排名第二十五，全域城市竞争力排名第十一，信息城市排名第三十。南京是一座古老又充满活力的城市，城市创新、创业风气浓厚，知识城市和文化城市竞争力全国领先。但南京的生态建设需要加快步伐，空气污染问题尤为突出。另外南京是全国可持续竞争力前十名城市中信息城市竞争力最弱的城市，与其区域中心城市的定位不符，未来应该加紧与外界的联系与合作，提高国际知名度。

——澳门：素有"东方蒙地卡罗"之称的澳门在 2016 年可持续竞争力排名中位列全国第八。澳门的知识城市竞争力排名第十五，生态城市竞争力排名第一百八十二，文化城市和全域城市竞争力排名第四，信息城市排名第三。澳门在科技创新、生态建设方面不仅不能与香港同日而语，在内地城市中也不占明显优势，这一方面与澳门长期以来的博彩业"一业独大"的经济结构有关，另一方面澳门是典型的微型经济体，领土狭小，被迫填海造陆破坏了生态环境。但值得庆幸的是澳门是一个国际自由港，是世界人口密度最高的地区之一，以其著名的轻工业、旅游业、酒店业和娱乐场使澳门长盛不衰。另外经过 400 多年欧洲文明的洗礼，东西方文化的融合共存使澳门成为一个风貌独特的城市，留下了大量的历史文化遗迹，澳门历史城区作为一个整体于 2005 年正式成为联合国世界文化遗产，因此，澳门的文化竞争力非常大，这些都是澳门建设世界旅游休闲中心的基础保障。

——青岛：山东半岛蓝色经济区核心区的龙头城市青岛在 2016 年可持续竞争力中位列全国第九。青岛的知识城市竞争力排名第十四，生态城市竞争力排名第四，文化城市竞争力排名第二十，全域城市排名第二十四，信息城市排名第二十二。在可持续竞争力全国前十位的城市中，青岛的生态城市竞争非常突出，青岛的生态建设树立尊重自然、顺应自然、保护自然的生态文明理念，打造美丽中国标杆城市，青岛曾获得联合国和国家人居环境范例奖、中国人居环境奖。青岛在节能减排和环境保护方面做出了很多努力和尝试，未来应该在保持生态竞争力的优势的基础上提升城市创新创业、对外交往、文化建设和城乡一体等竞争力。

——大连：滨海明珠大连在 2016 年可持续竞争力排名中位列全国第十，是东北地区唯一上榜的城市，也是东北地区的代表性城市。大连的知识城市竞争力排名第十九，生态城市竞争力排名第一，文化城市竞争力排名第七十二，全域城市排名第十五，信息城市排名第二十五。大连的生态环境全国第一实属不易，大连全年 PM2.5 超出国家二级标准，空气质量指数（AQI）二级以上（优良）天数 270 天，其中一级（优）天数 50 天，城市水源地水质达标率为 100%，这些数据的背后是大连在污染减排和污染防治方面做出的努力。但大连的劣势在于文化竞争力落后，尤其是现代文化的覆盖面比较窄，文化基础设施不完善，影响了现代文化的传播与发扬。

二 城市视角下的知识竞争力

科技创新水平体现着一个国家的综合国力和核心竞争力,尤其是在关系国家安全、国民经济命脉以及国内社会稳定的关键领域,历史经验告诉我们,必须依靠国内自主创新实现核心技术的突破方能为我所用。相对于全国科技创新的整体情况而言城市是一个微观的视角,正因如此,城市也容易被忽视。知识的积累又是科技创新的基础,报告将结合中国城市数据,从城市的视角分析中国的知识竞争力。

发现一:全国城市整体水平薄弱,科技投入产出高度聚集

2015 年全国 289 个地级及以上城市(包括香港和澳门,不包括台湾)的科技竞争力指数均值为 0.153,表现出全国城市的科技创新和知识水平非常薄弱,289 个地级及以上城市的中位数为 0.104,更加说明绝大多数的城市更是处在全国均值以下,依靠少数几个创新型发展程度高的城市带动了全国均值稍高于中位数。通过变异系数 1.012 可以看出,全国城市之间在科技发展水平上良莠不齐,而且分化非常严重,出现一个金字塔形的结构,科技资源集中于几个大城市,无论是科研投入还是科技产出都高度聚集,但半数以上城市都处在金字塔的底端,成为中国科技创新的沉重包袱,使中国科技创新和进步的脚步显得疲惫而沉重。

表8—4 2016 年中国城市知识竞争力指数统计描述

年份	样本数	均值	方差	中位数	变异系数
2016	289	0.153	0.024	0.104	1.012

资料来源:中国社会科学院城市与竞争力指数数据库。

发现二:科技投入转化为产出效率低下,知识经济发展不容乐观

科技投入与产出是衡量一个国家或地区科技发展水平的重要标志。从知识经济指数的指标构成来看,用每个地级或地级以上城市在世界高校排名中最靠前的学校排名并换算成指数表示城市的科技投入情况，2016 年全国地级及以上城市的科技投入均值为 0.345；用 WIPO 网站公布的世界各城市的专利申请量代表城市的科技产出，2016 年全国城市的科技产出均值不到 0.1。从数值上看，科技投入转化为产出的比例不足三分之一。因此，可以得出结论：中国地级及以上城市的科技创新指数偏低的重要原因是科技投入转化为产出的效率低下。从图 8—3 也可以清晰地看到，全国 298 个地级及以上城市的科技产出的均值远远低于科技投入的均值，相比科技投入不足、资源配置不合理、高级科研人才的短缺等原因，科技投入产出效率不高是最棘手的问题。因此，加大科技成果的产出而且要加快科技成果转化为现实生产力的步伐是目前全国城市在科技创新方面普遍面临的首要任务。

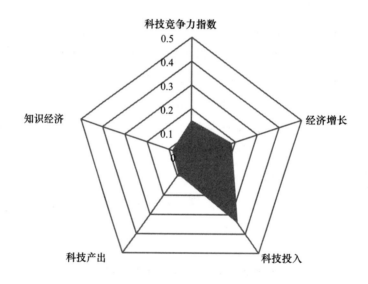

图 8—3　知识竞争力指数组成指标的雷达图
资料来源：中国社会科学院城市与竞争力指数数据库。

发现三：科研投入主体错位，科研人员后备不足

从科技投入方面看，受城市尺度统计指标的局限，报告主要使用大学指数来衡量科技投入。一方面，科研院所是我国的科技创新的主要力量，另一方面，我国科研投入的主体力量不是企业而是政府机构，科技投入的主体和结构问题与西方发达国家差异较大，是科技投入产出比较低的原因之一。从科技产出方面来看，2016年全国289个地级及以上城市的专利申请量共计298330件，相比2015年的123140件翻了一番，科技产出的总量在大幅增长，但产出质量和科技成果的转化能力较弱。报告用每百万人科研、技术服务和地质勘查从业人数代表城市的知识经济发展程度，科研人员的规模是城市科技创新的基础，从表8—5连续三年的科研人员总量和比例来看，我国科研人员总量和占比变化幅度都不大，发展比较缓慢。城市经济增长是体现科技创新转化为生产力的显著指标，根据图8—3，从经济增长的均值情况也可以看出多数城市存在科技投入产出转化效率低的问题。

表8—5　　　　　　　　　　2014—2016年全国科研人员变化

年份	科研人员总量（万人）	年末总人口（万人）	科研人员占比（%）
2014	1101.782	127314.4	0.865
2015	1322.858	126895.9	1.042
2016	1340.188	128223.7	1.045

资料来源：中国社会科学院城市与竞争力指数数据库。

发现四：京沪深三甲依旧，北京稳居榜首

2016年知识城市竞争力排名，北京名列榜首，上海和深圳交替位列第二、三位。值得一提的是2016年香港知识城市竞争力指数提升到0.715，位列全国第四。前十名城市分化非常严重，北京、上海、深圳和香港得分在0.7以上，后五名城市得分均在0.5左右，与前四名城市的差距较大。从区域来看，东南区域所在城市占据了全国前十名城市的半壁江山，而且上海和深圳排名也非常靠前。环渤海湾地区的两大城市北京和天津是全国优秀科研院校比较集中的城市，专利产出也比较多，在知识产出和科技创新方面具有较强的优势。西南地区重庆和西北地区的西安是我国西部地区中实力较强的两座城市，代表了西部地区科技创新的实力，即使西部地区多数城市在全国排名较为落后，但地区领跑城市也能带动周边地区的发展和繁荣。需要注意的是在中部地区和东北地区始终没有领先的城市进入全国前十名，在科技创新方面中部和东北地

区明显成为劣势，塌陷比较严重。

表 8—6 2016 年知识竞争力全国十强城市

排名	1	2	3	4	5	6	7	8	9	10
城市	北京	上海	深圳	香港	天津	南京	重庆	杭州	广州	西安
区域	环渤海	东南	东南	港澳台	环渤海	东南	西南	东南	东南	西北
得分	1.000	0.830	0.729	0.715	0.606	0.585	0.583	0.553	0.543	0.540

资料来源：中国社会科学院城市与竞争力指数数据库。

发现五：全国整体格局没有突破，领先地区内部分化明显

全国知识城市竞争力的整体格局已经定格，打破现有格局在短时间内并不现实。从区域来看，东部地区（包括环渤海湾地区、东南地区和港澳地区）与中部、东北和西部地区的差异非常明显，极化现象严重，大量的知识资本和资源聚集于东南沿海地带，而且向其他区域的外溢不足、区域的失衡严重地影响了我国知识竞争力整体的提高。2016 年度我国城市的知识竞争力在区域格局上还保持着以前的格局，即港澳领跑，环渤海湾、东南、西南、中部、西北、东北紧随其后，其中，环渤海湾地区非常突出。但从区域内部的变异系数看，西南、环渤海湾、东南地区城市之间的知识竞争力水平差异明显，这些地区有科技在全国领

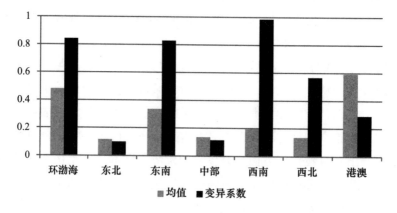

图 8—4 全国各区域知识城市竞争力指数均值和变异系数柱状图

资料来源：中国社会科学院城市与竞争力指数数据库。

先的城市但也有相当一部分城市科研能力和创新能力都比较落后，优秀城市非但没有形成知识的外溢反而产生了虹吸效应，使得内部分化越来越严重。东北和中部地区整体都比较落后，没有全国领先的城市，因此城市之间的差异并不大，在知识城市竞争力上中部塌陷问题依旧存在。

三　城市视角下的中国社会和谐包容

和谐社会是中国人从古至今都在追求的一种社会理想。和谐社会竞争力主要考虑的是社会各系统、各阶层之间的和谐，这里包括社会公平、社会包容、社会保障和社会安定。在新的历史时期，承接和弘扬中国自古所崇尚的和为贵、和谐为美的和谐社会理想，建设各阶层人民和睦相处、和谐共治的和谐社会，正是社会主义精神文明建设所追求的目标。报告将以城市为微观视角介绍中国包容多元的和谐社会竞争力情况。

发现一：和谐城市竞争力全国较好，城市之间发展相对均衡

2016 年和谐城市竞争力指数的全国均值为 0.491，全国包容多元的和谐城市竞争力整体均值在可持续竞争力六大分项中得分最高。方差为 0.043，各城市与全国均值的偏离程度不高。和谐城市竞争力变异系数为 0.425，全国城市之间的差距不大，城市发展程度相对平衡。中位数高于全国均值，55% 以上的城市和谐城市得分超过全国均值。整体来看，和谐城市竞争力的变异系数全国相差不大，这也得益于全国政策的统一。社会主义和谐社会是我们孜孜以求的美好社会，也是全国人民不懈追求的社会理想，经过十几年的努力奋斗，我们取得了骄人的成绩。

表 8—7　　　　　2016 年中国和谐城市竞争力指数统计描述

年份	样本数	均值	方差	中位数	变异系数	低于均值城市数量
2016	289	0.491	0.043	0.525	0.425	131

资料来源：中国社会科学院城市与竞争力指数数据库。

发现二：和谐社会安定团结，城市还需提高社会包容能力

　　包容多元的和谐城市竞争力指数由社会公平、社会包容、社会保障和社会安定四部分构成，每个部分的得分情况由图8—5所示。其中体现社会公平的指标是城市户籍与非户籍的公平性，用参加社会保障人口的比例表示城市的社会包容性，用人均社会保障、就业和医疗卫生财政支出表征社会保障程度，用每万人刑事案件逮捕人数体现社会安定。从雷达图中可以看出，和谐城市竞争力指数中社会安定的全国均值接近0.9，与国外城市相比我国的犯罪率非常低，城市社会非常安定，人民的安全得到了有效保证。相比而言，社会的包容性较弱，由于国家还处在发展阶段，而且我国人口基数大，老龄化问题非常突出，从城市到农村依然还有大量人口未参与社保，从而体现出城市的包容程度稍差。

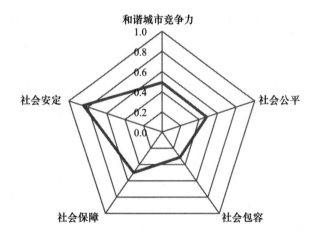

图8—5　和谐竞争力指数组成指标的雷达图

资料来源：中国社会科学院城市与竞争力指数数据库。

发现三：区域之间发展相对均衡，区域内部城市差异不大

　　根据图8—6显示的全国各区域和谐城市竞争力指数均值和变异系数柱状图可以看出，全国各区域和谐城市的发展程度相当，基本都保持着一致的步调，其中东北地区稍有突出，当然这与东北地区的常住人口逐年下降有关，人均社会保障和社会包容程度就会偏高。另外，西南地区因为偏远山区和少数民族地区比较集中，和谐城市竞争力均值略显偏低。从变异系数看，全国各区域内部城市之间差异并不大，基本没有拉开距离，城市和谐发展步调一致，主要是港澳地区变异系数较大，和香港相比，澳门的包容性更差一些。其次就是西南地区落后山区比较多，与先进城市之间的差距较大。

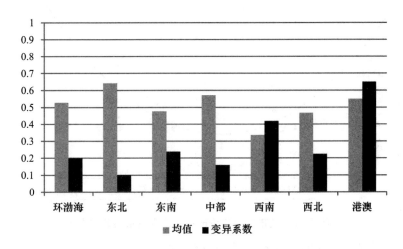

图 8—6 全国各区域和谐城市竞争力指数均值和变异系数柱状图
资料来源：中国社会科学院城市与竞争力指数数据库。

发现四：东部大城市户籍控制严格，外来人口融入社会难度很大

图 8—7 是常住人口超过 1000 万的城市与城市户籍公平之间的散点图，东部地区城市规模越大，城市的户籍与非户籍人口公平性越差。东部经济发达地区的大城市普遍坚持户籍管制，主要考虑提高城市人均收入增长速度和保护城市户籍人口享受城市福利的公平性，但户籍与非户籍人口之间却缺乏公平性的保障。外来人口的大量流入必定会给本地城市资源、环境、生活带来各种压力，城市政府在提供公共服务、维护社会秩序等方面面临的压力也比较大。一般来说，人口净迁入越大的城市，越倾向于设置较高的入户门槛以防止人口过量地拥入。从实际情况来看，苏州、深圳、广州、天津、北京、上海等人口压力比较大的城市，其户籍门槛比西部的一些特大城市如重庆、成都等高得多。

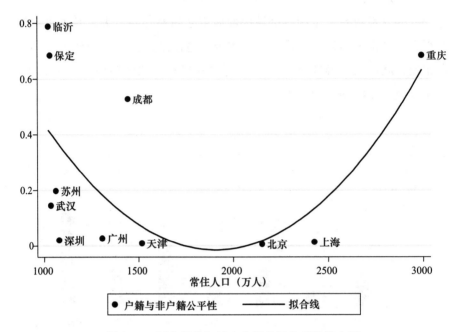

图 8—7　城市规模与城市户籍公平关系的散点图

资料来源：中国社会科学院城市与竞争力指数数据库。

四　城市视角下的中国生态环境

生态环境是指影响人类生存与发展的水资源、土地资源、生物资源以及气候资源数量与质量的总称，是关系到社会和经济持续发展的复合生态系统。生态宜居是新型城镇化建设的重要组成部分，本报告结合中国城市生态宜居和环境保护相关数据，从城市的视角分析中国城市的生态环境友好水平。

发现一：全国城市整体水平欠佳，城市间无明显分化现象

2016 年全国 289 个地级及以上城市（包括香港和澳门，不包括台湾）的生态环境指数均值为 0.437，明显高于城市科技创新和生态和谐总水平，但离北欧等国家引领的国际水平仍具有一定的差异。此外，全国 289 个地级及以上城市生态环境指数的中位数为 0.437，与指数均值相等，说明上述城市的生态环境指数平均分布在均值左右。通过变异系数 0.421 可以看出全国城市间的生态环境友好水平无明显分化现象，大部分地级及以上城市的生态环境水平处于欠佳状态，即生态环境保护和治理工作是一项长期的全国范围的战略工程。

表 8—8　　　　　　2016 年中国城市生态环境竞争力指数统计描述

年份	样本数	均值	方差	中位数	变异系数
2016 年	289	0.437	0.034	0.437	0.421

资料来源：中国社会科学院城市与竞争力指数数据库。

发现二：生态环境整体水平未有提高，生态城市建设步伐需要加快

生态环境系统是影响生物机体生命、发展与生存的所有外部条件的总体。从生态环境竞争力指数的指标构成看，城市生态环境不仅包括城市能源消耗水平和污染物排放量，更关注城市自然保护区和人均绿地面

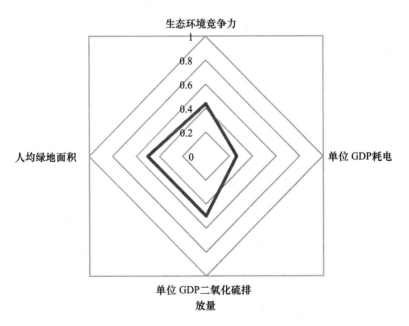

图 8—8　生态环境竞争力指数组成指标的雷达图

资料来源：中国社会科学院城市与竞争力指数数据库。

积覆盖率。自国家"可持续发展战略"实施以来，全国大部分城市均将城市生态环境能力建设作为其主要发展目标，2016 年全国地级及以上城市的生态环境竞争力指数均值为 0.437，明显高于其他城市竞争力指数。其中，城市污染物减排水平和人均绿地水平是生态环境竞争力指数提高的主要拉动者。未来新型城镇化不仅应关注城市绿化，更应强调"让城市回归自然"的理念，加强海绵城市、宜居城市、生态城市建设步伐。

发现三：城市耗水耗电问题严重，城市生产生活效率低下

城市生态环境竞争力指数欠佳的主要原因在于城市能源减耗水平和自然保护区水平不足。首先，从城市能源减耗方面看（见图 8—9），大部分城市能源减耗水平不佳，全国 289 个地级及以上城市中，仅有 4.15% 城市的单位 GDP 电力消耗水平低于标准值 0.6。其次，从城市自然保护区方面看（见图 8—9），全国各城市之间分化非常明显，且大部分城市自然保护区水平较低，仅有大连、赤峰、酒泉的城市自然保护区水平高于标准值 0.6。现阶段尤其是强化城市节约用水管理，节约和保护城市水资源尤为重要。综上所述，我国绝大多数城市的生产生活仍然比较粗放，投入产出效率不高。

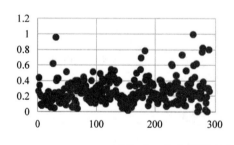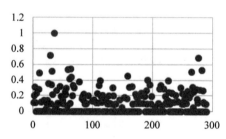

图 8—9　生态环境竞争力相关指标的散点分布

资料来源：中国社会科学院城市与竞争力指数数据库。

发现四：六大区域均有分布，大连领先全国

2016 年城市生态环境竞争力排名，大连名列榜首，其次分别为香港、鄂尔多斯。值得一提的是 2016 年鄂尔多斯城市生态环境竞争力指数提升到 0.860，这说明鄂尔多斯在国家老工业基地转型升级的迫切需求下，结合国家首批产业转型升级示范区的建设，大力提升城市生态环境水平，已经具有一定的成效。从区域来看，除西南地区外，全国城市生态环境竞争力前十强城市广泛分布在六大区域内，其中仍以东南地区的城市分布最多，分别为东南地区的上海、深圳、广州、厦门。此外，除西北地区的鄂尔多斯、中部地区的黄山和随州，全国地级及以上城市生态环境竞争力较高的城市均处于沿海地区，这说明沿海地区经济社会发展较快，有更多的物力、人力和财力建设海绵城市、宜居城市、生态城市。

表 8—9　　　　　　　　　2016 年生态环境竞争力全国十强城市

排名	1	2	3	4	5	6	7	8	9	10
城市	大连	香港	鄂尔多斯	青岛	黄山	上海	深圳	广州	厦门	随州
区域	东北	港澳台	西北	环渤海湾	中部	东南	东南	东南	东南	中部
得分	1.000	0.966	0.860	0.827	0.821	0.817	0.817	0.813	0.804	0.803

资料来源：中国社会科学院城市与竞争力指数数据库。

发现五：各区域生态环境指数虽整体推进，但区域内部差异参差不齐

不同于其他维度竞争力指数极化严重的现象，2016 年我国各区域生态环境竞争力指数差异不大，竞争力指数最高的港澳地区与竞争力指数最低的西南地区，其区域均值仅相差 0.272，这说明我国各区域生态环境指数在整体推进。

2016 年我国城市生态环境竞争力平均值在区域格局上的排名与区域内部城市差异水平无明显相关性，区域竞争力均值排名虽为港澳、东南、环渤海、东北、中部、西北、西南，但港澳地区各地级及以上城市生态环境竞争力的差距最大，如香港生态城市竞争力指数为 0.966，澳门为 0.362，两者相差 0.604。因此，我国各区域板块在推进城市生态环境能力建设的同时，应加强城市间的生态环境保护工作的互联互通和合作共享。

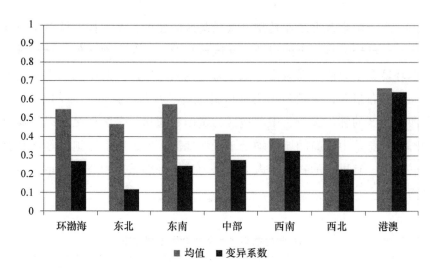

图 8—10　全国各区域城市竞争力指数均值和变异系数柱状图

资料来源：中国社会科学院城市与竞争力指数数据库。

五　城市视角下的中国城乡协同一体

进入 2000 年以后，中国掀起了新一轮世界最大规模的城镇化浪潮，在过去的十多年，平均每年都有 2000 多万人从农村转入城市，十多年新增的城镇化的人口几乎相当于美国城镇人口的总和，到 2015 年底中国的城镇常住人口已经达到 7. 49 亿人，而改革开放初的 1978 年是 1. 7 亿人，现在相当于美国、欧盟、日本三个经济体城市人口的总和，即使是户籍人口的城镇化率也超过了 41%。城镇化为中国的发展提供了源源不竭的动力，为中国的改革开放、稳定发展提供了强大的保障，同时也对全球经济的复苏起到了不可忽视的作用。随着城镇人口的快速增长，我们过去期待解决的城乡二元结构问题现在依然存在，同时又要面对城市内部新出现的二元结构所带来的矛盾和挑战。报告将以城乡一体为切入点，讨论中国城镇化进程中的全域发展问题。

发现一：城乡二元问题在全国范围内凸显，城乡一体仍然是城市发展的棘手问题

2016 年全域城市竞争力指数均值为 0. 176，方差为 0. 028，表现出

全国城市的城乡一体全域发展程度整体偏低，城市与农村的二元问题依然突出，城乡差距非常大，城市和农村的实际生活水平相差甚远。289个地级及以上城市的全域竞争力中位数为0.126，有190座城市低于全国均值，相当于超过了三分之二的城市处在全国均值以下，完全依靠少数几个经济发达的特大型城市带动了全国均值稍高于中位数。通过变异系数0.942可以看出不同城市在城乡一体的全域发展水平上良莠不齐，而且分化非常严重。如果城乡二元问题在中国快速发展的城镇化进程中得不到有效控制和解决，由此带来的一系列社会问题将愈演愈烈。

表8—10　　　　　2016年中国全域城市竞争力指数统计描述

年份	样本数	均值	方差	中位数	变异系数	低于均值城市数量
2016	289	0.176	0.028	0.126	0.942	190

资料来源：中国社会科学院城市与竞争力指数数据库。

发现二：各项指标均值普遍偏低，城乡全域发展任重道远

城乡一体的全域城市竞争力由城乡人均收入比、城乡每百人公共图书馆藏书量比、城乡人均道路比和城市化率四个指标构成，每个指标的得分情况由图8—11所示。从雷达图中可以看出，以上四项指标的全国

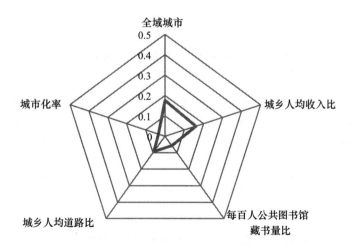

图8—11　全域城市竞争力指数组成指标的雷达图

资料来源：中国社会科学院城市与竞争力指数数据库。

均值全部低于 0.2，指数得分非常低，导致全域城市的全国均值也低于 0.2，整体来看，我国不同规模、不同发展程度、不同地域的城市普遍都面临着城乡二元的严重问题。全域城市的衡量指标均涉及城乡之比，单从城市层面来看，几项指标均值并不低，但与农村之比就极大地拉低了城市的均值，城乡全域发展任重道远。从四项指标的得分比较看，我国城市化率还是一个短板，虽然近些年城镇化进程显著加快，但是农村依然拥有庞大的人口，城市的基础设施基本健全，但是广大农村基础设施依然落后，尤其是教育资源和设施严重不足，从公共图书馆的藏书量比可以略见一二。

发现三：城镇农村人均收入逐年有增，人均收入比指数维持稳定

　　最能体现全域城市发展程度的显著指标是城市的人均收入比，从连续三年的全域城市人均收入比指数均值的变化可以看出，即使城镇化在快速发展，但人均收入比的变化却不大，2016 年基本维持在前两年的水平。而人均收入比的构成是城镇居民人均可支配收入和农村居民人均纯收入，2014—2016 年，两项指标均有微幅提升，但变化并不明显。农村居民人均纯收入还不到城镇居民年收入的一半，两者之间的差距没有缩小但也没有持续拉大的趋势，基本维持了稳定。提高农民纯收入，依靠城市的力量带动更多的农民脱贫致富是摆在城市面前的现实问题，也是城市发展的严峻挑战。

表 8—11　2014—2016 年全国城镇居民、农民收入、全域城市指数均值

年份	城镇居民人均可支配收入全国均值（元）	农村居民人均纯收入全国均值（元）	城乡人均收入比均值（元）
2014	22378	9199	0.159
2015	24416	10178	0.154
2016	24491	10197	0.155

资料来源：中国社会科学院城市与竞争力指数数据库。

发现四：东莞全域全国第一，东南地区优势凸显

　　2016 年城乡一体的全域城市竞争力排名，东莞名列榜首，其次分别为香港和上海。从区域来看，西部地区包括西南、西北，中部地区，

东北地区均没有城市进入全国十强，东南地区有7座城市进入前十强。此外，香港和澳门的全域发展程度也较高，分别位列全国第二和第四，环渤海地区只有北京进入十强，排名第五。从大区域来看，城乡一体全域城市的前十名全部集中在东部地区，尤其是东南沿海城市促进了全国全域城市整体均值的提高，但也拉开了城市之间的差距，全国区域发展不平衡的格局已经形成并且难以改变。

表8—12　　　　　　　　2016年全域竞争力全国十强城市

排名	1	2	3	4	5	6	7	8	9	10
城市	东莞	香港	上海	澳门	北京	深圳	苏州	南京	无锡	广州
区域	东南	港澳	东南	港澳	环渤海	东南	东南	东南	东南	东南
得分	1.000	0.989	0.946	0.890	0.877	0.811	0.657	0.650	0.619	0.619

资料来源：中国社会科学院城市与竞争力指数数据库。

发现五：港澳和东南地区全国领先，中西部地区依然落后

2015年全域城市竞争力指数区域的排名依次为港澳、东南、环渤海、东北、西北、西南、中部。与全国均值相比，港澳、环渤海及东南地区的均值显著高于全国水平，中部、西南、西北和东北地区除少数几

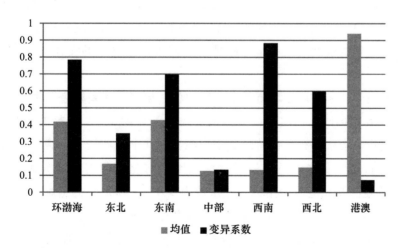

图8—12　全国各区域城市竞争力指数均值和变异系数柱状图

资料来源：中国社会科学院城市与竞争力指数数据库。

个大城市的全域发展程度较高外，多数城市在全国排名比较靠后，整体均值都不高，低于全国平均水平。从变异系数看，西南、环渤海、东南、西北地区城市的城乡一体发展水平的差异远远超过全国城市的变异系数，以上区域都存在城乡一体发展程度在全国排名较高的城市，这些城市拉开了与落后城市之间的距离。与内地城市形成鲜明的对比，港澳城市全域发展的差距水平大大低于全国平均水平，两座城市全域发展齐头并进。从城乡一体的区域发展情况来看，基本上存在经济水平越发达城乡一体程度越高的规律，经济落后地区经济活动更加集中于中心城区，城市外围更加落后。

六　城市视角下的中国文化多元一本

现代城市的可持续发展离不开人才的会聚，而文化是人才凝聚力与创造力的源泉。一个有魅力的城市应该是一个允许各种文化碰撞、交融、交相辉映的地方。在这里，社会的文化是自由的开放的，世界各地的人们会聚在这里，在工作与生活中创造价值，同时为这个城市注入新鲜的文化元素，各具特色的建筑和种类繁多的文化艺术场所成为展示各类元素的舞台，众多保存完好的历史文化遗产展示着城市厚重的历史，构成城市独特的记忆，多样的文化为创意产业的蓬勃发展提供了强劲的动力，完善的公共文化设施与服务为人们提供了良好的文化活动条件，文化事业繁荣发达。

发现一：半数以上城市低于全国均值，城市之间差异趋于收敛

2016 年中国文化城市竞争力指数均值为 0.416，方差为 0.042，城市文化竞争力水平相比可持续竞争力的其他几个分项较为乐观，但城市文化竞争力水平整体还是偏低。从城市间文化竞争力的变异系数看，2016 年全国文化竞争力指数变异系数为 0.493，城市间文化竞争力差异相对不大，与往年相比趋于收敛。在 289 个样本城市中，2016 年有 156 个城市位于全国文化竞争力指数均值以下，超过全国城市的一半。此外，文化竞争力均值较中位数 0.390，当前文化竞争力的平均水平主要靠高文化竞争力水平的拉动。我国文化城市竞争力指数分布仍然存在两极分化的问题，少数城市聚集着大量的文化资源，在国内外享有较高的知名度。文化城市竞争力总体水平的提升有赖于排名在 100—200 名的城市。

表 8—13　　　　　2016 年中国文化城市竞争力指数统计描述

年份	样本数	均值	方差	中位数	变异系数	低于均值城市数量
2016	289	0.416	0.042	0.390	0.493	156

资料来源：中国社会科学院城市与竞争力指数数据库。

发现二：文化硬件设施普遍落后，文化软实力还须较强

城市文化竞争力由城市的历史文明程度、每万人剧场、影剧院数量、城市国际知名度、每万人文化、体育和娱乐业从业人数四个指标构成，每个指标的得分情况由图 8—13 所示。每万人剧场、影剧院数量是文化城市竞争力中体现城市文化硬件设施的主要指标，而该项指标全国均值仅为 0.233，成为文化城市竞争力的短板所在，尤其是在文化从业人数得分较高的映衬之下，更加显得我国城市的文化基础设施较为落后，缺少对传统文化的弘扬和传承以及对现代文化的发展和传播的平台。

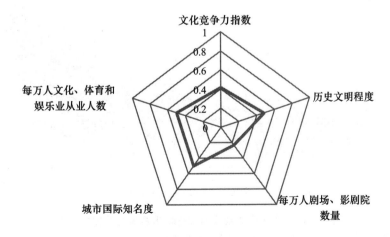

图 8—13　文化竞争力指数组成指标的雷达图

资料来源：中国社会科学院城市与竞争力指数数据库。

相比之下，我国作为历史文明古国，城市的历史文明程度普遍较高，随着我国综合国力的提升，在当代世界经济政治格局中具有举足轻重的作用，有相当一批城市通过国际交往等方式在国际上有较高的知名度。但博古论今中国城市文化竞争力的软实力较强。

发现三：文化产业依托经济实力作用于文化竞争力

历史文化积淀是影响城市文化竞争力的重要因素之一。一般来说，历史文化积淀较厚重的城市其文化竞争力会相对较高，此外，现代文化产业的发展作为现代城市文化建设的重要组成部分也会对城市的文化竞争力产生一定的影响，有效把握现代文化产业的发展契机有助于许多新兴城市实现对历史文化古城的追赶。近年来，文化建设的发展对经济社会建设的作用越加显著，西方国家甚至将文化产业作为引领国家产业创新和发展的重要力量。文化产业作为一种具有特殊形态的新兴产业，其对人们的生产生活正产生着越来越大的影响，我国对文化产业的重视程

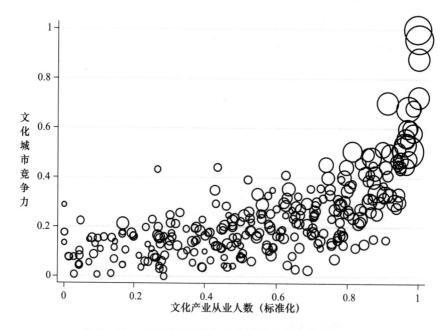

图8—14   文化产业规模与文化城市竞争力的相关关系

资料来源：中国社会科学院城市与竞争力指数数据库。

注：图中的"○"代表每个样本城市，"○"的大小与样本城市的综合经济竞争力成正比，即城市综合经济实力越强，"○"越大，反之"○"越小。

度也在不断地提高。图 8—14 分析了文化产业规模、城市经济实力与文化竞争力之间的关系，整体来看，我国城市文化产业规模与文化竞争力之间的关系呈正相关，文化产业规模越大，文化竞争力越强，但从图中可以看到这种趋势并不是十分明显。由图 8—14 还可以看出，综合经济竞争力制约着城市文化产业规模对文化竞争力的提升作用，只有较强的综合经济竞争力才能更好地推动城市文化产业规模对文化竞争力的提升，当城市的综合经济竞争力较弱时，文化产业规模虽然大但效率低下。从图 8—14 中气泡的大小可以看出，我国当前大多数城市文化竞争力的提升受到文化产业规模小、城市综合经济竞争力有限的限制。

发现四：京汉杭领先全国，东南地区文化底蕴深厚

2016 年全国文化竞争力十强城市及其得分如表 8—14 所示，北京位居全国第一。其实根据往年中国城市竞争力报告显示，北京一直雄踞文化城市竞争力的榜首，而且与第二名城市之间拉开了较大距离。北京是首批国家历史文化名城和世界上拥有世界文化遗产数量最多的城市，又是现代文化名城，无论历史文化还是现代文化都在全国首屈一指。在《"十三五"时期加强全国文化中心建设规划》中，对于北京文化中心的定位是"凝聚荟萃、辐射带动、创新引领、展示交流和服务保障是文化中心建设新的功能定位"。北京作为全国的文化中心，必须将其思想引领高地、价值观高地和道德高地的地位巩固发展下去，在思想理论、文学艺术、新闻传播等领域，展现国家形象、首都形象。东南地区有四座城市进入 2016 年全国文化竞争力十强，"忆江南，最忆是杭州"，杭州以其独特的良渚文化、丝绸文化、茶文化，以及流传下来的许多故事传说为代表，注重传统市井街巷与现代生活的自然过渡，形成了独特的"钱塘繁华"和"休闲雅致"的外部文化认识，以此带动了城市文化竞争力的提升。南京作为六朝古都、宁波以浙东学术文化为代表挺进全国文化城市前十名，以"魔都"为代名词的上海是一座极具现代化而又不失中国传统特色的海派文化都市，"十里绮罗外滩烟，东方巴黎百度春"的上海列全国第九。中部地区武汉、西北地区西安、东北地区哈尔滨成为各自区域的代表城市登上全国前十，前十名城市还包括港澳地区的澳门和香港，这些城市都以其历史文化底蕴和现代文化印记进入全国前列。

表 8—14　　　　　　　2016 年文化竞争力全国十强城市

排名	1	2	3	4	5	6	7	8	9	10
城市	北京	武汉	杭州	澳门	西安	南京	宁波	香港	上海	哈尔滨
区域	环渤海	中部	东南	港澳	西北	东南	东南	港澳	东南	东北
得分	1.000	0.975	0.901	0.892	0.884	0.880	0.868	0.850	0.850	0.823

资料来源：中国社会科学院城市与竞争力指数数据库。

发现五：由沿海向内陆渐弱，区域内部差异不大

　　2016 年全国城市的文化竞争力排名从总体布局上看，文化竞争力较高的城市基本较为密集地分布在我国长三角、珠三角及环渤海地区，而只有极少数的文化竞争力较高的城市零星地分布在东北、中部尤其是西南和西北地区。从地区上看，由沿海向内陆城市的文化竞争力呈降低的趋势。2015 年文化城市竞争力指数区域的排名依次为港澳、环渤海、东南、西北、中部、西南、东北。与全国均值相比，港澳、东南及环渤海地区的均值明显高于全国水平，西南、西北及中部地区接近全国平均

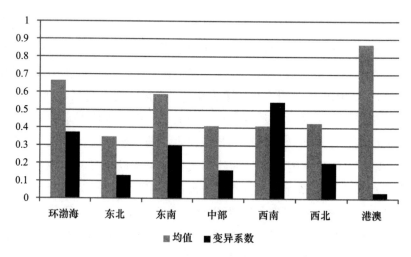

图 8—15　全国各区域文化城市竞争力指数均值和变异系数柱状图

资料来源：中国社会科学院城市与竞争力指数数据库。

水平，东北地区略低于全国平均水平。东北地区除哈尔滨、长春、沈阳、大连外，多数城市在全国排名比较靠后。从变异系数看，西南地区城市文化水平差距远超全国平均的文化水平差距，港澳、东南、环渤海、西北、东北及中部地区城市文化差距水平均大大低于全国平均水平，尤其是港澳地区，文化发展齐头并进。

七　城市视角下的中国对外全球联系

一个国家和外界的关系越密切，那么这个国家的经济发展就越迅速。联系密切不仅指贸易和金融方面，还包括人和信息的流动——也就是一个国家有多少移民，以及有多少信息和资料跨境交流。城市是国家对外全球联系的重要载体，本报告将结合中国城市对外全球联系相关指标数据，从城市的视角分析中国对外全球联系的竞争力。

发现一：全国城市整体水平薄弱，城市间差异不大

2015 年全国 289 个地级及以上城市（包括香港和澳门，不包括台湾）的信息竞争力指数均值为 0.256，表现出全国城市的对外全球联系程度较为薄弱，289 个地级及以上城市的中位数为 0.233，说明全国有一半以上城市对外信息竞争力指数处在全国均值以下，依靠少数几个沿海对外开放城市带动了全国均值稍高于中位数。由于全国 289 个样本城市信息竞争力指数方差仅为 0.026，这进一步说明全国各城市信息竞争力水平总体差异不大，区域间分化程度不高，未来需要在全国范围内实现城市对外物流、人流和信息流联系的整体推进。

表 8—15　　　　2016 年中国城市信息竞争力指数统计描述

年份	样本数	均值	方差	中位数	变异系数
2016	289	0.256	0.026	0.233	0.630

资料来源：中国社会科学院城市与竞争力指数数据库。

发现二：对外国际商旅人员交流不足，航空交通便利程度仍有待提高

人才国际化是经济全球化导致人力资源在全球范围内流动的必然结果。它是指人才已不再局限于一个地区或国家的范围内，而是以本民族的文化为背景，超越国家的范畴，在全球范围内开发、配置。改革开放近四十年，我国各城市不断注重对外商贸往来，2016 年全国地级及以上城市的对外物流均值为 0.50，远高于对外人员交往均值的 0.012。此外，随着互联网在全球范围内的普及，我国各地级及以上城市对外信息流水平不断提升，均值达到 0.241，是航空交流便利程度等城市对外交流设施水平的近四倍。因此，可以得出结论：我国对外国际商旅人员交流不足，航空交通便利程度仍有待提高。从图 8—16 也可以看出，全国298 个地级及以上城市的对外人员交往和交通便利度水平均值远远低于对外物流和对外信息流，即相比对外贸易合作，增加国内外城市商旅人员交流、增加国际航空交通基础设施水平等是提升中国对外全球联系水平的关键。

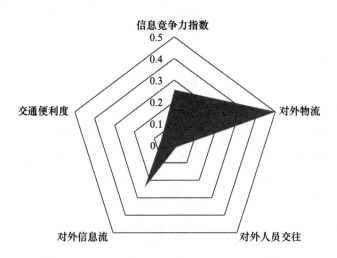

图 8—16　信息竞争力指数组成指标的雷达图

资料来源：中国社会科学院城市与竞争力指数数据库。

发现三：商旅人员对外交流层次偏低，城市航空便利度参差不齐

从对外人员交往看，报告主要使用国际商旅人员数来衡量对外全球交往联系，一方面，国际商旅人员往来是对外人员交流的主体，另一方面，我国国际商旅人员交流数包括城市一日游游客数，商旅人员层次参差不齐，这也是我国城市对外人员交往不高的原因。从交通便利度方面看，报告主要考察 2016 年全国 289 个地级及以上城市的"航空交通便利程度"，具体采用飞行区等级赋值、起降架次和市中心离最近机场距离三个指标复合而成。上述三项指标复合后的标准化数值如表 8—16 所示，全国 289 个地级及以上城市的均值为 0.068，远高于中位数 0.013，这说明指标的标准化数据的分布状态呈现明显的左偏分布，即航空交通便利程度水平较高城市较少，主要集中在北京、上海、广州、天津、深圳等对外开放程度较高的城市。

表 8—16　　　　　　　航空交通便利程度的全国城市水平

航空交通便利程度							
观测数	平均	标准误差	中位数	标准差	方差	峰度	偏度
289	0.068	0.008	0.013	0.140	0.020	18.392	3.874

资料来源：中国社会科学院城市与竞争力指数数据库。

发现四：十强在沿海地区，香港稳居榜首

2016 年城市信息竞争力排名，香港名列榜首，上海和澳门分别位列第二、三位。前十名城市分化非常严重，前六名的香港、上海、澳门、北京、广州和深圳得分在 0.7 以上，后两名城市得分均在 0.6 左右，与前六名城市的差距较大。从区域来看，东南区域所在城市占据了全国前十名城市的 3/5，而且上海和广州排名也非常靠前。港澳台地区的两大城市香港和澳门是全国城市对外开放的窗口，其对外贸易水平、国际商旅人员、航空交通便利程度均位于全国地级及以上城市前列。西南地区的成都是我国西部地区的对外开放程度较高的城市，虽可以在一定程度上带动西部地区的对外开放程度，但仍需通过"一带一路"的战略契机，增强西部地区，特别是西北地区城市的对外开放程度。需要注意的是在中部地区和东北地区始终没有领先的城市进入全国前十名，在城市对外联系方面，中部和东北地区明显成为劣势，塌陷比较严重。

表 8—17　　　　　　　2016 年知识竞争力全国十强城市

排名	1	2	3	4	5	6	7	8	9	10
城市	香港	上海	澳门	北京	广州	深圳	厦门	成都	珠海	佛山
区域	港澳	东南	港澳	环渤海	东南	东南	东南	西南	东南	东南
得分	1.000	0.811	0.800	0.770	0.768	0.745	0.679	0.615	0.598	0.597

资料来源：中国社会科学院城市与竞争力指数数据库。

发现五：区域内部差异逐渐收敛，"胡焕庸线"两侧城市对外联系差异较大

我国历年城市信息竞争力极化现象严重，港澳台、东南沿海、环渤海地区依托其特定的区位优势，不断增强其城市对外联系，但向其他区域的外溢效应不足、区域的失衡严重地影响了我国城市信息竞争力整体的提高。2016 年度我国城市的对外联系信息竞争力在区域格局上还保持着以前的格局（见图 8—17）港澳领跑，东南紧随其后，其次分别为环渤海、西南、中部、东北、西北地区。其中，港澳和东南沿海地区领先的势头并没有减弱，反而进一步得到强化，且其城市间信息竞争力指数的变异系数较低，及区域内部城市对外联系水平的差异在收敛。

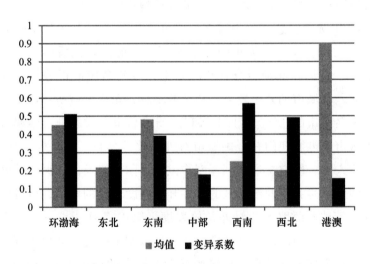

图8—17　全国各区域信息城市竞争力指数均值和变异系数柱状图

资料来源：中国社会科学院城市与竞争力指数数据库。

然而，西南、环渤海地区的变异系数都超过了 0.5，说明西南、环渤海地区各城市间对外联系水平的差异仍较大，需要进一步借助"京津冀协同发展""一带一路"等发展战略加强区域对外联系水平的整体提升。

八　重点发现

（一）发达城市的生态环境问题制约着城市可持续竞争力的提升

综上分析发现，经济越发达、规模越大的城市普遍存在生态环境竞争力较差的共性问题，除大连、青岛等几个沿海城市外，多数城市都因为生态城市竞争力指数偏低而降低了城市总体的可持续竞争力。尤其是像北京这样的一线城市和成都、重庆、西安、武汉等区域性中心城市生态环境短板严重。近年来，大城市加大了城市环境治理的投入，但是现在收获的效果还不明显，一方面对于城市生态建设不能松懈，另一方面需要加大污染源头的治理，继续通过对城市产业结构和经济结构的调整来促进城市生态建设。

（二）可持续竞争力区域严重固化东部较优而中西部整体下沉

可持续竞争力的区域分布情况反映出区域严重固化的特征，具体来看是东部可持续竞争力优势突出而中西部地区整体下沉。东部地区尤其是沿海地区的城市可持续竞争力整体较强，城市之间相差并不严重，从前面分析也可以看出，在各个分项竞争力中，东部地区的均值较高但变异系数并不高，整体发展程度趋于良性发展。而中西部地区除区域中心城市外，余下城市普遍很弱，各个分项竞争力的均值最低而且变异系数也低，整个区域都在落后的水平。中西部地区城市的整体下沉与东部地区形成了鲜明对比，同时也形成了难以逾越的地区差距，如果不打破这种局面而继续固化，担心未来还会愈演愈烈。

（三）中西部重点城市的辐射带动能力不强

从以上分析中我们观察到，中西部地区的重点城市并没有带动周边城市的整体发展。全国范围内，东部地区的重点城市辐射并带动了周边一大批城市的发展，区域整体竞争力走在全国前列。如以上海、南京、杭州为中心的长三角地区城市和以广州、深圳为中心的珠三角地区城市以及以济南、青岛为中心的胶东地区城市整体实力都比较强。但在中部中心城市武汉、西部中心城市西安、成都和重庆周边的中小城市都没有借助中心城市的辐射带动作用来获得较大发展，导致整体竞争力不强。这就导致中心城市全国突出，周边中小城市全国垫底的极其不协调的情况普遍出现在中西部地区。这也是中西部地区可持续竞争力远远落后于东部地区的重要原因。

（四）大城市之间竞争激烈指数相差不大

回顾可持续竞争力全国排名前十位的城市和各个分项竞争力排名前十位的城市，香港出现六次、北京出现五次、上海出现六次、广州和深圳出现五次、杭州出现三次、南京出现四次、澳门出现四次、青岛和大连分别出现两次。大城市的可持续竞争力都比较强，而且大城市的可持续竞争力相差并不显著。从指数上来看，城市之间得分的咬合非常紧，很多时候都是以 0.01 分的差异分出胜负，城市之间的竞争非常激烈。

（五）中小城市发展可持续程度低

通过以上分析发现，中小城市一方面缺乏大城市的公共服务资源优势，另一方面对于大城市发展中存在的问题，中小城市也比较突出。首先，城市医疗、教育等重要资源集中在大城市，影响中小城市人口集聚，限制着城市规模的扩大。其次，对于交通拥堵、环境污染、城市购房压力、城市安全隐患等问题中小城市的压力一点也不比大城市轻松，甚至还要更严重，因此，中小城市发展最不可持续。中国城市化迅速发展的同时我们越来越多地关注大城市"城市病"的问题，但对于处在城市可持续竞争力下游的中小城市存在的问题却没有投入过多的关注，事实上，中小城市发展更加没有可持续性。

第四部分

区域报告

第九章 中国（东南地区）城市竞争力报告

邹琳华 蔡书凯[*]

一 中国城市竞争力（广东省）报告

广东省是中国经济改革开放的前沿，各种先进经济理念的策源地，同时也是中国经济最强省之一。珠三角城市群是我国三大城市群带之一，是具有世界影响力的发达城市群带。近年来，广东省着力稳增长、促改革、调结构，已经取得一定成效。经济增长总体平稳，GDP 增长率从 2015 年的 8% 降至 2016 年的 7.5%；产业结构不断优化，三次产业比例从 2015 年的 4.6∶44.6∶50.8，到 2016 年的 4.7∶43.2∶52.1，第三产业比重已经超过第二产业，居省域经济主导地位。省内发展不平衡，珠三角作为我国最发达的区域之一，2016 年其区域生产总值占全省的 79.3%，比上年提高 0.1 个百分点。而 2016 年粤东西北区域生产总值仅占全省的 20.7%。总体来看，广东省作为我国改革开放最前沿，具有先发优势，珠三角城市的经济竞争力与可持续竞争力均表现突出。尽管受经济转型升级压力较大的影响，广东省经济增速暂时受到一定制约。但借助其经济实力、创新能力、持续的转型升级努力以及毗邻现代服务业中心香港的优势，广东省有望未来在全国率先转型成功，继续保持其作为中国经济增长重要一极的地位。

---

* 邹琳华，经济学博士，就职于中国社会科学院财经战略研究院。蔡书凯，管理学博士，安徽工程大学副教授，中国社会科学院财经战略研究院博士后，研究方向：城乡经济发展。本章报告的广东、福建、江苏部分由邹琳华撰写，上海、浙江部分由蔡书凯撰写。

表 9—1　　　　　　　　　　2016 年广东省省情信息

土地面积	18 万平方千米
常住人口	10999 万人
城镇人口占常住人口比重	69.2%
GDP 总量及增长率	79512.05 亿元，7.5%
第一、二、三产业占 GDP 比重	4.7∶43.2∶52.1

资料来源：2016 年广东省国民经济和社会发展统计公报。

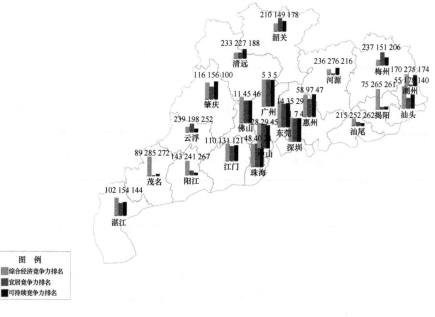

图 9—1　2016 年广东省城市竞争力排名

资料来源：中国社会科学院城市与竞争力指数数据库。

（一）现状与条件

总体概况：广东省综合经济竞争力稳居全国前列，可持续竞争力处全国中等水平。省内深圳、广州等多个城市的综合经济竞争力表现极为突出，不足之处在于省内区域发展不平衡，板块间发展差异较大，珠三角之外的城市表现较差，从而影响了总体综合表现。作为全球制造业基地和中国改革开放的发源地，经济实力雄厚，先发优势非常显著。尽管近年受大环境影响，广东省产业转型升级面临较大压力，但其善于利用先发优势，积极加大产业科技创新投入力度，扶持高端产业淘汰和升级落后产业，因此，产业结构调整取得一定成效。未来通过充分利用先发优势，以科技创新驱动、高端服务业带动、粤港澳全面合作和建设珠三角一流城市群带为抓手，推动产业结构不断升级，城市竞争力优势有望得到继续保持。

现状格局：2016 年度广东省综合经济竞争力指数均值为 0.175，在全国各省区（除西藏）中排名第 9 位。其中深圳、广州、佛山、东莞、中山、珠海 6 个城市分别排在全国第 1 位、第 5 位、第 11 位、第 14 位、第 28 位和第 48 位，均处于全国综合经济竞争力最好的城市之列；但也有韶关、汕尾、清远、河源、梅州、云浮 6 个城市排名在 200 位之外，居全国综合经济竞争力表现最差城市行列。2016 年度广东省可持续竞争力指数均值为 0.351，在全国各省区（除西藏）中排名第 14 位；广东省宜居城市竞争力指数均值为 0.414，排全国各省区（除西藏）第 19 位，均属中等水平。广东省城市竞争力总体上呈现以下特征：

第一，综合经济竞争力总体水平居全国前列，但省内板块间竞争力水平差异较大。2016 年度广东省综合经济竞争力排名全国第 9 位，与 2015 年和 2014 年保持一致，稳定在全国上游水平。综合经济竞争力指数变异系数为 1.306，居全国第 26 位，近三年保持不变，表明省内板块间的经济发展水平与竞争力差异较大状况基本没有变化。

第二，可持续竞争力处全国中等水平，近年来排名持续下降。2016 年度广东省可持续竞争力排名全国第 14 位，总体居全国中游水平，但比 2015 年的第 12 位下降 2 位，比 2012 年的第 9 位排名下降 5 位，多数城市可持续竞争力全国排名有所下降。可持续竞争力指数变异系数为 0.443，位列全国第 20 位，表明省内可持续竞争力差距较大。其中居省内第一的深圳和第二的广州分别位列全国可持续竞争力第 4 位和第 5 位，居省内最末的汕尾、阳江、茂名三市分别位列全国第 262、267、272 位。

第三，宜居城市竞争力总体居全国中下水平，部分城市表现优异。2016 年度广东省宜居城市竞争力指数均值为 0.414，排全国各省区（除西藏）第 19 位，居全国中下水平。变异系数 0.5441，排全国第 22 位，各城间宜居城市竞争力水平差距较大。其中表现较好的广州宜居城市竞争力排全国第 3 位，深圳排全国第 7 位。

第四，从可持续竞争力分项来看，信息城市竞争力和生态城市竞争力优势明显。广东省城市竞争力六个分项指标中，全域城市竞争力、信息城市竞争力水平较高，分别排全国各省区第 10 位和第 8 位。相对较弱的是生态城市竞争力、和谐城市竞争力和文化城市竞争力，分别排全国各省区第 19 位、第 28 位、第 19 位。

（二）问题与劣势

第一，产能过剩和需求结构升级矛盾仍较突出，外贸依存度高，去库存和产业转移压力巨大。广东省的经济外贸依存度较高，国内劳动力等成本提升与世界经济不景气对其影响很大。2016 年全年进出口总额 63029.47 亿元，比上年下降 0.8%。其中，出口 39455.07 亿元，下降 1.3%；进口 23574.40 亿元，增长 0.01%。工业企业库存呈增加态势，生产经营存在隐忧。广东外贸产业还将面临劳动密集型产业向东南亚、印度等发展中国家和国内欠发达省份转移的挑战，调结构转变增长方式的任务十分艰巨。

第二，区域分化走势明显，发展不平衡问题突出。虽然珠三角城市经济竞争力普遍表现夺目，但粤北及粤西、粤东多数城市经济竞争力仍不够理想。2016 年珠三角地区生产总值占全省比重为 79.3%，粤东西北地区占 20.7%，东翼、西翼、山区分别占 6.9%、7.6%、6.2%。珠三角地区人均 GDP 早在 2010 年就超过 1 万美元，但粤东、粤西、粤北地区人均 GDP 到目前仍未达到全国平均水平。珠三角城市群的发展，还未能充分带动省内落后县市的发展。

（三）现象与规律

广东省目前正进入一个新的发展瓶颈期。2014 年广东省人均 GDP 达到 63452 元，折合 10330 美元，成为继天津、北京、上海、江苏、浙江、内蒙古等省市之后，又一个人均 GDP 超过 1 万美元的省市。按照国际经验，人均 GDP 迈入 1 万美元是一个重要的门槛，既意味着经济社会发展步入一个新的台阶，也意味着将面临新的挑战。在新的阶段转型升级的压力更大，结构调整的难度更高，大城市病更加突出，居民对生态、民生的要求更为迫切。这需要通过深化改革，优化分配结构，实现经济社会的二次跨越发展。

（四）趋势与展望

2016 年，广东人均 GDP 达到 72787 元（按平均汇率折算为 10958 美元），第三产业比重达到 52.1%，城镇化率达到 69.20%，这些成就表明广东正处于"工业化中期"向"工业化后期"转变阶段，开始进入以信息化带动工业化，以国际化促进市场化，以城市化为载体加快经济转型、社会转型，着力向建成全面小康社会、实现基本现代化的新发展阶段。2016 年，全省科学研究与试验发展（R&D）人员 51 万人/年（折合全时当量）。全省 R&D 经费支出约占 GDP 的 2.52%，有效发明专利量和 PCT 国际专利申请受理量分别增长 21% 和 55%，技术自给率达 71%，科技进步贡献率超过 57%，基本达到创新型国家和地区水平。在现代产业中，高技术制造业增加值 8817.68 亿元，增长 11.7%；先进制造业增加值 15739.78 亿元，增长 9.5%。现代服务业增加值 25568.17 亿元，增长 10.4%。三次产业结构调整为 4.7∶43.2∶52.1，第三产业占比较上年继续提高 1.3 个百分点。这表明，广东省的结构转型与产业升级正向积极的方向发展。

表 9—2　　　　2016 年广东省各城市综合经济竞争力指数排名

| 城市 | 综合经济竞争力 | | 综合增量竞争力 | | 综合效率竞争力 | | 企业本体 | 当地要素 | 当地需求 | 软件环境 | 硬件环境 | 全球联系 |
	指数	排名	指数	排名	指数	排名	排名	排名	排名	排名	排名	排名
广州	0.569	5	0.923	4	0.093	8	56	9	4	20	11	4
韶关	0.054	210	0.060	186	0.002	223	163	139	96	230	85	22
深圳	1.000	1	0.857	6	0.333	4	92	30	6	33	2	5
珠海	0.142	48	0.099	105	0.045	21	245	183	61	139	13	30
汕头	0.123	55	0.092	117	0.034	26	167	52	146	235	40	51
佛山	0.334	11	0.354	17	0.081	10	63	134	17	60	49	62
江门	0.083	110	0.098	108	0.009	105	186	102	57	221	55	63
湛江	0.089	102	0.130	82	0.007	124	128	91	113	6	30	107
茂名	0.093	89	0.129	83	0.008	112	10	207	196	208	75	214

续表

城市	综合经济竞争力		综合增量竞争力		综合效率竞争力		企业本体	当地要素	当地需求	软件环境	硬件环境	全球联系
	指数	排名	指数	排名	指数	排名	排名	排名	排名	排名	排名	排名
肇庆	0.080	116	0.117	91	0.005	155	52	131	111	120	54	96
惠州	0.119	58	0.193	48	0.011	87	98	118	43	55	9	42
梅州	0.048	237	0.045	219	0.002	230	206	115	218	133	43	133
汕尾	0.053	215	0.041	234	0.006	138	35	286	235	204	64	79
河源	0.048	236	0.047	217	0.002	237	43	248	268	182	79	82
阳江	0.068	143	0.077	144	0.006	139	93	278	205	98	105	113
清远	0.048	233	0.045	220	0.002	218	157	250	193	10	10	11
东莞	0.311	14	0.254	35	0.099	7	266	98	15	113	56	13
中山	0.200	28	0.148	72	0.066	13	228	226	46	69	44	15
潮州	0.062	170	0.045	221	0.011	85	79	128	250	222	50	65
揭阳	0.100	75	0.115	92	0.014	66	22	275	179	213	110	98
云浮	0.047	239	0.038	243	0.003	192	65	249	244	106	140	127

资料来源：中国社会科学院城市与竞争力指数数据库。

表 9—3　　2016 年广东省各城市可持续竞争力指数排名

城市	可持续竞争力		知识城市竞争力	和谐城市竞争力	生态城市竞争力	文化城市竞争力	全域城市竞争力	信息城市竞争力
	指数	排名	排名	排名	排名	排名	排名	排名
广州	0.770	5	9	164	8	12	10	5
韶关	0.262	178	146	249	132	180	190	99
深圳	0.818	4	3	76	7	43	6	6
珠海	0.578	24	91	232	13	17	14	9
汕头	0.311	140	58	238	217	184	60	61
佛山	0.468	46	87	231	187	37	20	10
江门	0.326	121	110	218	95	245	46	38
湛江	0.305	144	88	243	41	200	161	109
茂名	0.121	272	187	285	180	271	182	221
肇庆	0.354	100	124	229	74	92	52	114
惠州	0.467	47	79	85	50	112	38	20

续表

城市	可持续竞争力		知识城市竞争力	和谐城市竞争力	生态城市竞争力	文化城市竞争力	全域城市竞争力	信息城市竞争力
	指数	排名	排名	排名	排名	排名	排名	排名
梅州	0.223	206	134	255	261	125	196	133
汕尾	0.154	262	281	281	226	233	229	102
河源	0.215	216	247	247	131	248	139	87
阳江	0.133	267	245	276	216	273	160	119
清远	0.251	188	214	148	237	216	191	47
东莞	0.554	29	65	136	108	105	1	15
中山	0.471	45	152	123	175	22	25	17
潮州	0.274	174	144	274	228	76	192	71
揭阳	0.155	261	241	286	130	277	194	105
云浮	0.167	252	254	246	265	260	201	42

资料来源：中国社会科学院城市与竞争力指数数据库。

表9—4　　　　　2016 年广东省各城市宜居竞争力指数排名

城市	宜居竞争力		优质的教育环境	健康的医疗环境	安全的社会环境	绿色的生态环境	舒适的居住环境	便捷的基础设施	活跃的经济环境
	指数	排名	排名	排名	排名	排名	排名	排名	排名
广州	0.830	3	12	7	255	27	200	226	3
韶关	0.411	149	158	112	275	65	9	281	86
深圳	0.795	7	23	27	260	5	217	232	1
珠海	0.654	40	103	60	261	6	104	212	12
汕头	0.345	178	51	131	267	30	275	277	164
佛山	0.622	45	114	30	283	39	49	240	14
江门	0.446	131	156	71	271	52	244	241	45
湛江	0.401	154	145	79	109	9	278	286	159
茂名	0.075	285	279	222	224	33	245	278	221
肇庆	0.394	156	161	241	117	60	66	235	123
惠州	0.506	97	121	164	256	11	149	236	25
梅州	0.407	151	180	240	129	72	60	31	205
汕尾	0.196	252	288	288	276	17	132	21	219

续表

	宜居竞争力		优质的教育环境	健康的医疗环境	安全的社会环境	绿色的生态环境	舒适的居住环境	便捷的基础设施	活跃的经济环境
河源	0.147	276	286	281	236	29	268	33	245
阳江	0.219	241	273	218	289	51	264	30	168
清远	0.245	227	277	205	50	55	177	265	183
东莞	0.667	35	56	29	265	46	164	258	5
中山	0.691	29	123	46	232	15	7	221	23
潮州	0.151	275	224	284	278	47	208	100	222
揭阳	0.177	265	271	139	257	49	179	220	203
云浮	0.307	198	266	235	118	99	82	72	207

资料来源：中国社会科学院城市与竞争力指数数据库。

（五）政策与建议

政策回顾：广东省把"三去一降一补"作为供给侧结构性改革的重点任务，坚持调整存量、引导增量、主动减量相结合，加快推进产业转型升级。把创新驱动发展作为转型升级的核心战略，围绕建设国家科技产业创新中心，扎实推进珠三角国家自主创新示范区和全面创新改革试验试点省建设。着力实施自贸试验区和"一带一路"建设战略，带动国际经贸规则和对外开放布局创新。

政策建议：充分利用先发优势、创新优势与粤港澳合作优势，一是深入实施创新驱动发展战略，建设国家科技产业创新中心和国家创新型城市；二是充分利用广东自贸区建设、海上丝绸之路建设和粤港澳高端合作的优势，把自贸区打造成高水平对外开放门户枢纽，加快外经贸转型升级，深度推进粤港澳服务贸易自由化；三是通过珠三角城市群的交通、通信及社会服务的一体化建设，实现珠三角城市间的一体化、同城化，进一步发挥市场规模优势，将珠三角城市群建设成为世界一流的城市群带；四是加快现代产业体系建设，形成先进装备制造产业带。

二　中国城市竞争力（福建省）报告

福建省城市综合经济竞争力总体处于全国中上游水平。城市可持续竞争力水平上升较快，目前已经接近全国上游水平。宜居城市竞争力居全国较高水平。近年来，福建省经济增速相对平稳，2016 年 GDP 增长率为 8.4%，比上年下降 0.6 个百分点。产业结构稳步调整，三次产业比例 2015 年为 8.1∶50.9∶41.0，2016 年为 8.3∶48.8∶42.9，第三产业比例增加 1.9 个百分点。总体来看，福建虽然有厦门、泉州、福州等城市经济竞争力表现突出，但是海峡西岸城市群尚缺乏规模优势，从而在全国的总体影响力不够大。如果未来抓住自贸区建设、闽台融合及海上丝绸之路战略等重大机遇，福建省城市竞争力水平仍有望继续提升。

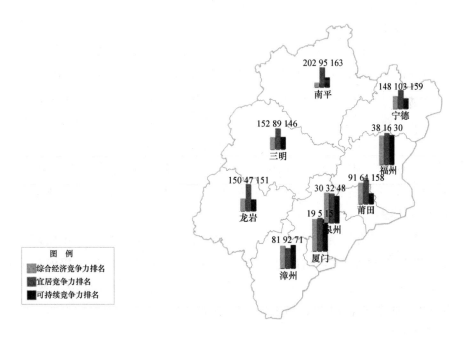

图 9—2　2016 年福建省城市竞争力排名

资料来源：中国社会科学院城市与竞争力指数数据库。

表 9—5　　　　　　　　　2016 年福建省省情信息

土地面积	12. 13 万平方千米
常住人口	3874 万人
城镇人口占常住人口比重	63. 6%
GDP 总量及增长率	28519. 15 亿元，8. 4%
第一、二、三产业占 GDP 比重	8. 3：48. 8：42. 9

资料来源：2016 年福建省国民经济和社会发展统计公报。

（一）现状与条件

总体概况：福建省城市综合经济竞争力水平较高，可持续竞争力排名上升较快，生态城市竞争力优势显著。省内厦门、泉州、福州等城市综合经济竞争力表现优异。但近年来产业转型进展缓慢，经济发展偏安一隅，部分城市发展对房地产的依赖度较大。未来通过抓住技术创新、自贸区建设与闽台融合契机，提升产业层次，有望获得新的竞争优势，再次实现跨越式发展。

现状格局：2016 年度福建省综合经济竞争力指数均值为 0. 117，在全国各省区（除西藏）中排名第 12 位，排名与上年持平。其中厦门、泉州、福州分别排在全国第 19、30、38 位，跻身综合经济竞争力最好的城市之列；居省内末位的龙岩、三明、南平排名全国第 150、152、202 位。2016 年度福建省可持续竞争力指数均值为 0. 391，在全国各省区（除西藏）中排名第 10 位；福建省宜居城市竞争力指数均值为 0. 607，排全国各省区（除西藏）第 7 位。福建省城市竞争力总体上呈现以下特征：

第一，综合经济竞争力总体稳居中上水平，省内竞争力差距保持不变。2015 年度福建省综合经济竞争力排名全国第 12 位，近三年保持不变，稳定在全国中等偏上水平。综合经济竞争力指数变异系数为 0. 586，居全国第 18 位，与上年保持不变，表明省内城市间的竞争力差距趋于稳定。

第二，可持续竞争力水平提升较快，总体排名处于全国上游。2015 年度福建省可持续竞争力排名居全国第 10 位，水平处全国上游，比 2012 年的第 12 位上升 2 位。可持续竞争力指数变异系数仅为 0. 342，位列全国第 10 位，表明省内城市可持续竞争力差距较小。其中省内前三的厦门、福州、泉州位列全国第 15、30 和 48 位，省内最末的南平位列全国第 163 位。

第三，宜居城市竞争力水平较高，各城市间差异较小。2016 年度福建省宜居城市竞争力指数均值为 0.607，排全国各省区（除西藏）第 7 位，居全国上游水平，指数变异系数 0.183，排全国第 3 位，各城市间宜居城市竞争力水平差距较小。其中厦门宜居城市竞争力排全国第 5 位，福州排全国第 16 位。

第四，从可持续竞争力分项来看，生态城市竞争力、信息城市竞争力优势明显，分别列全国省区第 7 位和第 9 位。和谐城市竞争力相对较弱，排全国各省区第 24 位。生态城市竞争力突出，地表水、大气、生态环境质量保持优良，森林覆盖率达 65.95%，2016 年万元地区生产总值能耗下降 6.42%，全省 12 条主要河流整体水质为优，Ⅰ类－Ⅲ类水质比例为 96.5%，24 个城市除漳平市、南安市、龙岩市外，其他城市空气质量均达到国家二级标准。

（二）问题与劣势

产业转型升级进展缓慢，新的竞争优势尚未形成。三次产业比例由 2012 年的 9.0∶52.2∶38.8 调整为 2016 年的 8.3∶48.8∶42.9。龙头企业数量偏少，企业创新能力偏弱。部分城市发展对房地产的依赖较大，房地产市场波动对区域经济造成较大冲击。

（三）现象与规律

从产业结构与城市化水平看，福建省目前仍处于工业化中后期阶段。2016 年，第一、第二、第三产业增加值分别比上年增长 3.6%、7.3% 和 10.7%，第三产业增加值增速连续高于第二产业，三次产业比例为 8.3∶48.8∶42.9，第二产业是经济增长的主要支撑。2016 年全年研究与试验发展（R&D）经费支出约 442 亿元，比上年增长 12.8%，占全省生产总值的 1.55%。经济发展阶段要求经济增长驱动因素由要素驱动向技术驱动转变。

（四）趋势与展望

2013 年 9 月和 10 月习主席分别提出建设"新丝绸之路经济带"和"21 世纪海上丝绸之路"的战略构想。2014 年，中央同意设立中国（福建）自由贸易试验区。到 2016 年，福建省自贸试验区共新增企业 34984 户，注册资本 6640.55 亿元人民币，分别同比增长 99.02%、91.01%。其中，新增内资企业 33353 户，注册资本 5720.63 亿元人民币，分别增长 101.16%、94.24%；新增外资企业 1631 户，注册资本 919.92 亿元人民币，分别增长 63.43%、73.08%。通过深化福建自贸区建设，积极融入"一带一路"战略，加强闽台经济融合，福建城市有望获得新的经济增长点与竞争优势。

表 9—6 　　　　2016 年福建省各城市综合经济竞争力指数排名

城市	综合经济竞争力		综合增量竞争力		综合效率竞争力		企业本体	当地要素	当地需求	软件环境	硬件环境	全球联系
	指数	排名	指数	排名	指数	排名	排名	排名	排名	排名	排名	排名
福州	0.165	38	0.297	29	0.016	56	114	33	29	42	7	28
厦门	0.250	19	0.182	54	0.086	9	181	16	38	57	6	12
莆田	0.092	91	0.092	119	0.015	59	51	193	83	100	39	85
三明	0.066	152	0.091	120	0.003	208	26	170	93	203	76	188
泉州	0.189	30	0.327	21	0.022	42	111	56	19	63	8	56
漳州	0.099	81	0.151	67	0.008	114	154	121	71	77	22	31
南平	0.055	202	0.067	170	0.002	239	67	192	118	144	162	168
龙岩	0.066	150	0.088	130	0.003	193	151	206	86	115	25	141
宁德	0.067	148	0.086	133	0.004	174	99	198	128	76	4	76

资料来源：中国社会科学院城市与竞争力指数数据库。

表 9—7 　　　　2017 年福建省各城市可持续竞争力指数排名

城市	可持续竞争力		知识城市竞争力	和谐城市竞争力	生态城市竞争力	文化城市竞争力	全域城市竞争力	信息城市竞争力
	指数	排名	排名	排名	排名	排名	排名	排名
福州	0.548	30	32	102	79	15	65	37

续表

	可持续竞争力	知识城市竞争力	和谐城市竞争力	生态城市竞争力	文化城市竞争力	全域城市竞争力	信息城市竞争力
厦门	0.645	15	20	57	9	58	33	7
莆田	0.289	158	185	271	145	165	113	23
三明	0.305	146	154	162	86	189	101	123
泉州	0.465	48	46	237	37	49	69	53
漳州	0.397	71	108	194	93	87	61	55
南平	0.283	163	176	168	178	131	159	118
龙岩	0.299	151	183	196	115	142	133	115
宁德	0.288	159	191	199	154	154	167	77

资料来源：中国社会科学院城市与竞争力指数数据库。

表9—8　　　　2016 年福建省各城市宜居竞争力指数排名

城市	宜居竞争力		优质的教育环境	健康的医疗环境	安全的社会环境	绿色的生态环境	舒适的居住环境	便捷的基础设施	活跃的经济环境
	指数	排名	排名	排名	排名	排名	排名	排名	排名
福州	0.739	16	40	40	220	19	161	239	31
厦门	0.804	5	4	43	233	8	283	213	2
莆田	0.567	64	172	119	285	7	256	7	53
三明	0.534	89	88	171	206	38	65	151	78
泉州	0.683	32	45	117	279	21	38	191	17
漳州	0.517	92	76	207	161	31	190	210	73
南平	0.510	95	164	154	194	12	127	90	102
龙岩	0.615	47	144	181	39	20	157	106	71
宁德	0.498	103	170	208	205	13	233	10	109

资料来源：中国社会科学院城市与竞争力指数数据库。

（五）建议政策

战略回顾：福建省着力创新驱动促转型，产业加快优化升级；着力开拓发展空间，认真落实"一带一路"战略部署，加快推进海上丝绸之路核心区建设，稳步推进自贸试验区，加快对台先行先试步伐；巩固拓展生态优势，打造"清新福建"，建好第一个国家生态文明试验区；推进福州大都市区、厦漳泉大都市区建设。

政策建议：未来福建省城市的发展，应抓住国家新一轮扩大开放重大机遇，充分发挥侨乡优势、生态优势、沿海开放优势、闽台合作优势。推进海丝核心区建设，发挥侨乡的优势，在产能合作、经贸往来、金融合作和人文交流等领域建立常态化机制；加快建设自贸试验区，建立与国际投资贸易通行规则相衔接的制度体系，培育融资租赁、跨境电商、整车进口、冷链物流、保税展示交易、航空维修等重点业态；推进闽台深度融合，实施闽台产业对接升级计划，大力支持台胞来闽创业就业，推进海峡两岸青年创业基地建设，推进闽台教育、科技、文化、人才、卫生、体育、旅游等领域交流；加快海峡西岸城市群带建设，推进福莆宁和平潭一体化发展，推进厦漳泉同城化发展；与传统文化保护相结合，加快建设国家生态文明试验区，建设天更蓝、地更绿、水更净的美丽福建、文化福建。

三　中国城市竞争力（江苏省）报告

江苏省是中国经济社会最发达、经济实力最强的省份之一。近年来，通过稳增长、促改革、调结构，经济社会发展总体稳定，经济增速由 2015 年的 8.5% 微降至 2016 年的 7.8%，三次产业比例由 2015 年的 5.7：45.7：48.6 转变为 2016 年的 5.4：44.5：50.1。总体来说，江苏各城市综合经济竞争力、可持续竞争力及宜居城市竞争力总体均处于全国上游。但结构转型升级压力很大，去库存任务重，经济增速面临放缓。省内南北发展差距较大，苏南城市群发展程度高而苏北城市相对不发达，不过未来差距有望缩小。

表 9—9　　　　　　　　2016 年江苏省省情信息

土地面积	10. 26 万平方千米
常住人口	7998. 6 万人
城镇人口占常住人口比重	67. 7%
GDP 总量及增长率	76086. 2 亿元，7. 8%

续表

第一、二、三产业占 GDP 比重	5.4：44.5：50.1

资料来源：2016 年江苏省国民经济和社会发展统计公报。

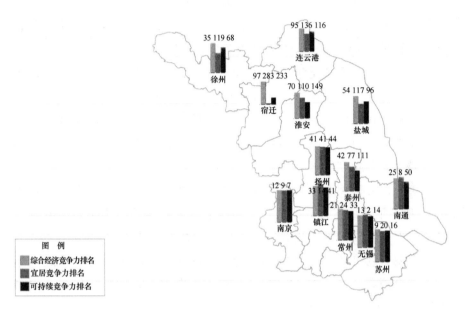

图 9—3　2016 年江苏省城市竞争力排名

资料来源：中国社会科学院城市与竞争力指数数据库。

（一）现状与条件

总体概况：江苏省城市综合经济竞争力与可持续竞争力均稳居全国上游。省内苏州、南京、无锡、常州、南通等一批城市综合经济竞争力表现优异。省内南北发展水平差距虽然历来较大，但近年随着长三角经济外溢，苏北发展步伐显著加快，南北差异有不断缩小的趋势。结构调整步伐加快，近年产业结构不断优化。未来通过抓住国家新一轮对外开放与区域布局的契机，与上海共同引领长江经济带，深化长三角城市群的一体化建设，以开放促改革，以科技创新促发展，有望率先完成产业转型，继续保持第一梯队的竞争优势。

现状格局：2016 年度江苏省综合经济竞争力指数均值为 0.200，在全国各省区（除西藏）排名第 8 位，与上年排名一致。其中苏州、南京、无锡、常州、南通、镇江、徐州、扬州、泰州分别排在全国第9、12、13、21、25、33、35、41、42位，均跻身综合经济竞争力最好的城市之列。省内其他城市经济竞争力排名也均在全国100名以内。2016年度江苏省可持续竞争力指数均值为0.456，在全国各省区（除西藏）中排名第8位；江苏省宜居城市竞争力指数均值为0.598，排全国各省区（除西藏）第8位。江苏省城市竞争力总体上呈现以下特征：

第一，综合经济竞争力总体水平很高，省内差距有所收敛。2016年度江苏省综合经济竞争力排名全国第8位，与2014年和2015年保持一致，稳定在全国上游水平。综合经济竞争力指数变异系数为0.519，从去年的第17位上升至第14位，表明省内城市间的经济发展水平差异特别是南北差距有所缩小。

第二，可持续竞争力总体水平稳居上游，省内竞争力水平差距较小。2016年度江苏省可持续竞争力排名全国第8位，水平很高并较上年排位保持不变。可持续竞争力指数变异系数为0.337，位列全国第9位，表明省内可持续竞争力差距较小，其中省内前三的南京、无锡、苏州位列全国第7位、第14位和第16位，省内最末的宿迁位列全国第233位。

第三，宜居城市竞争力水平均处全国上游，宜居城市竞争力各城市差距较小。2016年度江苏省宜居城市竞争力指数均值为0.598，排全国各省区（除西藏）第8位，居全国上游水平，指数变异系数0.360，排全国第10位，各城间宜居城市竞争力水平差距较小。其中无锡、南通、南京宜居城市竞争力分别排全国第2位、第8位和第9位。

第四，从可持续竞争力分项来看，生态城市竞争力、信息城市竞争力优势明显。江苏各城市可持续竞争力分项均处于较高水平，相对来说生态城市竞争力、信息城市竞争力、知识城市竞争力、全域城市竞争力、文化城市竞争力较强，分别居全国各省区第4位、第7位、第7位、第8位和第10位。而和谐城市竞争力相对较弱，居全国第17位。

（二）问题与劣势

主要表现为产能过剩问题相对突出，转型升级任务艰巨，经济下行压力仍然较大。受经济发展导向变化、市场需求变动和前期产业布局等因素影响，江苏省钢铁、水泥、平板玻璃、船舶、光伏等行业近年来出现了不同程度的过剩现象，部分行业企业生产经营出现困难。大气、水、土壤污染治理成本较高。

（三）现象与规律

江苏省经济社会发展水平较高，2016 年人均 GDP 达 95259 元，比上年增长 7.5%。城市化率远高于全国平均水平，已经达到 67.7%，比上年提高 1.2 个百分点。综合目前发展状况及一般发展规律，未来有望进入消费主导、创新驱动的发展新阶段。

（四）趋势与展望

随着长江战略和沿海战略的深入实施，未来省内南北发展差距进一步缩小，结构调整步伐将加快。

2016 年苏中、苏北大部分指标增幅继续高于全省平均水平，苏中、苏北经济总量对全省的贡献率达 45.3%。沿海地区对全省经济增长贡献率为 18.4%。未来借沿海开发、"一带一路"、南北互动等战略，区域协调发展将得到增强。

江苏省区域创新能力强，区域创新能力连续八年保持全国第一。2016 年全省科技进步贡献率达 61%，比上年提高 1 个百分点。全社会研究与发展（R&D）活动经费 1985 亿元，占地区生产总值比重为 2.61%，比上年提高 0.04 个百分点。未来转型升级步伐将加快，创新发展能力和国际竞争力将进一步增强。

表 9—10　　　　2016 年江苏省各城市综合经济竞争力指数排名

城市	综合经济竞争力		综合增量竞争力		综合效率竞争力		企业本体	当地要素	当地需求	软件环境	硬件环境	全球联系
	指数	排名	指数	排名	指数	排名	排名	排名	排名	排名	排名	排名
南京	0.333	12	0.493	10	0.056	16	146	11	12	26	36	20
无锡	0.325	13	0.365	15	0.074	11	177	42	16	49	58	32
徐州	0.172	35	0.301	26	0.018	50	47	39	59	35	57	151
常州	0.234	21	0.278	30	0.047	20	142	74	32	93	78	59

续表

	综合经济竞争力		综合增量竞争力		综合效率竞争力		企业本体	当地要素	当地需求	软件环境	硬件环境	全球联系
城市	指数	排名	指数	排名	指数	排名	排名	排名	排名	排名	排名	排名
苏州	0.424	9	0.682	7	0.067	12	176	36	8	5	32	23
南通	0.210	25	0.324	23	0.029	30	82	62	28	1	51	57
连云港	0.091	95	0.110	97	0.011	89	69	155	122	12	124	93
淮安	0.104	70	0.150	69	0.010	96	28	160	109	9	143	153
盐城	0.124	54	0.226	36	0.009	100	64	125	74	107	71	131
扬州	0.160	41	0.220	39	0.023	38	55	47	54	28	41	99
镇江	0.173	33	0.188	51	0.035	25	103	49	47	18	74	87
泰州	0.155	42	0.200	42	0.024	37	152	216	49	73	70	95
宿迁	0.091	97	0.118	90	0.009	101	168	269	237	199	145	123

资料来源：中国社会科学院城市与竞争力指数数据库。

表 9—11　　　　2016 年江苏省各城市可持续竞争力指数排名

	可持续竞争力		知识城市竞争力	和谐城市竞争力	生态城市竞争力	文化城市竞争力	全域城市竞争力	信息城市竞争力
城市	指数	排名	排名	排名	排名	排名	排名	排名
南京	0.729	7	6	128	25	6	8	30
无锡	0.645	14	23	11	32	28	9	41
徐州	0.407	68	25	183	98	88	100	156
常州	0.533	33	40	25	114	52	21	45
苏州	0.644	16	12	46	59	45	7	29
南通	0.461	50	31	159	64	95	40	59
连云港	0.333	116	129	181	43	181	127	93
淮安	0.302	149	132	234	179	71	108	149
盐城	0.358	96	90	219	30	136	79	138
扬州	0.482	44	30	113	84	46	57	88
镇江	0.489	41	38	154	45	68	26	83
泰州	0.338	111	138	149	168	120	68	92
宿迁	0.201	233	215	275	34	267	212	141

资料来源：中国社会科学院城市与竞争力指数数据库。

表9—12　　　　　　　　2016 年江苏省各城市宜居竞争力指数排名

城市	宜居竞争力		优质的教育环境	健康的医疗环境	安全的社会环境	绿色的生态环境	舒适的居住环境	便捷的基础设施	活跃的经济环境
	指数	排名	排名	排名	排名	排名	排名	排名	排名
南京	0.778	9	16	23	165	111	152	250	8
无锡	0.896	2	27	32	104	123	37	98	13
徐州	0.462	119	61	101	139	212	271	225	99
常州	0.709	24	54	80	115	100	198	139	16
苏州	0.727	20	21	65	136	124	206	209	19
南通	0.786	8	48	51	42	104	42	170	42
连云港	0.438	136	124	123	26	155	171	256	124
淮安	0.484	110	111	98	79	152	117	201	129
盐城	0.464	117	127	168	59	77	199	195	107
扬州	0.652	41	46	113	27	90	258	186	69
镇江	0.742	14	31	58	78	153	209	157	37
泰州	0.554	77	128	184	19	160	67	161	51
宿迁	0.079	283	239	266	250	137	168	181	224

资料来源：中国社会科学院城市与竞争力指数数据库。

（五）建议政策

战略回顾：近年来，江苏省围绕"强富美高"新江苏建设目标稳中求进，以推进供给侧结构性改革为主线主动适应经济发展新常态，积极化解过剩产能扩大有效需求；强化创新驱动发展，不断加快转型升级步伐；加强环境治理，稳步推进生态文明建设；推进城乡区域发展协调，沿江地区融合发展、特色发展步伐加快，长三角区域经济发展一体化深入推进。

政策建议：一是推动产业优化升级，通过"调整存量、优化增量、提升质量"振兴实体经济，建设具有国际竞争力的先进制造业基地；二是深入实施创新驱动发展战略，加快构建区域创新体系，建设具有全球影响力的产业科技创新中心，集中力量建设苏南国家自主创新示范区，完善人才培育、引进和使用的体制机制，深化国家科技与金融结合试点工作；三是引领长江经济带建设，落实长三角区域发展一体化战略，深化与长江中上游、中西部地区的交流合作；四是进一步提高苏南、苏中、苏北发展的协调性，深入实施长江经济带发展规划，统筹推进沿江、沿沪宁线、沿海、沿东陇海线发展；五是发挥南京特大城市带动作用，推动宁镇扬一体化，促进沿江城市集群发展、融合发展。

四 　中国城市竞争力(浙江省)报告

2016 年，浙江省综合经济竞争力位居全国第 10；可持续竞争力总体水平稳定在全国上游，整体显著优于去年；宜居城市竞争力整体靠前。但主要地市的综合经济竞争力普遍落后于可持续竞争力和宜居竞争力；各市综合经济发展不平衡，呈现出沿海高、内陆低的基本态势；开放型经济发展面临诸多不可控因素。未来，浙江省应争当"一带一路"建设排头兵，积极参与长江经济带建设，提升宁波、舟山口岸的开发开放水平，加快建设杭州、宁波跨境电子商务综合试验区；凭借"G20 杭州峰会"的东风，把杭州建设成具有区域性重要影响的国际城市，从而再树中国区域经济版图勇立潮头的新标杆。

表 9—13　　　　　　　2016 年浙江省省情信息

土地面积	10. 2 万平方千米
常住人口	5590 万
城镇人口占常住人口比重	67%
GDP 总量及增长率	46485 亿元，7. 5%
第一、二、三产业占 GDP 比重	4. 2 : 44. 2 : 51. 6

资料来源：2016 年浙江省国民经济和社会发展统计公报。

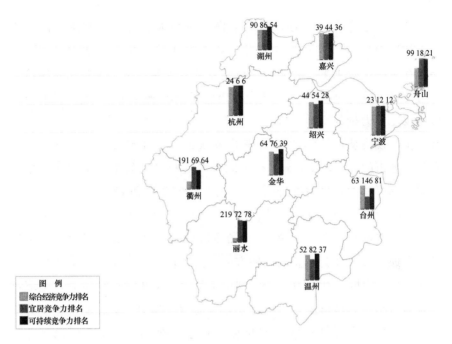

图9—4 2016年浙江省城市竞争力排名

资料来源：中国社会科学院城市与竞争力指数数据库。

（一）现状与条件

总体概况：2016年度浙江省可持续竞争力指数均值为0.517，在全国除西藏外的省级行政区域中排名第7位；宜居城市竞争力指数均值为0.608，排名第6位；综合经济竞争力指数均值为0.104，在全国除西藏外的省级行政区域中排名第10位，较2015年提高1个位次。

现状格局：2016年，浙江省城市竞争力呈现出以下格局。

第一，综合经济竞争力总体水平较高，省内差距稍有扩大。2015年，浙江省综合经济竞争力排名全国第10位，在前两年排名第11的基础上再进一位，稳中有进。其中，宁波、杭州、嘉兴和绍兴4个城市进入综合经济竞争力前50，11个地市中有9个进入前100；仅有丽水排名200位以外，表现较差。综合经济竞争力指数变异系数为0.466，比2015年的变异系数有所扩大（2015年为0.453），排名与2015年相比，滑落一位，位居第11位，表明省内城市间的经济发展水平差距稍有扩大。

第二，可持续竞争力总体水平稳定在全国上游，整体显著优于去年。2016 年，浙江省可持续竞争力排名全国第 7 位，较 2015 年持平，稳定在全国上游水平。各城市可持续竞争力排名普遍高于其综合经济竞争力排名，11 个地市中，有 7 个地市位居全国城市可持续竞争力前 50。可持续竞争力指数变异系数仅为 0.233，位列全国第 2 位，比 2015 年上升两位，说明从可持续竞争力来看各城市间差距较小。11 个地市中，有 9 个地市的排名较 2015 年有不同程度的提升，其中，绍兴和金华两座城市的可持续竞争力上升明显，分别上升 22 位和 15 位。

从可持续竞争力分项来看，除生态城市竞争力外，其他竞争力均处于全国上游水平。在经济快速发展的同时，浙江在文化、教育、民生保障、交通等各项社会事业的发展方面也是佼佼者。可持续竞争力的 5 个分项——知识城市竞争力、和谐城市竞争力、文化城市竞争力、全域城市竞争力和信息城市竞争力均处于全国前列。其中，信息城市竞争力除衢州外，排名全部在前 50；文化城市竞争力全部在前 100 以内，尤其是杭州进入全国前 3。然而在生态城市竞争力这一指标上，除杭州、宁波、温州和舟山外，其他 7 座城市的生态城市竞争力排名在 100 开外。

第三，宜居城市竞争力整体靠前。浙江省 2016 年的宜居城市竞争力指数均值为 0.608，排名第 6，除台州外，浙江省其他 10 个地市的宜居城市竞争力均进入全国百强，其中杭州上升较快，挤进前十，位列第 6；宁波、嘉兴也分别上升 28 和 20 个位次。宜居城市竞争力的变异系数为 0.185，位居全国第 4，说明浙江省各城市间的宜居城市竞争力差异相对较小。

（二）问题与劣势

第一，综合经济竞争力普遍落后于可持续竞争力和宜居竞争力。从竞争力的各个分项来看，浙江省各城市的综合经济竞争力普遍落后于可持续竞争力和宜居竞争力。例如，杭州的宜居城市竞争力和可持续竞争力均位列第 6，而综合经济竞争力则排名第 23；宁波的宜居城市竞争力和可持续竞争力均位列第 12，而综合经济竞争力则排名第 22。衢州的宜居城市竞争力和可持续竞争力分别位列第 69 和第 94 位，而综合经济竞争力则排名第 192；丽水的宜居城市竞争力和可持续竞争力分别位列第 72 和第 78 位，而综合经济竞争力则排名第 220。

第二，各市综合经济发展不平衡，呈现出沿海高、内陆低的基本态势。纵观浙江全省，衢州、丽水等浙西南的内陆城市经济发展水平就远不在同一个水平线上。从近三年的综合经济竞争力来看，其他城市多在全国前 50，这两个城市多在 200 位左右徘徊。

第三，开放型经济发展面临诸多不可控因素。浙江省的开放型经济发展有其深厚的历史与现实基础。未来，国际社会的不确定性因素进一步增多，比如特朗普政府提出的加快美国制造业回归、欧盟内部分化、美联储加息和美元升值、国际贸易摩擦进一步增加等，浙江省的开放型经济发展可能面临更加复杂和不确定的外部环境。

（三）现象与规律

浙江作为东南沿海省份，经济发展呈现出明显的外向型特征，近年来，浙江的经济发展动力已由投资和出口驱动向消费和出口驱动转化，产业创新转型升级特征明显。2016 年，浙江省全员劳动生产率为 12.4 万元/人，按可比价计算比上年提高 6.8%；全年货物出口 17666 亿元，增长 3.0%，出口比重占全国的 12.8%，份额较 2015 年增加 0.6 个百分点，其中，服务贸易进出口额 3173 亿元，比上年增长 15.2%；民生福祉持续增进，2016 年，城镇常住居民和农村常住居民人均可支配收入分别为 47237 元和 22866 元，增长 8.1% 和 8.2%。

（四）趋势与展望

浙江将继续巩固其竞争力的优势地位。纵观近三年的竞争力数据，浙江在综合经济竞争力和可持续竞争力两方面指标的排名上比较稳定且有不同程度的提升，呈现出稳中有进的可喜格局。浙江外向的经济模式、灵活的经济体制以及良好的创业环境决定了其综合经济竞争力和可持续竞争力仍然保持在一个较高水平。在中国经济面临转型的新常态背景下，浙江经济增长新动力持续涌现，企业盈利边界持续改善，有望再树中国区域经济版图勇立潮头的新标杆。

表 9—14　　　　2016 年浙江省各城市综合经济竞争力指数排名

城市	综合经济竞争力		综合增量竞争力		综合效率竞争力		企业本体	当地要素	当地需求	软件环境	硬件环境	全球联系
	指数	排名	指数	排名	指数	排名	排名	排名	排名	排名	排名	排名
杭州	0.226	24	0.451	13	0.023	39	104	5	10	61	23	10
宁波	0.226	23	0.351	18	0.032	28	143	43	14	65	20	24
温州	0.129	52	0.191	49	0.015	62	161	46	20	64	18	39
嘉兴	0.163	39	0.164	56	0.036	24	211	110	36	96	118	16
湖州	0.092	90	0.097	110	0.014	67	133	116	53	82	27	54
绍兴	0.148	44	0.198	44	0.021	43	159	87	31	87	63	21
金华	0.113	64	0.163	57	0.012	81	221	34	37	97	31	49
衢州	0.057	191	0.055	198	0.005	154	224	144	82	207	154	117
舟山	0.090	99	0.052	204	0.029	32	275	77	70	233	3	53
台州	0.116	63	0.151	66	0.015	61	229	162	33	271	21	75
丽水	0.052	219	0.054	199	0.002	221	147	90	81	211	24	90

资料来源：中国社会科学院城市与竞争力指数数据库。

表 9—15　　　　2016 年浙江省各城市可持续竞争力指数排名

城市	可持续竞争力		知识城市竞争力	和谐城市竞争力	生态城市竞争力	文化城市竞争力	全域城市竞争力	信息城市竞争力
	指数	排名	排名	排名	排名	排名	排名	排名
杭州	0.738	6	8	18	67	3	11	13
宁波	0.663	12	24	19	91	7	16	12
温州	0.508	37	50	211	23	62	27	39
嘉兴	0.517	36	97	81	150	27	12	18
湖州	0.459	54	94	132	129	70	19	35
绍兴	0.562	28	75	40	133	13	23	14
金华	0.500	39	41	189	122	38	58	16
衢州	0.359	94	147	139	225	53	111	62
舟山	0.587	21	76	5	19	57	13	28
台州	0.379	81	156	245	104	65	42	48
丽水	0.381	78	104	121	142	77	143	73

资料来源：中国社会科学院城市与竞争力指数数据库。

表 9—16　　　　　　　　2016 年浙江省各城市宜居竞争力指数

城市	宜居竞争力		优质的教育环境	健康的医疗环境	安全的社会环境	绿色的生态环境	舒适的居住环境	便捷的基础设施	活跃的经济环境
	指数	排名	排名	排名	排名	排名	排名	排名	排名
杭州	0.802	6	32	8	199	85	193	175	7
宁波	0.755	12	36	52	215	76	108	142	15
温州	0.543	82	66	67	280	48	288	156	21
嘉兴	0.627	44	97	238	37	136	26	184	4
湖州	0.539	86	104	97	221	129	204	141	32
绍兴	0.594	54	70	92	243	119	79	153	26
金华	0.554	76	55	147	273	95	140	154	22
衢州	0.562	69	131	242	200	131	96	2	54
舟山	0.734	18	92	228	147	18	166	1	18
台州	0.421	146	216	186	286	50	125	140	29
丽水	0.560	72	129	152	222	62	124	70	48

资料来源：中国社会科学院城市与竞争力指数数据库。

（五）政策建议

战略回顾：2016 年，浙江省深入实施"一带一路"、长江经济带等重大战略，积极推动重大创新举措落地，产业转型取得了良好成绩；深入实施创新驱动发展战略，积极推进全省国家信息经济示范区和杭州国家自主创新示范区建设，创新驱动已逐步成为经济增长的新引擎，经济发展呈现良好态势。

政策建议：未来，浙江省应该在发挥自身经济优势的基础上，通过转型升级、创新发展来挖掘未来新的经济增长潜力。积极落实"探索建设舟山自由贸易港区"，争当"一带一路"建设排头兵，积极参与长江经济带建设，提升宁波、舟山口岸的开发开放水平，加快建设杭州、宁波跨境电子商务综合试验区，深化义乌市国际贸易综合改革，打造具有重大带动性和影响力的开放平台；凭借"G20 杭州峰会"的东风，把杭州建设成具有区域性重要影响的国际城市。

五　中国城市竞争力(上海市)报告

2016 年,上海市继续保持城市竞争力的领先地位,综合经济竞争力指数位列第 3,可持续竞争力位居全国第 2,宜居城市竞争力位居全国第 10。然而,其常住人口增长进入慢通道;和谐城市建设面临较大压力;资源、资金、资产"脱实向虚"倾向值得警惕,经济社会发展的外部不可控因素增加。未来,需要进一步推进自贸区的纵深改革、推进全球科创中心建设、推进供给侧改革。

表 9—17　　　　　　　　　　2016 年上海市市情信息

土地面积	6340.5 平方千米
常住人口	2419.7 万人
GDP 总量及增长率	27466.15 亿元,6.8%
第一、二、三产业占 GDP 比重	0.4∶29.1∶70.5
城市及农村居民家庭人均可支配收入及增长率	57692 元,8.9%;25520 元,10.0%

资料来源:2016 年上海市国民经济和社会发展统计公报。

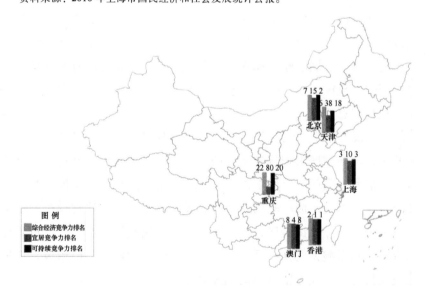

图 9—5　2016 年上海市城市竞争力排名

资料来源:中国社会科学院城市与竞争力指数数据库。

（一）现状与条件

总体概况：2016 年度上海市综合经济竞争力指数为 0.747，在全国所有省市中排名中位列第 3 位；可持续城市竞争力指数为 0.922，位居第 2，仅次于香港；宜居城市竞争力指数为 0.766，在全国各省市中排名第 10，较上年度第 14 位的排名有所提升。

现状格局：2016 年，上海市城市竞争力呈现出以下格局。

第一，综合经济竞争力优势明显。2016 年度上海市综合经济竞争力排名在中国所有城市中位列第 3 位，连续多年居于全国前三名。从综合经济竞争力分项指数和排名来看，上海延续了多年的优势地位，经济保持了较快的发展速度和较高的发展效率，以自贸试验区建设为突破口的改革布局进一步强化，加快建设具有全球影响力的科技创新中心建设有效推进。

第二，可持续竞争力优势突出。可持续城市竞争力指数为 0.922，位居第 2，仅次于香港。其中知识城市竞争力指数得分为 0.830，排名第 2，较上一年度上升 1 个位次；生态城市竞争力指数为 0.817，排名第 6；文化城市竞争力指数为 0.850，排名第 9；全域城市竞争力指数为 0946，排名第 3；信息城市竞争力指数为 0.811，排名第 2。上海位居中国南北海岸中心点，长江和黄浦江入海汇合处，气候温和湿润，生态环境良好；上海作为全球著名的金融中心，世界上人口规模和面积最大的都会区之一，高校林立，拥有众多知名大学院校，产业体系高端，对全球高端人才具有较强的吸引力；近年来，上海市通过大力改善农村基础设施和农民居住条件，高质量推动新型城镇化、城乡发展一体化建设，提升了全域城市化建设水平；以全面推进智慧城市建设为抓手，全面推动信息化与经济社会发展各领域的全面渗透融合，提升了城市信息化水平。

第三，宜居城市竞争力小幅提升。2016 年，上海市宜居城市竞争力指数在全国各省市中排名第 10，小幅提升。这主要得益于近年来上海市宜居工作的全面推进，城市基础设施不断改善，已经形成立体型市内交通网络；围绕建设"卓越的全球城市"，加大老旧小区、棚户区改造力度，市民居住环境显著改善；加大城市生态环境综合治理，推动美丽宜居乡村、海绵城市和地下综合管廊建设，提高城市的精细化管理水平；同时，全面推动信息化在城市建设和管理领域的深度应用。

（二）问题与劣势

第一，常住人口增长进入慢通道。从图 9—6 中可以看出，上海市常住人口在经历 2015 年的负增长后，2016 年小幅增加 4. 4 万人。与 2012 年、2013 年、2014 年相比，增幅下降较多。虽然在短期内难以判断上海市常住人口是否会走向负增长，但至少可以判断上海市常住人口增长将进入慢通道。这给城市管理者提出了新的挑战。因为常住人口突然进入慢增长通道，固然与上海市产业结构调整带来的产业转移有关，但也应该注意到，上海市过高的房价对人口流出的影响。

与北京不同，上海市周边环绕的南京、杭州、苏州、宁波等二线城市都具有较强的活力和竞争力，而房价比上海要便宜得多。与深圳相比，深圳有 4 万多亿平方米的违法建筑为外来劳动力提供了较便宜的居住。因此，上海市常住人口增长进入慢通道，可能弊大于利，可能导致上海的老龄化问题更加凸出，劳动力资源萎缩，社会负担日益加重，城市发展活力和创新能力渐趋弱化。

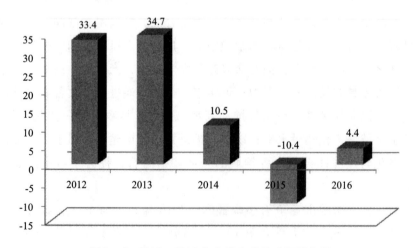

图 9—6   2012—2016 年上海市常住人口增加量

第二，和谐城市建设面临较大压力。作为一个市常住人口总数超过

2400万人的超级大城市，上海市外来常住人口接近1000万，这给城市人口综合服务和调控、生态环境整治等带来巨大的挑战。在综合交通、城市安全和社会治理等领域任务繁重，新形势下和谐城市建设中的新情况新问题也不断涌现。

第三，资源、资金、资产"脱实向虚"值得警惕。2016年，上海市工业增加值为7145.02亿元，比2015年仅增加1.0%，增速下降态势明显，工业形势严峻。上海市六个重点工业行业中，有四个（电子信息产品制造业、石油化工及精细化工制造业、精品钢材制造业、成套设备制造业）产业产值下降，说明实体经济面临的困难和压力明显加大。而金融业快速增长，对实体经济产生挤出效应。然而，单靠金融等服务业显然是无法支撑上海市的全球科技创新中心建设。

（三）现象与规律

从2016年上海经济社会的各项发展数据来看，如果仅看GDP表现情况（2016年GDP增长率为6.8%），上海并非名列前茅。但按常住人口计算，2016年上海市人均生产总值达11.36万元人民币，位列全国前三。2016年第三产业增加值占全市生产总值的比重达到70.5%。按照国际经验，也意味着上海市经济社会发展面临新的挑战，经济转型升级的压力更大，经济结构调整的难度更高，大城市病问题更加突出，居民对生态、民生的要求也更高，更为迫切，对城市管理者也提出了更高的要求。

同时，随着上海市人口增长进入慢通道，从国外的大都市发展经验来看，一方面需要建立老年人生活照料、康复保健、医疗护理等服务项目，另一方面也要建立适宜的人口政策，让年轻人可以进来，老龄人可以到上海市周边城市养老的体制机制。

（四）趋势与展望

虽然上海经济运行面临的外部环境更加复杂和不确定，但上海市雄厚的经济基础和多重积极因素叠加。未来，上海将继续保持大陆地区综合经济竞争力和可持续竞争力的龙头地位，更加注重经济增长质量和效率的提升，继续充当中国改革开放的排头兵和创新发展的引领者。

同时，上海市一直是长三角城市群的龙头城市，2016 年 6 月国家发布的《长江三角洲城市群发展规划》提出，长三角要培育更高水平的经济增长极，到 2030 年，全面建成以上海为中心，具有全球影响力的世界级城市群。长三角城市化群的地域范围也从苏浙沪扩展到苏浙沪皖三省一市。未来，上海市将在区域协作、区域服务、区域聚合发展中发挥更大的作用。

表 9—18　　2016 年上海市和代表性城市综合经济竞争力指数排名

城市	综合经济竞争力		综合增量竞争力		综合效率竞争力		企业本体	当地要素	当地需求	软件环境	硬件环境	全球联系
	指数	排名	指数	排名	指数	排名	排名	排名	排名	排名	排名	排名
北京	0.459	7	0.971	3	0.054	18	1	1	2	4	67	1
天津	0.466	6	0.989	2	0.055	17	85	13	5	8	53	9
上海	0.747	3	1.000	1	0.155	5	83	4	1	15	16	2
重庆	0.231	22	0.917	5	0.007	122	78	20	3	78	135	8
香港	0.881	2	0.342	19	0.647	3	3	3	7	24	1	3
澳门	0.457	8	0.051	205	1.000	1	6	2	62	36	5	26

资料来源：中国社会科学院城市与竞争力指数数据库。

表 9—19　　2016 年上海市和代表性城市可持续竞争力指数排名

城市	可持续竞争力		知识城市竞争力	和谐城市竞争力	生态城市竞争力	文化城市竞争力	全域城市竞争力	信息城市竞争力
	指数	排名	排名	排名	排名	排名	排名	排名
北京	0.989	2	1	56	16	1	5	4
天津	0.611	18	5	172	85	31	22	33
上海	0.922	3	2	122	6	9	3	2
重庆	0.604	20	7	176	128	19	31	19
香港	1.000	1	4	17	2	8	2	1
澳门	0.706	8	15	233	182	4	4	3

资料来源：中国社会科学院城市与竞争力指数数据库。

表 9—20　　　　　2016 年上海市和代表性城市宜居竞争力指数排名

城市	宜居竞争力		优质的教育环境	健康的医疗环境	安全的社会环境	绿色的生态环境	舒适的居住环境	便捷的基础设施	活跃的经济环境
	指数	排名	排名	排名	排名	排名	排名	排名	排名
北京	0.740	15	1	4	188	197	259	271	6
天津	0.656	38	5	25	189	221	280	246	35
上海	0.766	10	2	16	242	75	234	238	11
重庆	0.551	80	39	42	179	182	255	252	92
香港	1.000	1	3	22	247	1	36	107	9
澳门	0.809	4	28	146	269	4	11	83	9

资料来源：中国社会科学院城市与竞争力指数数据库。

（五）政策建议

战略回顾：2016 年，上海市着力加强供给侧结构性改革，大力推动"四个中心"建设、经济稳定增长和产业结构调整，不断扩大有效供给，全面深化以自贸试验区建设为重点的改革开放，加快建设具有全球影响力的科技创新中心，经济社会发展呈现良好态势，实现了"十三五"发展的良好开局。

政策建议：一是推动自贸区改革向高标准纵深推进。推动金融、教育、医疗等服务业领域更深度地开放；实施更高标准的贸易便利化制度；加强政府治理体系建设；对标国际投资贸易规则；与"一带一路"等重大国家战略协同联动。二是全力推进全球科创中心建设。强化体制机制建设，形成国企、外企、民企共同参与科创中心建设的新格局。三是推进供给侧改革，激发市场主体活力，切实降低企业综合成本，增强供给结构对需求变化的适应性，提高全要素生产率，加快形成工业增长的新动能。四是推动、带领长三角城市群走向具有全球影响力的世界级城市群。通过建立健全多层次、全方位、深层次的区域合作体系，推进资源要素的合理流动和配置，发挥其在区域协作、区域服务、区域聚合发展中的作用。五是需要积极应对、提早谋划人口老龄化带来的挑战和机遇。

第十章 中国（环渤海地区）城市竞争力报告

杨 杰 赵英伟 姜 珅 *

一 中国城市竞争力（北京市）报告

2016 年，北京市面对错综复杂的国际国内形势，全市上下紧紧围绕首都城市战略定位，扎实推进供给侧结构性改革，加快疏功能、转方式、治环境、补短板、促协同，首都经济保持了平稳健康的发展态势，实现了"十三五"良好开局。总体来看，北京已经逐步步入创新驱动的知识经济阶段，以及多元一本的文化经济阶段。但生态环境仍然严峻，成为威胁北京市可持续发展的主要因素，在宜居城市建设方面，北京市也存在一些明显的问题，需要加强。下一步，北京须着力提升城市治理能力，抓落实、降成本、补短板，充分体现创新、协调、绿色、开放、共享五大发展理念，切实把各方面工作着力点引导到改善生态环境和建设宜居城市上来。

2016 年北京市市情信息如表 10—1 所示。

* 杨杰，国土资源部信息中心助理研究员，研究方向：国土资源经济；赵英伟，青岛科技大学，研究方向：城市与房地产金融；姜珅，青岛科技大学硕士研究生，研究方向：应用经济学，2016 年起参与《中国城市竞争力报告》的撰写，中国社会科学院城市与竞争力中心项目组成员。

表 10—1 2016 年北京市市情信息

土地面积	1.68 万平方千米
常住人口	2172.9 万人
城镇人口占常住人口比重	86.5%
GDP 总量及增长率	24899.3 亿元，6.7%
第一、二、三产业占 GDP 比重	0.5:19.2:80.3

资料来源：2016 年北京市国民经济和社会发展统计公报。

　　2016 年北京市综合经济竞争力、宜居竞争力、可持续竞争力排名情况如图 10—1 所示。

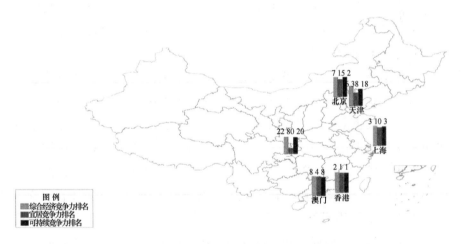

图 10—1 2016 年北京市城市竞争力排名

资料来源：中国社会科学院城市与竞争力指数数据库。

（一）现状与条件

　　总体概况：2016 年，面对错综复杂的外部环境，北京市继续按照"四个全面"战略布局，坚决贯彻落实国家稳增长、促改革、调结构、惠民生、防风险一系列重大政策措施。全市上下凝心聚力、攻坚克难，主动适应经济发展新常态，奋力推进创新驱动发展、经济转型升级。从综合经济发展来看，产业结构呈现积极的调整态势，第一、二产业所占比重下降，第三产业所占比重由 2015 年的 79.8% 提升至 2016 年的 80.3%，虽然上升比重不大，但是却呈现继续增长的势头，达到

19995.30 亿元，增长率为 7.10%；在需求结构方面，2016 年，全市固定资产投资没降反而升高，从 2015 年的 5.7% 上升到 2016 年的 5.9%，其中第一产业固定资产投资大幅度下降，比上一年下降了接近 42 个百分点，增长率竟为 - 10.10%，而第二产业固定资产出现了小幅度的上升，由 2015 年的 - 5.50% 上升到 2016 年的 6.80%；要素结构方面，北京呈现出欣欣向荣的创新局面，2016 年，北京发明专利申请量绝对值比上一年增多 32817 件，增长率达到 21%，而授权专利的数量虽然是上升的，但是增长率却有所下降，从 2015 年的 25.9% 下降到 7%。2016 年度，和谐城市竞争力相比上一年度有所下降，下降一个名次，至全国第 5 位。从可持续竞争力来看，北京市仅次于上海，位于全国第 2 位，除生态城市竞争力和宜居城市竞争力有待进一步改善外，其他各项均表现良好，全部在全国前五名之内，可持续竞争力总体非常强劲，但弱点也相对比较明显。

总体来看，北京市位居我国城市发展的相对领先地位，经济社会发展综合水平较高，经济转型升级势头良好，创新驱动发展已得到深入贯彻，经济增长更多依赖产业结构的优化，可持续发展竞争力较强。知识城市和文化城市竞争力较高，宜居城市和生态城市竞争力有上升空间。

现状格局：2016 年度北京市综合经济竞争力指数为 0.459，排名全国第 7 位，在全国除西藏和台湾外的省级行政区域中排名第 4 位，在 4 个直辖市和 2 个特别行政区中也排第 4 位，排名与上一年度相同。其中，企业本体、当地要素和全球联系均排名第 1 位，而硬件环境全国排名第 67 位，是制约综合经济竞争力的主要因素之一。在 4 个直辖市和 2 个特别行政区中排第 1 位的香港，单单就硬件环境的排名要远远高于北京，并且香港的各项排名都比较均衡，都位于前 25 名。

表 10—2　　2016 年北京市和代表性城市综合经济竞争力指数排名

城市	综合经济竞争力		综合增量竞争力		综合效率竞争力		企业本体	当地要素	当地需求	软件环境	硬件环境	全球联系
	指数	排名	指数	排名	指数	排名	排名	排名	排名	排名	排名	排名
北京	0.459	7	0.971	3	0.054	18	1	1	2	4	67	1

续表

| 城市 | 综合经济竞争力 | | 综合增量竞争力 | | 综合效率竞争力 | | 企业本体 | 当地要素 | 当地需求 | 软件环境 | 硬件环境 | 全球联系 |
	指数	排名	指数	排名	指数	排名	排名	排名	排名	排名	排名	排名
天津	0.466	6	0.989	2	0.055	17	85	13	5	8	53	9
上海	0.747	3	1.000	1	0.155	5	83	4	1	15	16	2
重庆	0.231	22	0.917	5	0.007	122	78	20	3	78	135	8
香港	0.881	2	0.342	19	0.647	3	3	3	7	24	1	3
澳门	0.457	8	0.051	205	1.000	1	6	2	62	36	5	26

资料来源：中国社会科学院城市与竞争力指数数据库。

2016 年度北京市可持续竞争力指数为 0.989，排名全国第 2 位，在全国除西藏和台湾外的省级行政区域中排名第 2 位，在 4 个直辖市和 2 个特别行政区中也排第 2 位，在香港之后，而超越了上海。知识城市竞争力和文化城市竞争力均排名全国第 1 位，而和谐城市竞争力成为影响北京可持续竞争力的最主要因素之一，全国排名仅位于第 56 位。可持续竞争力排名第 1 位的香港，只有知识城市竞争力和文化城市竞争力的排名低于北京，而和谐城市竞争力和生态城市竞争力的排名远远优于北京。

表 10—3　　2016 年北京市和代表性城市可持续竞争力指数排名

| 城市 | 可持续竞争力 | | 知识城市竞争力 | 和谐城市竞争力 | 生态城市竞争力 | 文化城市竞争力 | 全域城市竞争力 | 信息城市竞争力 |
	指数	排名	排名	排名	排名	排名	排名	排名
北京	0.989	2	1	56	16	1	5	4
天津	0.611	18	5	172	85	31	22	33
上海	0.922	3	2	122	6	9	3	2
重庆	0.604	20	7	176	128	19	31	19
香港	1.000	1	4	17	2	8	2	1
澳门	0.706	8	15	233	182	4	4	3

资料来源：中国社会科学院城市与竞争力指数数据库。

2016 年度北京市宜居城市竞争力指数为 0.740，在全国各省市及各城市中排名第 15 位，相对落后。在影响宜居竞争力的因素中，只有优质的教育环境、健康的医疗环境和活跃的经济环境排名靠前，分别为第 1 位、第 4 位和第 6 位，其余因素均排名靠后，尤其是舒适的居住环境，全国排名第 259 位，最主要是北京的生态环境较差导致的。具体情况见表 10—4。

表 10—4　　　2016 年北京市和代表性城市宜居竞争力指数排名

城市	宜居竞争力		优质的教育环境	健康的医疗环境	安全的社会环境	绿色的生态环境	舒适的居住环境	便捷的基础设施
	指数	排名	排名	排名	排名	排名	排名	排名
北京	0.740	15	1	4	188	197	259	271
天津	0.656	38	5	25	189	221	280	246
上海	0.766	10	2	16	242	75	234	238
重庆	0.551	80	39	42	179	182	255	252
香港	1.000	1	3	22	247	1	36	107
澳门	0.809	4	28	146	269	4	11	83

资料来源：中国社会科学院城市与竞争力指数数据库。

北京市城市竞争力总体呈现以下特征：

第一，综合经济竞争力排名不变，与榜首城市差距继续增大。2016 年度北京市综合经济竞争力排名全国第 7 位，与上一年保持一致，表明北京市的经济发展相对适应了中国经济发展的新常态，但仍然没有达到最好的状态。综合经济竞争力指数从 2015 年的 0.472 下降为 0.459，表明北京的综合经济竞争力与榜首的香港的差距有所增大，反映出北京市对新常态的适应度低于香港。

第二，和谐城市竞争力有所下降，可持续竞争力继续位列前三名，可持续发展能力强劲。2016 年度北京市和谐城市竞争力有所下降，可持续竞争力排名为全国第 2 位，较 2015 年度上升一个名次，继续位列全国三甲之列。从可持续竞争力分项来看，知识城市竞争力和文化城市竞争力最为强劲，位列全国所有城市第 1 位，是北京市可持续竞争力能够上升的主要因素。

第三，经济社会发展水平较高，总体发展较为均衡。北京在城市竞争力的绝大多数方面，在全国范围内均具有强大的优势，可持续发展在科技创新、文化发展等方面均居于全国最高水平之列，2016 年度，除生态城市竞争力和和谐城市竞争力外，其余竞争力均在全国前五之列，表明北京经济社会发展总体上较为均衡。

（二）问题与劣势

第一，生态环境恶劣已成发展瓶颈，严重制约可持续发展。生态环境的恶劣已经成为制约北京进一步发展的瓶颈，恶劣的生态环境已经迫使一些高端人才离开北京，并成为阻碍另外一些高端人才来到北京的主要障碍，2016 年度，北京市的生态城市可持续竞争力虽然有大幅度上升，生态恶化局面有明显的改善迹象，但是整治力度仍然需要加强。

第二，和谐城市建设短板突出。虽然在总体上，北京市的和谐城市竞争力位列全国第 5 位，但其中仍有三个方面的短板非常突出，如不能得到较好的处理，将来可能会危及北京市总体的和谐城市建设。一是户籍人口与非户籍人口间在社会保障等一系列公共资源的获取上仍存在较大差异，二是每万人刑事案件数排名靠后，反映出社会治安问题较为突出，三是生产和生活安全保障问题明显。

（三）现象与规律

竞争力总体优势地位稳固，知识创新优势稳步提升，知识经济和文化经济引领经济发展明显。近三年来北京在全国范围内，在综合经济竞争力及可持续竞争力的各个方面的排名上，总体保持稳定，绝大多数指标的全国排名在近三年内均未发生明显的变化，显示出北京市在各项竞争力上的优势地位较为稳固。北京市经济社会发展水平较高，2016 年人均 GDP 达 114590 元，第三产业比重达到 80.3%，城镇化率达到 86.5%，知识城市和文化城市竞争力都高居全国第一。这些都表明北京市经济已经进入知识和文化引领发展的阶段，知识经济和文化经济已成为北京市经济的主要成分。

（四）趋势与展望

北京将继续巩固其竞争力的优势地位。纵观近三年的竞争力数据，北京在综合经济竞争力和可持续竞争力两方面指标的排名上只上升不下降，比较稳定，均处于全国上游水平。虽然人口在短时间内过度集聚，城市的承载能力却未能同步扩张，但预期在新常态下有望得到改善。北京市的产业结构在不断升级，"高精尖"化趋势明显。凭借这一产业优势，北京市将能够较好地适应中国经济发展的新常态，在新常态下有望进一步提升在全国范围内的经济优势。

（五）政策建议

政策回顾：2016 年，北京市的政策重点主要集中在以下四个方面：一是在产业升级实现新突破，构建"高精尖"产业结构，助力北京创造；二是在生态文明建设实现新突破，在交通、生态环境等许多方面制定了发展政策；三是在保障改善民生实现新突破，继续实施加大保障房建设和棚户区改造政策，以及住房市场调控政策；四是在创业创新环境实现新突破，加强社会保障，进一步完善大众创业、万众创新等政策。北京要坚持转型发展、创新发展、统筹发展、和谐发展相统一。

政策建议：北京市牢固树立和贯彻落实创新、协调、绿色、开放、共享的发展理念，深刻认识和主动适应经济发展新常态，坚持稳中求进工作总基调，坚持创新驱动发展、经济转型升级，以提高发展质量和效益为中心。着力加强结构性改革，坚持优化存量、引导增量、主动减量，加快推动产业转型升级和产业融合发展，切实降低企业成本，积极扩大有效供给，夯实实体经济发展根基；构建多中心协同发展的城市结构，不仅京津冀区域内需要协同发展，北京市内的各个区域间也需要通过协同发展来逐步缓解北京市面临的城市病；协调各区域间的发展战略，防止同质化竞争，通过差异化的发展战略，促进各个区域性中心的形成。因此，北京应主要从协同发展出发，外部协同京津冀发展，内部协同各城市中心发展，为此不仅要加强基础设施的互联互通，更要进一步加强战略与制度的协调。

二　中国城市竞争力(天津市)报告

近年来,天津经济增速逐年下降,但仍保持较高水平,2016年增速仍达9.0%。天津已经构建起了以现代制造业为主体的工业经济和以区位优势为基础的开放经济,且正处于快速发展时期,创新经济的环境也在逐步构建中,以创新驱动经济发展的新动力也正在形成。截至2016年度,天津综合经济竞争力连续三年度高于北京,知识城市竞争力略有提升,生态城市竞争力有大幅提升。但与此同时,天津也存在可持续竞争力虽略有上升但多个分项竞争力下降幅度较大、和谐城市竞争力大幅下降等问题。总体上,天津城市信息化建设相对落后局面有改善迹象,经济结构不断优化,创新驱动发展的趋势正在形成,经济竞争力有望保持高水平,可持续发展能力有望逐步提升。

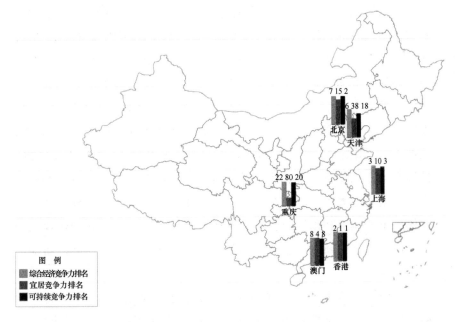

图10—2　2016年天津市城市竞争力排名

资料来源:中国社会科学院城市与竞争力指数数据库。

表 10—5　　　　　　　　2016 年天津市市情信息

土地面积	1.195 万平方千米
常住人口	1562.12 万人
城镇人口占常住人口比重	82.93%
GDP 总量及增长率	17885.39 亿元，9.0%
第一、二、三产业占 GDP 比重	1.2：44.8：54.0

资料来源：2016 年天津市国民经济和社会发展统计公报。

（一）现状与条件

总体概况：近年来，天津经济增速逐年下降，但仍保持较高水平，2016 年增速仍达 9.0%。产业结构方面，天津的产业升级继续保持良好的势头，2016 年航空航天、新材料及生物医药等新兴产业对全市工业增长的贡献达到 2.1 个百分点，比上年提高 0.9 个百分点，装备制造业产值对全市工业增长的贡献达到 3.7 个百分点，比上年提高 1.6 个百分点，节能与新能源汽车产量增长了 8.1 倍，城市轨道车辆制造从无到有，工业机器人、光纤和太阳能电池的产量也均实现了较大幅度的增长；需求结构方面，2016 年全社会固定资产投资 14629.22 亿元，增长 12.0%，其中第三产业投资比重较上年进一步提高 1.3 个百分点，社会消费品零售总额 5635.81 亿元，增长 7.2%，互联网零售增长迅速；要素结构方面，全年受理专利申请 10.65 万件，专利授权 3.97 万件，科技型中小企业数量全年增加达 14737 家，全年从国外引进人才 1802 人，新建博士后工作站 19 个。宜居城市竞争力，相比 2015 年度有所下降，可持续竞争力则略有上升，生态城市竞争力有较大幅度的提升，和谐城市竞争力则出现大幅下降。总体来看，天津已经构建起了以现代制造业为主体的工业经济和以区位优势为基础的开放经济，且正处于快速发展时期，创新经济的环境也在逐步构建中，以创新驱动经济发展的新动力也正在形成。

现状格局：2016 年度天津市综合经济竞争力指数为 0.466，排名全国第 6 位，在全国除西藏外的省级行政区域中排名第 3 位，均与 2015 年度持平，在 4 个直辖市和 2 个特别行政区中也排在第 3 位，仅次于香港和上海。

表 10—6　　2016 年天津市和代表性城市综合经济竞争力指数排名

城市	综合经济竞争力		综合增量竞争力		综合效率竞争力		企业本体	当地要素	当地需求	软件环境	硬件环境	全球联系
	指数	排名	指数	排名	指数	排名	排名	排名	排名	排名	排名	排名
北京	0.459	7	0.971	3	0.054	18	1	1	2	4	67	1
天津	0.466	6	0.989	2	0.055	17	85	13	5	8	53	9
上海	0.747	3	1.000	1	0.155	5	83	4	1	15	16	2
重庆	0.231	22	0.917	5	0.007	122	78	20	4	78	135	8
香港	0.881	2	0.342	19	0.647	3	3	3	7	24	1	3
澳门	0.457	8	0.051	205	1.000	1	6	2	62	36	5	26

资料来源：中国社会科学院城市与竞争力指数数据库。

2016 年度天津市可持续竞争力指数为 0.611，排名全国第 18 位，在全国除西藏和台湾外的省级行政区域中排名第 5 位，在 4 个直辖市和 2 个特别行政区中仅好于重庆。

表 10—7　　2016 年天津市和代表性城市可持续竞争力指数排名

城市	可持续竞争力		知识城市竞争力	和谐城市竞争力	生态城市竞争力	文化城市竞争力	全域城市竞争力	信息城市竞争力
	指数	排名	排名	排名	排名	排名	排名	排名
北京	0.989	2	1	56	16	1	5	4
天津	0.611	18	5	172	85	31	22	33
上海	0.922	3	2	122	6	9	3	2
重庆	0.604	20	7	176	128	19	31	19
香港	1.000	1	4	17	2	8	2	1
澳门	0.706	8	15	233	182	4	4	3

资料来源：中国社会科学院城市与竞争力指数数据库。

2016 年度天津市宜居竞争力指数为 0.656，排名全国第 38 位，在全国除西藏和台湾外的省级行政区域中排名第 5 位，在 4 个直辖市和 2 个特别行政区中也仅好于重庆。

表 10—8   2016 年天津市和代表性城市宜居竞争力指数排名

城市	宜居竞争力		优质的教育环境	健康的医疗环境	安全的社会环境	绿色的生态环境	舒适的居住环境	便捷的基础设施	活跃的经济环境
	指数	排名	排名	排名	排名	排名	排名	排名	排名
北京	0.740	15	1	4	188	197	259	271	6
天津	0.656	38	5	25	189	221	280	246	35
上海	0.766	10	2	16	242	75	234	238	11
重庆	0.551	80	39	42	179	182	255	252	92
香港	1.000	1	3	22	247	1	36	107	9
澳门	0.809	4	28	146	269	4	11	83	9

资料来源：中国社会科学院城市与竞争力指数数据库。

天津市城市竞争力总体上呈现以下特征：

第一，综合经济竞争力连续三年度高于北京。截至 2016 年度的最近三个年度中，天津市的综合增量竞争力和综合效率竞争力均高于北京，这使得天津的综合经济竞争力自 2014 年度一举超越北京以来，连续三年保持了中国北方综合经济竞争力最强城市的地位。

第二，知识城市竞争力略有提升。2016 年度天津市知识城市竞争力较 2015 年度上升了 1 位，至全国第 5 位。这主要得益于天津在知识创新方面的进步，具体表现为天津的专利申请量在全国城市中居于领先地位，反映出天津经济发展已经具有一定的创新驱动的特点。

第三，生态城市竞争力有大幅提升。生态城市竞争力一直是天津可持续竞争力的主要短板之一。2016 年度，天津生态城市竞争力排名为由 2015 年度的第 150 位，大幅提升至第 85 位，反映出天津在补齐可持续发展短板方面，有了较为显著的成效。

（二）问题与劣势

第一，可持续竞争力虽略有上升但多个分项竞争力下降幅度较大。2016 年度天津市可持续竞争力较 2015 年度上升了 1 位，至全国第 18 位，仍低于 2014 年度的第 14 位。这主要是由于虽然相比 2015 年度，2016 年度生态城市竞争力有大幅提升，知识城市竞争力也略有提升，全域城市竞争力持平，但文化城市竞争力和信息城市竞争力的下降幅度均较大，分别下降了 18 位和 22 位，特别是和谐城市竞争力，更是大幅下降了 129 位。

第二，和谐城市竞争力大幅下降。公平包容是城市的根本特征之一，因此也是决定城市可持续发展的重要因素。2016 年度，天津在户籍人口与非户籍人口之间教育公平性方面的得分排名仅为全国第 286 位，反映出天津在提升城市的公平包容方面仍存在巨大的空间。

（三）现象与规律

城市信息化建设相对落后局面有改善迹象。近些年，随着天津市经济的迅速增长，天津的信息化建设也一直在不断进步。2016 年，天津市的邮电业务总量达到 483.85 亿元，较上一年增长了 50.5%，使得近几年来，天津城市信息化建设方面与全国先进城市间的差距快速拉大的局面有所缓解。自 2013 年度起，天津市的互联网用户覆盖方面在全国城市间的相对地位一直处于快速下降趋势。每千人国际互联网用户数的全国排名，从 2013 年度的第 79 位，下降至 2014 年度的 92 位，2015 年度则为 151 位。2016 年，虽然继续下降至了 158 位，但下降幅度已经大大减小，显示出了改善的迹象。

（四）趋势与展望

第一，经济结构不断优化，创新驱动发展的趋势正在形成，经济竞争力有望保持高水平。在京津冀协同发展战略下，北京在不断加大疏解非首都功能的力度，释放出了许多资源，在这一过程中，天津或许会成为最大的受益者。一方面，相较于河北各城市，天津具有更强的资源吸纳能力；另一方面，在一些方面天津面临的来自北京的竞争压力会有所减轻。这两个方面的因素都有利于天津进一步依托自身优势，保持高水平的经济竞争力。

第二，可持续发展能力有望逐步提升。生态城市竞争力是京津冀城市的共同的短板，天津在这方面显现出了稳步提升的势头，截至 2016 年度，天津的生态城市竞争力已经连续两个年度实现了较大幅度的提升。因此，在没有重大突发事件干扰，从而可持续竞争力的其他方面不出现显著下降的情况下，天津的城市发展将更加趋于均衡，从而其可持续竞争力也有望逐步提升。

（五）政策建议

政策回顾：2016 年，天津政策主要聚焦于以下几个方面：一是推进京津冀协同发展和扩大开放，立足中央对天津的定位，积极主动承接北京非首都功能，开展对外合作和交流；二是推动创新驱动发展和产业转型升级，加快创新型城市和产业创新中心建设，加强高层次创新人才的引进和培养，促进现代产业发展；三是推进供给侧结构性改革和新旧动能转换，积极进行"三去一降一补"；四是继续改善生态环境和城乡面貌，坚持治理环境污染，实施大规模绿化美化和城市综合整治；五是继续加大社会保障力度，改善公共服务，大力推进安全天津建设。

政策建议：北京疏解非首都功能对于天津来说是一个重大的机遇，天津要利用这一机遇期，加强自身对符合现代产业发展的各种优质资源的吸纳能力，积极培育自身的创新能力。要做到这一点，天津就需要高度重视对自身可持续竞争力的提升，在保持对一些已经出现改善的方面，如知识城市竞争力和生态城市竞争力的持续关注之外，要防止新的短板的形成，特别是要加强对于提升和谐城市竞争力、文化城市竞争力和信息城市竞争力的关注。

三　中国城市竞争力（河北省）报告

近年来，河北省综合经济竞争力一直保持全国中等水平，在经济增速下行压力加大、财政收入出现较大幅度下降的情况下，河北省经济发展也面临严峻形势，进入了一个转型发展的关键期。因此优化经济结构、转变发展方式成为河北省经济工作的当务之急。可持续竞争力方面，河北省整体同样位于全国中等水平。其中文化城市竞争力具有一定优势，全域城市竞争力有较大提升，同时也存在和谐城市竞争力与生态城市竞争力在总体下降的同时，省内差异不断增大等问题。因此更需要贯彻"创新、协调、绿色、开放、共享"的五大发展理念，一方面抓中央改革举措承接落实，另一方面鼓励基层大胆创新，以上率下全力推进改革，尤其是突出抓好重点领域和关键环节改革。

表 10—9　　　　　　　　　　2016 年河北省省情信息

土地面积	18.77 万平方千米
常住人口	7470.05 万人
城镇人口占常住人口比重	53.32%
GDP 总量及增长率	31827.9 亿元，6.8%
第一、二、三产业占 GDP 比重	11.0∶47.3∶41.7

资料来源：2016 年河北省国民经济和社会发展统计公报。

2016 年河北省综合竞争力、宜居竞争力和可持续竞争力排名情况如图 10—3 所示。

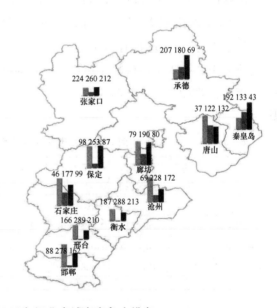

图 10—3　2016 年河北省城市竞争力排名

资料来源：中国社会科学院城市与竞争力指数数据库。

（一）现状与条件

总体概况：2016 年，河北省面对严峻复杂的形势和艰巨繁重的任务，以供给侧结构性改革为主线，以全面深化改革为动力，全力做好推动协同发展、化解过剩产能、加快转型升级、治理大气污染、推进脱贫攻坚、保障改善民生等工作等。产业结构方面，第二产业仍占比仍然接近一半，达到47.3%，钢铁、水泥、煤炭、平板玻璃等高耗能产业在其中仍占据较大比重，但增加值占规模以上工业比重有所下降；需求结构方面，固定资产投资和社会消费品零售总额继续保持较快增长，分别达到3.12万亿元和1.42万亿元，但固定资产投资增速快于社会消费品零售总额增速；要素结构方面，自2010年以来，全省单位GDP能耗累计下降23%，科技创新投入仍然相对不足，占GDP比重仍较低。总体上，河北省仍处于要素驱动的发展阶段，且要素驱动的发展方式已经遇到明显的瓶颈，但新的发展驱动力尚未充分显现，面临着较大的转型发展压力，京津冀一体化对河北省是机遇更是挑战。

现状格局：2016年度河北省综合经济竞争力指数均值为0.071，在全国除西藏和台湾外的省级行政区域中排名第15位。省内进入全国排名前50的城市和2015年一样，仍然是唐山和石家庄，分别排名第37位和第46位，名次都有所下降。河北省的省会石家庄在省内综合经济竞争力排名第2位，仅次于唐山，其中企业本体和当地要素的排名要优于唐山，并且全国排名前50。

表 10—10　　2016 年河北省各城市综合经济竞争力指数排名

城市	综合经济竞争力		综合增量竞争力		综合效率竞争力		企业本体	当地要素	当地需求	软件环境	硬件环境	全球联系
	指数	排名	指数	排名	指数	排名	排名	排名	排名	排名	排名	排名
石家庄	0.145	46	0.258	33	0.013	70	36	44	45	37	155	73
唐山	0.165	37	0.270	32	0.019	47	108	85	34	21	183	134
秦皇岛	0.057	192	0.050	211	0.006	131	184	35	124	126	96	97
邯郸	0.094	88	0.120	89	0.010	93	119	86	131	197	279	181
邢台	0.063	166	0.067	171	0.005	150	140	205	231	81	289	184
保定	0.090	98	0.146	73	0.006	146	115	41	143	137	212	104
张家口	0.050	224	0.055	197	0.001	251	235	147	230	116	37	255
承德	0.055	207	0.069	166	0.001	257	226	138	251	147	14	263
沧州	0.105	69	0.161	58	0.009	103	199	208	112	173	205	108

续表

城市	综合经济竞争力		综合增量竞争力		综合效率竞争力		企业本体	当地要素	当地需求	软件环境	硬件环境	全球联系
	指数	排名	指数	排名	指数	排名	排名	排名	排名	排名	排名	排名
廊坊	0.099	79	0.111	95	0.014	65	148	117	72	50	114	6
衡水	0.058	187	0.056	195	0.005	153	141	199	264	156	245	67

资料来源：中国社会科学院城市与竞争力指数数据库。

2016年，河北省可持续竞争力大幅落后于同一区域的北京、天津和山东。秦皇岛的可持续竞争力在河北省内排名第1位，指数为0.484，全国排名第43位；而可持续竞争力排名最后的是衡水，指数为0.219，全国排名第213位，可见河北省内的可持续竞争力排名差距较大。

表10—11　　2016年河北省各城市可持续竞争力指数排名

城市	可持续竞争力		知识城市竞争力	和谐城市竞争力	生态城市竞争力	文化城市竞争力	全域城市竞争力	信息城市竞争力
	指数	排名	排名	排名	排名	排名	排名	排名
石家庄	0.354	99	45	270	169	74	119	72
唐山	0.317	132	83	150	244	107	91	110
秦皇岛	0.484	43	52	55	100	39	85	74
邯郸	0.284	162	101	262	183	86	110	177
邢台	0.221	210	242	157	219	196	145	171
保定	0.373	87	49	200	147	80	105	136
张家口	0.220	212	167	221	204	145	152	242
承德	0.399	69	142	27	60	32	197	252
沧州	0.276	172	205	134	107	185	116	192
廊坊	0.380	80	120	138	110	137	125	32
衡水	0.219	213	230	268	170	159	239	103

资料来源：中国社会科学院城市与竞争力指数数据库。

2016年河北省的宜居竞争力排名整体靠后，所有城市的宜居竞争力排名均在100位以后，省内排名第1位的唐山，全国排名仅仅第122

位，而省会石家庄排名更加靠后。

表 10—12   2016 年河北省各城市宜居竞争力指数排名

城市	宜居竞争力		优质的教育环境	健康的医疗环境	安全的社会环境	绿色的生态环境	舒适的居住环境	便捷的基础设施	活跃的经济环境
	指数	排名	排名	排名	排名	排名	排名	排名	排名
石家庄	0.365	171	44	37	245	274	218	276	137
唐山	0.455	122	91	47	105	275	185	251	74
秦皇岛	0.443	133	50	135	176	148	215	243	120
邯郸	0.133	278	139	59	219	280	239	202	243
邢台	0.000	289	265	188	47	289	78	222	282
保定	0.190	253	89	63	163	287	170	245	228
张家口	0.181	260	166	195	76	86	281	264	233
承德	0.343	180	232	96	23	135	126	124	261
沧州	0.244	228	249	55	98	211	267	273	169
廊坊	0.317	190	169	111	143	266	282	249	62
衡水	0.039	288	193	197	223	285	61	97	287

资料来源：中国社会科学院城市与竞争力指数数据库。

河北省城市竞争力总体上呈现以下特征：

第一，综合经济竞争力略有下降，省内差距加大。2016 年度河北省综合经济竞争力排名全国第 15 位，与 2015 年度相比下降两个名次，稳定在全国中等水平。综合经济竞争力指数变异系数为 0.390，较 2015 年的 0.207 小幅度上升，表明省内城市间的经济发展水平在加大。

第二，省内宜居、知识、和谐差异持续扩大，生态差异减小。从 2015 年度至 2016 年度，河北省城市间宜居、知识、和谐城市竞争力指数变异系数不断增大，增大的幅度也比较大，分别由 0.312、0.326、0.266 增长为 0.622、0.676、0.500。生态城市竞争力指数变异系数由 2015 年的 0.621 下降为 2016 年的 0.254。

（二）问题与劣势

第一，综合经济竞争力下滑。河北省综合经济竞争力在 2015 年度排名 13 位，2016 年度下降至第 15 位，并且省内各城市的综合经济竞争力差距越来越大。省内经济发展最好的唐山，由 2015 年的 29 位下降到 2016 年的 37 位，经济发展最差的张家口由 2015 年的 216 位下降到 2016 年的 224 位。

第二，生态城市竞争力进一步弱化。生态城市竞争力一直是河北省的最大短板，虽然在 2016 年度省内在生态城市竞争力上差距变小，但是整个河北省的生态城市竞争力不仅未增强，排名进一步下降，反映出河北省生态环境相对于全国总体水平而言进一步恶化。

（三）现象与规律

和谐城市竞争力、知识城市竞争力、宜居城市竞争力在总体下降的同时，省内差异不断增大。2016 年度，河北省的和谐、知识、宜居城市竞争力较 2015 年度均有所下降，与此同时，指数的变异系数均不断增大，反映在这三个方面，河北省城市间的差异在不断增大，鉴于河北省在这三方面表现最好的城市并未出现大幅提升，这也就说明，在这三个方面表现较差的城市相对出现了更大幅度的下滑。

（四）趋势与展望

第一，新常态下转型发展压力巨大，新的经济增长动力尚未显现。河北省的产业发展水平与北京和天津间均存在较大的差距，在京津冀协同发展的战略下，要实现转型发展，相较于北京和天津而言，面临的压力较大。同时，由于已有的高耗能产业负担较重，以及在科技创新等可能产生新的经济增长动力的方面投入不足，使得短期之内，获取新的经济增长动力存在巨大的困难。

第二，京津冀一体化是机遇更是挑战。京津冀一体化是河北省发展的一个机遇，在这一战略下，北京会向河北省释放出一定的资源，同时也会在一些方面减少与河北省的竞争，这都将有利于河北省的经济社会发展。此外，一体化的过程很可能会增加河北省产业转型升级压力，即在河北省承接了北京释放出的相对低端的产业资源的同时，河北省的相对高端的产业则面临来自北京的更大的竞争压力，促使一些高端产业进一步向北京聚集，使得河北省在产业间分工。

（五）政策建议

政策回顾：2016 年，河北省的发展政策重点在于全面深化改革、实施京津冀协同发展与生态建设。其中，全面深化改革主要在于深化经济体制改革，大力实施"三去一降一补"；深化"放管服"改革，进一步为市场主体松绑减负；以农业供给侧改革为主线，开创农村经济新局面；顶层设计密集出台，大气污染防治持续深入推进。实施京津冀协同发展主要在于加强交通的互联和制度的协调，从而使得京津冀成为一个发展的共同体；生态建设主要在于加大对污染的治理力度，推进重污染行业的升级改造。

政策建议：要深刻领会和准确把握新发展理念的核心要义，用新发展理念指导实践、推动工作，在贯彻新发展理念中打造亮点、拓展优势。要深刻领会和准确把握稳中求进工作总基调，坚持稳中求进、进中求好，坚持好字当头、又好又快。要深刻领会和准确把握供给侧结构性改革的科学内涵，增强定力、巩固成果、乘势而上，真正把供给侧结构性改革这条主线贯穿到经济发展的各领域。要深刻领会和准确把握京津冀协同发展重大战略任务，按照时间节点，对照目标要求，全面落实好年度任务。要深刻领会和准确把握坚持以提高发展质量和效益为中心的内在要求，切实把经济发展的着力点放在提高质量效益上，真正走出一条加快转型、绿色发展、跨越提升的新路。要深刻领会和准确把握加快推进关键性改革的重大部署，坚持上下联动、协同发力，推动改革举措落地见效、激发活力。

四 中国城市竞争力（山东省）报告

2016 年山东经济实现 7.6% 的较快增长。总体来看，山东经济发展正处于转型升级的阶段，正在逐步从要素驱动型向服务和创新驱动型转变，但转型面临较大压力。山东省综合经济竞争力保持稳定，省内差距进一步缩小，可持续竞争力有明显提升，但生态城市竞争力分化严重，文化城市竞争力首成短板。与 2015 年度相比，除生态城市竞争力大幅提升外，可持续竞争力的其余各个方面均有所下降，反映出山东转型压力较大。总体上，山东省综合经济竞争力进一步提升面临较大压力，省内城市间综合经济竞争力差距扩大的压力有所减小。

表 10—13 　　　　　　　　　　　2016 年山东省省情信息

土地面积	15.71 万平方千米
常住人口	9946.64 万人
城镇人口占常住人口比重	59.02%
GDP 总量及增长率	67008.2 亿元，7.6%
第一、二、三产业占 GDP 比重	7.3 : 45.4 : 47.3

资料来源：2016 年山东省国民经济和社会发展统计公报。

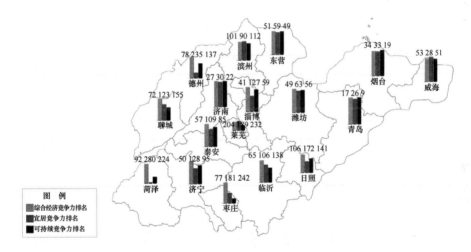

图 10—4　2016 年山东省城市竞争力排名

资料来源：中国社会科学院城市与竞争力指数数据库。

（一）现状与条件

总体概况：2016 年山东经济实现 7.6% 的较快增长。产业结构方面，第三产业增加值较上年增长了 9.3%，占比首次超过第二产业占比，达到 47.3%，第二产业和第一产业占比，分别为 45.4% 和 7.3%；需求结构方面，投资和消费均实现了两位数的增长，农户外主体固定资产投资 52364.5 亿元，同比增长 10.5%，社会消费品零售总额达 30645.8 亿元，同比增长 10.4%；要素结构方面，每万人有效发明专利拥有量达 6.33 件，比上年大幅增加 1.43 件，高技能人才达到 268.7 万人，万元 GDP 能耗同比下降 5.16%，可再生能源发电量同比增长 33.7%。2016 年度，山东省宜居城市竞争力在除西藏和台湾外的省级行政区中排名为第 14 位，从可持续竞争力来看，山东省可持续竞争力在全国除西藏和台湾外的省级行政区域中排第 11 位。总体来看，山东经济发展正处于转型升级的阶段，正在逐步从要素驱动型向服务和创新驱动型转变，但转型面临较大压力。

现状格局：2016 年度山东省综合经济竞争力指数均值为 0.128，在全国除西藏的省级行政区域中排名第 11 位，全省仅有 3 个城市的 2016 年度综合经济竞争力全国排名未进入全国前 100 位，其余 14 个城市排名均在前 100 位之内。

表 10—14　　2016 年山东省各城市综合经济竞争力指数排名

城市	综合经济竞争力		综合增量竞争力		综合效率竞争力		企业本体	当地要素	当地需求	软件环境	硬件环境	全球联系
	指数	排名	指数	排名	指数	排名	排名	排名	排名	排名	排名	排名
济南	0.202	27	0.298	28	0.029	31	149	23	24	7	142	69
青岛	0.260	17	0.471	11	0.032	29	96	32	13	32	28	14
淄博	0.163	40	0.199	43	0.028	33	49	80	42	178	211	81
枣庄	0.100	77	0.097	111	0.018	51	124	227	88	205	172	198
东营	0.129	51	0.173	55	0.017	55	45	264	50	253	186	101
烟台	0.173	34	0.308	24	0.018	52	77	76	25	13	116	34
潍坊	0.141	49	0.257	34	0.012	79	121	122	30	86	161	105
济宁	0.131	50	0.206	41	0.014	68	153	67	40	155	264	159
泰安	0.121	57	0.159	59	0.016	57	68	57	52	2	247	139
威海	0.124	53	0.143	75	0.020	45	91	266	56	22	101	66
日照	0.087	106	0.090	123	0.012	77	217	242	100	251	233	43
莱芜	0.055	204	0.030	261	0.013	75	48	253	85	250	260	50
临沂	0.113	65	0.194	47	0.009	111	32	97	27	284	204	116
德州	0.100	78	0.136	77	0.010	94	40	166	79	27	288	120
聊城	0.101	72	0.131	81	0.012	83	24	99	66	71	255	78
滨州	0.089	101	0.111	96	0.010	99	122	136	67	181	214	48

续表

城市	综合经济竞争力		综合增量竞争力		综合效率竞争力		企业本体	当地要素	当地需求	软件环境	硬件环境	全球联系
	指数	排名	指数	排名	指数	排名	排名	排名	排名	排名	排名	排名
菏泽	0.092	92	0.135	79	0.007	118	29	233	135	160	128	160

资料来源：中国社会科学院城市与竞争力指数数据库。

可持续竞争力指数均值为 0.387，在全国除西藏和台湾外的省级行政区域中排名第 11 位，省内各城市间可持续竞争力差异稍大于综合经济竞争力差异，2016 年度，可持续竞争力进入全国前 100 位之内的城市有 9 个，较综合经济竞争力进入前 100 名的城市少了 5 个，表明省内城市间可持续竞争力的差异要大于综合经济竞争力的差异。

表 10—15　2016 年山东省各城市可持续竞争力指数排名

城市	可持续竞争力		知识城市竞争力	和谐城市竞争力	生态城市竞争力	文化城市竞争力	全域城市竞争力	信息城市竞争力
	指数	排名	排名	排名	排名	排名	排名	排名
济南	0.581	22	18	80	63	11	35	58
青岛	0.682	9	14	52	4	20	24	22
淄博	0.442	59	69	105	152	41	49	98
枣庄	0.186	242	200	265	174	218	117	183
东营	0.464	49	193	34	17	90	48	50
烟台	0.606	19	53	3	20	35	29	49
潍坊	0.456	56	102	158	101	67	63	11
济宁	0.358	95	66	182	109	140	37	168
泰安	0.374	85	59	116	149	79	131	160
威海	0.461	51	162	35	18	132	32	44
日照	0.308	141	239	126	218	122	121	52
莱芜	0.202	232	233	130	221	281	87	85
临沂	0.312	138	92	152	156	168	155	113
德州	0.312	137	149	144	119	144	86	165
聊城	0.295	155	100	146	245	117	136	135

续表

城市	可持续竞争力		知识城市竞争力	和谐城市竞争力	生态城市竞争力	文化城市竞争力	全域城市竞争力	信息城市竞争力
	指数	排名	排名	排名	排名	排名	排名	排名
滨州	0.338	112	140	87	116	177	84	91
菏泽	0.207	224	211	216	246	146	213	176

资料来源：中国社会科学院城市与竞争力指数数据库。

宜居城市竞争力指数均值为 0.479，在全国除西藏和台湾外的省级行政区域中排名第 14 位，2016 年度，省内城市中，仅有 7 个城市宜居竞争力排名进入全国前 100 位，从宜居竞争力各分项排名分布来看，医疗环境和生态环境是明显的短板，教育环境、社会环境、居住环境和基础设施方面，大多数城市表现一般，只有经济环境对绝大多数城市都是明显的加分项。

表 10—16　　　　2016 年山东省各城市宜居竞争力指数排名

城市	宜居竞争力		优质的教育环境	健康的医疗环境	安全的社会环境	绿色的生态环境	舒适的居住环境	便捷的基础设施	活跃的经济环境
	指数	排名	排名	排名	排名	排名	排名	排名	排名
济南	0.688	30	26	12	116	267	119	275	27
青岛	0.706	26	38	49	193	64	159	248	24
淄博	0.450	127	69	133	92	277	176	227	44
枣庄	0.341	181	168	202	208	273	88	91	80
东营	0.586	59	115	136	183	245	6	74	28
烟台	0.673	33	52	138	20	59	92	266	38
潍坊	0.573	63	113	142	87	247	19	84	52
济宁	0.448	128	78	90	124	272	130	270	50
泰安	0.489	109	63	162	22	226	213	244	88
威海	0.696	28	136	203	128	24	17	57	36
日照	0.364	172	215	265	132	219	143	76	95
莱芜	0.318	189	191	243	217	282	195	26	61
临沂	0.496	106	134	194	35	257	35	228	33

续表

城市	宜居竞争力		优质的教育环境	健康的医疗环境	安全的社会环境	绿色的生态环境	舒适的居住环境	便捷的基础设施	活跃的经济环境
	指数	排名	排名	排名	排名	排名	排名	排名	排名
德州	0.237	235	173	263	52	286	112	231	105
聊城	0.454	123	109	193	24	284	180	88	66
滨州	0.525	90	148	155	36	254	4	146	64
菏泽	0.109	280	269	258	102	281	73	188	181

资料来源：中国社会科学院城市与竞争力指数数据库。

山东省城市竞争力总体上呈现以下特征：

第一，综合经济竞争力保持稳定，省内差距进一步缩小。2016 年度，山东综合经济竞争力为全国除西藏的省级行政区域中第 11 位，刨除台湾后为第 10 位，继续与上年度持平。综合经济竞争力指数变异系数为 0.383，在全国除西藏和台湾外的省份中列第 4 位，较上年提升 1 位，显示出山东省各城市间在综合经济竞争力方面的差异进一步缩小。

第二，可持续竞争力有明显提升。2016 年度，山东可持续竞争力在全国除西藏和台湾外的省级行政区中列第 11 位，而之前的三个年度，其可持续竞争力排名为 2015 年度第 13 位，2014 年度和 2013 年度排名分别为第 14 位和第 13 位，因此，2016 年度可持续竞争力较之前的三个年度有了明显的提升。

（二）问题与劣势

第一，生态城市竞争力分化严重。省内各城市间生态城市竞争力水平差距较大，生态城市竞争力指数变异系数为 0.378，在全国除西藏和台湾外的省份中列第 14 位。生态城市竞争力排名在全国前 50 位之内的城市有 4 个，同时排名在 200 位之后的城市也有 4 个。

第二，文化城市竞争力首成短板。2016 年度，山东省生态城市竞争力有了较大幅度的提升，文化城市竞争力却出现了较大幅度的下降，较 2015 年下降了 4 位，在全国除西藏和台湾外的省份中列第 15 位，成为可持续竞争力各分项中排名最低的一项。

（三）现象与规律

与 2015 年度相比，除生态城市竞争力大幅提升外，可持续竞争力的其余各个方面均有所下降，反映出山东转型压力较大。2016 年度，山东省除生态城市竞争力排名相比 2015 年度大幅提升，再除西藏外的省级行政区中的排名从第 22 位升至第 12 位之外，可持续竞争力的其余各个方面均有所下降。其中，文化城市竞争力下降的幅度最大，从 2015 年度的第 11 位下降至第 15 位，知识城市竞争力从排名第 10 位降至第 13 位，和谐城市竞争力从第 11 位降至第 10 位，全域城市竞争力从第 11 位降至第 12 位，信息城市竞争力从第 10 位降至第 13 位。从中可以看出，山东省当前面临着较大的转型压力。

（四）趋势与展望

第一，综合经济竞争力进一步提升面临较大压力。虽然山东省可持续竞争力总体有所提升，但主要是源于生态城市竞争力的大幅提升，可持续竞争力的其余各个方面均出现了下降，说明虽然随着可持续竞争力的增强，其综合经济竞争力有望继续保持提升的态势，但所面临的压力也有逐步增加的趋势。

第二，省内城市间综合经济竞争力差距扩大的压力有所减小。目前山东省内各城市间经济发展较为均衡，省内综合经济竞争力指数变异系数居全国第 4 位，但省内城市间的可持续竞争差异较大，2015 年度省内城市间的可持续竞争力指数变异系数达 0.380，排第 13 位，2016 年度略降至 0.370，显示出由可持续竞争力的差异所带来的综合经济竞争力差距扩大的压力有所减小。

（五）政策建议

政策回顾：2016 年，山东省主要着力于供给侧结构性改革，推进"三去一降一补"，促进新旧动能转换步伐，加大研发经费投入，加强企业技术中心建设，出台农业转型升级方案，促进新业态的发展，进一步扩大对外开放，构建开放型经济新体制等试点工作有序推进，将住房建设、环境保护、安全生产、交通管理等政府服务和监督延伸到乡镇，促进城乡的协调发展。

政策建议：第一，继续大力推进生态城市竞争力的提升，以优良的生态带动旅游业等现代服务业的发展，并作为吸引人才的重要条件。第二，充分利用区位优势，进一步构建开放经济。山东具有良好的区位条件，地处沿海，连接南北，这一区位优势为山东构建开放经济提供了天然的优势，山东应充分利用这一优势，通过进一步构建开放经济，促进山东经济社会的可持续发展和经济实力的进一步增强。第三，提升对文化城市竞争力的关注度，防止其成为新的短板。

第十一章　中国（东北地区）城市
竞争力报告

刘尚超　程　栋[*]

一　中国城市竞争力（辽宁省）报告

辽宁省综合经济竞争力仍稳定处于全国中等水平。由于经济体量大，其相应增量也较为可观，但经济效率低下，结构欠合理仍然制约着辽宁省的综合竞争力发展。从供需的角度看，当地需求与当地要素都高于全国平均水平，但是软硬件环境较差，企业数量少是导致其经济效率低、活力差的主要原因。可持续竞争力方面，辽宁省和谐城市竞争力表现十分突出，大多数城市都位居全国前列。但文化、生态城市竞争力普遍较为落后。整体而言辽宁省城市间可持续竞争力差距均匀，由高到低均有分布。宜居城市竞争力方面，良好的教育和医疗环境是辽宁省在宜居竞争力中处于全国前列的重要保障。

表 11—1　　　　　　　　2016 年辽宁省省情信息

土地面积	14.59 万平方千米
常住人口	4377.8 万人
城镇人口占常住人口比重	67.37%
GDP 总量及增长率	22037.88 亿元，－2.5%

---

* 刘尚超，中国社会科学院研究生院博士生，研究方向：房地产金融；程栋，就职于哈尔滨商业大学。

第一、二、三产业占 GDP 比重	9.9：38.6：51.5

资料来源：2016 年辽宁省国民经济和社会发展统计公报。

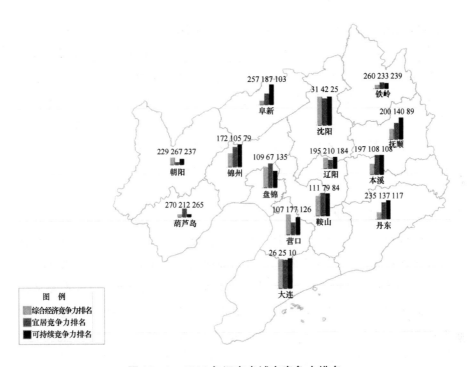

图 11—1　2016 年辽宁省城市竞争力排名

资料来源：中国社会科学院城市与竞争力指数数据库。

（一）现状与条件

总体概况：由于对统计数据偏误的修正，2016 年度辽宁省成为全国 31 个省（区、市）唯一经济负增长省份，GDP 总量下降 2.5%。其中第一产业下降 4.6%，第二产业下降 7.9%，第三产业增长 2.4%。产业结构方面，辽宁省的第一、二、三产业分别占比 9.9%、38.6% 和 51.5%。除综合经济竞争力受到负增长率的影响而减弱外，辽宁省的知识城市竞争力也相对薄弱。辽宁省在其余和谐、生态、文化、全域、信息等五方面可持续竞争力水平发展相对均衡，且和谐城市竞争力表现突出。城市层面，大连与沈阳可持续竞争力均位于全国前列，而宜居竞争力则相对较弱。辽宁省其他城市的宜居与可持续竞争力大多处于全国中下游水平。

现状格局：2017 年度辽宁省综合经济竞争力指数为 0.062，位列全国第 17，较上年度排名 14 下降 3 个位次。省内综合经济竞争力较强的大连和沈阳全国排名分别为 26 和 31 位，相比上年度均有大幅下滑。省内综合经济竞争力垫底的葫芦岛和铁岭分别位于全国的 269 和 260 位。与综合经济竞争力类似，辽宁省的平均宜居城市竞争力与可持续竞争力同样处于全国中等偏上水平，分别居于全国第 18 位和 15 位。整体来看，辽宁省的综合经济竞争力略有下滑，宜居城市竞争力以及可持续竞争力与上一年度变化不大，稳定在全国中等水平，且省内各城市间差距较为稳定。

（二）问题与劣势

综合经济竞争力水平较差，知识城市竞争力是明显短板。经济数据统计偏误修正之后，辽宁省整体经济竞争力水平由全国中上游水平下滑至中等偏下，全国排名 17。除去统计数据方面的原因外，辽宁省经济在增长总量和效率方面都有所欠缺。其原因一方面是重工业产能过剩，工业产品价格下行，另一方面是经济结构过度依赖第二产业，第三产业以及民营资本没有在市场经济的框架下发挥出活力，欠佳的营商环境也制约着有效投资的增长。知识城市竞争力方面，辽宁省虽然大学指数位居全国前列，但专利指数与科研从业人数均落后于全国平均水平，成为制约知识城市竞争力的最明显的短板。

全域、文化城市竞争力整体相对薄弱，省内城市间生态竞争力差异仍然巨大。整体来看，辽宁省，特别是沈阳和大连在文体事业人数、影剧院数量和城市国际知名度等指标都处于全国领先水平。文体场馆的投入和多元文化的包容性也逐渐弥补了辽宁省历史文化及非物质遗产不足的缺陷。即便如此，辽宁省的文化竞争力仍相对薄弱，需要进一步提高。全域竞争力方面，辽宁省虽然城镇化率处于较高水平，但由于道路、图书馆等基础设施城乡分布不均，其全域城市竞争力仍落后于全国平均水平。此外，由于老工业基地的历史背景下粗放型的增长模式积累的生态环境恶化也导致了辽宁省城市间生态城市竞争力差异巨大，部分城市如鞍山、阜新等生态环境较差，而海滨城市大连则高居全国生态城市竞争力榜首。

（三）现象与规律

产业结构和科技水平制约着辽宁省综合竞争力的提升和发展。辽宁省内大多数城市均存在着第一产比重较高、经济效率低下的特点。2016年通过辽宁省政府去产能、去库存等一系列举措优化了产业结构，第二产比重降低的同时第三产比重逐步提高。但与此同时，较为封闭的经济特征，劳动人口流失与人口红利的逐渐消失以及落后的民营经济和欠佳的营商环境都是制约综合竞争力提升和发展的重要因素。更重要的是，虽然辽宁省高校教育资源具有一定优势，但是科研投入及科技水平都未达到与其相当的水准。而长期来看，通过科技水平提升劳动生产率是提升综合竞争力的重要途径。

和谐城市与全域城市竞争力关系密切，是拉动辽宁省可持续竞争力的重要因素，而生态城市仍然是制约可持续竞争力和宜居城市的最大短板。从表11—3不难看出，除阜新外，辽宁省的大多数城市和谐竞争力与全域城市竞争力指数高度相关。由此可见，城乡均衡发展是经济社会和谐包容的必要条件。而在辽宁省的14个地级市中，共有11个地级市和谐城市竞争力指数位居全国前100。因此和谐城市竞争力是拉动辽宁省可持续竞争力的重要因素。而生态环境的保护和改善对于辽宁来说则是进一步提升可持续竞争力的当务之急。辽宁省大多数城市的可持续竞争力排名高于其宜居城市的排名也充分说明了这一点。

（四）趋势与展望

人口红利逐渐消失、投资增长难以为继与企业债务水平较高是辽宁省可能面临的长期挑战。一方面，辽宁省人口集聚程度呈现短期内无法改变的减弱态势，人才流失现象严重，而与此同时人口结构的老龄化也直接影响到未来的劳动力供给和经济社会的压力。另一方面，由于老工业基地体制和结构问题，政府在资源配置中存在过度干预的问题，如何促进投资增长也是辽宁省面临的长期挑战。而企业过高的杠杆率则有可能是金融体系甚至整体经济的潜在风险来源。

　　未来营商环境有望逐步优化,民生福祉进一步得到保障。2016 年以来,辽宁省对投资营商软环境的建设加强了重视并发挥了责任主体的作用。一方面国家新一轮振兴东北战略的部署力度逐渐增大,另一方面辽宁政府通过设立政务服务中心,出台《辽宁省优化营商环境条例》等举措切实保证了企业主体的合法权益,增强了政务效率,促进了营商环境的改善。与此同时,民生福祉也将进一步得到重视和保障,城乡居民人均收入进一步提高,医疗及教育水平持续进步,社会保障制度不断完善。

表 11—2　　　　2016 年辽宁省各城市综合经济竞争力指数排名

城市	综合经济竞争力		综合增量竞争力		综合效率竞争力		企业本体	当地要素	当地需求	软件环境	硬件环境	全球联系
	指数	排名	指数	排名	指数	排名	排名	排名	排名	排名	排名	排名
沈阳	0.184	31	0.301	27	0.023	40	112	19	23	44	73	46
大连	0.208	26	0.356	16	0.025	35	195	22	22	39	26	19
鞍山	0.083	111	0.089	126	0.011	90	189	81	76	31	93	154
抚顺	0.056	200	0.053	200	0.005	162	88	111	169	256	104	128
本溪	0.057	197	0.051	206	0.006	144	197	204	115	260	150	37
丹东	0.048	235	0.044	224	0.003	213	62	176	199	104	95	91
锦州	0.062	172	0.064	178	0.006	147	21	88	97	75	47	126
营口	0.086	107	0.090	125	0.012	80	164	189	87	236	139	94
阜新	0.041	257	0.031	255	0.002	226	169	53	267	258	185	164
辽阳	0.057	195	0.042	233	0.009	108	201	238	120	266	69	202
盘锦	0.083	109	0.079	139	0.013	71	194	267	80	114	81	121
铁岭	0.041	260	0.029	263	0.003	214	289	246	233	121	141	124
朝阳	0.049	229	0.050	208	0.002	235	227	213	259	225	160	220
葫芦岛	0.037	270	0.023	275	0.003	210	190	210	107	277	181	155

表 11—3　　　　2016 年辽宁省各城市可持续竞争力指数排名

城市	可持续竞争力		知识城市竞争力	和谐城市竞争力	生态城市竞争力	文化城市竞争力	全域城市竞争力	信息城市竞争力
	指数	排名	排名	排名	排名	排名	排名	排名
沈阳	0.571	25	27	131	54	14	17	79

续表

城市	可持续竞争力		知识城市竞争力	和谐城市竞争力	生态城市竞争力	文化城市竞争力	全域城市竞争力	信息城市竞争力
	指数	排名	排名	排名	排名	排名	排名	排名
大连	0.681	10	19	6	1	72	15	25
鞍山	0.374	84	93	62	205	89	50	112
抚顺	0.367	89	113	4	202	123	82	139
本溪	0.342	108	190	66	173	150	62	56
丹东	0.330	117	188	49	195	130	97	76
锦州	0.381	79	82	70	157	106	72	100
营口	0.321	126	198	15	198	208	66	70
阜新	0.351	103	63	1	236	143	170	185
辽阳	0.259	184	276	69	176	217	59	166
盘锦	0.314	135	225	53	124	183	44	152
铁岭	0.190	239	288	206	163	254	103	174
朝阳	0.197	237	256	58	251	244	177	169
葫芦岛	0.149	265	270	201	255	269	203	131

表 11—4　　　　2016 年辽宁省各城市宜居竞争力指数排名

城市	宜居竞争力		优质的教育环境	健康的医疗环境	安全的社会环境	绿色的生态环境	舒适的居住环境	便捷的基础设施	活跃的经济环境
	指数	排名	排名	排名	排名	排名	排名	排名	排名
沈阳	0.646	42	10	11	226	228	172	269	47
大连	0.708	25	7	20	107	67	287	283	43
鞍山	0.551	79	59	88	108	256	120	169	82
抚顺	0.430	140	79	85	148	184	205	152	155
本溪	0.492	108	96	73	237	187	141	99	101
丹东	0.438	137	133	74	181	133	134	75	191
锦州	0.496	105	68	114	169	192	94	158	108
营口	0.348	177	212	163	152	159	235	171	83
阜新	0.321	187	64	89	114	210	263	174	251
辽阳	0.289	210	235	132	187	229	248	89	136
盘锦	0.564	67	126	75	186	178	123	87	49

续表

城市	宜居竞争力		优质的教育环境	健康的医疗环境	安全的社会环境	绿色的生态环境	舒适的居住环境	便捷的基础设施	活跃的经济环境
	指数	排名	排名	排名	排名	排名	排名	排名	排名
铁岭	0.241	233	250	107	64	194	202	177	226
朝阳	0.169	267	247	187	70	181	211	147	260
葫芦岛	0.284	212	236	143	216	231	83	166	115

（五）政策建议

2016 年度辽宁省营商环境优化成效显著；通过供给侧结构改革，去产能、去库存、去杠杆、降成本、补短板五大任务完成进度较快。面临着人才流失和投资增长乏力的困境，结合辽宁省经济发展的现状，建议：

1. 核实经济数据，规范统计方法，确保宏观经济数据的真实准确并为正确的决策提供必要依据。

2. 发挥公平、包容、和谐城市的可持续竞争力优势，建立健全人才的引进以及激励机制。

3. 支持高校及科研机构的科研成果转化，加快实施创新驱动发展战略，在以市场为导向的机制下通过产学研一体化协同创新加快提升全省的科技水平。

4. 进一步加强营造友好完善的营商环境，通过简化审批手续、完善服务制度、立法保障企业权益等手段进一步吸引国内外投资，在"三大战略"基本格局下构建协同、绿色、可持续的发展愿景。

二 中国城市竞争力（吉林省）报告

近三年来吉林省社会经济发展速度逐渐放缓，综合经济竞争力排名和可持续竞争力排名仍居于全国中等偏下的位置。除省会城市长春外，其他城市的综合经济竞争力、宜居城市竞争力和可持续竞争力普遍低于全国平均水平。建议吉林省利用地处东北腹地的区位优势和经济后发优势，主动融入国家"一带一路"战略，进一步扩大开放，与此同时妥善解决国企改革的制度问题，继续着手供需两侧结构优化，在此基础上提升综合经济、宜居和可持续竞争力。

表11—5　　　　　　　　2016年吉林省省情信息

土地面积	18.74万平方千米
常住人口	2733.3万人
城镇人口占常住人口比重	55.97%
GDP总量及增长率	14886.23亿元，6.9%
第一、二、三产业占GDP比重	10.1:48.0:41.9

资料来源：2016年吉林省国民经济和社会发展统计公报。

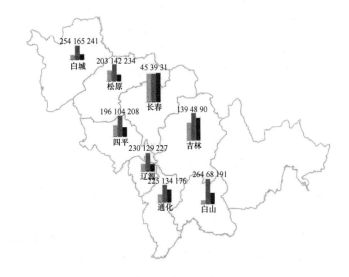

图11—2　2016年吉林省城市竞争力排名

资料来源：中国社会科学院城市与竞争力指数数据库。

（一）现状与条件

总体概况：2014年以来，吉林省经济增速出现了短暂放缓，由普遍高于全国增速3个百分点左右的高速换档至低于较低的增速水平。2016年吉林经济增速相较而言有所回升，达到6.9%，略微高于全国6.7%的平均水平。吉林省继续发挥了生态科技资源和全国商品粮基地的优势，逐步优化产业结构，降低工业增加值占比。2016年吉林省的第一、第二、第三产业分别占比 10.1%、48.0%、41.9%，产业结构进一步向服务业带动的优化模式转型。相比之下，吉林省宜居城市竞争力提升显著，龙头城市长春宜居竞争力位居全国第 8 位。吉林省可持续竞争力整体而言变化不大，除省会长春外大多数城市仍不具备较强的可持续竞争力。

现状格局：吉林省"一强多弱"的基本发展格局仍未有效改善，城市群联动协调发展有待进一步提升，区域经济与可持续发展增长极较为单一。由于吉林省的大多城市综合经济竞争力、宜居城市竞争力与可持续竞争力都处于全国中下游水平，仅省会长春和吉林市可持续竞争力和宜居城市竞争力位居全国百位以内。综合经济竞争力方面更是长春一枝独秀。即便吉林省拥有较好的环境资源禀赋，省内多个城市绿地面积、空气质量等指标都远超全国平均水平。但是生态环境的优势并未在宜居城市竞争力中得到明显的表现，其主要原因是吉林省相对落后的基础设施以及公共服务水平。与此同时，吉林省的文化竞争力方面也亟待提升。

（二）问题与劣势

经济结构与经济效益有待进一步优化提升。作为老工业基地和农业大省，吉林省存在着第二产业占比过高且产业结构偏重工化、发展模式过度依赖资源等问题。例如汽车产业作为吉林的传统主导产业占据省会长春工业增加值的六成以上。此外，吉林省还面临区域发展不均衡，无法形成有规模有影响力的城市间产业集群的问题。此外，经济效益仍然有待提升。虽然吉林省具有优秀的自然环境禀赋，但其单位 GDP 能耗和总污染排放量仍然高于全国平均水平。作为经济的润滑剂，融资难、融资贵仍然是诸多省内企业面临的难题，因此金融覆盖的广度与深度仍然有进一步提升的空间。

吉林省可持续竞争力缺乏支柱型优势，知识城市竞争力与生态城市竞争力的优势未能带动可持续竞争力全面发展。相对而言多数吉林省城市在知识城市和生态城市竞争力方面表现优异，但其在和谐、文化、信息等方面仍然存在着严重短板，多数城市均处于全国中下游水平。因此知识城市竞争力的优势未能表现在信息城市竞争力中，且生态竞争力的优势同样需要进一步充分挖掘和发挥。

（三）现象与规律

吉林省综合经济竞争力受到外部经济环境以及内部结构的制约。首先是在我国部分重工业产能仍然过剩的宏观经济背景下，吉林产业结构刚性特征明显，过度依赖于少数产业的发展和带动，而服务业以及高新技术产业增长缓慢。面临的困境不仅包括人才流失，更重要的是国企效率低下且无资产、无生产、无偿债能力的"三无"僵尸企业数量不断增长。与此同时居民收入差距也不断扩大，城镇单位就业人员可支配收入不及全国平均水平。

文化竞争力的短板制约着生态城市竞争力优势资源的发挥，健康、教育及医疗方面的出众表现使得众多吉林省内城市宜居竞争力表现优异。吉林省一方面具有较充沛的自然环境资源，但另一方面由于历史文化指数、城市知名度的短板，旅游业并未得到足够的发展和重视。入境旅游客人数仍然处于较低水平。但是，吉林省的大多城市在教育、医疗以及基础设施等方面都表现优异，因此也成为全国宜居城市竞争力较为领先的省份。

（四）趋势与展望

经济增长与结构调整仍然面临严峻挑战，如何处理规模巨大同时效率低下的国有企业是解决经济发展问题的关键点。相较于其他东北省份，经济规模较小的吉林省区域发展不均衡，经济结构过度单一的问题最为严重。因此在整个东北地区国有企业都存在着内忧外患的下行压力之时，吉林省未来的经济增长与结构转型仍然面临着严峻挑战。

"三去一降一补"任务的全面完成和经济发展质量的有序提升将使得吉林省经济结构在长期得到改善。通过经济结构调整，农业现代化以及智能制造等一系列传统行业和新兴产业的振兴和发展举措，吉林省的综合经济竞争力有望在稳步发展的前提下做到稳中有进、稳中向好。可持续竞争力方面，在五大发展理念的指导下，吉林省在知识、和谐、生态、文化、全域、信息城市竞争力方面的发展和提升仍然具有乐观前景。

表 11—6　　　　　2016 年吉林省各城市综合经济竞争力指数排名

城市	综合经济竞争力		综合增量竞争力		综合效率竞争力		企业本体	当地要素	当地需求	软件环境	硬件环境	全球联系
	指数	排名	指数	排名	指数	排名	排名	排名	排名	排名	排名	排名
长春	0.147	45	0.303	25	0.011	88	162	15	41	41	97	47
吉林	0.069	139	0.096	112	0.004	190	212	55	77	212	107	211
四平	0.057	196	0.062	183	0.003	191	30	83	94	179	68	225
辽源	0.049	230	0.036	249	0.005	149	66	288	116	172	187	224
通化	0.049	225	0.048	215	0.003	216	86	179	102	176	231	232
白山	0.039	264	0.029	262	0.001	245	39	277	114	216	29	238
松原	0.055	203	0.060	188	0.003	204	198	289	89	192	166	281
白城	0.041	254	0.036	246	0.001	268	166	195	134	112	272	272

表 11—7　　　　　2016 年吉林省各城市可持续竞争力指数排名

城市	可持续竞争力		知识城市竞争力	和谐城市竞争力	生态城市竞争力	文化城市竞争力	全域城市竞争力	信息城市竞争力
	指数	排名	排名	排名	排名	排名	排名	排名
长春	0.541	31	22	103	22	55	43	63
吉林	0.366	90	71	107	96	96	96	203
四平	0.222	208	84	178	151	249	200	246
辽源	0.206	227	255	106	137	257	118	229
通化	0.269	176	175	79	135	205	137	195
白山	0.243	191	248	9	186	235	168	206
松原	0.200	234	280	212	80	223	142	274
白城	0.186	241	186	142	146	258	273	250

表 11—8　　　　　2016 年吉林省各城市宜居竞争力指数排名

城市	宜居竞争力		优质的教育环境	健康的医疗环境	安全的社会环境	绿色的生态环境	舒适的居住环境	便捷的基础设施	活跃的经济环境
	指数	排名	排名	排名	排名	排名	排名	排名	排名
长春	0.656	39	8	19	159	157	226	268	85

续表

城市	宜居竞争力		优质的教育环境	健康的医疗环境	安全的社会环境	绿色的生态环境	舒适的居住环境	便捷的基础设施	活跃的经济环境
	指数	排名	排名	排名	排名	排名	排名	排名	排名
吉林	0.613	48	47	34	137	170	270	164	90
四平	0.497	104	90	109	133	240	210	126	87
辽源	0.448	129	177	246	121	191	203	48	81
通化	0.443	134	183	234	88	172	214	122	57
白山	0.564	68	154	209	29	214	80	46	75
松原	0.428	142	187	223	120	101	269	128	65
白城	0.374	165	254	252	63	224	45	111	98

（五）政策建议

吉林省已提出的发展战略包括"五大发展"和"东中西区域战略"。即创新发展、统筹发展、绿色发展、安全发展和开放发展五大发展战略；打造东部绿色转型发展区、中部创新转型核心区、西部生态经济区三大主体区域。在发展战略的指引下，当务之急一方面是通过政府有形之手全力发展重点产业如汽车、光电子信息、农产品生产及加工和石油化工等吉林省的传统优势产业；另一方面需要通过制度创新和保障，借助市场的无形之手进一步将吉林的制造业和其他竞争优势充分发挥出来。

面对人才流失、人口老龄化、劳动力减少的严峻问题，需要继续深入贯彻落实创新驱动发展战略，重视科技创新和人才培养，发现并培育新的经济增长极。在宜居城市竞争力及可持续竞争力方面，建议吉林省充分发掘利用其充沛的环境资源禀赋，重视发展旅游养老等相关服务业发展，加强生态文明建设。

三 中国城市竞争力（黑龙江省）报告

近三年来，黑龙江省经济遇到了多年未有的挑战和复杂局面。从综合经济总体来看，经济总量在低速增长，从 2014 年的 15039 亿元增长到 2016 年的全年实现地区生产总值（GDP）15386. 1 亿元，经济增长速度落后全国平均水平，在全国省级行政区域中一直在后三位徘徊。三次产业机构不断优化，服务业所占比重稳步提升，三次产业比例由 2014 年的 17. 4∶36. 9∶45. 8 调整到 2016 年的 17. 4∶28. 9∶53. 7。全社会固定投资稳步增长，由 2014 年的 9820 亿元增长到 2016 年的 10432. 6 亿元。社会消费品零售总额大幅增加，由 2014 年的 6964. 2 亿元增长至 2016 年的 8402. 5 亿元。三年来，黑龙江在传统产业集中负向拉动与培育新动能、新增长领域相互交织关键时期，经济增长的积极因素在不断累积。

表 11—9　　　　　　　　　2016 年黑龙江省省情信息

土地面积	47. 3 万平方千米
常住人口	3835 万人
城镇人口占常住人口比重	57. 39%
GDP 总量及增长率	15386. 1 亿元，6. 1%
第一、二、三产业占 GDP 比重	17. 4∶28. 9∶53. 7

资料来源：2016 年黑龙江省国民经济和社会发展统计公报。

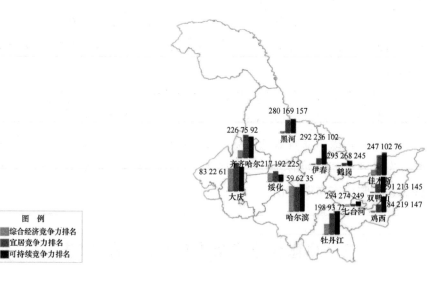

图 11—3　2016 年黑龙江省城市竞争力排名

资料来源：中国社会科学院城市与竞争力指数数据库。

（一）现状与条件

总体概况：总体来看，黑龙江省综合水平位居全国中下游水平。黑龙江省可持续竞争力和宜居城市竞争力处于全国中游水平，略好于综合经济竞争力。2016 年黑龙江省综合经济竞争力位居全国第 31 位，可持续竞争力和宜居城市竞争力分别位居全国第 18 位和第 21 位。在二级指标看，黑龙江省和谐城市建设和生态文明建设居于全国前列，和谐城市竞争力位于全国第 4 名，排名最高；生态城市竞争力次之，位于全国第 10 名。城市信息化建设、宜居城市建设方面，黑龙江位于全国中游水平，分别位于全国第 19 名，全域城市竞争力、宜居城市竞争力均为全国第 21 名。从变异系数来看，黑龙江综合经济竞争力和可持续竞争力变异系数排名分别居 21 位和 16 位，这表明黑龙江省各个城市之间的不均衡问题还非常突出。

现状格局：2016 年，黑龙江省城市竞争力总体上呈现以下特征。

第一，哈尔滨和大庆作为区域经济的双子星，领先于其他各市。哈尔滨市和大庆市的综合经济竞争力、可持续竞争力、宜居城市竞争力、和谐城市竞争力、文化城市竞争力、全域城市竞争力都位居全省前两位，领先于其他各市。从综合经济竞争力来看，2016 年哈尔滨和大庆位居全国 59 位和 83 位，其余各市基本位于第 200 位以后（牡丹江第 198 位）。从文化城市方面来看，哈尔滨作为黑龙江省唯一进入前 100 名的城市，居全国第 10 位。

第二，和谐城市竞争力优势明显，处于全国上游水平。黑龙江省可持续竞争力均值 0.327，位居全国第 4 名。各城市相对均衡，排名位次相对集中。其中，双鸭山、黑河、牡丹江 3 市位居全国前 20 名，7 个城市进入全国前 50 名，排在 100 名以后的只有 3 个市，省内末位的大庆市位居全国第 169 位。

（二）问题与劣势

第一，黑龙江省经济增长速度相对慢、综合经济竞争力严重落后。2016 年黑龙江省经济增长速度为 6.1%，位居倒数第 3 名。黑龙江省综合经济竞争力位于全国第 31 名，比 2015 年下滑 2 位。自 2013 年以来，黑龙江省经济增长速度一直在全国后三名徘徊，所有城市的综合经济竞争力排名也存在不同程度的下滑。2016 年只有两个城市进入前 100 名，没有城市进入前 50 名。双鸭山、伊春、鹤岗、七台河分别排在全国第 291、292、293 和 294 位，处于严重落后水平。

第二，区域内各城市发展不均衡严重。哈尔滨市占全省人口的三成左右，地区生产总值的四成左右，大庆市占全省生产总值的近两成。文化城市竞争力除了哈尔滨市外，其他城市均处于全国中等偏下的水平。在综合经济竞争力、可持续发展竞争力、文化城市竞争力、宜居城市竞争力方面，黑龙江省各城市差距很大，变异系数相对较高。

表 11—10 　　 2016 年黑龙江省各城市综合经济竞争力指数排名

城市	综合经济竞争力		综合增量竞争力		综合效率竞争力		企业本体	当地要素	当地需求	软件环境	硬件环境	全球联系
	指数	排名	指数	排名	指数	排名	排名	排名	排名	排名	排名	排名
哈尔滨	0.117	59	0.278	31	0.004	177	223	29	39	51	99	102
大庆	0.098	83	0.150	70	0.008	117	225	64	63	278	35	200
牡丹江	0.057	198	0.075	149	0.001	258	50	141	253	239	220	64
绥化	0.052	217	0.062	181	0.001	256	170	157	256	166	239	197
齐齐哈尔	0.049	226	0.056	196	0.001	266	87	84	236	14	33	209
佳木斯	0.044	247	0.044	226	0.001	272	123	93	276	140	61	100
黑河	0.033	280	0.022	277	0.000	292	251	168	258	99	251	68
鸡西	0.031	284	0.017	283	0.001	273	287	167	280	257	149	144
双鸭山	0.026	291	0.009	292	0.001	278	286	220	275	70	250	138
伊春	0.026	292	0.009	291	0.000	291	270	225	289	287	132	215
鹤岗	0.021	293	0.002	293	0.001	280	288	196	288	276	80	261
七台河	0.019	294	0.000	294	0.001	255	282	224	285	249	273	275

资料来源：中国社会科学院城市与竞争力指数数据库。

表 11—11 　　 黑龙江省各城市可持续竞争力指数排名

城市	可持续竞争力		知识城市竞争力	和谐城市竞争力	生态城市竞争力	文化城市竞争力	全域城市竞争力	信息城市竞争力
	指数	排名	排名	排名	排名	排名	排名	排名
哈尔滨	0.523	35	35	50	90	10	67	134

城市	可持续竞争力		知识城市竞争力	和谐城市竞争力	生态城市竞争力	文化城市竞争力	全域城市竞争力	信息城市竞争力
	指数	排名	排名	排名	排名	排名	排名	排名
齐齐哈尔	0.362	92	114	37	35	127	186	214
鸡西	0.305	147	194	32	134	182	199	127
鹤岗	0.180	245	271	108	215	232	235	244
双鸭山	0.305	145	287	13	106	201	174	122
大庆	0.440	61	48	169	21	100	45	157
伊春	0.353	102	274	33	69	147	157	64
佳木斯	0.382	76	119	72	11	195	218	94
七台河	0.171	249	258	97	222	238	202	262
牡丹江	0.396	72	135	20	38	162	140	66
黑河	0.294	157	192	16	252	179	195	65
绥化	0.206	225	180	112	159	259	76	268

资料来源：中国社会科学院城市与竞争力指数数据库。

表 11—12　　　　2016 年黑龙江省各城市宜居竞争力指数排名

城市	宜居竞争力		优质的教育环境	健康的医疗环境	安全的社会环境	绿色的生态环境	舒适的居住环境	便捷的基础设施	活跃的经济环境
	指数	排名	排名	排名	排名	排名	排名	排名	排名
哈尔滨	0.573	62	15	21	172	198	223	288	100
齐齐哈尔	0.555	75	99	54	25	26	246	61	246
鸡西	0.271	219	165	82	158	57	276	123	281
鹤岗	0.168	268	140	167	204	141	284	42	289
双鸭山	0.280	213	282	145	6	121	220	43	275
大庆	0.722	22	34	35	241	56	75	162	67
伊春	0.236	236	230	231	182	84	194	4	283
佳木斯	0.498	102	85	41	31	23	169	187	267
七台河	0.152	274	270	102	218	200	251	60	269
牡丹江	0.516	93	83	45	60	102	250	50	240
黑河	0.365	169	253	189	3	103	156	47	259
绥化	0.314	192	176	285	14	43	266	64	265

资料来源：中国社会科学院城市与竞争力指数数据库。

（三）现象与规律

黑龙江省综合经济竞争力的大幅度下滑与黑龙江省在创新驱动的知识城市紧密相关。黑龙江省综合经济竞争力指数均值排名从 2014 年的 28 名，2015 年的 29 名，下降到 2016 年的 31 名，处于全国落后水平。从知识城市建设方面，2014 年黑龙江省进入全国前 100 名的城市有 3 个，最高排名为 25 名，最低排名 280 名。2015 年和 2016 年都只有 2 个城市，进入前 100 名，最高排名分别为 30 名和 35 名，最低排名分别为 281 名和 287 名。黑龙江省当前传统产业增长下滑，新兴产业相对弱小，创新驱动能力弱，新旧动能转换没有获得有效突破。

（四）趋势与展望

2017 年是实施"十三五"规划开局第二年。黑龙江省经济增长新动能尚未有效突破，传统经济结构难以推动经济持续增长。从外围政策层面来看，振兴东北老工业基地政策持续发力，龙江丝路带建设不断推进；从自身深化改革层面看，行政审批制度改革、商事制度改革、国企改革不断推进，哈尔滨新区改革创新政策持续落地。2016 年，固定资产、社会消费在加速增长，进出口总额降幅收窄 24.8 个百分点，黑龙江省社会经济气温回暖可期。

（五）政策建议

战略回顾：近两年来，黑龙江省主动适应经济发展新常态，着力构建"中蒙俄经济走廊"，积极应对传统产业等对经济增长负向拉动的严峻挑战，既利用国家支持，又挖掘自身潜力，加强结构性改革，提高供给体系质量和效率，加快培育新的发展动能。同时，积极推进民生工程，大力发展黑龙江特色旅游、文化产业。

政策建议：黑龙江省发展的主要问题在于市场化水平不高和传统产业集中下滑，应从两个思路推进：一方面，推进市场化改革，推进国有企业改革、培育微观市场主体，提高政府驾驭市场经济能力；另一方面，优化产业结构，改造传统产业信息化水平，大力发展新兴产业、现代农业和旅游文化产业。难点在于完善政府自身建设，重点在于哈尔滨新区建设、"中蒙俄经济走廊"、国企改革、人口增长战略、现代农业优势。

第十二章　中国(中部地区)城市竞争力报告

郭　晗*

一　中国城市竞争力(湖北省)报告

近三年来,湖北省经济社会发展适应新常态,经济社会发展呈现"总量跨越、质效提升、位次前移"的竞进态势。从综合经济发展来看,经济总量不断扩大,由 2013 年的 24791.83 亿元增长到 32297.91 亿元;经济增速有所放缓,从 2013 年的 10.1% 下降到 2015 年的 8.1%。湖北产业结构呈现不断优化的局面,服务业所占比重稳步提升,三次产业结构比例由 2015 年的 11.2∶45.7∶43.1 调整为 10.8∶44.5∶44.7。需求结构方面,投资规模增速持续放缓,近三年分别为 20.4%、16.2%、13.1%。创新对经济的促进作用有所上升,全省科学研究与实验发展(R&D)经费支出 620 亿元,增长 10%;全年共签订技术合同 24248 项,技术合同成交金额 927.73 亿元,合同金额比上年增长 11.7%。总体来看,湖北省当前仍处在"竞进提质、升级增效"的关键期。虽然湖北经济发展状况较好,但近年来出现可持续竞争力下降的状况,特别是全域城市竞争力较低,成为湖北可持续竞争力提升的瓶颈。从城市层面来看,也存在内部城市之间发展不均衡的问题,武汉在综合经济竞争力和可持续竞争力方面都具备明显优势,在全国处于前列,襄阳和宜昌发展也较好,但省内其他城市发展相对落后。未来,湖北的发展方向是推进城乡和区域协调发展,努力促进公共服务均等化和

---

* 郭晗,经济学博士,西北大学经济管理学院教师。研究方向:城市与经济增长。

加强基础设施建设水平，充分发挥生态大省的优势，保障发展的可持
续性。

表 12—1　　　　　　　　2016 年湖北省省情信息

土地面积	18.59 万平方千米
常住人口	5885 万人
城镇人口占常住人口比重	58.1%
GDP 总量及增长率	32297.9 亿元，8.1%
第一、二、三产业占 GDP 比重	10.8∶44.5∶44.7

资料来源：2016 年湖北省国民经济和社会发展统计公报。

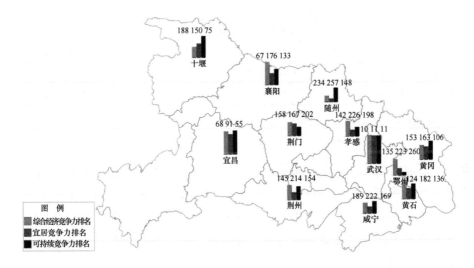

图 12—1　2016 年湖北省城市竞争力排名
资料来源：中国社会科学院城市与竞争力指数数据库。

（一）现状与条件

总体概况：2016 年湖北省城市平均综合经济竞争力均值为 0.094，
排在第 13 位，相比 2015 年进步两位。总体来看，湖北省综合经济竞争
力处于全国中游水平，在中部地区处于领先地位。从变异系数来看，湖
北综合经济竞争力变异系数排名居 24 位，这意味着湖北各城市之间发
展并不均衡。

表 12—2　　　　　2016 年湖北省各城市综合竞争力指数排名

城市	综合经济竞争力		综合增量竞争力		综合效率竞争力		企业本体	当地要素	当地需求	软件环境	硬件环境	全球联系
	指数	排名	指数	排名	指数	排名	排名	排名	排名	排名	排名	排名
武汉	0.342	10	0.584	9	0.049	19	156	6	11	40	122	29
黄石	0.075	124	0.070	163	0.011	86	173	135	213	223	240	44
十堰	0.058	188	0.073	153	0.002	234	182	101	272	183	102	237
宜昌	0.105	68	0.195	45	0.006	137	253	66	184	45	275	185
襄阳	0.106	67	0.194	46	0.006	127	73	172	206	52	218	221
鄂州	0.070	135	0.042	231	0.018	53	19	287	242	268	130	122
荆门	0.065	158	0.077	146	0.004	168	7	239	239	146	236	203
孝感	0.069	142	0.077	143	0.006	133	37	123	222	202	270	119
荆州	0.068	145	0.086	132	0.004	171	71	63	240	46	174	174
黄冈	0.065	153	0.086	134	0.003	196	281	114	241	157	144	170
咸宁	0.058	189	0.061	185	0.004	179	27	152	269	198	265	172
随州	0.048	234	0.043	229	0.003	205	118	263	254	265	199	140

资料来源：中国社会科学院城市与竞争力指数数据库。

　　湖北的宜居竞争力程度较为稳定，在中部地区排名相对靠前。其中武汉优势明显，宜居环境在全国处于前列，宜昌也处于较高水平。其他城市处于中游或相对靠后水平。从分项来看，湖北各城市在医疗环境和基础设施方面具备优势，生态环境和经济环境是制约湖北宜居竞争力提升的关键因素。

表 12—3　　　　　2016 年湖北省各城市宜居竞争力指数排名

城市	宜居竞争力		优质的教育环境	健康的医疗环境	安全的社会环境	绿色的生态环境	舒适的居住环境	便捷的基础设施	活跃的经济环境
	指数	排名	排名	排名	排名	排名	排名	排名	排名
武汉	0.759	11	6	9	229	180	93	216	40
黄石	0.341	182	102	156	169	268	87	17	218
十堰	0.410	150	107	33	109	94	279	85	266
宜昌	0.524	91	49	48	142	233	138	95	197

续表

城市	宜居竞争力		优质的教育环境	健康的医疗环境	安全的社会环境	绿色的生态环境	舒适的居住环境	便捷的基础设施	活跃的经济环境
	指数	排名	排名	排名	排名	排名	排名	排名	排名
襄阳	0.352	176	117	56	122	250	182	117	227
鄂州	0.258	223	160	166	225	262	139	19	210
荆门	0.371	167	141	150	111	242	121	18	216
孝感	0.249	226	179	219	101	269	183	44	225
荆州	0.279	214	98	120	126	251	162	108	268
黄冈	0.380	163	147	190	34	156	29	49	271
咸宁	0.262	222	157	173	133	164	219	39	273
随州	0.185	257	223	264	168	162	113	105	236

资料来源：中国社会科学院城市与竞争力指数数据库。

从可持续竞争力来看，2016 年湖北可持续竞争力均值为 0.333，排在全国第 17 位，相比 2015 年退步两位，从分项来看，生态城市竞争力与和谐城市竞争力两个方面表现较好，其他分项表现并不突出。从变异系数来看，湖北可持续竞争力变异系数排名居 16 位，这意味着湖北各城市之间可持续竞争力存在差距。

表 12—4　　　　2016 年湖北省各城市可持续竞争力指数排名

城市	可持续竞争力		知识城市竞争力	和谐城市竞争力	生态城市竞争力	文化城市竞争力	全域城市竞争力	信息城市竞争力
	指数	排名	排名	排名	排名	排名	排名	排名
武汉	0.677	11	13	95	75	2	28	24
黄石	0.312	136	133	54	242	138	88	95
十堰	0.386	75	103	186	14	66	261	194
宜昌	0.458	55	55	29	49	50	135	151
襄阳	0.316	133	106	92	136	109	189	219
鄂州	0.157	260	262	190	278	240	150	158
荆门	0.229	202	209	161	210	171	138	201
孝感	0.236	198	130	195	243	152	230	161

续表

城市	可持续竞争力		知识城市竞争力	和谐城市竞争力	生态城市竞争力	文化城市竞争力	全域城市竞争力	信息城市竞争力
	指数	排名	排名	排名	排名	排名	排名	排名
荆州	0.298	154	78	99	207	148	215	163
黄冈	0.346	106	127	59	57	121	102	225
咸宁	0.278	169	166	137	44	214	219	198
随州	0.304	148	275	198	10	228	115	124

资料来源：中国社会科学院城市与竞争力指数数据库。

现状格局：2016 年，湖北省城市竞争力总体上呈现以下特征。

第一，武汉优势突出，总体呈现出"一极独大，两强追赶"局面。武汉市不仅是湖北最大的城市，也是中部地区的中心城市。无论是综合竞争力还是可持续竞争力都在中部地区处于绝对领先地位，发展的体量和可持续性均优势明显，是中部城市的翘楚，因此在湖北各城市发展格局中，呈现出比较强的武汉"一极独大"的特征。但同时，在经济竞争力方面，宜昌和襄阳都处在较高水平，在可持续竞争力方面，宜昌和十堰都处在较高水平。在经济竞争力和可持续竞争力方面，都呈现出"两强追赶"的特征。"十三五"期间，随着"三峡生态经济合作区"和"三峡综合交通运输体系"两大国家战略的实施，以宜昌为代表的第二梯队城市潜力无限，与省会武汉的差距将逐渐缩小。

第二，生态竞争力具备优势，但省内各城市差距较大，呈现分化特征。作为千湖之省，湖北境内水系纵横，从而形成了湖北在生态城市竞争力方面的优势。但是湖北各城市生态竞争力也呈现出比较明显的分化特征。在湖北的 12 个城市中，武汉、十堰、宜昌、黄冈、咸宁和随州 6 个城市的生态竞争力处于全国前 100 位，襄阳处在中游水平，而其他 5 个城市全部处于 200 位以后，这反映出湖北各城市在生态竞争力方面呈现出明显的分化特征。"十三五"期间，绿色生态将是湖北城市实现弯道超车的重要支撑，而缩小生态环境差距是提升的关键。

（二）问题与劣势

第一，武汉独占资源，省内城市发展差异较大。虽然湖北省综合竞争力在中部地区位列第一，但是省内各城市发展的均衡性较差，综合竞争力指数方差和变异系数排名较后，与其他中部省份相比不具优势。武汉作为省会城市，占据了绝对优势，资本、人口（劳动力和市场）、科技等要素都向武汉集聚，导致湖北省各城市发展中出现了比较明显的极化效应，未来应当积极发挥大武汉发展对于周边城市的带动作用，促进省内城市的均衡发展。

第二，全域城市竞争力是可持续竞争力提升的瓶颈。湖北的可持续竞争力表现比较均衡，考察可持续竞争力的各分项，在全国省份排名均处在 10—20 之间。相比而言，全域城市竞争力成为可持续竞争力提升的瓶颈，从城市层面排名来讲，除武汉和黄石之外，其余城市均处在中间或靠后水平。未来要积极推进适宜湖北资源禀赋和发展阶段的新型城镇化，这需要降低城乡之间、城市之间公共设施和公共服务均等化水平的差异。

（三）现象与规律

城乡人均收入差距相对较大，影响了湖北全域城市竞争力的提升。湖北城市可持续竞争力指数比较均衡，各分项指数大多在全国处于中游水平，其中相对靠后的是在全域城市竞争力方面，在全国处于第 20 位，从城市层面来看，而全域竞争力的相对落后，主要源于湖北各城市城乡人均收入之间存在差距较大所造成的。特别是黄冈、十堰和咸宁等城市，这一问题比较突出。较大的城乡收入差距，对城乡发展一体化形成了障碍，因此湖北未来应在实现经济总量稳步提升的同时，积极实施农业供给侧改革，促进农业现代化建设和农民增收，从而实现城乡协调发展，从而促进全域竞争力和可持续竞争力的提升。

从全国一般规律来看，城乡收入差距大的地区，其全域城市竞争力也比较低，可持续竞争力的提升受到制约。通过城市层面的相关性分析发现，城乡居民收入比指标与全域城市竞争力的相关系数为 0.8703，与可持续竞争力的相关系数也达到 0.6972。除去湖北之外，这一指标较低的省份还有陕西、甘肃、云南和贵州等省区，这就说明，通过加快农业现代化建设，提升农民收入，是实现全域竞争力提升的有效途径。

（四）趋势与展望

湖北城市三年来的可持续竞争力水平，可持续竞争力整体发展趋势向好。未来依托长江经济带综合立体交通走廊和湖北自贸区建设，湖北要积极形成国内市场枢纽、拓展商品集散和资源配置功能，巩固和提升国内市场枢纽地位。同时，在"互联网＋"时代，加快信息技术基础设施升级换代，物联网技术应用，以及与高端知名互联网企业的战略合作，提升湖北地区的知识竞争力和信息竞争力，并通过农业现代化提升全域竞争力，从而实现可持续竞争力的全面提升。

（五）政策建议

战略回顾：湖北适应经济发展新常态，全面落实"竞进提质、升级增效"总要求，努力践行"绿色决定生死、市场决定取舍、民生决定目的"三维纲要。近年来，加快建设"三基地一枢纽"，着力构建"两纵两横"经济带，长江经济带开放开发、"三峡后续工作规划"、"南水北调工程生态补偿"、武汉城市圈"两型"社会综合配套改革、武汉市综合交通枢纽试点城市、东湖国家自主创新示范区等国家战略实施和重大项目建设，为湖北省经济社会发展提供了有力支撑，为"建成支点、走在前列"的战略目标实现奠定了良好的基础。

政策建议：湖北应抓住国家实施第三批自贸区建设、促进中部地区全面崛起、长江经济带和长江中游城市群建设等战略的重要机遇期，发挥交通区位和内陆开放的高地优势，拓展空间纵深，塑造空间优势。努力促进缩小城乡收入差距；推进区域协调发展，打破武汉一城独大的困局，逐渐缩小省内城市的差距，实现共同发展、共同富裕的目标。具体的措施是区域协同发展，推动襄阳、宜昌国家创新型城市建设，加快推进武汉国家技术转移中部中心及襄阳、宜昌区域技术转移分中心建设。此外，应继续发挥生态大省的优势，保障发展的可持续性。

二　中国城市竞争力(湖南省)报告

近三年来,湖南省主动适应、引领经济发展新常态,坚定"五化同步"新路径,协同推进新型工业化、信息化、城镇化、农业现代化和绿色化,湖南省经济社会发展呈现稳中有进、稳中趋优的良好局面。从综合经济发展来看,产业结构呈现积极变化,三次产业比例由 2015 年的 11.5∶44.6∶43.9 调整为 2016 年的 11.5∶42.2∶46.3,经济结构进一步优化;需求结构方面,湖南投资规模持续放缓,湖南的固定资产投资近三年增速分别为 27.5%、18.2%、13.8%,其中,民间投资增速为 3.8%,民间投资额占全部投资的比重从 2015 年的 65.4%下降到 2016 年的 59.2%;要素结构方面,科技创新对经济发展的贡献突出,高新技术产业增加值占地区生产总值的比重为 22.0%,比上年提高 0.8 个百分点。总体来看,湖南正处在经济发展的"增速放缓、质量提升"的发展阶段,经济结构和产业结构更趋优化,一批战略性新兴产业做大做强,新的增长动力正在孕育形成,城市竞争力提升后劲可期。从城市层面来看,长株潭地区在经济竞争力和可持续竞争力方面都处于明显优势,且湖南的发展呈现出明显的"东强西弱"格局,在经济竞争力和可持续竞争力两个方面,省内的前五名城市都在东部,而后五名城市都在西部。未来一段时期湖南要进一步维持和谐竞争力优势,并在文化、生态和创新驱动层面,实现经济增长质量的全面提升。

表 12—5　　　　　　　　　　2016 年湖南省省情信息

土地面积	21.18 万平方千米
常住人口	6822 万人
城镇人口占常住人口比重	52.75%
GDP 总量及增长率	31244.7 亿元,7.9%
第一、二、三产业占 GDP 比重	11.5∶42.2∶46.3

资料来源:2016 年湖南省国民经济和社会发展统计公报。

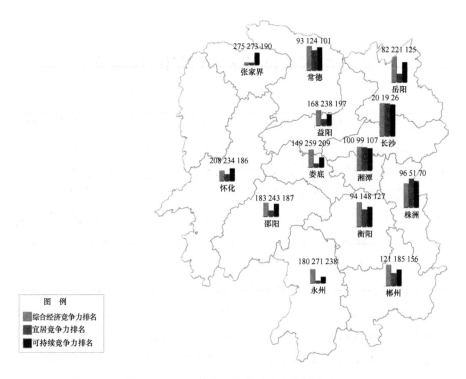

图 12—2　2016 年湖南省城市竞争力排名

资料来源：中国社会科学院城市与竞争力指数数据库。

（一）现状与条件

总体概况：在综合经济竞争力方面，2016 年度湖南省综合经济竞争力指数均值为 0.086，在全国省区市中排名第 16 位，相比 2015 年前进一位。其中长沙优势突出，特别是在综合增量竞争力方面排名前列。除长沙外，湖南还有五个城市进入全国前 100 位，总体表现较好。但经济竞争力变异系数在全国排名第 19 位，说明城市之间差距较大。总体来看，2016 年湖南经济竞争力有所进步，且好于可持续竞争力。

表 12—6　　　2016 年湖南省各城市综合经济竞争力指数排名

城市	综合经济竞争力		综合增量竞争力		综合效率竞争力		企业本体	当地要素	当地需求	软件环境	硬件环境	全球联系
	指数	排名	指数	排名	指数	排名	排名	排名	排名	排名	排名	排名
长沙	0.244	20	0.464	12	0.027	34	130	18	18	59	115	58

续表

城市	综合经济竞争力		综合增量竞争力		综合效率竞争力		企业本体	当地要素	当地需求	软件环境	硬件环境	全球联系
	指数	排名	指数	排名	指数	排名	排名	排名	排名	排名	排名	排名
株洲	0.091	96	0.128	85	0.008	116	113	92	64	158	60	86
湘潭	0.089	100	0.094	115	0.013	72	59	51	106	227	232	70
衡阳	0.091	94	0.141	76	0.006	129	106	65	110	171	45	195
邵阳	0.059	183	0.073	152	0.002	222	18	151	245	219	131	235
岳阳	0.098	82	0.155	63	0.007	119	12	181	167	29	206	182
常德	0.092	93	0.151	64	0.006	145	139	124	182	119	194	258
张家界	0.036	275	0.022	276	0.002	242	200	254	286	68	136	259
益阳	0.063	168	0.073	155	0.004	175	33	174	246	131	230	165
郴州	0.076	121	0.112	93	0.004	180	46	197	170	174	103	132
永州	0.059	180	0.075	151	0.002	227	158	130	249	242	34	247
怀化	0.054	208	0.066	175	0.002	243	180	180	265	226	253	277
娄底	0.066	149	0.072	158	0.006	136	126	173	257	232	256	88

资料来源：中国社会科学院城市与竞争力指数数据库。

在宜居城市竞争力方面，湖南的宜居竞争力表现较差，在全国处于比较靠后水平。除长株潭三个城市表现较优之外，常德、衡阳和郴州处于中等水平，其余城市大都处于较差水平。从分项来看，湖南多数城市在社会环境和居住环境方面表现较好，但在基础设施和经济环境方面表现较差。

表12—7　　　　2016年湖南省各城市宜居竞争力指数排名

城市	宜居竞争力		优质的教育环境	健康的医疗环境	安全的社会环境	绿色的生态环境	舒适的居住环境	便捷的基础设施	活跃的经济环境
	指数	排名	排名	排名	排名	排名	排名	排名	排名
长沙	0.733	19	9	6	263	120	109	272	20
株洲	0.601	51	84	144	28	138	148	176	41
湘潭	0.504	99	60	161	157	174	21	148	122
衡阳	0.414	148	95	57	56	196	122	285	166

续表

城市	宜居竞争力		优质的教育环境	健康的医疗环境	安全的社会环境	绿色的生态环境	舒适的居住环境	便捷的基础设施	活跃的经济环境
	指数	排名	排名	排名	排名	排名	排名	排名	排名
邵阳	0.217	243	181	212	91	128	175	167	264
岳阳	0.270	221	211	210	61	139	68	155	231
常德	0.454	124	118	134	12	81	32	185	215
张家界	0.155	273	231	250	140	195	41	110	279
益阳	0.231	238	201	201	5	171	128	218	276
郴州	0.324	185	228	169	49	91	133	211	184
永州	0.160	271	162	199	164	144	71	204	286
怀化	0.240	234	206	140	57	169	64	215	263
娄底	0.182	259	185	227	144	73	146	178	277

资料来源：中国社会科学院城市与竞争力指数数据库。

从可持续竞争力来看，2016 年湖南省可持续竞争力指数均值为 0.307，在全国省区市中排名第 21 位，各分项中，和谐城市竞争力优势明显，但文化城市竞争力和信息城市竞争力成为可持续竞争力提升的短板。可持续竞争力变异系数在全国排名第 6 位，这反映出湖南省内各城市之间的可持续竞争力差距比较小，内部发展较为均衡。

表 12—8　　　　2016 年湖南省各城市可持续竞争力指数排名

城市	可持续竞争力		知识城市竞争力	和谐城市竞争力	生态城市竞争力	文化城市竞争力	全域城市竞争力	信息城市竞争力
	指数	排名	排名	排名	排名	排名	排名	排名
长沙	0.564	26	17	209	28	23	18	89
株洲	0.398	70	77	12	72	173	56	126
湘潭	0.344	107	54	61	177	210	54	120
衡阳	0.320	127	68	45	141	212	90	199
邵阳	0.252	187	160	51	65	256	171	241
岳阳	0.322	125	143	28	52	164	154	247
常德	0.354	101	111	43	36	139	179	216

续表

城市	可持续竞争力		知识城市竞争力	和谐城市竞争力	生态城市竞争力	文化城市竞争力	全域城市竞争力	信息城市竞争力
	指数	排名	排名	排名	排名	排名	排名	排名
张家界	0.244	190	272	125	164	119	285	239
益阳	0.236	197	158	48	167	229	217	237
郴州	0.295	156	177	24	125	231	158	137
永州	0.192	238	141	120	158	268	249	255
怀化	0.253	186	189	63	120	176	244	281
娄底	0.221	209	181	111	73	283	209	162

资料来源：中国社会科学院城市与竞争力指数数据库。

现状格局：具体来看，湖南省城市竞争力总体上呈现以下特征。

第一，长株潭地区优势明显，经济发展总体呈现出"一超多强"格局。长沙、株洲、湘潭三个城市沿湘江呈"品"字形分布，两两相距不足 20 公里，在两型社会试验区政策的推动下，区域一体化进程快速推进。长沙综合竞争力在省内处于绝对领先地位，综合竞争力排在 20 名，是长株潭地区的领头羊；株洲、湘潭两地实力相当，综合竞争力均位于前 100 位，在湖南稳步于第二梯队，此外，衡阳、岳阳和常德也位于前 100 位，湖南经济发展总体呈现出"一超多强"格局，而长株潭地区是湖南经济发展的中心。

第二，可持续竞争力维持在中下水平，但各城市之间发展相对均衡。湖南省的可持续竞争力指数排在全国各省区第 21 名，处于相对中下的位置。但其变异系数排名第 6 位，这意味着湖南各城市之间可持续竞争力差距较小。从各城市可持续竞争力的情况来看，长沙和株洲处于较高水平，永州和娄底处于相对较差水平，其他所有的城市都处在 100 位到 200 位之间，这意味着湖南各城市可持续竞争力较为均衡。

（二）问题与劣势

第一，湖南城市综合经济竞争力整体呈现"东强西弱"格局，发展不平衡。湖南省城市综合经济竞争力整体呈现"东强西弱"的格局，省内 13 个城市中：长沙综合竞争力是第一梯队（前 50），岳阳、衡阳、常德、株洲、湘潭是第二梯队（前 100），这些城市均位于湖南东部。而大湘西地区的张家界、怀化和永州的综合经济竞争力处于相对较差水平，这反映出湖南城市综合经济竞争力呈现出比较明显的"东强西弱"格局，经济发展存在不平衡。

第二，和谐城市竞争力优势明显，信息城市竞争力是可持续竞争力提升短板。湖南的可持续竞争力指数排在全国省区市的第 21 名，处于相对靠后水平，但从可持续竞争力分项来看，各个分项竞争力发展并不均衡，其中和谐城市竞争力呈现出比较明显的优势，省份排名在全国第 6，城市排名除长沙外所有城市都位于前 130 名。而信息城市竞争力成为可持续竞争力提升短板，省份排名在全国第 25，而城市排名除长沙外所有城市都处于中间或靠后水平。

（三） 现象与规律

良好的社会保障和公平的社会环境，形成了湖南省在和谐城市竞争力方面的明显优势。湖南省和谐竞争力方面在全国各省份中排名第 6，从城市层面来看，株洲、岳阳、衡阳、常德、郴州和益阳六个城市位于全国前 50 位，湘潭、邵阳和怀化位于全国前 100 位。湖南在和谐竞争力方面的优势，源于湖南具备相对公平的社会环境和良好的社会保障。其中，在户籍与非户籍人口之间的公平性方面，株洲、衡阳、张家界和郴州等城市优势突出（长沙在这一指标上表现相对较差，从而影响了长沙和谐城市竞争力的提升），在社会保障程度和社会保障投入方面，长沙、湘潭、岳阳和常德也具备优势，这就综合形成了湖南在和谐城市竞争力方面的优势。

从全国一般规律来看，社会保障程度更高的地区，其和谐城市竞争力和可持续竞争力也比较高。通过城市层面的相关性分析发现，户籍和非户籍人口公平性指标与和谐竞争力的相关系数为 0.4875，人均社会保障、就业和医疗卫生财政支出与和谐竞争力的相关系数为 0.5336，社会保障程度这一指标与和谐竞争力的相关系数为 0.4653，与可持续竞争力的相关系数达到 0.6735。除去湖南外，这几个指标较高的省份还有黑龙江、辽宁和江西等，而这些也都是和谐竞争力较高的省份。这就说明，加大社会保障投入，构建更加公平的社会环境，推进社会和谐，是提升可持续竞争力的重要途径。

（四）趋势与展望

湖南省内城市的可持续竞争力发展较为均衡，长株潭地区作为湖南的经济增长极，区域一体化和两型实验区建设取得重大进展，经济竞争力和可持续竞争力表现突出；从分项来看，和谐城市竞争力和生态城市竞争力优势较为明显，而全域城市竞争力和信息城市竞争力是未来提升可持续竞争力的短板。

（五）政策建议

战略回顾：湖南省大力推进长株潭两型社会试验区、国家自主创新示范区和湘江新区建设，区域发展协调性不断增强，先后形成长株潭、环洞庭湖、大湘南和大湘西四大区域板块。湖南的重大基础设施建设逐渐完善，"十二五"期间高速公路和高速铁路通车里程分居全国第五位和第一位；在产业结构上，确立了文化产业为支柱产业，在"互联网＋"时代，加大对高新技术产业和战略新兴产业的投入，注重文化、人才、科技创新等要素聚集融合，为未来城市综合竞争力的持续发展奠定了优势。

政策建议：坚持协调发展的总基调。统筹推进省内长株潭、环洞庭湖、大湘南和大湘西四大区域板块的协调发展，立足未来湖南的全国现代综合交通枢纽地位，对接"一带一路"、中部崛起和长江经济带建设等国家区域发展战略，进一步优化空间布局、明确产业定位、发挥功能作用。以长株潭一体化模式为契机，促进区域协调发展。最终实现资源高效配置、要素有序自由流动、主体功能约束有效、基本公共服务均等、资源环境可承载的区域协调发展新格局。在可持续竞争力上，充分发挥和谐城市竞争力、生态城市竞争力分项上的优势，通过全域城市竞争力和信息城市竞争力的提升，最终实现城市综合竞争力的可持续发展。

三　中国城市竞争力(河南省)报告

近三年来,河南省主动适应和引领经济发展新常态,着力稳增长、调结构,经济发展保持稳定。从综合经济发展来看,产业结构呈现积极变化,三次产业比例由 2015 年的 11.4 : 49.1 : 39.5 调整为 2016 年的 10.7 : 47.4 : 41.9,服务业占比持续提升;需求结构方面,投资拉动型经济有所收敛,固定资产投资增速连续放缓,近三年分别为 18.0%、16.5%、13.7%,投资结构有所改善,第二产业投资增长 9.0%;第三产业投资增长 17.1%;要素结构方面,科技创新对经济发展的贡献有所提升,全年研究与试验发展人员 25 万人,经费支出 490 亿元,比上年增长 13.0%。总体来看,河南当前仍处在工业主导的发展阶段,第二产业占据较大比重,可持续竞争力表现弱于经济竞争力,其中生态环境成为可持续竞争力提升短板。在经济结构转型的关键期,既需要经济继续保持中高速的发展,同时又面临资源环境的约束,如何处理好两者的关系是河南城市综合竞争力提升的关键。从城市层面来看,郑州是河南经济发展的领头羊,优势突出,洛阳和开封表现相对较好,其余城市在经济发展方面表现良好,但在可持续竞争力方面相对落后。未来河南应顺应国家"一带一路"战略,紧抓国家建设第三批自贸区的战略契机,充分发挥郑州航空港经济综合试验区的开放引领作用,不断加快转变经济发展方式,调整产业结构,走绿色发展的道路,实现"美丽河南"的建设目标。

表 12—9　　　　　　　　2016 年河南省省情信息

土地面积	16.7 万平方千米
常住人口	9532 万人
城镇人口占常住人口比重	48.5%
GDP 总量及增长率	40160.01 亿元, 8.1%
第一、二、三产业占 GDP 比重	10.7 : 47.4 : 41.9

资料来源:2016 年河南省国民经济和社会发展统计公报。

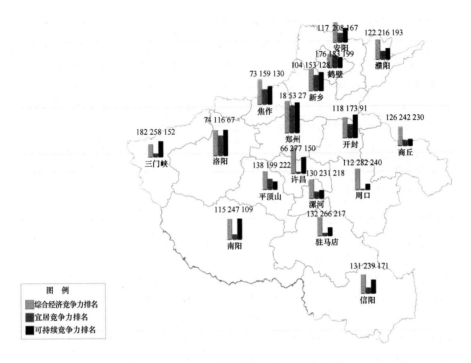

图 12—3 2016 年河南省城市竞争力排名

资料来源：中国社会科学院城市与竞争力指数数据库。

（一）现状与条件

总体概况：从综合经济竞争力来看，2016 年度河南省综合经济竞争力指数均值为 0.090，在全国省区市中排名第 14 位，相比 2015 年前进两位，这反映出河南经济发展提升明显。从变异系数来看，河南的经济竞争力变异系数排名第 13 位，内部各城市之间差距相对较小，各城市大多在全国处于中前列。

表 12—10　2016 年河南省各城市综合经济竞争力指数排名

城市	综合经济竞争力		综合增量竞争力		综合效率竞争力		企业本体	当地要素	当地需求	软件环境	硬件环境	全球联系
	指数	排名	指数	排名	指数	排名	排名	排名	排名	排名	排名	排名
郑州	0.253	18	0.391	14	0.038	23	175	24	26	43	168	27
开封	0.079	118	0.085	137	0.010	98	191	48	229	196	90	183

续表

城市	综合经济竞争力		综合增量竞争力		综合效率竞争力		企业本体	当地要素	当地需求	软件环境	硬件环境	全球联系
	指数	排名	指数	排名	指数	排名	排名	排名	排名	排名	排名	排名
洛阳	0.101	74	0.150	68	0.009	106	187	71	68	148	108	217
平顶山	0.069	138	0.068	169	0.009	110	219	156	141	164	210	253
安阳	0.080	117	0.085	136	0.010	97	107	150	117	267	278	118
鹤壁	0.062	176	0.040	236	0.013	73	127	279	226	189	209	246
新乡	0.088	104	0.110	99	0.009	104	84	61	145	283	158	146
焦作	0.101	73	0.095	113	0.019	48	95	59	175	74	277	166
濮阳	0.075	122	0.066	174	0.012	78	61	284	187	177	286	226
许昌	0.110	66	0.123	88	0.017	54	134	186	163	215	284	112
漯河	0.071	130	0.052	203	0.014	63	54	283	220	117	238	230
三门峡	0.059	182	0.060	187	0.005	158	178	280	224	254	159	249
南阳	0.081	115	0.129	84	0.004	176	89	129	105	34	195	206
商丘	0.074	126	0.088	127	0.006	128	58	96	188	90	268	267
信阳	0.071	131	0.099	104	0.004	185	75	94	219	151	117	241
周口	0.082	112	0.110	98	0.007	126	145	223	217	175	287	239
驻马店	0.071	132	0.092	118	0.005	163	179	146	211	243	248	250

资料来源：中国社会科学院城市与竞争力指数数据库。

从宜居城市竞争力来看，河南整体宜居环境在全国处于下游水平，除郑州处于 53 名之外，其余城市整体表现为中间或靠后水平。从分项来看，河南在社会环境和居住环境方面具备优势，而生态环境和经济环境是制约河南宜居竞争力提升的关键要素。

表 12—11　　　　2016 年河南省各城市宜居竞争力指数排名

城市	宜居竞争力		优质的教育环境	健康的医疗环境	安全的社会环境	绿色的生态环境	舒适的居住环境	便捷的基础设施	活跃的经济环境
	指数	排名	排名	排名	排名	排名	排名	排名	排名
郑州	0.596	53	24	10	73	278	274	262	63
开封	0.358	173	65	78	131	264	192	113	238

续表

城市	宜居竞争力		优质的教育环境	健康的医疗环境	安全的社会环境	绿色的生态环境	舒适的居住环境	便捷的基础设施	活跃的经济环境
	指数	排名	排名	排名	排名	排名	排名	排名	排名
洛阳	0.466	116	112	87	84	260	56	223	103
平顶山	0.307	199	189	93	46	283	115	194	152
安阳	0.292	208	142	104	214	288	10	160	134
鹤壁	0.325	183	199	248	97	265	13	25	202
新乡	0.401	153	81	66	29	279	118	217	176
焦作	0.387	159	80	95	155	276	39	96	185
濮阳	0.274	216	248	69	66	258	196	183	187
许昌	0.144	277	208	260	154	259	191	190	178
漯河	0.242	231	256	180	21	255	224	115	195
三门峡	0.184	258	234	229	150	271	103	79	213
南阳	0.205	247	195	217	106	261	137	233	174
商丘	0.218	242	151	273	54	248	91	198	220
信阳	0.224	239	125	287	42	222	188	133	244
周口	0.092	282	217	233	44	237	216	196	285
驻马店	0.169	266	220	267	138	239	69	114	242

资料来源：中国社会科学院城市与竞争力指数数据库。

从可持续竞争力来看，2016 年河南可持续竞争力指数均值为 0.293，在全国省区市中排名第 22 位，相比 2015 年进步 5 位，环境竞争力是制约河南城市可持续竞争力提升的关键分项。从变异系数来看，可持续竞争力变异系数排名全国第 7 位，这反映出河南省内各城市的可持续竞争力差距较小。

表 12—12 **2016 年河南省各城市可持续竞争力指数排名**

城市	可持续竞争力		知识城市竞争力	和谐城市竞争力	生态城市竞争力	文化城市竞争力	全域城市竞争力	信息城市竞争力
	指数	排名	排名	排名	排名	排名	排名	排名
郑州	0.563	27	21	31	153	18	51	31

续表

城市	可持续竞争力		知识城市竞争力	和谐城市竞争力	生态城市竞争力	文化城市竞争力	全域城市竞争力	信息城市竞争力
	指数	排名	排名	排名	排名	排名	排名	排名
开封	0.365	91	57	91	172	63	129	211
洛阳	0.414	67	56	77	212	40	164	96
平顶山	0.210	222	164	38	279	198	185	233
安阳	0.280	167	137	155	286	47	178	170
鹤壁	0.233	199	264	88	235	161	132	202
新乡	0.320	128	62	67	140	207	172	172
焦作	0.319	130	61	83	190	191	112	140
濮阳	0.242	193	235	65	191	169	234	212
许昌	0.300	150	172	129	66	206	106	148
漯河	0.214	218	261	124	201	202	187	210
三门峡	0.299	152	243	41	194	174	130	78
南阳	0.341	109	121	173	82	61	176	215
商丘	0.204	230	105	175	260	158	263	270
信阳	0.277	171	95	192	92	153	258	248
周口	0.187	240	202	193	78	270	259	243
驻马店	0.214	217	151	179	171	190	254	259

资料来源：中国社会科学院城市与竞争力指数数据库。

现状格局：2016 年，河南省城市竞争力总体上呈现以下特征。

第一，河南省城市综合经济竞争力提升明显，郑州优势突出。河南是中部地区经济总量最大的省份，近年来河南综合经济竞争力一直处于稳步提升，本年度河南省综合竞争力排在全国省区市的 14 名，仅落后于湖北省（13 名），稳居中部地区第一梯队。从城市来看，郑州综合竞争力排在 18 名，在中部地区也仅落后于武汉（10 名）。近年来，随着郑州的交通基础设施建设大发展，新郑机场二期等重大项目建成投用，"米"字高速铁路网建设全面展开，郑州成为国家级互联网骨干直联点，基础支撑能力显著增强，同时，随着郑汴一体化的推进，开封的发展速度也在加快。未来随着郑州自贸区建设的不断推进，大郑州将可能与武汉共同成为中部地区最重要的中心城市。

第二，河南省内城市综合经济竞争力实力比较均衡，但宜居竞争力和可持续竞争力明显弱于经济竞争力。河南省的城市综合竞争力发展较为均衡。河南 17 个地级城市中，除三门峡市和鹤壁处于中后水平外，其余 15 个城市的综合经济竞争力都处于前 150 位。这说明河南省内各城市之间经济实力比较均衡，实现了区域协调发展。此外，相对于经济竞争力在全国处于中上地位，河南省的可持续竞争力处于全国中下水平，而宜居竞争力处于全国差的水平。从城市层面来看，所有城市的宜居竞争力都落后于其经济竞争力，除开封、洛阳和南阳三个城市外，其他所有城市的可持续竞争力都落后于其经济竞争力。

（二）问题与劣势

第一，宜居城市竞争力表现较差，部分城市经济发展"高速度低质量"。从城市综合竞争力来看，河南各城市表现较好。但从宜居竞争力来看，河南在全国省区排名中位于第 30 名，是最差的省份之一。部分城市的经济发展和宜居环境呈现出强烈的反差，最典型的如许昌，经济竞争力位于较高水平，而宜居环境位于全国最差水平，还有焦作、周口和南阳等城市也呈现出类似特征。这反映出部分城市经济发展并没有带来城市环境的改善，是一种高速度而低质量的发展。

第二，生态环境竞争力和全域城市竞争力成为可持续竞争力提升短板。河南的可持续竞争力指数排名相对上年度提升 5 名，进步明显，但从总体排名来看仍然处于比较靠后的水平。从可持续竞争力分项来看，导致可持续竞争力低下的主要是生态城市竞争力和全域城市竞争力，这两个分项中，河南没有一个城市进入全国前 50 名，且大部分城市处于中间或靠后水平。

（三）现象与规律

河南省传统发展模式与空气环境改善之间存在尖锐矛盾，恶劣的空气质量影响了河南的宜居环境，从而影响了优秀人才流入，对宜居竞争力造成影响。近年来，全国雾霾天气频发，而河南正是中部地区的雾霾重灾区。河南是全国唯一一个所有城市的年均每立方米 PM2.5 超过 70

微克的省份，也是全国 PM2.5 宜居指数均值在全国排名倒数第一的城市，这反映出河南的空气环境质量比较严峻，恶劣的空气环境影响到河南的宜居环境，在宜居城市竞争力指数排名中，河南在全国省区市中排名 30，仅好于河北和贵州。在未来的发展过程中，河南需要积极转变发展方式，改善空气质量，提升宜居环境，积极建设美丽河南。

从全国一般规律来看，发展过程中投资驱动特征明显的地区存在空气质量恶化问题，而空气质量的恶化也都影响了地区的宜居环境。除河南外，河北、山西和湖北等省份也都存在空气质量环境恶化等问题，PM2.5 指数问题在全国处于较差水平，而这些地区投资驱动型的经济发展特征也比较明显，而宜居城市竞争力也都不同程度受到空气质量的影响，在全国处于较后水平。对这些地区来说，应当加快产业转型升级，加大环境治理力度，实现绿色发展。

(四) 趋势与展望

随着"一带一路"战略的开展和河南自贸区的设立，给河南带来了重要的发展机遇。中国首个国家级航空港经济综合实验区——郑州航空港经济综合实验区引领开放的作用日益彰显，郑州国际物流中心和全球智能终端制造基地初步形成；以郑州为代表的河南城市正成为连通境内外、辐射东中西的物流通道枢纽，服务于丝绸之路经济带建设。未来在进一步加强环境治理、进一步扩大开放的背景下，河南的经济竞争力和可持续竞争力将实现进一步提升。

(五) 政策建议

战略回顾：近年来，河南的基础设施投资得到长足发展，郑州机场二期等重大项目建成投入使用，"米"字高速铁路网建设全面展开，实现河南所有县（市）城 20 分钟上高速，郑州成为国家级互联网骨干直联点，基础支撑能力显著增强。河南省积极推行区域协同发展，郑汴一体化不断推进，中原城市群成为国家重点培育发展的城市群之一。河南自贸区成为国家第三批设立的 7 个自贸区之一，郑州航空港经济综合实验区引领开放的作用日益彰显。

政策建议：河南城市综合竞争力区域差距较大，未来的城市发展主要是推动区域一体化，在资源要素向区域中心城市集聚过程中，中心城市要做好带动与辐射，推进城乡协调发展。郑汴一体化过程中要处理好郑州的极化和辐射作用，逐步改变郑州强开封弱的基本格局，推进郑州和开封两城的顺利融合。在可持续竞争力上，应加快转变经济发展方式，不断调整产业结构，在资源环境的强约束下，走绿色发展的道路，不断优化国土空间开发格局，促进资源节约循环高效利用，推进能源革命，加大环境治理力度，加强生态环境建设，最终实现美丽河南目标。

四 中国城市竞争力（山西省）报告

近三年来，山西省着力稳增长、调结构、促改革、治污染、惠民生，经济发展缓中趋稳、稳中有进。从综合经济发展来看，产业结构呈现积极变化，三次产业比例由 2015 年的 6.2∶40.8∶53.0 调整为 2016 年的 6.1∶38.1∶55.8，服务业发展态势良好；需求结构方面，投资拉动型模式成为增长瓶颈，固定资产投资增速出现明显下降，近五年分别为 24.5%、12.1%、11.5%、14.8%、1.0%，从工业投资结构来看、煤炭相关产业下滑是投资急剧滑坡的主因。2016 年全省工业投资 4961.6 亿元，下降 6.1%。其中，煤炭工业投资 769.2 亿元，下降 26.6%，非煤产业投资 4192.4 亿元，下降 1.0%；传统产业（煤炭、焦炭、冶金、电力）投资合计 2016.2 亿元，下降 18.6%，非传统产业投资合计 2945.4 亿元，增长 4.9%。要素结构方面，科技创新的质量有所提高，对经济发展的贡献有明显改善，2016 年全省专利申请量 20031 件，增长 34.0%。其中，发明专利申请量 8208 件，增长 44.5%。全省专利授权量 10062 件，增长 2.0%。最近三年，在全国宏观经济的下行趋势下，山西省作为中国的煤炭之乡，受行业发展减缓的限制，经济发展速度不断放缓，综合经济竞争力和可持续竞争力均出现下降，在全国处于比较靠后的水平，转型任务依然严峻。具体来看，近年来煤炭产业投资减少，但空气污染和资源依赖等现象依然广泛存在，粗放型经济面临多重瓶颈，生态城市竞争力形势严峻。

总体来看，山西目前处于要素驱动向创新驱动转型的起始阶段，传统发展模式对经济增长已经形成了明显的制约。从城市层面来看，在经济竞争力方面仅有太原一个城市处于相对较高水平，其余城市都比较差，在宜居环境和可持续竞争力方面，也仅有太原和阳泉两个城市处于相对较高水平，这反映出山西经济发展和可持续竞争力在中部地区处于落后水平。未来山西要深化供给侧结构性改革，进一步压缩和淘汰落后产能，并以企业为主体加快推进创新驱动。在积极适应和引领新常态的同时做好调结构、治污染的特殊任务，实现资源型地区的产业升级和转型，实现从要素驱动向创新驱动的增长动力转换。

表 12—13　　　　　　　　　2016 年山西省省情信息

土地面积	15.63 万平方千米
常住人口	3681.6 万人
城镇人口占常住人口比重	56.21%
GDP 总量及增长率	12928.3 亿元，4.5%
第一、二、三产业占 GDP 比重	6.1∶38.1∶55.8

资料来源：2016 年山西省国民经济和社会发展统计公报。

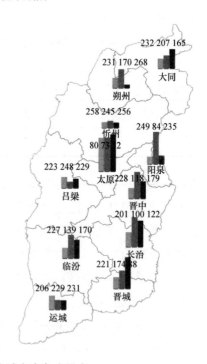

图 12—4　2016 年山西省城市竞争力排名

资料来源：中国社会科学院城市与竞争力指数数据库。

（一）现状与条件

总体概况：从综合经济竞争力来看，2016 年山西城市平均综合经济竞争力均值为 0.054，全国排在 29 位，相比 2015 年下降一位。总体来看，山西省综合经济竞争力发展较差。从变异系数来看，山西综合经济竞争力变异系数排第 1 位，与 2015 年基本持平。

表 12—14　　　　2016 年山西省各城市综合经济竞争力指数排名

城市	综合经济竞争力 指数	综合经济竞争力 排名	综合增量竞争力 指数	综合增量竞争力 排名	综合效率竞争力 指数	综合效率竞争力 排名	企业本体 排名	当地要素 排名	当地需求 排名	软件环境 排名	硬件环境 排名	全球联系 排名
太原	0.099	80	0.107	101	0.015	60	258	12	101	123	176	38
大同	0.048	232	0.044	222	0.003	207	265	126	201	19	190	231
阳泉	0.043	249	0.026	268	0.005	148	285	211	174	154	197	212
长治	0.056	201	0.056	192	0.004	181	260	153	150	58	180	192
晋城	0.051	221	0.043	228	0.004	164	274	221	155	165	226	187
朔州	0.049	231	0.041	235	0.004	184	262	276	142	159	234	271
晋中	0.049	228	0.048	214	0.003	217	255	70	132	138	191	201
运城	0.055	206	0.056	193	0.003	194	97	78	207	127	263	158
忻州	0.041	258	0.036	251	0.001	267	250	106	238	188	148	251
临汾	0.049	227	0.049	212	0.002	224	242	73	176	141	235	223
吕梁	0.050	223	0.053	201	0.002	232	272	169	227	217	229	222

资料来源：中国社会科学院城市与竞争力指数数据库。

从宜居城市竞争力来看，山西省宜居城市竞争力处于全国中下游水平。除太原、阳泉和长治处于相对较高水平之外，其余城市均处于中游或靠后水平。从分项来看，长治的社会环境和太原的医疗环境优势突出，但生态环境是制约整个山西省宜居竞争力的关键要素。

表 12—15　　　　2016 年山西省各城市宜居竞争力指数排名

城市	宜居竞争力 指数	宜居竞争力 排名	优质的教育环境 排名	健康的医疗环境 排名	安全的社会环境 排名	绿色的生态环境 排名	舒适的居住环境 排名	便捷的基础设施 排名	活跃的经济环境 排名
太原	0.560	73	17	2	270	216	273	242	125

续表

城市	宜居竞争力		优质的教育环境	健康的医疗环境	安全的社会环境	绿色的生态环境	舒适的居住环境	便捷的基础设施	活跃的经济环境
	指数	排名	排名	排名	排名	排名	排名	排名	排名
大同	0.294	207	203	53	113	150	232	230	217
阳泉	0.542	84	152	76	15	236	52	82	148
长治	0.503	100	122	50	1	253	129	172	180
晋城	0.358	174	209	94	75	234	86	168	172
朔州	0.365	170	202	254	178	199	70	22	142
晋中	0.463	118	71	110	94	244	136	145	143
运城	0.244	229	159	130	100	270	47	173	229
忻州	0.215	245	138	170	196	252	95	92	249
临汾	0.434	139	77	103	32	243	33	208	200
吕梁	0.201	248	198	116	156	202	207	159	248

资料来源：中国社会科学院城市与竞争力指数数据库。

从可持续竞争力来看，可持续竞争力均值为 0.262，排在全国第 26 位，相比 2015 年下降一位，其中文化城市竞争力表现较好，生态城市竞争力表现不佳，其他分项均表现一般。山西可持续竞争力变异系数排名居 14 位，这表明山西省内部各城市之间的可持续竞争力差距比较大。

表 12—16　　　　2016 年山西省各城市可持续竞争力指数排名

城市	可持续竞争力		知识城市竞争力	和谐城市竞争力	生态城市竞争力	文化城市竞争力	全域城市竞争力	信息城市竞争力
	指数	排名	排名	排名	排名	排名	排名	排名
太原	0.461	52	34	260	181	26	39	27
大同	0.282	165	153	187	274	34	227	205
阳泉	0.199	235	231	133	277	188	146	187
长治	0.325	122	163	2	250	113	134	173
晋城	0.369	88	208	21	160	44	148	159
朔州	0.131	268	269	261	273	155	214	265
晋中	0.262	179	80	222	275	110	151	147
运城	0.204	231	179	259	285	83	251	143

续表

城市	可持续竞争力		知识城市竞争力	和谐城市竞争力	生态城市竞争力	文化城市竞争力	全域城市竞争力	信息城市竞争力
	指数	排名	排名	排名	排名	排名	排名	排名
忻州	0.162	256	136	240	283	151	272	234
临汾	0.278	170	96	60	268	114	231	196
吕梁	0.205	229	221	207	249	134	204	200

资料来源：中国社会科学院城市与竞争力指数数据库。

现状格局：2016 年，山西省城市竞争力总体呈现出以下特征。

第一，太原综合发展优势明显，长治和晋城具备特色优势。太原的综合经济竞争力和可持续竞争力均排在前 100 位，也分别是山西省唯一进入 100 名的城市，在知识城市、文化城市、全域城市和信息城市 4 个方面均处于全国前 40 名，相对其他城市而言发展优势明显。而地处山西东南部的长治和晋城属于具备特色优势型，其中长治在和谐城市方面处于全国第 2，优势突出，而晋城在文化城市和和谐城市两个方面处于前 50 名，但这两个城市在生态城市和知识城市方面具有一定短板。

第二，宜居环境优势不凸显，文化城市竞争力发展优势。从宜居城市竞争力来看，山西省宜居城市竞争力仅有太原和阳泉处于较高水平，其余城市均处于全国一般水平，忻州和吕梁表现相对较差。山西在传统经济发展模式下，资源消耗和生态环境破坏比较严重，一定程度上影响到其宜居环境的改善和提升。从可持续竞争力的分项来看，山西省的文化城市竞争力较高，太原、大同、晋城等城市均处于前 50 名，运城处于前 100 名。山西是中国北方文化最发达的地区之一，在历史上曾经产生过深远影响，留下众多文物古迹，这也成为山西除了煤炭等自然资源之外的另一种产业发展的重要资源。文化产业也成为实现山西从人文资源大省向经济强省和文化强省跨越的希望。

第三，知识竞争力和信息竞争力发展不平衡。山西在知识竞争力和信息竞争力方面，都是太原一枝独秀的格局。虽然省会太原在这两方面优势突出，但其余城市表现一般或者靠后。这说明太原在这两方面的优势并没有对省内其他城市形成积极影响，没有使知识竞争力和信息竞争力的传播效应和扩散效应得到有效发挥。这也充分说明山西省在知识竞争力和信息竞争力的城市分布格局不平衡。在将来的发展过程中需要进一步发挥太原的科技优势和交通优势，对周边城市可持续竞争力的提高形成积极影响。

（二）问题与劣势

第一，环境形成制约增长的瓶颈，出现环境破坏和经济乏力"双输"局面。山西各城市在生态城市竞争力方面，除太原和晋城处于全国中下水平，其余城市全部位于 240 名以后，处于全国差的水平。过低的生态城市竞争力成为制约山西城市可持续竞争力提升的瓶颈。生态环境的破坏和资源扩张性增长模式也成为新常态下山西经济发展的重要制约因素，山西 2016 年 GDP 增长率仅为 4.5%，虽然相比 2015 年有所上升，但仍然是除辽宁外中国经济发展下降最严重的省份。

第二，经济发展状况较差，内部发展差距较大，部分城市发展落后。山西各城市间发展差距较大，从经济竞争力来看，太原作为省会处在前 100 名，除太原之外，其余城市全部处于 200 名以后，这表明在全国经济下行的大背景下，山西受到的冲击比较严重。在可持续竞争力方面，省内各城市之间差距较大。其中朔州和吕梁除文化城市竞争力分项外，其余所有分项均处于 200 名以后。这表明山西除太原之外，还有很多城市发展滞后。

（三）现象与规律

粗放型的资源扩张型增长模式与生态环境保护之间的矛盾尖锐，同时，在化解过剩产能的结构调整过程中，又造成经济增长的断崖式下降。近些年来，山西以煤炭行业等高污染产业为产业支柱，在经济增长的同时对生态环境造成极大破坏。2016 年，山西省单位 GDP 二氧化硫排放量和 PM2.5 指数等指标在全国各省份中均处于较差水平。空气质量和自然环境的不断恶化严重威胁了经济社会可持续发展。除了生态环境水平很差之外，山西近年来 GDP 增长率迅速下滑，近三年来分别为4.9%、3.1%、4.5%。而山西的可持续竞争力和综合竞争力在全国均处于落后水平，山西作为资源大省所出现的经济下滑正说明了在经济发展的新阶段，必须加快增长模式和增长动力的转型，传统的粗放型资源扩张再不可取。

从全国一般规律来看，传统发展过程中以资源扩张为增长动力的地区大多面临生态环境恶化问题，可持续竞争力和综合经济竞争力的提升都受到制约。除山西外，河北、辽宁等地区的空气质量处于差的水平，宁夏、内蒙古的单位 GDP 二氧化硫排放量在全国也处于差的水平。这些地区的生态城市竞争力均在全国排名倒数，也都不同程度存在经济增长模式粗放的问题。作为资源扩张型的典型地区，如陕西的榆林，以及黑龙江的大庆等城市，均出现了经济增长速度的迅速下滑，对这些地区来说，应加快产业结构调整，通过实施创新驱动和发展现代服务业，加快实现从粗放增长模式转型为经济与环境协调发展的增长模式。

（四）趋势与展望

山西各城市在文化竞争力方面发展优势相对明显，但生态环境水平很差。在城市格局上，省会太原优势明显，但省内大部分城市的综合经济竞争力和可持续竞争力还处于较差水平。未来山西各城市要继续探索资源型经济转型的路径，实现资源节约型和环境友好型发展。

（五）政策建议

战略回顾：近年来，山西省提出了按照以煤为基、多元发展的思路，提出统筹做好煤与非煤"两篇大文章"，加快实施"革命兴煤"，大力推进煤炭"六型转变"，加快发展七大非煤产业，全力推动科技创新、金融振兴、民营经济发展"三个突破"，提出通过"七条路径"改造提升传统产业，培育壮大新兴产业，加快发展现代服务业，发展现代产业体系。这是基于山西省根据当前的发展态势所做出的战略部署，也是全省在未来较长时期内的发展方向。但从目前的发展状态来看，山西省生态环境形势依然严峻，需要进一步推进经济结构调整，走资源型地区产业转型的新路，促进经济与环境协调发展。

政策建议：未来各城市发展过程中，总体来说，要以修复生态环境、改善民生、统筹城乡发展为重点，加快产业结构调整，促进经济增长方式转型，推动资源型城市经济发展、生态环境、城市功能和社会支撑的全面转型。在"十三五"规划期内，要在以下方面着力推进经济的转型：一是以"黑色能源绿色发展、高碳能源低碳发展"为原则，推动煤炭行业脱困转型。多措并举化解煤炭过剩产能，推动煤电联营、煤电铝联营、煤化联营、煤焦钢联营，构建煤电用产业链条，促进煤炭清洁高效利用，促进能源产业清洁低碳、安全高效发展，推动现代载能产业绿色发展。二是推进协调发展，着力形成均衡发展格局，通过调整转移支付和实施重点项目等政策措施加大对山西省内落后地区的发展支持，从而实现区域内各城市的协调发展。

五　中国城市竞争力（江西省）报告

近年来，江西省着力稳增长、调结构，经济发展保持稳定。从综合经济发展来看，产业结构呈现积极变化，三次产业比例从 2015 年的 10.6∶50.8∶38.6 调整为 2016 年的 10.4∶49.2∶40.4，服务业发展态势良好；需求结构方面，投资拉动型经济有所收敛，固定资产投资增速持续放缓，近年分别为 19.4%、17.6%、16.0%、14.0%，从投资结构来看，2016 年民间投资增长 9.8%，相比 2015 年有所下滑。最近三年，江西省经济发展速度较快，可持续竞争力处于中等靠前水平，出现良性上升趋势，特别是生态城市竞争力及和谐城市竞争力优势明显。总体来看，江西目前处于要素驱动向创新驱动转型的阶段，但江西省内各个城市发展不均衡，且城乡一体化水平比较低。总体来看，江西省近几年可持续竞争力不断提升，这反映出江西走出一条绿色崛起之路。从城市层面来看，经济发展仅有南昌具备优势，而在宜居环境方面，大多数城市都处于相对较高水平，整体宜居环境在中部地区具备明显优势，在可持续竞争力方面，南昌、景德镇、九江和赣州表现较好。未来要通过可持续竞争力的优势促进综合经济竞争力的提升，在"生态江西"的基础上建设"创新江西"和"文化江西"，通过从要素驱动向创新驱动的转变形成经济增长的核心动力。

表 12—17　　　　　　　　　2016 年江西省省情信息

土地面积	16.7 万平方千米
常住人口	4592.3 万人
城镇人口占常住人口比重	53.1%
GDP 总量及增长率	18364.4 亿元，9.0%
第一、二、三产业占 GDP 比重	10.4：49.2：40.4

资料来源：2016 年江西省国民经济和社会发展统计公报。

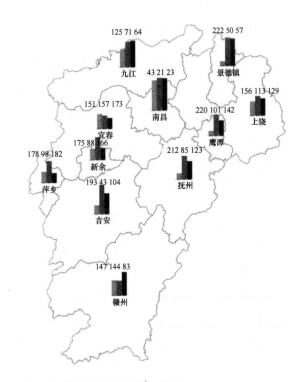

图 12—5　2016 年江西省城市竞争力排名

资料来源：中国社会科学院城市与竞争力指数数据库。

（一）现状与条件

总体概况：从综合经济竞争力来看，2016 年江西城市平均综合经济竞争力均值为 0.069，全国排在第 23 位，处于全国省区市中下水平，从城市层面来看，排在前 150 名的仅有南昌和九江两个城市。从变异系数来看，江西综合经济竞争力变异系数居第 5 位，相比 2015 年进步一位，这表明江西省内部各城市之间的综合经济竞争力差距有所缩小，且处于全国内部差距较小的水平。

表 12—18　　2016 年江西省各城市综合经济竞争力指数排名

城市	综合经济竞争力		综合增量竞争力		综合效率竞争力		企业本体	当地要素	当地需求	软件环境	硬件环境	全球联系
	指数	排名	指数	排名	指数	排名	排名	排名	排名	排名	排名	排名
南昌	0.151	43	0.212	40	0.020	44	74	28	58	38	46	74
景德镇	0.051	222	0.039	240	0.006	142	137	75	151	231	48	162
萍乡	0.061	178	0.047	216	0.009	102	34	252	156	195	224	152
九江	0.074	125	0.108	100	0.004	186	8	140	140	79	98	77
新余	0.062	175	0.043	230	0.012	82	160	232	130	270	88	125
鹰潭	0.051	220	0.036	247	0.007	123	213	270	214	103	133	40
赣州	0.067	147	0.105	102	0.002	241	17	58	171	125	72	129
吉安	0.057	193	0.072	157	0.002	236	5	107	153	122	184	114
宜春	0.066	151	0.088	129	0.003	199	25	159	191	80	92	167
抚州	0.054	212	0.061	184	0.002	231	38	72	216	161	111	135
上饶	0.065	156	0.088	128	0.003	211	9	182	133	89	42	136

资料来源：中国社会科学院城市与竞争力指数数据库。

从宜居城市竞争力来看，江西省的宜居环境在中部地区存在明显优势，各城市的宜居环境都处于全国前列或中前水平。其中南昌、吉安和景德镇在全国城市中排名前列，而九江、抚州、新余、萍乡等城市均处于较高水平。从分项来看，各城市在居住环境、社会环境和生态环境等方面优势明显。

表 12—19　　2016 年江西省各城市宜居竞争力指数排名

城市	宜居竞争力		优质的教育环境	健康的医疗环境	安全的社会环境	绿色的生态环境	舒适的居住环境	便捷的基础设施	活跃的经济环境
	指数	排名	排名	排名	排名	排名	排名	排名	排名
南昌	0.723	21	22	26	119	42	240	247	79
景德镇	0.612	50	53	68	173	88	30	163	118
萍乡	0.504	98	174	160	70	225	18	34	127

续表

城市	宜居竞争力		优质的教育环境	健康的医疗环境	安全的社会环境	绿色的生态环境	舒适的居住环境	便捷的基础设施	活跃的经济环境
	指数	排名	排名	排名	排名	排名	排名	排名	排名
九江	0.561	71	105	61	13	134	238	86	158
新余	0.535	88	120	192	201	98	85	12	96
鹰潭	0.502	101	188	191	44	92	40	36	160
赣州	0.424	144	74	81	16	82	222	261	214
吉安	0.630	43	86	77	38	80	31	103	151
宜春	0.393	157	155	226	10	126	25	206	201
抚州	0.540	85	58	244	135	58	24	20	209
上饶	0.469	113	222	125	4	70	102	93	208

资料来源：中国社会科学院城市与竞争力指数数据库。

从可持续竞争力来看，均值为0.358，排在全国第13位，相对2015年前进一位，可持续竞争力在前150名的有8个城市。从变异系数来看，可持续竞争力变异系数排名居全国第4位，相比2015年进步一位，这表明江西省内部各城市之间的可持续竞争力差距有所缩小，且处于全国内部差距较小的水平。

表12—20　　　2016年江西省各城市可持续竞争力指数排名

城市	可持续竞争力		知识城市竞争力	和谐城市竞争力	生态城市竞争力	文化城市竞争力	全域城市竞争力	信息城市竞争力
	指数	排名	排名	排名	排名	排名	排名	排名
南昌	0.581	23	29	10	27	24	71	60
景德镇	0.451	57	81	71	70	29	77	142
萍乡	0.260	182	216	8	281	163	124	144
九江	0.420	64	139	7	61	103	73	106
新余	0.281	166	178	78	211	193	109	104
鹰潭	0.306	142	265	14	81	261	114	69
赣州	0.375	83	73	47	87	124	238	129
吉安	0.348	104	126	135	112	97	183	116

续表

城市	可持续竞争力		知识城市竞争力	和谐城市竞争力	生态城市竞争力	文化城市竞争力	全域城市竞争力	信息城市竞争力
	指数	排名	排名	排名	排名	排名	排名	排名
宜春	0.274	173	174	75	214	126	210	189
抚州	0.324	123	86	140	144	118	205	167
上饶	0.319	129	204	44	46	204	104	154

资料来源：中国社会科学院城市与竞争力指数数据库。

现状格局：2016 年，江西省城市竞争力总体呈现出以下特征。

第一，南昌发展一枝独秀，可持续竞争力具备优势。总体来看，南昌作为江西省的省会，无论是综合经济竞争力还是可持续竞争力都是省内唯一进入前 50 名的城市，因此发展情况要明显好于其他城市。从综合经济竞争力来看，除南昌外，其余城市都属于中等或较差。而从可持续竞争力来看，南昌、景德镇、九江、赣州 4 个城市均进入前 100 名，另外的 5 个城市也都在 200 名内，除宜春外，所有城市的可持续竞争力排名都领先于综合经济竞争力，由此可见，江西可持续竞争力优势比较明显。

第二，宜居环境优势明显，生态优势继续巩固。从宜居城市竞争力来看，江西省各城市的宜居环境具备明显优势，省内 10 个城市中有 7 个城市都处于全国前 100 名，其中南昌、景德镇和吉安等城市优势突出。同时，江西在生态城市竞争力分项处于全国前列，南昌和上饶处于前 50 名，景德镇、九江、鹰潭、赣州、吉安处于 50—100 名之间，这表明江西生态优势继续巩固提升。近年来，江西省从"山江湖工程"到"生态立省"战略，再到建设鄱阳湖生态经济区，江西不仅实现了经济社会快速发展，生态优势也不断延续、巩固和提升。自 80 年代初期以来，全省森林覆盖率从 31.5% 上升到 63.1%，位居全国前列。

第三，和谐城市竞争力表现突出，在社会建设和社会治理方面取得成绩。江西在和谐城市竞争力分项具备优势，位于全国第 2，相比 2015 年提升明显，其中南昌、萍乡、九江 3 个城市处于全国前 10，新余、鹰潭、吉安和抚州均处于前 100 名，而其余城市也均处在 150 名以内，这表明江西在社会建设方面取得较好成绩。近年来，江西通过改进社会治理方式，激发社会组织活力，创新有效预防和化解社会矛盾体制，健全公共安全体系，提升了社会建设和社会治理的整体水平，取得了一定的成绩。

（二）问题与劣势

第一，省内城市发展不均衡，竞争力差距较大。江西各城市发展不均衡，在竞争力比较中，部分城市与长沙发展差距较大。在经济竞争力方面，景德镇、鹰潭和抚州与南昌发展差距较大，而在可持续竞争力方面，萍乡、新余、宜春与南昌发展差距较大，未来江西提升竞争力的关键在于缩小省内城市发展差距。

第二，文化竞争力和知识竞争力相对较差。江西可持续竞争力在全国各省区中位于第13，但文化竞争力和知识竞争力相对靠后，在全国省份排名中分别位于第20和第17。并且在这两个分项中，南昌具备优势，但多数城市表现不佳，特别是鹰潭、宜春、上饶、新余等城市。从总体情况来看，文化和知识竞争力属于发展相对较差的分项，也说明南昌对其他城市的文化传播和知识扩散相对不足。

（三）现象与规律

良好的生态环境和快速的经济发展可以共存，制约江西未来发展的因素在于创新乏力和科技投入过低，创新驱动是实现江西绿色崛起的必由之路。江西2016年GDP的增长率达到9%，在所有省份中处于靠前位置，江西的发展现状正可以说明，友好的生态环境和快速的经济发展是可以共存的。制约江西未来经济发展的因素并不在于资源和环境，而在于科技创新不足。江西各城市专利申请和授权数量在全国也处于靠后位置，这使江西省难以从要素驱动向创新驱动转化。近年来，江西省虽然在生态环境较好，但综合经济竞争力一直要落后于可持续竞争力，主要就是由于在要素禀赋条件变化的情况下，又无法通过创新形成增长的核心动力。因此，未来通过创新驱动实现绿色崛起是江西发展的必由之路。

从全国一般规律来看，创新产出不足会导致知识竞争力较低，而综合经济竞争力也较低。通过城市层面的相关性分析发现，专利指数和知识城市竞争力的相关系数高达 0.8229，和综合经济竞争力的相关系数高达 0.7809。除江西外，这一指标较低的省份还有甘肃、贵州和云南，这些均为经济落后省份。这说明，加大科技创新力度，形成创新驱动增长模式，是保持长期可持续发展的必由之路。

（四）趋势与展望

江西各城市在社会治理和生态环境改善等方面发展优势相对明显，但城乡一体化水平较低是其发展短板，同时知识竞争力和文化竞争力发展较为不足。在城市格局上，省会南昌发展优势明显，但对周边城市的扩散效应和溢出效应还有所不足。江西作为革命老区，未来的发展还是以绿色发展为主导，充分发挥生态优势，并进一步加强科技投入，加快形成创新驱动的增长动力，促进综合经济竞争力和可持续竞争力提升。

（五）政策建议

战略回顾：近年来，江西省提出以鄱阳湖生态经济区建设为龙头，加速推进新型工业化，加速推进城镇化，加速推进农业现代化，着力提高生态文明水平，着力提高社会文明程度，着力提高人民群众幸福指数，努力实现科学发展、进位赶超、绿色崛起。但从目前情况来看，虽然生态环境保护较好，社会治理取得一定成效，但经济欠发达地位没有根本改变，并且面临加快发展和加速转型的双重压力，要素成本进入上升期，科技对产业发展和经济增长的贡献还有所不足，产业结构调整升级的内在要求更加迫切。未来需要加快向创新驱动的转换，形成经济增长的核心动力。着力保障改善民生，确保实现"十三五"良好开局，奋力开创"发展升级、小康提速、绿色崛起、实干兴赣"新境界。

政策建议：综上所述，江西存在的关键问题主要在于创新乏力，科技投入不足，导致知识竞争力较差，未能形成创新驱动的增长模式；其次是城乡一体化水平较低。未来各城市发展过程中，要积极适应经济发展新常态，坚持稳中求进工作总基调，以创新驱动增动力，着力加强结构性改革，着力建设生态文明，在"生态江西"的基础上建设"科技江西"和"创新江西"。具体来说，在"十三五"规划期内，要在以下方面着力推进：第一，各城市要充分发挥南昌的带动作用，加大科技投入和创新投入，促进全省知识竞争力的提高，形成创新驱动型的增长模式，使江西能够通过科技创新实现生态环境和经济发展的双赢。第二，要进一步统筹城乡经济社会发展，提高城乡一体化水平，进一步提升城市本身的可持续竞争力。第三，以鄱阳湖生态经济区建设为龙头，进一步发挥江西的生态优势，走出一条绿色崛起之路。

六　中国城市竞争力（安徽省）报告

近年来，安徽省着力稳增长、调结构，经济发展保持稳定。从综合经济发展来看，产业结构呈现积极变化，三次产业比例从 2015 年的 11.2：51.5：37.3 调整为 2016 年的 10.6：48.4：41.0，服务业发展态势良好；需求结构方面，投资拉动型经济有所收敛，固定资产投资增速持续放缓，近三年分别为 16.5%、12.7%、11.7%，从投资结构来看，工业及信息化产业技术改造投资增长 10.5%；基础设施投资增长 26%，民间投资增长 6.5%；要素结构方面，科技创新对增长的贡献有所提升，全年用于研究与试验发展（R&D）经费支出 475 亿元，增长 9.9%，相当于全省生产总值的 1.97%，比上年提高 0.01 个百分点。总体来看，安徽目前处于要素驱动开始向创新驱动转型的阶段，生态环境发展较好，社会治理成效显著。但由于省内经济发展不均衡的情况比较明显，同时城乡发展一体化水平较低，从而形成了经济增长动力的制约因素。从城市层面来看，合肥与芜湖在省内具备明显优势，无论在综合经济发展、宜居环境还是可持续竞争力方面都在全国处于靠前水平。此外，黄山、铜陵和安庆等城市在宜居环境和可持续竞争力方面也具备一定优势。未来安徽各城市应充分发挥靠近长三角的区域优势，充分发挥合肥和芜湖的带同作用，统筹城乡经济社会发展，以提高经济发展质量和效益为中心，进一步提升城市本身的可持续竞争力和综合经济竞争力。

表 12—21   2016 年安徽省省情信息

土地面积	13.97 万平方千米
常住人口	6195.5 万人
城镇人口占常住人口比重	52.0%
GDP 总量及增长率	24117.9 亿元，8.7%
第一、二、三产业占 GDP 比重	10.6：48.4：41.0

资料来源：2016 年安徽省国民经济和社会发展统计公报。

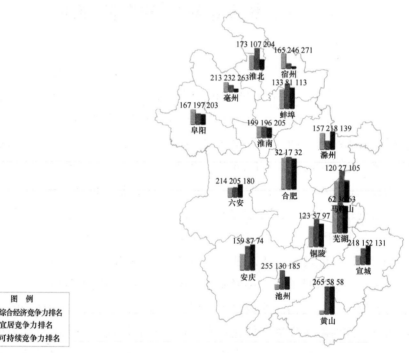

图 12—6   2016 年安徽省城市竞争力排名
资料来源：中国社会科学院城市与竞争力指数数据库。

（一）现状与条件

总体概况：从综合经济竞争力来看，2016 年安徽城市平均综合经济竞争力均值为 0.071，排在第 20 位，相比 2015 年进步两位，总体处于全国各省市区的中下游水平。从各城市情况来看，2016 年综合经济竞争力在前 100 名的仅有合肥和芜湖两个城市，多数城市处于中游或靠后水平。

表 12—22　　　2016 年安徽省各城市各综合经济竞争力指数排名

城市	综合经济竞争力		综合增量竞争力		综合效率竞争力		企业本体	当地要素	当地需求	软件环境	硬件环境	全球联系
	指数	排名	指数	排名	指数	排名	排名	排名	排名	排名	排名	排名
合肥	0.180	32	0.325	22	0.019	49	116	17	35	3	109	45
芜湖	0.116	62	0.145	74	0.016	58	136	45	78	11	182	55
蚌埠	0.070	133	0.072	159	0.008	115	23	69	152	244	59	130
淮南	0.057	199	0.032	254	0.013	76	273	54	162	240	193	190
马鞍山	0.076	120	0.063	180	0.014	69	117	68	65	53	89	52
淮北	0.062	173	0.044	225	0.011	84	208	89	186	142	170	194
铜陵	0.075	123	0.038	242	0.025	36	165	185	104	272	94	71
安庆	0.064	159	0.078	142	0.004	178	172	113	129	149	217	176
黄山	0.039	265	0.027	266	0.002	233	90	133	173	23	112	148
滁州	0.065	157	0.082	138	0.004	188	94	163	154	167	215	83
阜阳	0.063	167	0.069	165	0.005	156	13	108	172	17	163	175
宿州	0.064	165	0.072	156	0.005	160	20	217	165	261	151	219
六安	0.054	214	0.059	189	0.002	225	2	154	183	66	129	178
亳州	0.054	213	0.051	207	0.004	169	81	258	147	209	121	233
池州	0.041	255	0.031	256	0.002	219	155	200	166	280	52	193
宣城	0.052	218	0.052	202	0.003	206	11	251	164	129	201	72

资料来源：中国社会科学院城市与竞争力指数数据库。

从宜居城市竞争力来看，安徽省宜居竞争力在全国省份中具备优势，省内各城市宜居竞争力均处于前列或中间水平。其中合肥、马鞍山和芜湖处于全国前列，铜陵、黄山、蚌埠和安庆处于全国较高水平。从分项来看，多处城市在医疗环境处于相对落后水平，而在基础设施和社会环境方面具备优势。

表 12—23　　　　2016 年安徽省各城市宜居竞争力指数排名

城市	宜居竞争力		优质的教育环境	健康的医疗环境	安全的社会环境	绿色的生态环境	舒适的居住环境	便捷的基础设施	活跃的经济环境
	指数	排名	排名	排名	排名	排名	排名	排名	排名
合肥	0.736	17	18	36	89	142	77	263	55

续表

城市	宜居竞争力		优质的教育环境	健康的医疗环境	安全的社会环境	绿色的生态环境	舒适的居住环境	便捷的基础设施	活跃的经济环境
	指数	排名	排名	排名	排名	排名	排名	排名	排名
芜湖	0.657	36	43	100	61	143	155	150	84
蚌埠	0.546	81	72	106	160	176	174	32	131
淮南	0.311	196	135	247	184	205	249	101	130
马鞍山	0.702	27	62	121	145	232	59	8	39
淮北	0.495	107	67	91	55	230	186	121	170
铜陵	0.587	57	94	124	246	213	55	3	72
安庆	0.536	87	100	230	17	79	62	94	154
黄山	0.587	58	93	165	67	14	15	165	132
滁州	0.271	218	225	224	72	173	231	179	153
阜阳	0.308	197	197	237	80	127	236	77	199
宿州	0.211	246	238	280	235	207	201	37	161
六安	0.298	205	178	236	41	132	277	127	196
亳州	0.242	232	289	289	191	158	167	15	149
池州	0.446	130	219	211	212	66	50	11	133
宣城	0.404	152	196	262	86	107	247	14	145

资料来源：中国社会科学院城市与竞争力指数数据库。

从可持续竞争力来看，可持续竞争力均值为 0.317，排在全国第 20 位，相比 2014 年退步 1 位，处于全国中游水平，生态城市竞争力及和谐城市竞争力表现较好，全域城市竞争力表现不佳，其他分项均表现一般。从各城市情况来看，2016 年可持续竞争力在前 100 名的有 5 个城市。从变异系数来看，安徽可持续竞争力变异系数排名 13 位，相比 2015 年进步两位，这表明安徽省各个城市之间的可持续竞争力差距有所缩小。

表 12—24　　　　2016 年安徽省各城市可持续竞争力指数排名

城市	可持续竞争力		知识城市竞争力	和谐城市竞争力	生态城市竞争力	文化城市竞争力	全域城市竞争力	信息城市竞争力
	指数	排名	排名	排名	排名	排名	排名	排名
合肥	0.538	32	16	84	24	56	80	68

续表

城市	可持续竞争力		知识城市竞争力	和谐城市竞争力	生态城市竞争力	文化城市竞争力	全域城市竞争力	信息城市竞争力
	指数	排名	排名	排名	排名	排名	排名	排名
芜湖	0.421	63	37	74	94	160	55	86
蚌埠	0.337	113	64	127	71	203	141	146
淮南	0.223	205	70	100	271	246	175	188
马鞍山	0.346	105	74	30	162	227	95	75
淮北	0.226	204	99	94	188	274	181	184
铜陵	0.357	97	159	98	117	172	74	46
安庆	0.387	74	117	42	33	102	149	181
黄山	0.446	58	150	118	5	54	93	117
滁州	0.312	139	148	64	47	247	94	128
阜阳	0.228	203	123	230	197	215	279	108
宿州	0.128	271	217	250	233	236	264	238
六安	0.260	180	184	226	126	104	256	209
亳州	0.150	263	257	239	192	222	277	240
池州	0.253	185	206	203	220	94	211	179
宣城	0.317	131	252	184	99	93	169	111

资料来源：中国社会科学院城市与竞争力指数数据库。

现状格局：2016 年，安徽省城市竞争力总体上呈现以下特征。

第一，合肥和芜湖是安徽发展的"双子星座"，部分城市发展不平衡。合肥和芜湖综合经济竞争力明显好于其他城市，是全省唯一两个排在前 100 位的城市，而可持续竞争力也都排在全国前列，相对于其他城市而言发展优势明显。有部分城市综合经济竞争力与可持续竞争力发展不平衡，其中最有代表性的是黄山，其综合经济竞争力位居全省倒数第一，而可持续竞争力居全省第二，仅次于安徽。此外安庆、池州和宣城可持续竞争力明显好于综合经济竞争力，而阜阳、亳州和宿州综合经济竞争力要好于可持续竞争力。

第二，各城市宜居环境出现分化特征。从宜居城市竞争力来看，安徽省总体在全国处于中游水平，相对上个年度有所下降。从各城市宜居环境来看，合肥、芜湖、黄山、马鞍山等城市优势突出，均位于全国前

50，而宿州、六安、亳州、滁州等城市宜居环境较差，均处于全国200名之后，这反映出安徽省内城市宜居环境出现明显分化。

第三，生态城市竞争力表现较好，但城市之间差距较大。安徽在生态城市竞争力方面成绩较好，其中黄山排在全国第5名，优势明显，合肥、安庆和滁州等城市也处在全国前列，但也有很多城市处于全国靠后位置，如淮南、宿州和池州等城市均处在全国200名以后。这说明城市间生态城市竞争力差距较大，还需进一步协调和提升。安徽省通过全面落实推进大气污染防治的各项措施，建立了重点区域大气污染联防联控机制，推进了千家企业节能低碳行动，有力地推动了安徽生态环境的改善。未来需要进一步重点治理生态环境较差的城市，推进协调发展。

（二）问题与劣势

第一，较低的城乡一体化水平成为安徽可持续竞争力提升的短板。安徽各城市在分项竞争力比较中，全域城市竞争力方面是没有一个城市进入前50名，而阜阳、宿州、六安、亳州、池州等城市均处在200名以后。这说明安徽省全域竞争力是其短板，城乡一体化发展水平较低成为制约安徽城市可持续竞争力提升的瓶颈。

第二，经济发展与文化发展不协调。安徽各城市在文化城市竞争力方面有黄山、合肥、宣城和池州4个城市位于全国前100名，而这几个城市中除合肥外，其余城市的经济竞争力均在全国210名以后。而综合经济竞争力表现较好的芜湖，其文化城市竞争力却并不理想。这说明安徽省各城市经济发展与文化发展并不协调，文化并没有成为安徽发展的有效动力。

（三）现象与规律

较低的城市化率影响了全域城市竞争力提升，但从趋势上来看，未来随着新型城市化的加速推进，安徽可持续竞争力将逐渐提升。2016年安徽省城市化率在全国处于相对较低水平。特别是亳州、池州和宣城等城市，较低的城市化率制约了全域城市竞争力提升。但从趋势上来看，安徽省近年来城市化率不断提升，近三年来的城市化率分别为49.2%、50.5%、52.0%，因此，未来随着安徽省城市化的进一步发展，未来可持续竞争力预期将逐步提升。

从全国一般规律来看，城市化率低的城市普遍全域竞争力较低，而其可持续竞争力和综合经济竞争力也较低。通过城市层面的相关性分析发现，城市化率指标和全域竞争力的相关系数为 0.6385，和可持续竞争力的相关系数达到 0.6136，和综合经济竞争力的相关系数达到 0.6972。除去安徽外，这一指标较低的省份还有山西、甘肃和宁夏，这些也都是可持续竞争力和综合经济竞争力较低的省份。这就说明，加快推进新型城市化，是提升可持续竞争力的重要途径。

（四）趋势与展望

安徽各城市在社会治理和生态环境改善等方面发展优势相对明显，但城乡一体化水平还有所不足，同时存在经济发展与文化发展不平衡的问题。在城市格局上，合肥和芜湖发展优势明显，但省内大部分城市的综合经济竞争力和可持续竞争力还处于较差水平。未来安徽各城市充分发挥靠近长三角的区域优势，充分发挥合肥和芜湖的带同作用，统筹城乡经济社会发展，进一步提升城市本身的可持续竞争力。

（五）政策建议

战略回顾：近年来，安徽省提出了统筹区域发展的战略，提出推动皖江城市带率先崛起，形成"一轴双核两翼"的战略布局，支持皖北地区加快发展，推进合肥经济圈一体化发展。同时还提出了稳步推进城乡发展一体化的战略，提出要率先在城乡规划、产业发展、基础设施、公共服务等方面实现一体化发展，促进土地向规模经营集中、工业向园区集中、人口向城镇集中。但从目前的情况来看，安徽省城乡发展一体化水平仍然不高，合肥经济圈还未完全实现一体化，未来要进一步统筹区域发展和统筹城乡发展，促进经济发展更加协调可持续。

政策建议：安徽存在的问题是较低的城乡一体化水平、区域内城市发展的不均衡，经济与文化的不协调。未来各城市发展过程中，应坚持稳中求进的总基调，主动适应经济发展新常态，以提高经济发展质量和效益为中心，加快调结构转方式促升级。具体而言，在"十三五"规划期内，要在以下方面着力推进：一要顺应城市化与工业化的发展规律，加快推进新型城镇化建设，使城市化与工业化成为安徽增长的"双引擎"，以此为带动积极提升全域城市竞争力；二要进一步统筹区域内发展，优化资源配置，聚合发展能量，形成整体优势，把合肥经济圈建成接轨长三角、在全国有影响力的城市经济圈；三要重点推进部分经济发展较好地区的文化建设，同时充分发挥黄山和宣城等城市的文化价值，以促进落后地区的经济发展，促进经济与文化协调发展。

第十三章　中国（西南地区）城市竞争力报告

张安全　姜雪梅　刘笑男[*]

一　中国城市竞争力（海南省）报告

近年来，海南省经济社会保持平稳健康发展，呈现增速平稳、结构优化、效益提升的良好态势。虽然海南经济的发展起步晚、底子薄，但是良好的生态环境是海南经济社会发展的优势所在，较强的可持续竞争力和宜居竞争力是海南长期发展的基础。发挥好资源优势、走绿色发展之路，将为海南发展注入强劲的内生动力。

表 13—1　　　　　　　　2016 年海南省省情信息

土地面积	3.54 万平方千米
常住人口	917.13 万人
城镇人口占常住人口比重	56.78%
GDP 总量及增长率	4044.51 亿元，7.5%
第一、二、三产业占 GDP 比重	24.0∶22.3∶53.7

资料来源：2016 年海南省国民经济和社会发展统计公报。

---

* 张安全，经济学博士，西南财经大学经济学院副研究员，研究方向：房地产经济；姜雪梅，就职于中国社会科学院财经战略研究院；刘笑男，中国社会科学院研究生院博士生。

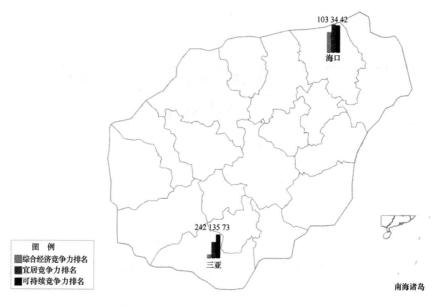

图 13—1   2016 年海南省城市竞争力排名

资料来源: 中国社会科学院城市与竞争力指数数据库。

(一) 现状与条件

总体概况: 2016 年全省实现地区生产总值 4044.5 亿元, 比上年增长 7.5%。产业结构方面, 第一、二、三产业增加值分别增长 4.1%、5.1% 和 10.1%, 三次产业增加值占地区生产总值的比重由 2015 年的 23.1∶23.6∶53.3 调整为 2016 年的 24.0∶22.3∶53.7。需求结构方面, 投资较快增长、消费状况改善是实现海南经济发展的关键, 全省固定资产投资 (不含农户) 比上年增长 11.7%, 全省社会消费品零售总额比上年增长 9.7%。要素结构方面, 旅游、互联网、医疗健康、现代金融服务、高新技术、教育等重点产业发展势头良好, 同时, 市场活力进一步释放, 全年全省新增市场主体 11 万户, 比上年增长 16.4%。总体来看, 海南省生态环境、经济特区、国际旅游岛三大优势和热带气候资源、海洋大省等独特优势正在转化为发展优势。

现状格局: 2016 年, 海南省城市竞争力呈现出以下格局。

第一, 综合经济竞争力水平处于中下游。2016 年, 海南的综合经济竞争力在省级行政单位中排名第 25 位, 其中海口和三亚在全国地级城市的排名分别位于第 103 位和第 242 位。海南的综合增量竞争力排名更加靠后，其中海口和三亚在全国地级城市的排名分别位于第 164 位和第 272 位。从分项指标来看，企业本体和当地需求是制约海口和三亚经济发展的主要方面。

表 13—2　　　　　2016 年海南省各城市综合经济竞争力指数排名

城市	综合经济竞争力		综合增量竞争力		综合效率竞争力		企业本体	当地要素	当地需求	软件环境	硬件环境	全球联系
	指数	排名	指数	排名	指数	排名	排名	排名	排名	排名	排名	排名
海口	0.089	103	0.069	164	0.020	46	238	21	119	47	17	33
三亚	0.046	242	0.024	272	0.009	109	278	127	125	102	15	196

资料来源：中国社会科学院城市与竞争力指数数据库。

第二，可持续竞争力相对较强。2016 年，海口和三亚的可持续竞争力在全国地级城市的排名分别位于第 42 位和第 73 位，其中，海口的可持续竞争力排名基本不变，三亚的可持续竞争力排名略有下降，但排名都相对靠前。海口主要是在和谐城市竞争力和全域城市竞争力方面表现较差，三亚主要是在知识城市竞争力、全域城市竞争力和信息城市竞争力方面表现较差。

表 13—3　　　　　2016 年海南省各城市可持续竞争力指数排名

城市	可持续竞争力		知识城市竞争力	和谐城市竞争力	生态城市竞争力	文化城市竞争力	全域城市竞争力	信息城市竞争力
	指数	排名	排名	排名	排名	排名	排名	排名
海口	0.488	42	39	208	51	36	163	40
三亚	0.388	73	168	39	97	59	144	121

资料来源：中国社会科学院城市与竞争力指数数据库。

第三，宜居城市竞争力有待全面提升。虽然海口和三亚的宜居城市竞争力排名分别位于第 34 位和第 135 位，但是海南的宜居城市竞争力主要得益于良好的生态环境，而安全的社会环境、舒适的居住环境、便捷的基础设施和活跃的经济环境等方面，在全国的排名则相对靠后。

表 13—4　　　　　　　2016 年海南省各城市宜居竞争力指数排名

城市	宜居竞争力		优质的教育环境	健康的医疗环境	安全的社会环境	绿色的生态环境	舒适的居住环境	便捷的基础设施	活跃的经济环境
	指数	排名	排名	排名	排名	排名	排名	排名	排名
海口	0.667	34	41	24	244	3	212	234	111
三亚	0.439	135	190	174	192	2	286	144	89

资料来源：中国社会科学院城市与竞争力指数数据库。

（二）问题与劣势

经济综合增量竞争力整体较弱。从地区生产总值来看，一至四季度累计增速分别为 9.7%、8.1%、7.4%、7.5%，虽然全年总量在增长，但是下半年增速逐渐在放缓，全年增速比一季度、上半年分别回落 2.2 和 0.6 个百分点。

发展质量和效益仍需提升。农业规模化、标准化、品牌化程度仍然较低；工业产品层次较低、附加值不高、缺乏核心竞争力；互联网、医疗健康、文化产业等现代服务业成长较快，但规模和占比不足等。

实现区域平衡发展的任务艰巨。从地区生产总值来看，总体呈现东部高于西部、西部高于中部的态势，经济总量最大的东部地区与经济总量最小的中部地区相差 2156 亿元。就个体而言，全省经济总量最大的海口市占全省经济总量比重为 31%，三亚市占全省经济总量比重为 12%，经济总量最小的五指山市总量占全省经济总量比重仅为 0.6%。

（三）现象与规律

良好的生态环境对宜居竞争力具有双重影响。近年来，随着气候、环境等条件的恶化和经济水平的提升，人们对于生活质量有了更高的要求。生态环境指数全国排名第一的海南借着得天独厚的生态环境和旅游度假资源吸引着越来越多的外来人口，从而使得海南房价收入比居全国之高。高房价直接体现了良好生态环境的经济价值和城市的宜居竞争力，但是也挤压了海南本岛居民的住房需求，给海南本岛居民的经济、社会利益带来一系列影响，不利于宜居城市竞争力的提升。因此，海南房地产的发展应重点协调好与本地居民的利益关系，尤其是与保障性住房的关系，在产品供给与住房保障、空间分布与利益补偿等方面将本地居民的利益纳入其中综合考虑，提高海南的宜居竞争力。

（四）趋势与展望

用好绿色优势，构建绿色经济体系。良好的生态环境是可持续发展的必要条件和人民对美好生活追求的重要体现，同时，良好的生态环境也能促进经济的繁荣发展。海南最大的优势就是生态环境，其他的优势和特点，都是从良好的生态环境中拓展而来。在供给侧结构性改革背景下，海南省提出"调优做强绿色特色实体经济，其中把热带特色高效农业作为富农兴省、服务全国的大战略来谋划实施；加快和深化旅游服务业供给侧改革；以创新为引领加快互联网等产业发展"等，积极探索和发展循环经济，有利于引导海南实现经济效益和生态效益双赢。

（五）对策建议

战略回顾：2016年海南省通过重点抓好生态文明建设、脱贫攻坚工程、城乡一体化发展、重点项目建设等项目，坚定不移地推动以创新引领、发展12个重点产业为主导，使得供给侧结构性改革取得重要进展，产业结构明显优化，效益显著提升，旅游业转型升级、特色高效农业、互联网产业等百花齐放，全省经济稳中趋好、稳中提质。

政策建议：区域发展不平衡是海南经济必须破解的难题，要加快实施区域协调发展战略，把促进区域协调发展作为加快转型升级的紧迫任务，加快东、西部区域中心城市建设，努力促进东西两翼并进、中部生态保育发展。要坚持以供给侧改革为切入点，大力发展现金融、互联网、文化、健康等新兴服务业，促进服务业比重提高，加快区域经济全面转型升级的步伐。

二 中国城市竞争力（广西壮族自治区）报告

近年来，广西壮族自治区的经济运行缓中趋稳，但全区经济发展水平整体较低是客观存在的问题，未来经济发展面临着较大的压力。如何把北部湾港口建设好、管理好、运营好，以北部湾引领区域经济协调发展，是影响广西经济社会发展的重要方面。

表 13—5　　　　　　　　　2016 年广西壮族自治区区情信息

土地面积	23.67 万平方千米
常住人口	4838 万人
城镇人口占常住人口比重	48.08%
GDP 总量及增长率	18245.07 亿元，7.3%
第一、二、三产业占 GDP 比重	15.3:45.1:39.6

资料来源：2016 年广西壮族自治区国民经济和社会发展统计公报。

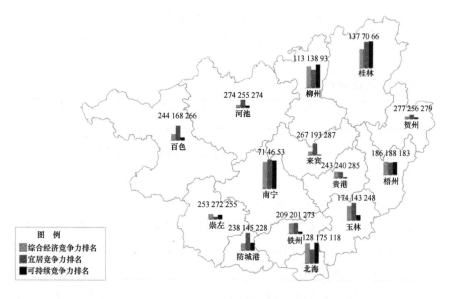

图 13—2　2016 年广西壮族自治区城市竞争力排名

资料来源：中国社会科学院城市与竞争力指数数据库。

（一）现状与条件

总体概况：2016 年全区实现地区生产总值 18245.07 亿元，比上年增长 7.3%。产业结构方面，第一、二、三产业增加值分别增长 3.4%、7.4% 和 8.6%，三次产业增加值占地区生产总值的比重由 2015 年的 15.3:45.8:38.9 调整为 2016 年的 15.3:45.1:39.6。需求结构方面，全区固定资产投资（不含农户）比上年增长 12.8%，房地产开发投资比上年增长 25.6%，社会消费品零售总额比上年增长 10.7%，但全区货物出口比上年下降 12.4%。要素结构方面，供给侧结构性改革"三去一降一补"任务得到较好落实，供给体系质量和效率有所提高，逐步实施创新驱动发展，发明专利授权量增长近 30%。总体来看，面对错综复杂的国内外形势，工业投资、民间投资持续低位增长，经济增长仍有较多不确定因素，经济下行压力仍然较大。

现状格局：2016 年，广西壮族自治区城市竞争力呈现出以下格局。

第一，综合经济竞争力排名靠后。2016 年，广西的综合经济竞争力在省级行政单位中排名第 28 位，相比 2015 年的排名虽然有所上升，但是仍然靠后，各城市的综合经济竞争力、综合增量竞争力和综合效率竞争力的表现都普遍较差。分指标来看，各城市在企业本体、当地要素、当地需求、软件环境、硬件环境和全球联系等方面也都表现较差。

表 13—6　　2016 年广西壮族自治区各城市综合经济竞争力指数排名

城市	综合经济竞争力		综合增量竞争力		综合效率竞争力		企业本体	当地要素	当地需求	软件环境	硬件环境	全球联系
	指数	排名	指数	排名	指数	排名	排名	排名	排名	排名	排名	排名
南宁	0.103	71	0.189	50	0.006	141	132	27	69	101	106	89
柳州	0.082	113	0.126	87	0.005	157	125	120	98	85	84	161
桂林	0.070	137	0.104	103	0.003	215	72	50	90	54	203	186
梧州	0.058	186	0.066	173	0.003	195	16	218	168	184	196	157
北海	0.072	128	0.065	177	0.011	91	14	274	160	110	12	92
防城港	0.048	238	0.039	239	0.004	183	42	273	144	259	91	60
钦州	0.054	209	0.059	190	0.003	209	105	187	138	191	146	35
贵港	0.045	243	0.037	245	0.003	203	196	260	197	241	219	252
玉林	0.062	174	0.071	162	0.004	172	41	132	92	187	178	254
百色	0.045	244	0.044	223	0.001	270	215	142	198	274	241	213
贺州	0.034	277	0.020	280	0.001	246	193	230	215	281	179	243
河池	0.036	274	0.025	270	0.001	279	284	201	247	136	242	199
来宾	0.038	267	0.027	265	0.002	244	233	271	157	282	228	260
崇左	0.042	253	0.036	250	0.001	247	204	244	223	263	222	25

资料来源：中国社会科学院城市与竞争力指数数据库。

第二，可持续竞争力发展不平衡。分地区来看，南宁和桂林的可持续竞争力排名相对靠前，而其余城市的可持续竞争力则普遍较低。分指标来看，广西尤其是在全域城市竞争力、文化城市竞争力、信息城市竞争力、和谐城市竞争力等方面都表现一般，短期内难以实现可持续竞争力的大幅提升。

表 13—7　　2016 年广西壮族自治区各城市可持续竞争力指数排名

城市	可持续竞争力		知识城市竞争力	和谐城市竞争力	生态城市竞争力	文化城市竞争力	全域城市竞争力	信息城市竞争力
	指数	排名	排名	排名	排名	排名	排名	排名
南宁	0.460	53	36	236	12	82	92	82
柳州	0.361	93	85	205	76	81	165	125
桂林	0.416	66	47	225	89	25	120	175
梧州	0.259	183	196	251	39	192	232	145
北海	0.329	118	207	278	31	73	207	84
防城港	0.206	228	253	188	230	243	247	67
钦州	0.117	273	195	288	213	280	257	107
贵港	0.035	285	273	267	267	288	248	260
玉林	0.173	248	115	282	127	234	246	253
百色	0.145	266	165	244	193	264	283	207
贺州	0.084	279	234	266	266	255	270	230
河池	0.115	274	227	228	280	250	274	197
来宾	0.027	287	266	279	287	272	269	271
崇左	0.163	255	238	248	118	289	252	80

资料来源：中国社会科学院城市与竞争力指数数据库。

第三，宜居竞争力有待全面提升。南宁和桂林的宜居竞争力排名相对靠前，但是在安全的社会环境与便捷的基础设施两个方面表现较差。其余城市在宜居竞争力及其他各分项的表现都整体较差，多数城市宜居竞争力排名在 200 名左右。

表 13—8　　　2016 年广西壮族自治区各城市宜居竞争力指数排名

城市	宜居竞争力		优质的教育环境	健康的医疗环境	安全的社会环境	绿色的生态环境	舒适的居住环境	便捷的基础设施	活跃的经济环境
	指数	排名	排名	排名	排名	排名	排名	排名	排名
南宁	0.621	46	25	28	258	41	158	274	93
柳州	0.435	138	75	44	274	113	221	254	104
桂林	0.561	70	35	64	262	96	16	279	94
梧州	0.319	188	246	221	190	28	43	203	157
北海	0.355	175	261	179	283	25	54	80	135
防城港	0.421	145	263	251	234	78	5	13	114
钦州	0.305	201	258	122	251	61	116	200	139
贵港	0.222	240	274	245	254	130	98	63	190
玉林	0.425	143	182	232	248	37	27	109	113
百色	0.366	168	194	105	249	183	44	53	186
贺州	0.185	256	267	268	277	68	14	192	177
河池	0.255	225	262	216	53	175	111	112	223
来宾	0.314	193	268	269	281	189	1	29	126
崇左	0.157	272	264	282	266	40	58	224	188

资料来源：中国社会科学院城市与竞争力指数数据库。

（二）问题与劣势

区域经济发展不协调问题严重。广西的区域经济发展不协调，不仅表现在各城市的综合经济竞争力排名差异较大，而且表现在各城市综合经济竞争力排名的动态变化上。除了综合经济竞争力相对较强的南宁、柳州、桂林和梧州等城市以外，北海、防城港、钦州、玉林、百色、河池、来宾和崇左等城市的综合经济竞争力排名在 2016 年均出现了不同程度的下降。

各地区可持续竞争力令人担忧。各城市不仅在知识城市竞争力、和谐城市竞争力、文化城市竞争力、全域城市竞争力和信息城市竞争力等方面都表现较差，而且各城市的可持续竞争力排名在 2016 年出现了整体下滑。

（三）现象与规律

广西经济发展缺乏中心城市的带动。区域经济发展不是一个个孤立的城市的发展，而是以一个中心城市为核心，并与其周围中小城市共同组成的城市群的发展。从综合经济竞争力来看，广西各个城市的发展都相对较差，而且各个城市之间的差距不大，这说明广西的经济发展没有遵循"点—线—面"的发展思路，而是表现出全面开花、分散发展的特征。具体而言，南宁作为政治和经济中心，经济发展水平相对较低，其辐射带动作用有限，不足以引领全区的城市发展；北部湾经济圈也尚未成为广西经济发展的高地，北海、钦州、防城港、玉林和崇左等城市的综合经济竞争力排名都非常靠后。因此，广西的综合经济竞争力进步不明显的一个重要原因就是缺少一个综合实力强、能够引领和辐射周边城市发展的中心城市。

（四）趋势与展望

经济发展存在诸多不确定性。虽然"双核驱动"战略为广西经济增长提供了可能的发展机遇，但是目前尚未显现出显著的成效，未来经济发展还面临着很多不确定性。短期来看，全区存在产能过剩、高耗能产业比重较大、高技术产业比重较低等问题不利于产业的转型升级和经济的提速换挡。长期来看，各个城市的可持续竞争力，以及可持续竞争力的各分项都相对较差，广西经济要实现持续增长面临一定的困难。广西需要推动供给侧改革，用改革的办法推进结构调整，提高供给结构对需求变化的适应性和灵活性，提高全要素生产率，矫正供需错位。

（五）政策建议

战略回顾：2016 年广西全面贯彻落实创新、协调、绿色、开放、共享发展理念，紧紧围绕"五稳"，狠抓"41 条"降成本政策措施落实，全力以赴做好稳增长的各项工作，经济呈现总体平稳的态势，但工业投资、民间投资持续低位增长，经济下行压力仍然较大。

政策建议：首先，加大对基础设施、新兴产业、科技创新、公共服务、生态环境等薄弱环节的投资建设力度，补齐经济社会发展短板，提升广西可持续竞争力。其次，优化重点城市的优先发展和产业布局，通过以点带线，以线带面，实现区域经济的协同发展，提升广西综合经济竞争力。最后，积极参与"一带一路"建设，加强与泛珠三角、长三角等区域的合作。

三 中国城市竞争力(重庆市)报告

近年来,重庆大力推进供给侧结构性改革,坚持五大发展理念,把握引领经济发展新常态,经济运行稳中有进,发展势头好、城乡面貌变化大。随着创新驱动发展动力的不断增强,将促成重庆经济发展方式转变和经济结构战略性调整,实现经济发展新跨越。

表 13—9　　　　　　　　　2016 年重庆市市情信息

土地面积	8.24 万平方千米
常住人口	3048.43 万人
城镇人口占常住人口比重	62.6%
GDP 总量及增长率	17558.76 亿元,10.7%
第一、二、三产业占 GDP 比重	7.4:44.2:48.4

资料来源:2016 年重庆市国民经济和社会发展统计公报。

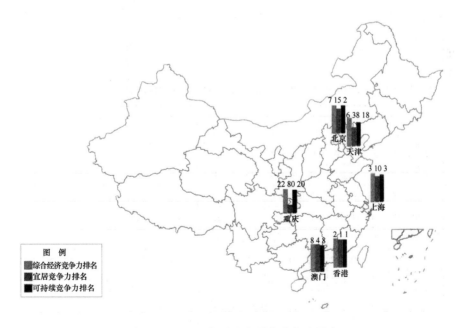

图 13—3　2016 年重庆市城市竞争力排名

资料来源:中国社会科学院城市与竞争力指数数据库。

（一）现状与条件

总体概况：2016 年，全市全年实现地区生产总值 17558.76 亿元，同比增长 10.7%。从产业结构来看，农业经济整体平稳，工业经济稳定增长，全市规模以上工业增加值按可比价格计算比上年增长 10.3%。从需求结构来看，全市固定资产投资增速平稳，消费需求稳中有升，进出口总值有所下降。从要素结构来看，重庆依靠创新打造发展新引擎，新的增长动力源已发挥出日益明显的作用。总体来看，重庆市的经济增长具有一定的投资驱动特征，但是重庆市的产业结构逐步优化，创新能力不断增强，发展质量和效益在持续提高。

现状格局：2016 年，重庆市城市竞争力呈现出以下格局。

第一，综合经济竞争力较强。2016 年重庆市综合经济竞争力指数为 0.231，在省级行政区域中排名第 7 位，在地级城市中排名第 22 位，排名相对靠前，尤其是综合增量竞争力排名第 5，与其他 3 个直辖市非常接近。但是与北京、天津、上海、香港和澳门等直辖市和特别行政区相比，重庆的综合经济竞争力还相对较低，且主要是因为综合效率竞争力较低。

表 13—10　　2016 年重庆市和代表性城市经济竞争力指数排名

城市	综合经济竞争力		综合增量竞争力		综合效率竞争力		企业本体	当地要素	当地需求	软件环境	硬件环境	全球联系
	指数	排名	指数	排名	指数	排名	排名	排名	排名	排名	排名	排名
北京	0.459	7	0.971	3	0.054	18	1	1	2	4	67	1
天津	0.466	6	0.989	2	0.055	17	85	13	5	8	53	9
上海	0.747	3	1.000	1	0.155	5	83	4	1	15	16	2
重庆	0.231	22	0.917	5	0.007	122	78	20	3	78	135	8
香港	0.881	2	0.342	19	0.647	3	3	3	7	24	1	3
澳门	0.457	8	0.051	205	1.000	1	6	2	62	36	5	26

资料来源：中国社会科学院城市与竞争力指数数据库。

第二，可持续竞争力提升较快。2016 年重庆市可持续竞争力在地

级城市中排名第 20 位，相比 2015 年，排名提升了 8 个名次，从可持续
竞争力的分项指标来看，重庆在知识城市竞争力、文化城市竞争力、信
息城市竞争力等方面都排名靠前。当然，与北京、天津、上海、香港和
澳门等直辖市和特别行政区相比，重庆在可持续竞争力的各分项指标上
都还存在一定的差距。

表 13—11　　2016 年重庆市和代表性城市可持续竞争力指数排名

城市	可持续竞争力		知识城市竞争力	和谐城市竞争力	生态城市竞争力	文化城市竞争力	全域城市竞争力	信息城市竞争力
	指数	排名	排名	排名	排名	排名	排名	排名
北京	0.989	2	1	56	16	1	5	4
天津	0.611	18	5	172	85	31	22	33
上海	0.922	3	2	122	6	9	3	2
重庆	0.604	20	7	176	128	19	31	19
香港	1.000	1	4	17	2	8	2	1
澳门	0.706	8	15	233	182	4	4	3

资料来源：中国社会科学院城市与竞争力指数数据库。

第三，宜居竞争力处于全国中上游。2016 年，重庆宜居城市竞争
力指数为 0.551，在地级城市中排名第 80 位，排名不是特别理想。与
北京、天津和上海这三个直辖市相比，重庆主要是在优质的教育环境、
健康的医疗环境和活跃的经济环境三个方面表现相对较差；与香港和澳
门两个特别行政区相比，主要是在优质的教育环境、绿色的生态环境、
舒适的居住环境和活跃的经济环境等几个方面差距较大。

表 13—12　　2016 年重庆市和代表性城市宜居竞争力指数排名

城市	宜居竞争力		优质的教育环境	健康的医疗环境	安全的社会环境	绿色的生态环境	舒适的居住环境	便捷的基础设施	活跃的经济环境
	指数	排名	排名	排名	排名	排名	排名	排名	排名
北京	0.740	15	1	4	188	197	259	271	6
天津	0.656	38	5	25	189	221	280	246	35

续表

城市	宜居竞争力		优质的教育环境	健康的医疗环境	安全的社会环境	绿色的生态环境	舒适的居住环境	便捷的基础设施	活跃的经济环境
	指数	排名	排名	排名	排名	排名	排名	排名	排名
上海	0.766	10	2	16	242	75	234	238	11
重庆	0.551	80	39	42	179	182	255	252	92
香港	1.000	1	3	22	247	1	36	107	9
澳门	0.809	4	28	146	269	4	11	83	9

资料来源：中国社会科学院城市与竞争力指数数据库。

（二）问题与劣势

和谐城市竞争力仍是短板。近年来，重庆市围绕保障社会和谐稳定，深化平安重庆建设，依法打击各类违法犯罪，刑事案件、严重暴力案件和侵财案件持续下降；精准扶贫工程扎实推进；城乡养老、医疗保险参保率逐步提高；低保和医疗救助标准持续提升，特困人员救助制度更加完善；教育和医疗等公共服务水平不断提高。这一系列措施使得人民群众安全感和满意度不断提升。但是，重庆总体上还是处于欠发达阶段，社会事业发展还相对滞后，经济社会发展不平衡不协调不可持续的问题依然突出。例如人均社会保障、就业和医疗卫生财政支出的得分相对较低，致使和谐城市竞争力在地级城市排名中位居第 176 名，与 2015 年相比，排名有所下降。

（三）现象与规律

基础设施建设提升重庆全域城市竞争力。由于受地形等自然因素影响，交通问题一直是制约重庆全域城市竞争力提升的一个重要因素。2016 年，重庆加快"五通八联三保障"项目建设，基础设施投资增长 30%，渝万高铁实现通车，重庆北站、沙坪坝站、西站等铁路综合交通枢纽加快建设，在建铁路达到 1000 公里，高速公路新增通车里程 292 公里，四大枢纽水港建设强力推进，港口货物和集装箱吞吐量持续增长。随着重庆基础设施建设力度的加强，重庆全域城市竞争力排名大幅提升，由 2015 年的第 105 名提升到 2016 年的第 31 名，为重庆可持续竞争力的提升奠定了基础。

经济结构不断优化、创新驱动发展动力增强。2016 年，重庆经济结构出现积极变化，包括高技术产业和战略性新兴产业为代表的先进制造业、新兴服务业、电子商务及新兴零售等新业态发展迅速。全市高技术产业工业增加值增长 24.2%，战略性新兴产业增加值增长 27.2%。"互联网＋"相关行业迅速成长，互联网和相关服务业民间投资增长 263.4%，从 1—11 月规模以上服务业的指标看，互联网和相关服务业营业收入增长 36.8%。全市研究与试验发展（R&D）经费支出约 300 亿元，占地区生产总值的 1.7%，比上年提高 0.17 个百分点，全年共获得专利授权 4.27 万件。重庆在经济转型升级中加快成长，并不断激发出经济增长新动力，创新驱动的知识城市竞争力排名从 2015 年的第 42 位上升到 2016 年的第 7 位。随着经济的转型升级，发展后劲不断增强，重庆经济将继续保持平稳增长态势。

（四）趋势与展望

自贸区助力重庆经济社会发展。自贸区的设立，使得市民能更快速度买到更多、更便宜的进口商品，而且不出国门就能享受到诸如外资医院、教育机构提供的服务，使得本地企业不仅可以更低成本"买全球卖全国"或者"买全国卖全球"，还可以获得离岸金融、国际贸易融资、跨境人民币融资等符合国际规则的综合金融服务，为重庆的宜居城市竞争力和经济竞争力的提升提供了机遇。同时，重庆在自贸试验区明确了功能分区，有利于引导各区域各有侧重地培育发展主导产业，推动资源要素向各功能区域重点产业和重点区域集聚，有利于形成大体量、高能级的产业集群和区域特色鲜明、分工协同一体的产业格局，从而进一步提高综合经济竞争力。总之，随着自贸区的设立，将有助于凝聚力量带动整个重庆地区的经济新增长，增强区域经济活力，充分发挥重庆在两大经济带建设中的枢纽和支点作用。

（五）政策建议

战略回顾：2016 年，重庆市委、市政府坚持稳中求进工作总基调，以新发展理念引领经济发展新常态，深入实施五大功能区域发展战略，大力推进供给侧结构性改革，着力培育经济发展新动能，全市经济实现了持续稳定增长，发展质量效益同步提升。

政策建议：继续实施五大功能区域发展战略，进一步优化各功能区域城市空间布局和产业体系布局，加强基础设施互联互通和公共服务共建共享，促进资源要素优化配置。继续深入实施创新驱动发展战略，以十大战略性新兴服务业为重点，推动生产性服务业向专业化和价值链高端延伸。以自贸区的成立为契机，积极扩大内陆开放新优势，加快推动"一带一路"和长江经济带建设，完善长江经济带上游省际协商合作机制，推动成渝城市群建设，加强与云贵湘等周边省市合作。

四 中国城市竞争力（四川省）报告

"十三五"开局之年，伴随错综复杂的国内外经济形势，四川省稳中求进，抓"项目年"稳增长，经济实力明显提升。但由于部分地区和行业稳增长形势较为严峻，综合实力与发达省份差距仍然较大，可持续发展水平仍待提升。突出抓好 631 个全省重点项目和 100 个省级重点推进项目，组织近 10 万家企业参加市场拓展"三大活动"，推动"四川造"产品销售额超过 8000 亿元。整体来看，四川省通过稳步推进经济结构的转型优化，其产业结构呈现积极发展态势，三次产业结构比例从 2011 年的 14.4：50.5：35.1 调整为 2015 年的 12.2：47.5：40.3、2016 年的 12.0：42.6：45.4，第三产业与第二产业的差距明显减少。新开工项目投资完成 1.3 万亿元，投资增长贡献率为 85%，三大产业的固定资产投资的投资额分别为 1115.1 亿元、8222.4 亿元和 19788.5 亿元，增长率分别为 32.7%、10.2% 和 12.0%。四川省经济发展仍处于要素、投资驱动向创新型驱动的发展阶段。

表 13—13　　　　　2016 年四川省省情信息

土地面积	48.14 万平方千米
常住人口	8262 万人

续表

城镇人口占常住人口比重	49.21%
GDP 总量及增长率	32680.5 亿元，7.7%
第一、二、三产业占 GDP 比重	12.0∶42.6∶45.4

资料来源：2016 年四川省国民经济和社会发展统计公报。

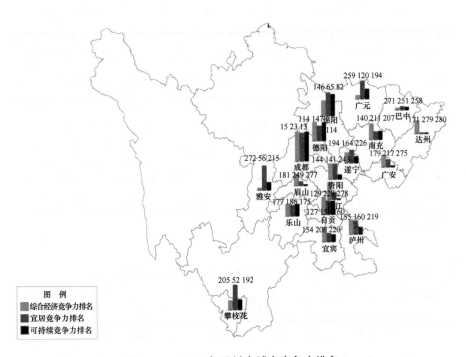

图 13—4　2016 年四川省城市竞争力排名

资料来源：中国社会科学院城市与竞争力指数数据库。

（一）现状与条件

总体概况：

2016 年，四川省经济总体平稳稳中向好，其经济综合增量和效率均有一定提升。其综合经济竞争力依然处于全国平均水平之下，可持续竞争力水平发展停滞不前，区域差距较大，宜居竞争力比前两项表现较好，见图 13—4。要实现综合经济竞争力水平的提升，四川必须积极提升可持续发展竞争力，深入实施"多个城市群协同发展"战略和"城乡统筹发展"战略，积极融入"一带一路"和长江经济带等国家发展战略，加快构建功能互补、错位竞争、合作共赢的区域发展格局，全面提升省域综合竞争力。

四川省各城市呈现以下特征。

第一，综合经济竞争力总体水平偏低，成都一枝独秀，省内分化加剧。

2016 年，四川省综合经济竞争力在全国除西藏外的省级行政区域中排名为 19 位，较去年上升 2 个位次，综合经济竞争力指数变异系数为 0.797，比 2015 年的变异系数（2015 年的变异系数为 0.767）有所扩大，其在全国的排名为第 23 位，综合经济竞争力总体水平偏低。省会成都经济增长较快，其综合增量竞争力全国排名为第 8 位，综合经济竞争力为第 15 位，全球联系为第 7 位，综合经济竞争力在西南地区具有明显优势，除了成都之外，四川其他城市的综合经济竞争力排名均在100 名之外，广元、巴中、雅安连续三年的竞争力排名均位于全国的200 名之后，川南地区城市排名较前，成都平原经济区和川东北经济区的城市排名参差不齐。

表 13—14　　　　2016 年四川省各城市综合经济竞争力指数排名

城市	综合经济竞争力		综合增量竞争力		综合效率竞争力		企业本体	当地要素	当地需求	软件环境	硬件环境	全球联系
	指数	排名	指数	排名	指数	排名	排名	排名	排名	排名	排名	排名
成都	0.306	15	0.619	8	0.034	27	60	7	9	30	175	7
自贡	0.072	127	0.068	168	0.010	95	109	109	203	145	223	180
攀枝花	0.055	205	0.050	209	0.005	159	240	148	123	224	66	265
泸州	0.065	155	0.079	140	0.004	173	102	119	137	124	120	257
德阳	0.081	114	0.085	135	0.011	92	135	103	103	118	227	109
绵阳	0.068	146	0.094	114	0.003	201	203	60	121	111	77	142
广元	0.041	259	0.034	252	0.001	254	207	219	271	185	152	216
遂宁	0.057	194	0.050	210	0.006	134	70	255	225	163	188	207
内江	0.072	129	0.071	160	0.009	107	138	161	208	62	213	244
乐山	0.061	177	0.071	161	0.004	182	230	95	158	150	208	179
南充	0.069	140	0.087	131	0.005	161	80	79	221	105	274	234

续表

城市	综合经济竞争力		综合增量竞争力		综合效率竞争力		企业本体	当地要素	当地需求	软件环境	硬件环境	全球联系
	指数	排名	指数	排名	指数	排名	排名	排名	排名	排名	排名	排名
眉山	0.059	181	0.058	191	0.005	151	100	245	190	16	119	256
宜宾	0.065	154	0.078	141	0.004	166	231	171	136	132	173	210
广安	0.059	179	0.056	194	0.006	140	31	256	180	200	198	177
达州	0.062	171	0.077	145	0.003	200	183	240	234	135	267	262
雅安	0.037	272	0.026	267	0.001	261	279	40	202	210	258	145
巴中	0.037	271	0.026	269	0.001	249	4	228	260	143	123	248
资阳	0.068	144	0.075	150	0.006	135	15	268	149	128	171	103

资料来源：中国社会科学院城市与竞争力指数数据库。

第二，可持续竞争力整体水平较差，区域发展不平衡。

2016 年，四川省可持续竞争力在全国除西藏外的省级行政区域中排名为 129 位，较去年下降 1 位，位居全国下游；方差为 0.018，全国排名 16 位，变异系数为 0.574，全国排名 21 位，城市之间的可持续竞争力之间的差距较之去年有所增大。省会成都市可持续竞争力在近三年稳步提升，从 2014 年的 18 位提升到 2016 年的 13 位，尤其是知识城市竞争力和信息城市竞争力具有明显优势，全国排名分别为第 11 位和第 8 位。由其各个城市的发展现状来看，绵阳的当地要素环境较好，相比其综合竞争力（第 146 位）而言其可持续竞争力较强（第 82 位）；相反，自贡市和内江市虽然保持相对较强的综合经济竞争力，但是可持续竞争力表现较弱；德阳市的综合经济竞争力和可持续竞争力持平，均为第 114 位；达州、内江、眉山的排名处于全省末列。

表 13—15   2016 年四川省各城市可持续竞争力指数排名

城市	可持续竞争力		知识城市竞争力	和谐城市竞争力	生态城市竞争力	文化城市竞争力	全域城市竞争力	信息城市竞争力
	指数	排名	排名	排名	排名	排名	排名	排名
成都	0.656	13	11	180	26	21	34	8

续表

城市	可持续竞争力		知识城市竞争力	和谐城市竞争力	生态城市竞争力	文化城市竞争力	全域城市竞争力	信息城市竞争力
	指数	排名	排名	排名	排名	排名	排名	排名
自贡	0.288	160	116	224	123	133	162	178
攀枝花	0.242	192	118	104	254	199	89	204
泸州	0.214	219	128	235	166	167	198	269
德阳	0.335	114	107	26	111	239	126	81
绵阳	0.377	82	60	165	102	175	123	43
广元	0.242	194	224	141	234	108	262	193
遂宁	0.206	226	268	177	29	278	222	217
内江	0.085	278	170	263	262	275	236	263
乐山	0.274	175	112	215	231	99	228	150
南充	0.223	207	89	241	113	225	250	232
眉山	0.091	277	251	254	253	276	220	213
宜宾	0.213	220	161	242	208	141	224	220
广安	0.114	275	260	252	284	230	237	186
达州	0.080	280	232	264	248	265	253	264
雅安	0.217	215	67	163	196	263	241	224
巴中	0.158	258	279	257	161	194	271	258
资阳	0.185	243	228	253	55	252	243	208

资料来源：中国社会科学院城市与竞争力指数数据库。

第三，城市落后局面仍未改变，教育环境有待提高。

2016 年，四川省宜居竞争力在全国除西藏外的省级行政区域中排名为 22 位，较去年排名提高 4 位；方差为 0.024，全国排名 12 位，变异系数为 0.412，全国排名 15 位。从四川省整体来看，宜居竞争力与综合经济竞争力和可持续竞争力相比表现较好（见图 13—4），其中成都、攀枝花、绵阳和雅安列入全国前 70 名以内。从宜居竞争力指标来看，教育环境落后于全国水平，只有 7 个城市的优质的教育环境竞争力列入前 200 名以内，见表 13—16。尽管城乡统筹发展工作取得了一定的成果，但是四川省整体的公共服务水平落后于全国平均水平。

表 13—16　　　　2016 年四川省各城市宜居竞争力指数排名

城市	宜居竞争力		优质的教育环境	健康的医疗环境	安全的社会环境	绿色的生态环境	舒适的居住环境	便捷的基础设施	活跃的经济环境
	指数	排名	排名	排名	排名	排名	排名	排名	排名
成都	0.714	23	13	5	209	118	257	259	34
自贡	0.393	158	210	62	130	249	178	66	179
攀枝花	0.597	52	116	15	210	93	23	143	110
泸州	0.385	160	146	178	103	220	163	118	144
德阳	0.420	147	163	153	69	108	110	255	97
绵阳	0.566	65	57	72	65	105	81	257	128
广元	0.462	120	257	83	58	32	51	24	256
遂宁	0.378	164	242	183	40	83	153	41	212
内江	0.270	220	252	108	112	246	151	132	198
乐山	0.323	186	200	149	126	208	254	102	146
南充	0.284	211	106	118	83	97	265	260	232
眉山	0.200	249	287	256	125	193	165	116	167
宜宾	0.296	206	213	115	171	235	131	197	147
广安	0.273	217	255	279	153	167	107	58	173
达州	0.120	279	283	127	99	223	197	229	247
雅安	0.589	56	73	129	96	36	228	23	162
巴中	0.197	251	285	253	68	22	114	207	255
资阳	0.428	141	275	249	95	35	100	55	138

资料来源：中国社会科学院城市与竞争力指数数据库。

现状格局：

第一，在综合经济竞争力的单项指标分析中可以得知，解释性变量指标中的企业本体中，四川有 8 个城市的企业经营指数的排名位居全国排名的前 100 位，当地要素中的专利申请量处于增加状态，企业经营具有良好的发展态势，城市竞争力具有后发的增长潜力。另外，城市之间的对外联系在增强，2016 年四川省精心打造开放合作平台，中国（四川）自由贸易试验区获批，天府国际机场开工建设，国际（地区）航线新增 10 条、达 95 条，成都中欧班列开行 460 列。

第二，在可持续竞争力的单项指标分析中可以得知，知识城市竞争力和信息城市竞争力具有相对的比较优势。通过深入实施创新驱动发展战略，开展成都国家创新型城市、德阳国家高端装备产业创新发展示范基地、绵阳科技城等项目，区域间技术合作和智力共享，促进了智力共享，使得成都、绵阳、南充、雅安、德阳等城市在知识经济方面取得重大进步。

第三，在宜居竞争力的单项指标分析中可以得知，除成都、泸州、德阳、乐山的便捷的基础设施的竞争力低于其宜居竞争力的综合排名外，其他城市便捷的基础设施具有相对比较优势，整体表现情况与各个城市的规模以及现有的发展阶段相对较为匹配。

（二）现象与规律

整体综合经济实力稳中有升，但区域均衡程度不高。全域城市竞争力和优质的教育环境竞争力成为制约四川省综合竞争力的重要因素之一。成都"一枝独秀"的特征非常突出，总体呈现"大城市过大、中等城市发展滞后、小城镇格局过小"的格局，城市群带动效应不明显。因此，积极培育川南城市群、川东北城市群、攀西城市群，促进辐射协同发展，缩小四川省域内城市发展不平衡，进一步推进城乡统筹发展，提升综合经济竞争力。未来四川应积极统筹各类优势资源，加快城乡协调发展。

（三）趋势与展望

伴随"一带一路"战略、长江经济带建设、"251行动计划"和国际产能合作"111"工程、精准扶贫精准脱贫工程的部署实施以及中国（四川）自由贸易试验区的获批，2017年四川省迎来了发展的重大机遇。未来的发展应充分发挥科技创新优势与创业环境优势，推进军民深度融合发展，统筹城乡区域发展，升级传统产业、发展新兴产业，积极培育新兴先导型服务业，进一步扩大开放合作，推动西部金融中心建设，推进自贸区建设，加快生产性服务业、专业化发展水平，促进绿色发展，提升四川省综合城市竞争力。

(四) 战略与政策

战略回顾：围绕"五位一体"总体布局和"四个全面"战略布局，坚持以提高发展质量和效益为中心，全面实施"三大发展战略"，奋力推进"两个跨越"，突出全面创新改革"一号工程"，突出脱贫攻坚"头等大事"，突出振兴实体经济，抢抓"一带一路"和长江经济带建设机遇，四川主动适应、引领新常态，抢抓发展机遇，呈现出经济较快增长、民生持续改善、社会和谐稳定的良好局面。

政策建议：全域城市竞争力和优质的教育环境分项指标是四川综合城市竞争力的短板，在充分发挥成都经济区优势的同时，应深入实施"多个城市群协同发展"战略，应积极统筹各类优势资源，推进"城乡统筹发展"战略，大力推进基本公共服务均等化水平，促进经济均衡发展，全面提升省域综合竞争力。

五　中国城市竞争力(云南省)报告

2016 年云南省全省的 GDP 总值为 14869.95 亿元，经济平稳增长(8.7%)，社会和谐稳定。从综合经济发展来看，三次产业稳步发展，比例由 2011 年的 16.1 : 45.6 : 38.3 调整为 2016 年的 14.8 : 39.0 : 46.2。2016 年云南省固定资产投资增长 19.8%，同比增长 1.8%，城乡常住居民人均可支配收入增长分别为 8.5% 和 9.5%。其中，昆明的 GDP 占全省的 28.92%，比上年增长 8.5%，第一、二、三产业 GDP 的增长率分别为 6%、7.6%、9.3%。玉溪市的 GDP 占全省的 8.82%，比上年增长 7.6%，第一、二、三产业的增长率分别为 6.1%、4.4%、12.9%。丽江市 GDP 占全省 2.08%，比上年增长 7%。总体来看，云南的整体经济在西南省份中发展较差，各个城市间的经济发展极为不平衡，且城乡一体化水平偏低。玉溪市海关进出口总额 201900 万美元，增长率为 6.5%，海关进口额下降 37.5%，出口总额上升 7.5%，实际利用外资 117 万美元，较之去年下降 85%。云南省各城市的外贸依存度不高，全球联系度不强。未来，云南应主动融入"一带一路"、长江经济带发展战略，积极参与大湄公河区域合作以及东盟自由贸易区的建设发展，加快与南亚、东南亚各国的经贸交流合作，促进云南的经济发展。

表 13—17　　　　　　　　2016 年云南省省情信息

土地面积	38.33 万平方千米
常住人口	4741.8 万人（2015 年）
城镇人口占常住人口比重	43.33%（2015 年）
GDP 总量及增长率	14869.95 亿元，8.7%
第一、二、三产业占 GDP 比重	14.8∶39.0∶46.2

资料来源：2016 年云南省国民经济和社会发展统计公报。

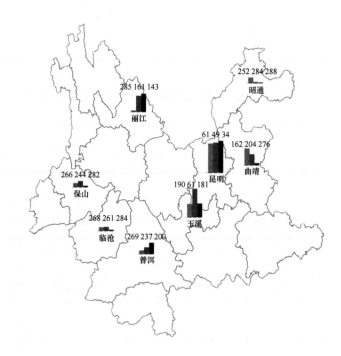

图 13—5　2016 年云南省城市竞争力排名

资料来源：中国社会科学院城市与竞争力指数数据库。

（一）现状与条件

总体概况：2016 年度云南省综合经济竞争力指数均值为 0.053，在全国除西藏外的省级行政区域中排名第 30 位，较 2015 年提高 1 个位次。2016 年综合经济竞争力方差和变异系数为 0.0007746 和 0.5243，分别位居全国第 6 位和第 15 位，较去年有所提高。但是综合经济竞争力较差，城市之间的差异相对较小。省会昆明综合经济竞争力排名为第 61 名，其余城市综合经济竞争力排名均位于 150 名之后，所有城市综合效率竞争力排名均位于 120 名之后，见表 13—18。除了玉溪之外，其他城市的企业本体分项指标排名均位于 170 名之后。

表 13—18　　　2016 年云南省各城市综合经济竞争力指数排名

| 城市 | 综合经济竞争力 | | 综合增量竞争力 | | 综合效率竞争力 | | 企业本体 | 当地要素 | 当地需求 | 软件环境 | 硬件环境 | 全球联系 |
	指数	排名	指数	排名	指数	排名	排名	排名	排名	排名	排名	排名
昆明	0.116	61	0.223	38	0.007	121	252	10	44	72	62	17
曲靖	0.064	162	0.090	124	0.002	228	249	175	91	180	177	143
玉溪	0.057	190	0.065	176	0.003	202	57	143	126	238	86	80
保山	0.039	266	0.031	257	0.001	269	174	229	212	186	38	242
昭通	0.043	252	0.039	238	0.001	262	269	237	252	237	254	287
丽江	0.030	285	0.016	285	0.000	286	276	190	232	109	192	218
普洱	0.037	269	0.030	260	0.000	288	271	215	262	279	19	189
临沧	0.038	268	0.030	259	0.001	277	246	261	274	288	113	227

资料来源：中国社会科学院城市与竞争力指数数据库。

2016 年度云南省可持续竞争力指数均值 0.1948，在全国除西藏外的省级行政区域中排名为 31 位，和去年是持平的状态，但分项竞争力中的知识、生态、文化的城市竞争力有所下降。可持续竞争力较差，城市之间发展不平衡现象突显。昆明全国排名第 34 位，其他城市的可持续竞争力排名均在 140 名之后。云南省的经济结构较脆弱，发展后劲严重不足。

表 13—19 　　　　2016 年云南省各城市可持续竞争力指数排名

城市	可持续竞争力		知识城市竞争力	和谐城市竞争力	生态城市竞争力	文化城市竞争力	全域城市竞争力	信息城市竞争力
	指数	排名	排名	排名	排名	排名	排名	排名
昆明	0.533	34	26	174	56	30	83	21
曲靖	0.095	276	197	284	258	241	225	254
玉溪	0.260	181	155	220	209	101	173	180
保山	0.065	282	282	256	227	286	276	251
昭通	0.014	288	289	272	257	287	288	289
丽江	0.306	143	236	213	88	51	188	226
普洱	0.233	200	263	191	62	221	221	190
临沧	0.053	284	285	277	241	285	266	235

资料来源：中国社会科学院城市与竞争力指数数据库。

2016 年的云南省宜居城市竞争力指数均值为 0.3228，在全国除西藏外的省级行政区域中排名为 29 位，较 2015 年下降 4 个位次。各城市宜居竞争力有升有降，但总体来说降大于升。

表 13—20 　　　　2016 年云南省各城市宜居竞争力指数排名

城市	宜居竞争力		优质的教育环境	健康的医疗环境	安全的社会环境	绿色的生态环境	舒适的居住环境	便捷的基础设施	活跃的经济环境
	指数	排名	排名	排名	排名	排名	排名	排名	排名
昆明	0.612	49	37	18	252	44	241	289	56
曲靖	0.302	204	175	274	228	106	76	189	112
玉溪	0.582	61	119	86	231	53	3	81	119
保山	0.215	244	260	270	213	110	237	62	182
昭通	0.077	284	276	283	185	89	225	136	250
丽江	0.381	161	245	272	149	10	144	16	192
普洱	0.232	237	251	278	174	16	187	78	239
临沧	0.181	261	205	276	282	69	150	35	254

资料来源：中国社会科学院城市与竞争力指数数据库。

现状格局：

第一，云南省各城市具有相对较好的硬件环境。由综合经济竞争力的分项因素可知，云南省各城市的空气质量、基准宾馆价格在全国排名中享有相对较好的位次，硬件环境水平较高。

第二，云南省各城市的信息竞争力水平较其他指标有所提高。在可持续竞争力的分项因素分析中，比较2015年和2016年的数据可知，信息城市竞争力比去年上升4个位次，上升幅度最高。知识、生态、文化的城市竞争力均比去年下降2个位次，和谐城市竞争力和全域城市竞争力均比去年上升2个位次，上升幅度均小于信息城市竞争力水平。

第三，云南省各城市的生态环境竞争力水平较高。在宜居环境的分项因素分析中可知，云南省各城市的绿色的生态环境竞争力水平较高，享有较高的区位优势。丽江、普洱的生态环境分别位居全国第10位、第16位，享有极好的生态环境资源。云南省旅游资源丰富、绿色生态环境和基础设施分项指标排名较好，但是教育、医疗、社会环境是短板，这说明云南省各城市在构建城市软环境方面严重滞后。

（二）问题与劣势

第一，普遍较低的软件环境制约综合经济竞争力的提升。云南省各城市的语言多样化程度偏低，开办企业的便利度不高，营商环境有待进一步提高，这样偏低的软件环境制约着云南省各城市的招商引资的力度，实际利用外资的额度在降低。曲靖、玉溪、昭通、普洱和临沧的语言多样性程度偏低，语言种类偏低不利于开展对外合作交流。保山、普洱、丽江、开办企业的便利度均低于1，营商环境程度偏低，不利于综合经济竞争力效率的提升。

第二，生态文明建设不足，特色自然资源优势未被充分挖掘。云南省得天独厚的自然资源未形成自身特色的旅游产业，云南省有6座城市的生态环境排名位居全国前100位，但有5座城市的宜居竞争力排名位居全国200名之外。2016年丽江的生态环境在全国排名前10位，宜居竞争力位居全国第161位，比去年下降128位。2016年普洱、临沧的生态环境在全国的排名为第16位和69位，其宜居竞争力排名为237位和261位。云南省各城市没有充分利用好生态环境资源来建设开放型、创新型的新型旅游产业。

（三）现象与规律

云南省整体发展水平落后，各项指标均落后于全国平均水平。除省会昆明外，其余城市发展相对均衡，产业结构单一，经济发展方式转变缓慢。昆明、曲靖、玉溪的经济发展状况优于省内其他城市，这呈现了省会城市和附近城市的协同发展效应。因此，应推进城乡一体化建设，加强不同区域间的社会的有序协调发展，提高公共产品的均等化水平，提高教育水平，提高软环境的建设水平，促进可持续竞争力的有效提高，加强产业结构升级，提升省域竞争力。

（四）趋势与展望

经济结构调整步伐加快，未来发展潜力巨大。伴随国家"一带一路"战略、长江经济带等重大发展战略和一系列重大政策的实施，云南省逐步从内陆边远地区向南亚、东南亚辐射中心转变，积极参与孟中印缅经济走廊、中国—中南半岛国际经济走廊和澜沧江—湄公河合作，强化国内区域合作，其经济结构调整优化的步伐进一步加快。

（五）战略与政策

战略回顾：在"十三五"开局之年，云南省各城市深入学习贯彻习近平总书记系列重要讲话和考察云南重要讲话精神。云南省各城市积极适应经济发展新常态，推进供给侧改革，应对经济下行压力的挑战，采取"稳增长、促改革、调结构、惠民生、防风险"的重大举措，相应地推动了城市的平稳健康的发展。

政策建议：第一，在"十三五"时期，云南各城市需要更加注重生态环境保护，社会秩序安全的建设，加大基础设施的投入力度，增强人与自然的和谐、人与人之间的和谐，提高城市的可持续竞争力和宜居竞争力。第二，积极融入"一带一路"的战略规划中，加强对外的交流合作，促进对外经贸关系往来。第三，将改革创新始终作为推动经济发展的动力，加强科技创新，促进经济结构转型升级，培育经济增长新的着力点。

六 中国城市竞争力(贵州省)报告

综合经济发展水平较低,经济发展处于要素驱动阶段。2016 年贵州省地区生产总值 1.17 万亿元,增长 10.5%,产业结构调整继续推进,三次产业比例由 2015 年的 15.6:39.5:44.9 调整为 2016 年的 15.8:39.5:44.7,2016 年贵州省地区生产总值增长 10.5%,高于同期全国水平。其中,贵阳市的人口为 469.68 人,城市化率为 74.16%,GDP 为 3157.7 亿元,人均 GDP 为 67771 元,增长率为 11.7%,全市第一、第二、第三产业的增加值分别为 137.14 亿元、1218.79 亿元、1801.77 亿元,增长率分别为 5.9%、12.1%、11.9%。遵义市的人口为 622.84 万人,GDP 为 2403.94 亿元,人均 GDP 为 38709 元,增长率为 12.4%,全市第一、第二、第三产业的增加值分别为 370.48 亿元、1063 亿元、970.46 亿元,增长率分别为 5.7%、12.8%、14.5%。总体来看,全省城市的经济发展指标总体平稳,稳中有进,结构性调整大力推进。但贵州省整体经济基础较为薄弱,城镇化水平较低,人均收入较低,城市竞争力有待进一步的提高。未来,应不断提高供给体系质量效率,大力发展山地旅游业,深入推进精准扶贫、突出抓好产业扶贫,大力发展社会事业、改善公共服务,全面提升可持续发展竞争力,促进产业升级,带动区域协同发展。

表 13—21　　　　　　　2016 年贵州省省情信息

土地面积	17.6 万平方千米
常住人口	3555 万人
城镇人口占常住人口比重	44.15%
GDP 总量及增长率	11734.43 万亿元, 10.5%
第一、二、三产业占 GDP 比重	15.8:39.5:44.7

资料来源:2016 年贵州省国民经济和社会发展统计公报。

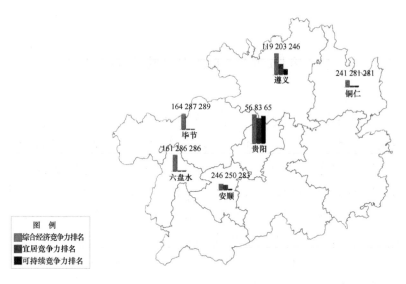

图 13—6   2016 年贵州省城市竞争力排名

资料来源：中国社会科学院城市与竞争力指数数据库。

（一）现状与条件

总体概况：

综合经济竞争力水平仍然落后于全国平均水平，仍处全国排名末位之列。从可持续竞争力来看，其各个分项指标的排名均在最差行列，省内其他城市均与贵阳市差距巨大。贫富差距和地域差距制约贵州可持续经济竞争力的提升。

第一，综合经济竞争力落后，区域差异大。2016 年度贵州省综合经济竞争力指数均值为 0.0698，在全国除西藏外的省级行政区域中排名第 22 位，较 2015 年提高 5 个位次。2016 年，省会贵阳综合经济竞争力全国排名为第 56 位，较 2015 年提升 17 位，提升幅度较大，但是其他城市排名均位于前 150 名之外，仍处于较差的竞争力水平。

表 13—22   2016 年贵州省各城市综合经济竞争力排名指数

城市	综合经济竞争力		综合增量竞争力		综合效率竞争力		企业本体	当地要素	当地需求	软件环境	硬件环境	全球联系
	指数	排名	指数	排名	指数	排名	排名	排名	排名	排名	排名	排名
贵阳	0.123	56	0.187	52	0.013	74	209	25	108	130	83	41

续表

| 城市 | 综合经济竞争力 | | 综合增量竞争力 | | 综合效率竞争力 | | 企业本体 | 当地要素 | 当地需求 | 软件环境 | 硬件环境 | 全球联系 |
	指数	排名	指数	排名	指数	排名	排名	排名	排名	排名	排名	排名
六盘水	0.064	161	0.076	148	0.004	170	239	272	248	246	216	229
遵义	0.077	119	0.134	80	0.002	220	120	100	192	229	157	264
安顺	0.044	246	0.038	244	0.002	229	222	194	261	201	82	274
毕节	0.064	164	0.092	116	0.002	238	254	285	204	262	169	266
铜仁	0.046	241	0.046	218	0.001	253	76	236	273	275	153	273

资料来源：中国社会科学院城市与竞争力指数数据库。

第二，贵州总体可持续发展水平最差，其各分项指标的排名均属全国倒数。2016 年度贵州省可持续竞争力指数均值 0.126，在全国除西藏外的省级行政区域中排名为 32 位，和去年是持平的状态。贵阳作为贵州省的省会城市，2016 年可持续竞争力排名位列全国第 60 名，但是毕节、六盘水、安顺、遵义、铜仁可持续竞争力均位于 240 名之后，见表 13—23，从分项指标看，除了贵阳之外，其他城市的和谐城市竞争力、生态城市竞争力、文化城市竞争力、全域城市竞争力和信息城市竞争力排名均在全国末位。这种可持续竞争力发展停滞的局面说明了其经济发展质量与效益的低下，经济发展方式属于严重不可持续型，发展模式亟须转型。

表 13—23　　　　2016 年贵州省各城市可持续竞争力指数排名

| 城市 | 可持续竞争力 | | 知识城市竞争力 | 和谐城市竞争力 | 生态城市竞争力 | 文化城市竞争力 | 全域城市竞争力 | 信息城市竞争力 |
	指数	排名	排名	排名	排名	排名	排名	排名
贵阳	0.417	65	33	204	148	111	81	36
六盘水	0.032	286	249	258	288	284	208	231
遵义	0.180	246	98	283	199	166	233	273
安顺	0.054	283	212	223	289	266	275	280
毕节	0.000	289	222	289	282	282	287	286
铜仁	0.075	281	229	273	270	237	260	285

资料来源：中国社会科学院城市与竞争力指数数据库。

第三，宜居竞争力较差，社会环境有待改善。2016年的贵州省宜居城市竞争力指数均值为0.2053，在全国除西藏外的省级行政区域中排名为32位，较2015年下降3个位次。贵阳的宜居竞争力排名位列全国第83名，但是毕节、六盘水、安顺、遵义、铜仁可持续竞争力均位于200名之后，所有城市的社会安全环境排名均在第180名之后，和谐城市竞争力排名均位于200名之外，见表13—24。从分项指标看，除了贵阳之外，其他城市的各项排名均靠近全国末位。

表13—24　　　　　2016年贵州省各城市宜居竞争力指数排名

城市	宜居竞争力		优质的教育环境	健康的医疗环境	安全的社会环境	绿色的生态环境	舒适的居住环境	便捷的基础设施	活跃的经济环境
	指数	排名	排名	排名	排名	排名	排名	排名	排名
贵阳	0.542	83	29	14	253	74	252	267	141
六盘水	0.047	286	272	196	272	201	173	137	257
遵义	0.304	203	82	70	268	154	63	219	235
安顺	0.197	250	226	206	180	112	160	120	252
毕节	0.043	287	278	182	264	146	261	138	258
铜仁	0.099	281	281	215	238	114	145	131	262

资料来源：中国社会科学院城市与竞争力指数数据库。

现状格局：

第一，贵州省各城市的综合经济竞争力均比去年上升，这得益于城市的企业本体、当地要素、当地需求、硬件环境、软件环境、全球联系这6个要素的一定的协同推进作用，发挥各城市的区位比较优势，因地制宜。

第二，贵州省各城市的知识竞争力水平较其他指标有所提高。在可持续竞争力的分项因素分析中，比较2015年和2016年的数据可得知，知识城市竞争力比去年上升3个位次，上升幅度最高。

第三，贵州省各城市的生态环境竞争力水平较高。从宜居环境的分项因素分析中可知，贵州省各城市的绿色的生态环境竞争力水平相对较高，享有相对好的区位优势。

（二）问题与劣势

第一，贫富差距和地域差距制约贵州可持续经济竞争力的提升。贵州作为全国贫困人口最多、贫困发生率较高的省份，贫穷和落后仍是当前贵州面临的主要矛盾。省内城市与农村两极分化严重，贫困地区与非贫困地区差距加大严重制约了其全域竞争力的提升，进而影响了其他分项指标的发展和提高。

第二，宜居竞争力总体水平差，区域发展不平衡。除了贵阳，其他城市的教育、医疗、基础设施、社会环境较差，间接表明了其经济基础薄弱、城乡差距大，公共服务落后。此外，贵阳市作为省会城市的辐射和带动作用不强，削减了省内城市均衡发展的程度。

（三）现象与规律

经济基础薄弱，产业基础薄弱、贫困人口基数大，公共服务基础设施建设落后，因此提升可持续发展竞争力是提高综合竞争力的关键。贵州省连续六年经济保持高速增长，但是经济增长"有量无质"，其经济增长的效率低下，综合效率竞争力处于全国下游水平。调结构促转型任务仍较艰巨，部分传统产业技术水平不高，生产方式粗放，核心竞争力不强，新兴产业对经济增长贡献还比较小，新旧动能转换还有一个过程。产业扶贫带动作用仍不够强。

（四）趋势与展望

贵州省综合经济竞争力水平不高，但是综合经济增量竞争力、效率竞争力连续三年均得到一定的提升，具有厚积薄发的优势，近三年的综合经济竞争力均处于上升状态，未来坚持发展和生态两条底线，积极推进供给侧改革，加快产业转型结构升级，积极培育经济发展新动力，可持续发展能力有望进一步提高。

（五）战略与政策

战略回顾：2016 年，贵州省推进"五位一体"总体布局和"四个全面"战略布局，践行新发展理念，坚持以供给侧结构性改革为主线，大力实施主基调主战略，强力推进大扶贫、大数据两大战略行动，积极应对新挑战、有效化解新矛盾，经济社会发展取得新的成绩。"十三五"开局时期，全省为减少贫困人口进行了精准扶贫、脱贫攻坚的活动；全省率先推进供给测改革以促进产业转型升级；积极推动建设大数据试验区和生态文明建设试验区以及内陆开放型经济试验区的建设。

政策建议：推进供给侧结构性改革，不断提高供给体系质量效率。大力发展山地旅游业，深入推进精准扶贫、突出抓好产业扶贫，大力发展社会事业、改善公共服务，全面提升可持续发展竞争力，促进产业升级，带动区域协同发展。贵州省各城市应继续做强做大信息化创新平台，加大贵州各城市的大数据核心区的建设，加快生态文明建设，统筹城乡区域发展，加快新型城镇化建设，坚持普惠均衡的经济发展。坚持以产业合作为纽带，积极参与"一带一路"建设和长江经济带、珠江—西江经济带、成渝经济区等区域发展，推进贵州省内陆开放型经济试验区建设，增强新动力激发新活力，提高贵州各省市的整体竞争力水平。

第十四章 中国(西北地区)城市
竞争力报告

魏 婕 李 冕[*]

一 中国城市竞争力(陕西省)报告

陕西省,地处黄河中游,是连接我国东、中部地区和西北、西南地区的重要枢纽,省会城市西安。全省纵跨黄河、长江两大水系,中国铁路大动脉陇海线横穿中部,是新亚欧大陆桥亚洲段的中心和进入大西北的门户,周边与山西、河南、湖北、四川、重庆、甘肃、宁夏、内蒙古8个省区接壤,具有承东启西、连接南北的区位之便。2016年,面对错综复杂的国内外经济形势和经济下行的压力,陕西省紧盯追赶超越目标,按照"五个扎实"要求,全面贯彻落实新发展理念,持续深化改革,实现了"十三五"稳健开局。全年经济运行呈现总体平稳、稳中有进、稳中向好的态势。

表 14—1 2016 年陕西省省情信息

土地面积	20.58 万平方千米
常住人口	3812.62 万人
城镇人口占常住人口比重	55.34%
GDP 总量及增长率	19165.39 亿元, 7.6%

* 魏婕,经济学博士,西北大学经济管理学院副教授,研究方向:经济增长与创新;李冕,就职于中国人民银行西安分行。

续表

第一、二、三产业占 GDP 比重	8. 8 : 49 : 42. 2

资料来源：2016 年陕西省国民经济和社会发展统计公报。

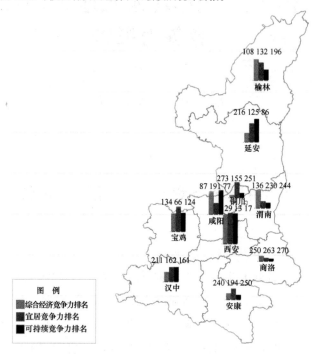

图 14—1　2016 年陕西省各城市竞争力排名

资料来源：中国社会科学院城市与竞争力指数数据库。

（一）　现状与条件

总体概况：2016 年是陕西省实施"十三五"规划的开局之年，也是陕西追赶超越进程中不平凡的一年。总体而言，2016 年陕西省实现了生产总值 19165. 39 亿元，比上年增长了 7. 6%，高于全国 0. 9 个百分点。在需求结构方面，全年全社会固定资产投资 20825. 25 亿元，比上年增长 12. 1%。从三次产业投资看，第一、二、三产业固定资产投资分别增长了 14. 2%、1. 0%、17. 5%，其中工业投资 5585. 43 亿元，增长 1. 1%。陕西省全年居民人均可支配收入 18874 元，比上年增长 7. 1%。其中城镇和农村居民人均生活消费支出比上年分别增长 4. 9%、8. 4%。全年社会消费品零售总额 7302. 57 亿元，比上年增长 11. 0%，消费稳步增长。在对外贸易方面，陕西省全年外贸进出口总值比上年增长 4.2%。其中，出口增长 13.7%，但进口下降 4.8%。在产业结构方面，第一、二、三产业分别增长 4.0%、7.3%、8.7%，三次产业比例为 8.8∶49∶42.2，服务业发展快速，产业结构向高端化演进特征明显。在要素结构方面，陕西传统的能源工业增加值比上年下降 0.7%；非能源工业增加值增长 13.1%，总量占规模以上工业增加值的 59.7%。高技术产业增加值增长 27%，高于规模以上工业 20.1 个百分点。陕西省在可持续竞争力方面，总体排在全国第 23。除了文化城市竞争力，陕西省在知识城市竞争力、和谐城市竞争力、生态城市竞争力、全域城市竞争力和信息城市竞争力均位于 20 名之后，处于全国中游偏下水平。总体来说，陕西省目前处于追赶超越、攻坚克难的关键时期，高新技术企业以及非能化工业增长明显，产业结构不断向高端化迈进。同时本地文化优势明显，但在创新、环境、信息方面仍有发展瓶颈。

表 14—2　　　　2016 年陕西省各城市综合经济竞争力指数排名

城市	综合经济竞争力		综合增量竞争力		综合效率竞争力		企业本体	当地要素	当地需求	软件环境	硬件环境	全球联系
	指数	排名	指数	排名	指数	排名	排名	排名	排名	排名	排名	排名
西安	0.193	29	0.332	20	0.023	41	171	14	21	25	138	18
铜川	0.036	273	0.019	281	0.003	198	150	265	148	286	125	173
宝鸡	0.070	134	0.097	109	0.004	187	110	178	73	190	281	106
咸阳	0.095	87	0.136	78	0.008	113	101	145	60	83	127	137
渭南	0.070	136	0.090	122	0.004	167	216	202	99	134	207	150
延安	0.053	216	0.062	182	0.001	248	283	104	84	247	189	278
汉中	0.054	211	0.066	172	0.001	252	220	137	181	92	134	276
榆林	0.084	108	0.157	60	0.003	212	263	214	75	245	147	286
安康	0.046	240	0.048	213	0.001	264	44	177	178	269	261	280
商洛	0.043	250	0.039	237	0.001	263	129	243	189	289	249	171

资料来源：中国社会科学院城市与竞争力指数数据库。

现状格局：2016 年，陕西省综合经济竞争力指数为 0.074，全国第 18 位，相比去年上升了 3 位，但方差和 2015 年相比并无显著变化，位于全国第 16，说明陕西省各城市在综合经济竞争力方面差距依然存在。在宜居城市竞争力方面，陕西整体表现一般，特别是方差和变异系数过大，说明陕西省城市整体在宜居方面差异比较大。省会西安高居宜居城市第 13 位，与之相对应的是商洛全国排位 263 位，由此可见陕西城市在宜居方面差距依然明显。陕西省各城市的竞争力格局具体具有以下特征：

第一，陕西省城市整体综合经济竞争力稳中有进，但可持续竞争力排名落后于综合经济竞争力排名。陕西省城市综合经济竞争力近些年排在全国 20 位左右，2016 年相比去年上升了 3 位，说明陕西省城市整体经济趋好，呈现稳中有进的态势。但综合经济竞争力是一个城市的当下，可持续竞争力即为城市的未来。但陕西省城市整体可持续竞争力比综合经济竞争力低了 4 个排位。说明陕西省各个城市在加速发展追赶超越中，除了重视经济实力外，也应重视软、硬件的改善，谋求可持续竞争力的持续改善。

表 14—3　　　　　　2016 年陕西省各城市宜居竞争力指数排名

城市	宜居竞争力		优质的教育环境	健康的医疗环境	安全的社会环境	绿色的生态环境	舒适的居住环境	便捷的基础设施	活跃的经济环境
	指数	排名	排名	排名	排名	排名	排名	排名	排名
西安	0.749	13	11	17	240	115	57	253	30
铜川	0.394	155	221	214	259	206	2	40	106
宝鸡	0.565	66	171	175	93	125	8	119	59
咸阳	0.317	191	192	159	151	217	101	287	70
渭南	0.243	230	243	213	167	263	46	205	116
延安	0.453	125	143	172	202	63	142	214	60
汉中	0.381	162	204	99	123	168	147	129	165
榆林	0.445	132	244	84	175	145	106	182	58
安康	0.312	194	241	198	288	87	48	59	150
商洛	0.178	263	280	259	287	165	20	67	193

资料来源：中国社会科学院城市与竞争力指数数据库。

第二，在宜居竞争力方面，陕西城市整体在绿色的生态环境方面稍

显不足。在宜居城市竞争力方面，陕西在全国前 100，100—200，200
以后分别有 2 座城市、6 座城市和 2 座城市。其中以西安为代表的陕西
城市整体在绿色的生态环境方面相对靠后，说明陕西未来各城市在提高
宜居竞争力的关键在于解决生态和环境问题。

第三，省会城市西安一枝独秀特征依然明显，关中城市群其他城市
竞争力不强。西安宜居竞争力和可持续竞争力分别排名第 13 位和第 17
位，均在全国前 20 强内。特别是西安可持续竞争力相比 2016 年上升了
10 个位次，西安在省内所有城市中独占鳌头。但关中城市群其他城市
在可持续竞争力表现就差强人意，仅咸阳位于 77 位，其他城市如宝鸡、
渭南、铜川等都在百名之外。

第四，陕西二线个别城市可持续竞争力上升明显。虽然省会西安仍
一枝独秀，但可喜的是陕西省内二线城市，如咸阳和延安的可持续竞争
力分别相对 2016 年上升了 65 位和 52 位，使得陕西在可持续竞争力百
强城市中有了 3 席之地。由此可见，陕西省内个别地级城市未来可期。

表 14—4　　　　　　　　　　陕西可持续竞争力指数表

城市	可持续竞争力		知识城市竞争力	和谐城市竞争力	生态城市竞争力	文化城市竞争力	全域城市竞争力	信息城市竞争力
	指数	排名	排名	排名	排名	排名	排名	排名
西安	0.630	17	10	202	58	5	36	26
铜川	0.169	251	250	269	272	98	184	223
宝鸡	0.323	124	171	101	83	85	242	218
咸阳	0.382	77	125	197	53	84	206	54
渭南	0.181	244	201	227	238	157	223	249
延安	0.373	86	122	89	68	33	240	267
汉中	0.288	161	145	214	103	60	267	276
榆林	0.238	196	218	114	239	91	193	272
安康	0.170	250	182	280	138	170	278	279
商洛	0.129	270	237	287	200	187	286	257

资料来源：中国社会科学院城市与竞争力指数数据库。

（二）问题与劣势

第一，陕西整体城市竞争力处于全国偏后的位置，呈现金字塔形的态势。陕西城市在综合经济竞争力和可持续竞争力方面分别有 5 名和 4 名在 200 名以后，即陕西有近五成的城市在全国排位都比较偏后。在全国综合经济竞争力和可持续竞争力 100—200 位的城市中陕西分别各占 3 席，在全国综合经济竞争力和可持续竞争力前百强城市中陕西分别占 2 席和 3 席，说明陕西城市竞争力呈现金字塔形的态势，中等偏后的城市基数较大。

第二，和谐城市竞争力和全域城市竞争力陕西整体过弱。在和谐城市建设方面，最高排位是延安，排在全国第 89 位。包括西安在内的共有 6 座城市排在全国城市 200 名以后，由此可见，在追求公平包容的和谐城市建设方面全陕西省步伐都相对较慢。与和谐城市竞争力类似的，在全域城市竞争力排名中，除去西安，陕西其他城市均在 180 名以后，在全国城市中排名处于下游，说明陕西各城市在推进城乡一体化中还存在诸多短板，在城镇规模和空间发展布局、产业定位和发展目标、城乡融合方式等方面规划和实施仍显不足。

（三）现象与规律

第一，事实证明资源依赖型城市发展问题重重，不具有持续性。纵观陕西资源依赖型城市榆林近些年的城市竞争力变化，相对于 2016 年，2017 年城市综合经济竞争力持续下滑，下滑了 22 位，可以明显发现：随着煤炭石油价格的下跌以及宏观经济的疲软，榆林在经历短暂的繁荣之后，近些年陷入增长困境。榆林城市可持续竞争力近些年均尴尬地排在全国 200 名左右，出现明显的综合经济竞争力和可持续竞争力背离的现象。其中在分项竞争力中，知识城市竞争力、生态城市竞争力和信息城市竞争力榆林分别排在全国第 218、239、272 名。说明以榆林为代表的资源依赖型城市，长期依靠资源采掘和原始贸易使得城市会在一段时间过度地发展，但这种短期的超额利润会"挤出"制造业的创新动力和不断开放合作倾向，同时造成严重的环境和生态问题，所以近些年榆林的风光不再又一次从事实上印证了资源依赖型城市不着眼长期的发展，是没有可持续竞争力的。

第二，身处西部地区的陕西城市群，对外开放、综合运用两个市场的能力相对较弱。陕西除了西安和咸阳外，其他城市在信息城市竞争力方面，均排在全国 200 名以后，说明陕西城市由于地处西部，在国际合作、交流开放以及运用国内国外两个市场的能力依然不足。除此之外，陕西城市整体上在观念上比较保守封闭，缺乏创新性和探索性，政府的服务意识比较淡薄，管理的专业化水平较低，缺乏让企业成长壮大的环境等都成为城市进一步全面提升的瓶颈，所以信息城市竞争力成为陕西城市群的普遍短板。

（四）趋势与展望

2016 年中国（陕西省）自由贸易试验区设立为陕西各城市发展提供了重大机遇。各城市要通过体制机制创新培育全面开放竞争新优势，深度融入"一带一路"大格局，更深更广融入全球供给体系，推动更高水平的"引进来"和"走出去"，加快打造内陆改革开放新高地。各城市应全方位推进对外开放，重点依托"一带一路"战略在交通物流、科技创新、产业合作、文化旅游和金融合作方面扩大开放和合作，打造与国际接轨的营商环境，以开放倒逼改革、以改革促进发展，从而全面提升城市整体的竞争力，在全球价值链中谋求陕西城市的一席之地。

（五）政策建议

战略回顾：2017 年陕西提出"追赶超越"的发展战略。陕西在2017 年紧扣追赶超越定位和"五个扎实"要求，坚持稳中求进工作总基调，牢固树立和贯彻落实新发展理念，适应把握引领经济发展新常态，以提高发展质量和效益为中心，以推进供给侧结构性改革为主线，以落实"三项机制"为保障，按照系统化思维做好稳增长、促改革、调结构、惠民生、防风险各项工作，促进经济平稳健康发展和社会和谐稳定。

政策建议：第一，依托自贸区设立"红利"，各城市要借力"追赶超越"。陕西自贸区的设立，为各城市扩大开放连通世界提供了便利，所以身处西部的陕西各城市应该抓住机遇，全方位地推进对外开放和合作，同时进一步倒逼各城市改善软、硬条件，加快"引进来"的步伐。另外支持本地优势企业参与国际竞争，推进各城市扶助企业"走出去"的能力。第二，大力发展关中城市群，形成城市群带动西部发展的态势。抓住西咸新区成为国家创新城市发展方式试验区的重大机遇，推进"大西安"建设的步伐，增加西安对周边发展的辐射带动作用，特别是加快西安和关中其他城市之间的融合和协同，推进关中城市群建设。进一步以关中经济群为依托，通过关中城市群的集聚效应和扩散效应，带动西部城市的共同发展和竞争力的提升，从而实现整个西部地区经济实力的持续提升，缩小区域差距。第三，推进城乡协调发展，区域协调发展。一是以新型城镇化建设带动区域城乡协调发展，更大力度补齐县域经济短板，调整优化县域工业生产结构，支持县域发展特色产业，在协调发展中拓宽发展空间。二是坚持"强关中、稳陕北、兴陕南"思路，持续增强三大区域发展协调性，提升陕北和陕南城市整体品位。

二 中国城市竞争力(甘肃省)报告

甘肃省，省会兰州市，辖 12 个地级市、2 个自治州，地处黄河上游，沟通黄土高原、青藏高原、内蒙古高原，东通陕西、南瞰巴蜀、青海，西达新疆，北扼内蒙古、宁夏；西北出蒙古国，辐射中亚。2016年，面对复杂严峻的国内外环境和持续较大的经济下行压力，甘肃省适应把握引领经济发展新常态，以新发展理念为引领，以推进供给侧结构性改革为主线，保持发展定力，聚力深化改革，突出结构调整，坚持创新驱动，着力改善民生，加强风险防控，全省呈现出经济平稳发展、改革有序推进、民生持续改善、社会和谐稳定的良好局面。

表 14—5 2016 年甘肃省省情信息

土地面积	45.44 万平方千米
常住人口	2609.95 万人
城镇人口占常住人口比重	44.69%

续表

GDP 总量及增长率	7152.04 亿元，7.6%
第一、二、三产业占 GDP 比重	13.61：34.84：51.55

资料来源：2016 年甘肃省国民经济和社会发展统计公报。

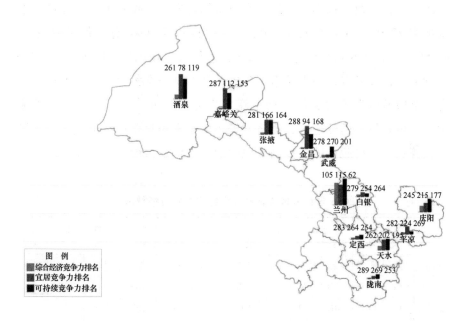

图 14—2　2016 年甘肃城市竞争力排名

资料来源：中国社会科学院城市与竞争力指数数据库。

（一）现状与条件

总体概括：2016 年甘肃省着力推进供给侧结构性改革，聚焦脱贫攻坚，经济平稳健康发展，主要指标符合预期，实现了"十三五"良好开局。总体而言，2016 年甘肃省实现了生产总值 7085 亿元，比上年增长 7.6%，高于全国 0.9 个百分点。在需求结构方面，全年全社会固定资产投资额为 9534.10 亿元，比上年增长 10.52%。从三次产业投资来看，第一、三产业固定资产投资分别增长了 26.81%、21.00%。第二产业投资下降 6.23%，其中工业投资下降 3.68%。全年甘肃省居民人均可支配收入 14670.3 元，比上年增长 8.9%。其中城镇、农村居民人均消费支出分别增长 12.0% 和 9.6%。全年社会消费品零售总额

3184.39 亿元,比上年增长 9.5%。在对外贸易方面,甘肃省全年进出口总额 453.2 亿元,比上年下降 8.3%。其中,出口下降 25.7%,进口则增长 39.3%。在产业结构方面,第一、二、三产业分别增长了 5.5%、6.8%、8.9%,三次产业结构为 13.61:34.84:51.55,服务业占比最大,产业结构不断升级。在要素结构方面,高技术产业完成工业增加值 72.9 亿元,增长 11.3%,占规模以上工业增加值的比重为 4.7%。甘肃省在可持续竞争力方面,总体排在全国第 28。除了和谐城市竞争力,甘肃省在知识城市竞争力、和谐城市竞争力、生态城市竞争力、全域城市竞争力和信息城市竞争力方面均处于全国倒数。总的来说,甘肃省位于西部地区,经济发展整体水平相对落后,加快发展,提升经济总量,摆脱贫困,提高人民生活水平仍是目前的首要任务。

表 14—6　　　　2016 年甘肃省各城市综合经济竞争力指数排名

城市	综合经济竞争力		综合增量竞争力		综合效率竞争力		企业本体	当地要素	当地需求	软件环境	硬件环境	全球联系
	指数	排名	指数	排名	指数	排名	排名	排名	排名	排名	排名	排名
兰州	0.087	105	0.128	86	0.006	132	188	8	209	94	100	84
嘉峪关	0.030	287	0.010	290	0.003	197	244	212	159	273	276	115
金昌	0.029	288	0.012	288	0.001	265	267	247	177	170	262	61
白银	0.033	279	0.020	278	0.001	275	259	241	279	162	266	111
天水	0.039	262	0.031	258	0.001	250	218	149	278	193	65	205
武威	0.034	278	0.023	273	0.000	287	53	203	283	67	280	282
张掖	0.032	281	0.020	279	0.000	290	210	112	287	214	237	284
平凉	0.032	282	0.017	284	0.000	260	277	209	282	168	244	283
酒泉	0.039	261	0.036	248	0.000	294	280	231	200	88	282	270
庆阳	0.044	245	0.044	227	0.001	271	248	191	270	248	246	269
定西	0.031	283	0.018	282	0.000	284	185	188	281	95	165	240
陇南	0.028	289	0.013	287	0.000	289	256	184	284	169	269	285

资料来源:中国社会科学院城市与竞争力指数数据库。

现状格局:2016 年,甘肃省综合经济竞争力指数为 0.030,全国排在第 33 位,与 2015 年持平,均在全国最后 1 位。方差则排在全国第 2

位，说明甘肃省城市整体经济实力相对比较落后，且城市间差距较小。
在宜居城市竞争力方面，甘肃省城市要好于其综合经济竞争力，排在全
国第 28 位。其中酒泉和金昌跃居全国前百强，但甘肃省还是有超过半
数的城市排在 200 名以后。甘肃省各城市的竞争力格局具体有以下
特征：

第一，甘肃省城市整体综合经济竞争力较弱，但可持续竞争力高于
综合经济竞争力，未来可期。2016 年甘肃省城市综合经济竞争力排名
为第 33 位，其中综合增量竞争力和综合效率竞争力分别是倒数第 2 和
倒数第 1，说明在经济增速和效率改善方面，甘肃各城市仍然较弱。但
可喜的是可持续竞争力则排在第 28 位，比综合经济竞争力高 5 个位次。
说明虽然到目前为止以经济实力衡量甘肃省整体城市较落后，但以可持
续竞争力为代表的甘肃省未来可期，城市竞争力提升的空间仍然存在。

表 14—7　　　　　2016 年甘肃省各城市宜居竞争力指数排名

城市	宜居竞争力		优质的教育环境	健康的医疗环境	安全的社会环境	绿色的生态环境	舒适的居住环境	便捷的基础设施	活跃的经济环境
	指数	排名	排名	排名	排名	排名	排名	排名	排名
兰州	0.467	115	14	13	207	163	227	284	204
嘉峪关	0.470	112	218	141	203	109	89	9	117
金昌	0.516	94	108	220	81	151	22	45	156
白银	0.188	254	167	261	47	190	242	73	288
天水	0.304	202	237	128	9	45	243	130	278
武威	0.167	270	284	239	8	203	285	65	270
张掖	0.371	166	101	185	11	209	154	51	274
平凉	0.257	224	207	158	73	215	181	38	272
酒泉	0.552	78	150	148	2	161	135	52	163
庆阳	0.278	215	229	225	85	34	253	125	230
定西	0.177	264	240	255	7	117	262	134	284
陇南	0.168	269	227	286	18	140	189	135	280

资料来源：中国社会科学院城市与竞争力指数数据库。

第二，甘肃省城市宜居竞争力排位居后较多，城市整体经济活跃度

不够。甘肃城市在宜居竞争力方面，共有 7 座城市在 200 名以后，占全部城市的近六成。最高是酒泉，排在全国第 78 位。其中以省会城市兰州为代表，所有城市在活跃的经济环境方面排名都比较靠后，其中 9 座城市排在 200 名以后，由此可见甘肃各城市经济整体活跃度明显不够，在全国处于落后地位。

第三，甘肃省整体城市可持续竞争力上升幅度显著。2016 年相比上一年的城市可持续竞争力，甘肃省除了嘉峪关和定西，其他城市均有不同程度的上升。其中庆阳、酒泉、张掖、武威分别上升了 97、81、66、61 位，其他各城市的可持续竞争力均有了明显大幅度的提升。

表 14—8　　　　2016 年甘肃省各城市可持续竞争力指数排名

城市	可持续竞争力		知识城市竞争力	和谐城市竞争力	生态城市竞争力	文化城市竞争力	全域城市竞争力	信息城市竞争力
	指数	排名	排名	排名	排名	排名	排名	排名
兰州	0.432	62	28	115	185	48	153	97
嘉峪关	0.298	153	219	96	223	197	47	51
金昌	0.279	168	240	36	229	220	98	57
白银	0.149	264	267	68	263	279	216	182
天水	0.240	195	169	117	203	149	281	222
武威	0.232	201	244	82	259	69	268	282
张掖	0.282	164	131	23	276	64	245	266
平凉	0.129	269	278	151	269	226	265	283
酒泉	0.328	119	246	22	40	129	107	261
庆阳	0.265	177	199	119	48	156	282	277
定西	0.164	254	283	90	143	262	284	284
陇南	0.166	253	286	86	184	224	289	287

资料来源：中国社会科学院城市与竞争力指数数据库。

（二）问题与劣势

第一，甘肃省各城市的综合经济竞争力在全国处在末等，提升城市整体经济实力是首要。甘肃省城市在综合经济竞争力方面，最高排位是省会兰州，第 107 位。其余城市在全国 240 名以后，陇南、金昌、嘉峪关的综合经济竞争力是全国289个城市的倒数三名。由此可见，甘肃省城市普遍的问题在于经济发展相对落后，城市整体经济实力还有待提升。

第二，甘肃城市的知识城市竞争力在全国较弱，创新驱动的特征明显不足。甘肃省各城市在可持续竞争力6个分项中，明显可以发现知识城市竞争力最弱。除了兰州外，其余城市均在全国130位以后，共有8座城市排在全国200名以后，占甘肃省所有城市比重达到了近7成。这说明甘肃城市的科技创新引领作用发挥得还不够充分，科技资源配置还存在分散、低效等问题，城市整体通过创新发展统筹推动的能力明显不足。

（三）现象与规律

第一，省会城市兰州近些年提升明显，一枝独秀的特征明显。"一带一路"战略展现出了卓越的魅力和发展前景，兰州作为古"丝绸之路"重镇在"一带一路"战略中演绎着经济发展枢纽城市的重要角色。2016年兰州的城市竞争力提升较快，其中综合经济竞争力提升了6位，关键是可持续竞争力提升了23位。在可持续竞争力各个分项中，除了全域城市竞争力外，知识城市竞争力、和谐城市竞争力、生态城市竞争力、文化城市竞争力、信息城市竞争力分别提升了6、50、45、19、21位，省会兰州在甘肃省呈现出一枝独秀的态势。

第二，甘肃各城市环境问题日益凸显，令人警醒。甘肃省各城市可持续竞争力方面，生态城市竞争力以省会兰州为代表整体居后。除了酒泉和庆阳在全国前50名之内，剩下共有7座城市在全国排在200名以后。同时相比去年，2016年甘肃12座城市中在生态城市竞争力方面共有7座城市，近六成的城市出现不同程度的下滑。所以甘肃城市在发展中的环境问题，特别是空气污染等生态环境问题值得警醒。

（四）趋势与展望

甘肃省纵深1600公里，是丝绸之路经济带的黄金段、大通道，且从地域方面具有坐中连六，辐射周边六省区，成为国家建设丝绸之路经济带的主要省份。甘肃可开发的资源十分广阔，具有承东启西、南扩北展的区位优势,与中西亚地区有源远流长的传统联系,具有高度的经济互补性和深化合作的广阔空间,具有建立国际合作平台的优势。对甘肃省来说,充分发挥其所具有的区位优势,以落实国家"一带一路"战略为统领,依托兰州新区、兰白科技创新改革试验区等平台,推进开放开发,加快建设丝绸之路经济带黄金段,全面提升开放型经济发展水平,建好向西开放的重要门户。

(五) 政策建议

战略回顾:近年来,甘肃省经济有了长足发展,脱贫攻坚成效显著,人民生活明显改善。最近甘肃提出建设幸福美好新甘肃、全面建成小康社会。准确把握甘肃的定位,深刻分析省情的阶段特征,充分发挥特色优势,以战略平台和重大举措为抓手,着力打造转型升级大环境、向西开放大门户、物流集散大枢纽、清洁能源大基地、文明传承大平台、生态安全大屏障,牵引和支撑经济社会持续健康发展。同时甘肃在区域规划方面,甘肃省根据不同时期的实际,先后经过八次区域发展战略调整,其中"中心带动、两翼齐飞、组团发展、整体推进"是最后提出的,也是最完整的发展战略。甘肃还提出来依托国家在中西部地区培育发展一批城市群和区域性中心城市的政策,着力构建"一廊、四轴、多中心"的城镇空间布局结构,加快建设"兰—白—临—定"综合城市群等8大发展分区,打造新型城镇化健康发展拥有广阔空间和平台,实现生产空间集约高效、生活空间宜居适度、生态空间山清水秀。

政策建议:甘肃省地处西部,经济发展水平低,各项竞争力都相当弱,目前的首要任务仍然是努力提高经济总量,增强各项竞争力:第一,立足自身产业发展基础,把握国内外产业发展新态势,把发展的基点放在创新上,加大供给侧改革力度,实施"中国制造2025"甘肃行动纲要和"互联网+"行动计划,推动产业从中低端向中高端转变,在创新驱动中加快构建产业发展新格局,促进以产促城、以城兴产、产城融合;第二,抓住"一带一路"战略带来的发展机遇,着力打造物流集散大枢纽。发挥千里河西走廊的战略通道优势、坐中连六的区位优势、与中亚西亚联系密切的人文优势,强化丝路沿线重要节点城市资源禀赋和区位功能的特殊支撑作用,加快建设国际空港、陆港和保税区,构建现代物流体系，形成服务全国、面向"一带一路"的物流集散中枢和纽带；第三，甘肃省地处西北，生态脆弱。未来甘肃省各城市以国家生态安全屏障综合试验区和循环经济示范区为平台，实施重大生态建设工程，推动形成绿色发展方式和生活方式，实现绿色发展、循环发展、低碳发展，把城市建成人与人、人与自然和谐共处的美丽家园。

三 中国城市竞争力（内蒙古自治区）报告

内蒙古自治区，位于我国北部边疆，首府呼和浩特，横跨东北、华北、西北地区，北与蒙古国和俄罗斯接壤，下辖9个地级市、3个盟，共计22个市辖区、11个县级市、17个县、49个旗、3个自治旗。内蒙古资源储量丰富，有"东林西矿，南农北牧"之称，草原、森林和人均耕地面积居全国第一，稀土金属储量世界首位。内蒙古同时还是我国经济发展较快的省区之一，边境口岸众多，与京津冀、东北、西北经济技术合作关系密切，是京津冀协同发展辐射区。2016年，面对复杂严峻的经济形势和艰巨繁重的改革发展稳定任务，内蒙古自治区全面贯彻落实党中央、国务院的决策部署，坚持稳中求进工作总基调，主动适应把握引领经济发展新常态，全面落实新发展理念，扎实推进供给侧结构性改革，全区经济运行呈现总体平稳、稳中有进、稳中提质的良好态势，经济发展的质量和效益稳步提升，实现了"十三五"的良好开局。

表14—9 2016年内蒙古自治区区情信息

土地面积	118.3万平方千米
常住人口	2520.1万人
城镇人口占常住人口比重	61.2%
GDP总量及增长率	18632.6亿元，7.2%
第一、二、三产业占GDP比重	8.8∶48.7∶42.5

资料来源：2016年内蒙古自治区国民经济和社会发展统计公报。

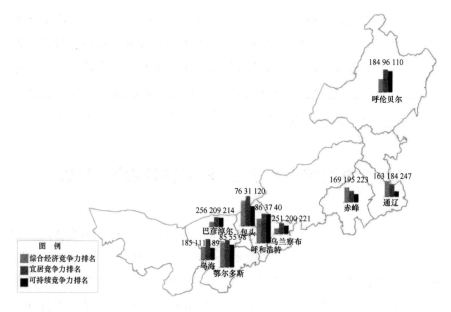

图 14—3   2016 年内蒙古自治区城市竞争力排名

资料来源：中国社会科学院城市与竞争力指数数据库。

（一）现状与条件

总体概况：2016 年，内蒙古各地统筹推进"五位一体"总体布局和协调推进"四个全面"战略布局，认真贯彻落实五大发展理念，科学统筹稳增长、促改革、调结构、惠民生、防风险，适应和引领经济发展新常态，大力推进供给侧结构性改革，经济增长新动力、新亮点持续积聚，使整体经济朝着预期目标迈进。总体来看，2016 年内蒙古自治区实现生产总值 18632.6 亿元，比上年增长 7.2%，高于全国 0.5 个百分点。在需求结构方面，全年全社会固定资产投资总额 15469.5 亿元，比上年增长 11.9%。从三次产业投资看，第一、三产业固定资产投资分别增长 11.6% 和增长 25.1%，但第二产业投资 6495.8 亿元，下降 1.2%，其中，工业投资下降 0.4%。城镇常住居民人均可支配收入 32975 元，比上年增长 7.8%，城镇常住居民人均生活消费支出 22744 元，增长 4.0%。农村牧区常住居民人均生活消费支出 11463 元，增长 7.8%。全区消费稳步增长，但受国际经济总体低迷影响，全年内蒙古进出口总额比上年下降 2.1%。其中，出口下降相对较快，下降了

15.7%。在产业结构方面，第一、二、三产业增加值分别为 1628.7 亿元、9078.9 亿元、7925.1 亿元，分别增长 3.0%、6.9%、8.3%；三次产业比例为 8.8∶48.7∶42.5；另外三大产业对生产总值增长的贡献率分别为 3.8%、49.0% 和 47.2%。由此可见内蒙古产业结构不断优化，第三产业贡献越来越大；在要素结构方面，2016 年内蒙古新增 181 家高新技术企业，全区内高新技术依托企业稳步发展。内蒙古在可持续竞争力方面，其知识城市竞争力、和谐城市竞争力、生态城市竞争力、文化城市竞争力、全域城市竞争力和信息城市竞争力方面表现一般，位于全国中游偏下水平。总的来说，内蒙古自治区地处西部，经济增长速度保持稳定，特别是 2016 年投资、消费、财政收入增长好于年初预期目标；产业结构不断优化升级，第三产业贡献率不断提高；但高技术产业发展滞后仍是明显瓶颈，特别是在整体城市竞争力提升方面还有巨大的空间。

表 14—10　2016 年内蒙古自治区各城市综合经济竞争力指数排名

城市	综合经济竞争力		综合增量竞争力		综合效率竞争力		企业本体	当地要素	当地需求	软件环境	硬件环境	全球联系
	指数	排名	指数	排名	指数	排名	排名	排名	排名	排名	排名	排名
呼和浩特	0.095	86	0.149	71	0.007	125	247	38	55	56	87	169
包头	0.100	76	0.185	53	0.005	152	232	82	48	48	221	208
乌海	0.058	185	0.032	253	0.014	64	268	259	95	264	202	289
赤峰	0.062	169	0.098	106	0.001	276	131	158	194	218	164	228
通辽	0.064	163	0.098	107	0.001	259	144	105	195	252	200	268
鄂尔多斯	0.097	85	0.225	37	0.002	240	264	281	51	84	137	245
呼伦贝尔	0.059	184	0.091	121	0.000	293	243	282	161	206	243	156
巴彦淖尔	0.041	256	0.038	241	0.000	285	236	222	243	228	257	163
乌兰察布	0.043	251	0.042	232	0.001	282	237	165	228	194	156	279

资料来源：中国社会科学院城市与竞争力指数数据库。

现状格局：2016 年，内蒙古综合经济竞争力指数均值 0.069，居全国第 24 位，在西北地区位列第 3。但综合竞争力方差和变异系数都比较小，说明内蒙古城市在综合竞争力方面整体差距较小。在宜居城市方面，内蒙古整体处于全国中游水平，排在第 15 位，但在宜居方面，内蒙古各城市之间差异相对较大。其中呼和浩特和包头位居宜居城市的前 50 位，但巴彦淖尔和乌兰察布等城市就相对要差一些，排在 200 名以后。内蒙古各城市的竞争力格局具有以下特征：

第一，内蒙古整体竞争力处于全国中等偏下的位置，且城市综合经济竞争力下降明显。2016 年内蒙古综合经济竞争力和可持续竞争力均排在全国第 24 位。在知识城市竞争力、和谐城市竞争力、生态城市竞争力、文化城市竞争力、全域城市竞争力和信息城市竞争力六个分项中分别居于全国第 25、15、18、22、14、31 位，在全国 31 个省份处于明显的中等偏下的位置。另外，2015 年内蒙古城市整体综合城市竞争力排名全国第 19 位，2016 年相比去年下降了 5 位，由此可见内蒙古整体经济竞争力下降明显。

表 14—11　　2016 年内蒙古自治区各城市宜居竞争力指数排名

城市	宜居竞争力		优质的教育环境	健康的医疗环境	安全的社会环境	绿色的生态环境	舒适的居住环境	便捷的基础设施	活跃的经济环境
	指数	排名	排名	排名	排名	排名	排名	排名	排名
呼和浩特	0.657	37	20	38	166	116	84	282	77
包头	0.687	31	42	39	162	177	53	149	76
乌海	0.479	111	214	177	211	238	12	28	46
赤峰	0.312	195	110	151	81	149	272	199	194
通辽	0.324	184	87	176	146	227	230	104	189
鄂尔多斯	0.592	55	137	126	90	54	34	180	68
呼伦贝尔	0.509	96	153	137	141	122	99	27	140
巴彦淖尔	0.292	209	186	200	177	186	260	5	211
乌兰察布	0.306	200	259	275	51	166	72	54	206

资料来源：中国社会科学院城市与竞争力指数数据库。

第二，内蒙古各城市在宜居竞争力之间差距明显。在宜居城市竞争力方面，内蒙古的方差和变异系数分别排在全国第 14 位和第 8 位，由此可见该指数离差相对比较大。其中内蒙古有 4 个城市进入了全国宜居的前 100 强，但还有 4 座城市排在全国 200 名左右，内蒙古各城市在宜居竞争力的全国 100—200 名间基本缺位，说明内蒙古城市在宜居方面存在好的较好、差的很差的现状。

第三，省会呼和浩特发展潜力大，其他城市均有短板。内蒙古首府呼和浩特在可持续竞争力方面，进步显著，已经跃升全国前 40 强。与之相对应的是内蒙古 9 个城市，150 名以后占 5 席，占比达到 55.6%，说明内蒙古有超过五成的城市在可持续竞争力建设方面相对比较缓慢。

表 14—12　　2016 年内蒙古自治区各城市可持续竞争力指数排名

城市	可持续竞争力		知识城市竞争力	和谐城市竞争力	生态城市竞争力	文化城市竞争力	全域城市竞争力	信息城市竞争力
	指数	排名	排名	排名	排名	排名	排名	排名
呼和浩特	0.495	40	43	109	15	42	78	164
包头	0.326	120	72	93	206	128	64	191
乌海	0.251	189	213	110	240	135	41	245
赤峰	0.210	223	157	170	139	253	166	228
通辽	0.176	247	109	171	264	219	180	278
鄂尔多斯	0.357	98	226	73	3	116	156	256
呼伦贝尔	0.339	110	223	143	105	78	122	130
巴彦淖尔	0.219	214	220	160	189	251	70	153
乌兰察布	0.213	221	173	185	165	211	99	275

资料来源：中国社会科学院城市与竞争力指数数据库。

（二）问题与劣势

第一，以鄂尔多斯为代表的"资源能源型"城市可持续竞争力"断崖式"下降。内蒙古鄂尔多斯市多年可持续竞争力排名在全国 50 位左右，但 2017 年鄂尔多斯可持续竞争力滑落了 47 位（2016 年 51 位，2017 年 98 位）。说明以鄂尔多斯为代表的这类资源能源型城市随着发展，经济面临诸多问题，产业结构不合理——以资源型工业为核心的主导产业，带来的资源及环境问题突出，造成城市"资源诅咒"现象明显，"鬼城病"日趋严重，未来长期持续的发展能力堪忧。

第二，以包头和乌海为代表的内蒙古二梯队城市也呈现明显滑落。内蒙古除了首府外，构成第二梯队的包头和乌海在 2017 年可持续竞争力分别下滑了41、30位,下降幅度非常明显,而其他城市也并未有明显的提升超越。包头和乌海的可持续竞争力也在全国处于中等偏后的位置,所以内蒙古这种核心主干城市明显滑落的特征应该引起各城市在发展过程中的警醒。

(三) 现象与规律

第一,内蒙古各城市在"创新型城市"建设步伐相对较慢,知识城市竞争力普遍不高。在内蒙古各城市中,除了呼和浩特和包头在知识城市竞争力方面排在前100强外,共有6个城市,即67%的城市排在150位之后,说明内蒙古城市整体并未实现主要依靠科技、知识、人力、文化、体制等创新要素驱动发展城市的目标。

第二,内蒙古各城市处在欠发达边疆民族地区,信息城市竞争力整体在全国处于落后地位。内蒙古9个城市在建设开放便捷的信息城市中,均排在全部城市的100位之后,最高的排位是呼伦贝尔,全国130位,说明内蒙古城市整体经济外向度较低,运用两个市场、两种资源的能力不强,全方位扩大对内对外开放、加快发展外向型经济的任务艰巨繁重。

(四) 趋势与展望

未来内蒙古各城市仍要坚持发展是第一要务,坚持创新、协调、绿色、开放、共享发展理念,在排名整体较差的知识城市竞争力、生态城市竞争力和信息城市竞争力方面要有所作为。各城市从欠发达的基本实际和发展不足的主要矛盾出发,把握经济发展新常态下的新特征,加大结构性改革力度,处理好发展和生态环境的关系。同时要依托内陆的优势,加快开放,坚持在国内国际两个市场中谋划和推动发展。

(五) 战略与政策

战略回顾:2017年以来,内蒙古坚持统筹推进"五位一体"总体布局和协调推进"四个全面"战略布局,坚持稳中求进工作总基调,牢固树立和贯彻落实新发展理念,适应把握引领经济发展新常态,以提高发展质量和效益为中心,以推进供给侧结构性改革为主线,坚决守住发展、生态、民生底线，加快推动转型升级，大力促进"五化"协同，全面深化改革开放，适度扩大总需求，强化创新驱动、投资拉动和项目带动，全力做好稳增长、促改革、调结构、惠民生、防风险各项工作，促进经济平稳健康发展和社会和谐稳定。

政策建议：一是正视资源依赖的危害，重视创新驱动战略的实施。某些资源能源依赖型城市应鼓励对传统产业进行改造，实施传统产业绿色化、高端化改造。同时要做大做强新兴产业。大力发展节能环保、高端装备、生物科技、蒙中医药等战略性新兴产业，积极培育新的经济增长点。同时要重点推进全区各城市"创新型城市"建设，支持呼和浩特和包头加快创新型城市建设，让两座城市建设成依靠科技、知识、人力、文化、体制等创新要素驱动发展的城市，对其他区内其他城市具有高端辐射与引领作用。二是推进农牧业供给侧结构性改革，保证优质农牧产品供给，稳步增加城市居民收入。有农牧业传统优势的城市要坚持发展现代农牧业，扩大绿色、有机、无公害农畜产品生产和供给，壮大龙头企业，培育内蒙古特色品牌，多渠道持续增加区内居民的收入。三是以更加宽广的视野扩大对内对外开放，加快开放便捷的信息城市建设。全区各城市要全面提高开放水平，主动融入"一带一路"战略，积极推进中蒙俄经济走廊建设，加强基础设施互联互通，加快开发开放试验区、跨境经济合作区、综合保税区建设。

四　中国城市竞争力（青海省）报告

2016 年，青海省综合经济竞争力处于全国中游偏下水平，可持续竞争力和宜居城市竞争力处于全国中游水平，其中生态城市竞争力存在明显短板，转型发展任务艰巨。但随着基本公共服务和基础设施体系不断完善，青海的投资环境进一步优化，后发优势逐渐显现。在产业结构方面，三次产业比例由 2015 年的 8.6∶49.9∶41.4 调整为 2016 年的8.6∶48.6∶42.8，第三产业占比提升，产业结构趋于优化；需求结构方面，2016 年完成全社会固定资产投资 3533.19 亿元，比上年增长10.9%，领先 GDP 增长率 2.9 个百分点，其中基础设施投资 1419.13

亿元，增长 21.4%，投资依然是经济增长的主要驱动力；要素结构方面，科技创新有所改善，2016 年专利授权 1357 件，比上年增加 140 件，其中发明专利授权 271 件，增加 64 件。总体来看，青海省还处于要素驱动的发展阶段，在生态环境等领域需要补齐的短板较多，未来必须坚定不移推进供给侧结构性改革，推动新旧发展动能转换，加强生态文明建设，坚持绿色、循环、低碳的产业发展方向，逐步实现绿色转型。

表 14—13　　　　　　　　　2016 年青海省省情信息

土地面积	72.23 万平方千米
常住人口	593.46 万人
城镇人口占常住人口比重	51.63%
GDP 总量及增长率	2572.49 亿元，8%
第一、二、三产业占 GDP 比重	8.6:48.6:42.8

资料来源：2016 年青海省国民经济和社会发展统计公报。

（一）现状与条件

总体概况：2016 年，青海省综合经济竞争力指数均值为 0.064，在全国除西藏外的省级行政区域中排名第 26 位；可持续竞争力指数均值为 0.334，在全国除西藏和台湾外的省级行政区域中排名第 16 位；宜居城市竞争力指数均值为 0.459，在全国除西藏和台湾外的省级行政区域中排名第 16 位。在可持续竞争力分项中，文化城市竞争力表现较好，生态城市竞争力和和谐城市竞争力亟待加强。其中，省会城市西宁的综合经济竞争力、可持续竞争力和宜居竞争力分别排名全国第 160、115 和 121 位。

现状格局：2016 年青海省城市竞争力总体上呈现以下特征。

第一，可持续竞争力优于综合经济竞争力，后发优势逐渐显现。2016 年青海省综合经济竞争力在全国排名靠后，可持续竞争力表现相对较好，处于全国中游水平。随着可持续竞争力的不断改善，近年来青海综合经济竞争力也呈现出总体向上的趋势，经济发展的后发优势逐渐显现。

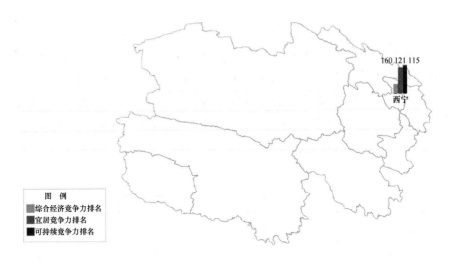

图 14—4　2016 年青海省城市竞争力排名

资料来源：中国社会科学院城市与竞争力指数数据库。

表 14—14　　　　　2016 年青海省城市综合经济竞争力指数排名

城市	综合经济竞争力		综合增量竞争力		综合效率竞争力		企业本体	当地要素	当地需求	软件环境	硬件环境	全球联系
	指数	排名	指数	排名	指数	排名	排名	排名	排名	排名	排名	排名
西宁	0.064	160	0.068	167	0.006	143	234	26	255	91	167	147

资料来源：中国社会科学院城市与竞争力指数数据库。

　　第二，宜居城市竞争力处于全国中游水平，市民拥有健康的医疗环境。2016 年青海省宜居城市竞争力处于全国中游水平，省会城市西宁在健康的医疗环境方面表现良好，每万人拥有医生数为全国之首，全市拥有的三甲医院数量在西北地区仅次于西安。

表 14—15　　　　　2016 年青海省城市宜居竞争力指数排名

城市	宜居竞争力		优质的教育环境	健康的医疗环境	安全的社会环境	绿色的生态环境	舒适的居住环境	便捷的基础设施	活跃的经济环境
	指数	排名	排名	排名	排名	排名	排名	排名	排名
西宁	0.459	121	33	1	198	185	229	280	237

资料来源：中国社会科学院城市与竞争力指数数据库。

第三，文化城市竞争力优势明显，文化产业发展较快。2016 年青海省文化城市竞争力处于全国上游水平，国家级非物质文化遗产数量、每万人剧场影剧院数量等指标表现较好。青海的文化产业发展势头良好，2016 年在 50 万元及以上项目固定资产投资中，文化、体育和娱乐业投资达到 46.72 亿元，较上年快速增长 66.3%。

表 14—16　　　　2016 年青海省城市可持续竞争力指数排名

城市	可持续竞争力		知识城市竞争力	和谐城市竞争力	生态城市竞争力	文化城市竞争力	全域城市竞争力	信息城市竞争力
	指数	排名	排名	排名	排名	排名	排名	排名
西宁	0.334	115	51	217	232	75	128	132

资料来源：中国社会科学院城市与竞争力指数数据库。

（二）问题与劣势

第一，生态城市竞争力表现不佳，成为制约可持续发展的主要短板。在可持续竞争力的各分项中，青海的生态城市竞争力表现最差。省会城市西宁的生态城市竞争力排名全国 200 位之后，在西北地区的省会（首府）城市中表现最差。脆弱的生态环境已经给青海可持续发展带来了严峻挑战。

第二，和谐城市竞争排名靠后，社会保障存在一定差距。青海的和谐城市竞争力处于全国下游水平，省会城市西宁的和谐城市竞争力排在全国 200 位之后。在各项主要指标中，西宁参加社会保障的人员占常住人口的比例较低，在西北地区的省会（首府）城市中表现最差，亟待进一步扩大社会保障覆盖面。

（三）现象与规律

产业结构落后与资源环境约束是青海实现转型发展需要解决的主要矛盾。长期以来，青海在经济发展中以石油天然气、电力、盐湖化工、有色金属等为支柱产业，产业结构相对落后，高污染、高消耗的问题较为突出。省会西宁正是由于单位 GDP 的耗电和二氧化硫排放量较高，导致生态城市竞争力表现不佳。随着环境问题日益严峻及资源约束逐渐突显，青海的生态治理与经济转型迫在眉睫。必须坚持绿色发展理念，推动产业结构优化升级，实现绿色转型。

（四）趋势与展望

投资环境逐渐改善，综合经济竞争力有望提升。青海省综合经济竞争力虽然在全国排名靠后，但提升空间较大。2016 年通过落实减税降费政策累计降低企业各类成本近 60 亿元，基本公共服务领域投入力度不断加大，基础设施短板加快补齐。随着投资环境的逐步改善，2016 年青海省第三产业投资增长 31.5%，服务业对经济增长贡献率首次超过工业；民间投资增长 9.4%，实现由负转正，比全国高出 6.2 个百分点，经济向好的势头明显。

（五）政策建议

战略回顾："十三五"期间，青海提出了"131"总体目标，即实现"一个同步"、奋力建设"三区"、打造"一个高地"。具体就是确保到 2020 年与全国同步全面建成小康社会；构筑国家生态安全屏障，建设生态文明先行区；加快转变发展方式，建设循环经济发展先行区；突出改善民生凝聚人心，建设民族团结进步先进区；弘扬党的优良传统，铸就青海精神高地。

政策建议：在总体目标的引领下，2016 年青海实现了"十三五"良好开局，结合目前存在的问题，还须重点做好以下三个方面：一是坚持绿色发展，加强生态文明建设，推进三江源国家公园、祁连山保护、环青海湖地区生态治理等重点生态工程，结合青海独特的自然环境，推进"山水草林田湖"自然生态系统保护和修复。二是健全社会保障体系，扩大社会保障覆盖面，保障各类人群健康幸福生活，促进社会和谐稳定。三是加快经济转型升级，坚持绿色、循环、低碳的产业发展方向，加快有色金属、能源化工等传统产业改造升级，培育新能源、新材料、生物医药等新兴产业，同时不断提升现代服务业的层次和水平。

五 中国城市竞争力(宁夏回族自治区)报告

2016 年,宁夏回族自治区整体的综合经济竞争力和可持续竞争力水平在全国较为靠后,且在科技创新、对外开放、生态环境方面短板明显,但首府城市银川表现良好,可持续竞争力位居全国前列。从产业结构来看,宁夏三次产业比例由 2015 年的 8.2∶47.4∶44.4 调整为 2016 年的 7.6∶46.8∶45.6,三次产业对经济增长的贡献率分别由 2015 年的 4.2%、57.8%和 38.0%转变为 2016 年的 4.5%、45.5%和 50.0%,第三产业比重进一步提升,但与东部发达省份相比仍存在一定差距;需求结构方面,固定资产投资增速回落较快,消费动力有所提升,2016 年实现社会消费品零售总额 850.10 亿元,同比增速由上年的 7.1%提升为 7.7%;要素结构方面,科技创新有所改善,2016 年发明专利授权量 560 件,增长 26.7%,但总体水平依然偏低。总体来看,宁夏整体竞争力水平偏低,目前仍处于要素驱动的发展阶段,且资源环境的约束较大,未来必须积极转变经济发展方式,强化科技支撑,发挥好银川的龙头带动作用,主动融入国家"一带一路"战略,优化提升宁夏沿黄城市群的结构与功能,促进区域协调发展。

表 14—17　　　　　2016 年宁夏回族自治区区情信息

土地面积	6.64 万平方千米
常住人口	674.9 万人
城镇人口占常住人口比重	56.29%
GDP 总量及增长率	3150.06 亿元,8.1%
第一、二、三产业占 GDP 比重	7.6∶46.8∶45.6

资料来源:2016 年宁夏回族自治区国民经济和社会发展统计公报。

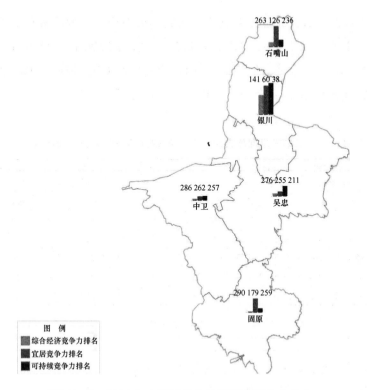

图 14—5　2016 年宁夏回族自治区城市竞争力排名

资料来源：中国社会科学院城市与竞争力指数数据库。

（一）现状与条件

总体概况：2016 年，宁夏综合经济竞争力指数均值为 0.040，在全国除西藏外的省级行政区域中排名第 32 位；可持续竞争力指数均值为 0.248，在全国除西藏和台湾外的省级行政区域中排名第 27 位；宜居城市竞争力指数均值为 0.350，在全国除西藏和台湾外的省级行政区域中排名第 26 位。在可持续竞争力分项中，知识城市竞争力、生态城市竞争力和信息城市竞争力差距明显，和谐城市竞争力表现相对较好。其中，省会城市银川的综合经济竞争力、可持续竞争力和宜居竞争力分别排名全国第 141、38 和 60 位。

现状格局：2016 年宁夏回族自治区城市竞争力总体上呈现以下特征。

第一，综合经济竞争力和可持续竞争力均处于全国下游水平。2016

年宁夏回族自治区综合经济竞争力指数均值在全国除西藏外的省级行政区域中排名第 32 位，区内没有城市进入全国前 100 位。可持续竞争力也处于全国下游水平，但相对于综合经济竞争力表现较好，其中银川市进入全国前 50 位，其余城市均排在 200 位之后。

表 14—18　2016 年宁夏回族自治区各城市综合经济竞争力指数排名

城市	综合经济竞争力		综合增量竞争力		综合效率竞争力		企业本体	当地要素	当地需求	软件环境	硬件环境	全球联系
	指数	排名	指数	排名	指数	排名	排名	排名	排名	排名	排名	排名
银川	0.069	141	0.077	147	0.006	130	261	37	139	108	126	110
石嘴山	0.039	263	0.024	271	0.004	189	257	257	210	220	271	149
吴忠	0.035	276	0.023	274	0.001	274	205	234	266	285	259	204
固原	0.027	290	0.011	289	0.001	283	192	164	277	153	252	288
中卫	0.030	286	0.016	286	0.001	281	241	235	263	255	225	236

资料来源：中国社会科学院城市与竞争力指数数据库。

第二，和谐城市竞争力表现最好，各城市之间较为均衡。2016 年宁夏和谐城市竞争力指数均值为 0.498，在全国除西藏和台湾外的省级行政区域中排名第 18 位，在可持续竞争力各分项中表现最好。各城市之间的变异系数仅为 0.044，表现较为均衡，区内 5 个城市的和谐城市竞争力均处于全国中游水平。

第三，银川一枝独秀，可持续竞争力跻身全国上游水平。虽然 2016 年宁夏整体的可持续竞争力处于全国下游水平，但银川表现突出，可持续竞争力指数达到 0.503，排在全国第 38 位，在西北地区的省会（首府）城市中仅次于西安。在各分项中，银川的知识城市竞争力、生态城市竞争力和文化城市竞争力均跻身全国前 50 位。

表 14—19　2016 年宁夏回族自治区各城市可持续竞争力指数排名

城市	可持续竞争力		知识城市竞争力	和谐城市竞争力	生态城市竞争力	文化城市竞争力	全域城市竞争力	信息城市竞争力
	指数	排名	排名	排名	排名	排名	排名	排名
银川	0.503	38	44	153	42	16	75	101

续表

城市	可持续竞争力		知识城市竞争力	和谐城市竞争力	生态城市竞争力	文化城市竞争力	全域城市竞争力	信息城市竞争力
	指数	排名	排名	排名	排名	排名	排名	排名
石嘴山	0.198	236	259	147	224	242	147	155
吴忠	0.220	211	277	156	155	178	226	236
固原	0.158	259	203	166	247	186	280	288
中卫	0.160	257	284	167	256	209	255	227

资料来源：中国社会科学院城市与竞争力指数数据库。

表14—20 2016年宁夏回族自治区各城市宜居竞争力指数排名

城市	宜居竞争力		优质的教育环境	健康的医疗环境	安全的社会环境	绿色的生态环境	舒适的居住环境	便捷的基础设施	活跃的经济环境
	指数	排名	排名	排名	排名	排名	排名	排名	排名
银川	0.583	60	19	31	239	179	105	237	121
石嘴山	0.452	126	132	204	77	218	28	56	171
吴忠	0.187	255	233	257	197	204	90	69	234
固原	0.344	179	149	271	33	147	74	68	253
中卫	0.181	262	184	277	195	188	184	71	241

资料来源：中国社会科学院城市与竞争力指数数据库。

（二）问题与劣势

第一，知识城市竞争力表现最差，创新驱动的动力不足。2016年宁夏知识城市竞争力指数均值为0.078，在全国除西藏和台湾外的省级行政区域中仅排在第30位。除银川外，其余4个城市均排在200位之后，个别城市全年的专利申请授权量不足10件。科技创新能力不足严重制约了宁夏经济的转型升级。

第二，信息城市竞争力表现不佳，开放活力有待进一步激发。2016年宁夏信息城市竞争力指数均值为0.115，在全国除西藏和台湾外的省级行政区域中仅排在第28位，国际商旅人员数、千人互联网用户数、航空交通便利程度等指标均表现不佳。区内没有城市进入全国前100位，其中固原仅列全国倒数第2位，开放水平较低成为制约这些城市可持续发展的重要因素。

第三，生态短板突出，经济发展亟待转型。2016年宁夏生态城市竞争力指数均值为0.353，在全国除西藏和台湾外的省级行政区域中仅排在第28位。宁夏生态城市竞争力排名靠后与落后的经济结构密切相关，区内城市单位GDP的二氧化硫排放量和耗电量普遍较高。要实现经济可持续发展，宁夏就必须转变发展方式，推动产业优化升级。

（三）现象与规律

各城市可持续竞争力普遍高于综合经济竞争力，进一步提升的潜力较大。综合经济竞争力反映的是城市当期的产出和竞争力，而可持续竞争力反映的是城市的投入与未来的发展潜力。虽然宁夏整体的综合经济竞争力和可持续竞争力均处于全国下游水平，但比较来看，宁夏所有城市的可持续竞争力均好于综合经济竞争力，这也表明宁夏各城市具有一定的后发优势，经济发展的潜力较大。未来应重点补长在科技创新、对外开放、生态环境方面的短板，着力提升可持续竞争力，争取尽快达到全国中游水平。

（四）趋势与展望

银川的龙头地位突显，有望带动其他城市更好更快发展。尽管宁夏整体的可持续竞争力排名靠后，但银川表现突出，跻身全国前列，在西北地区仅次于西安。作为首府城市及沿黄城市群的核心城市，银川承载着引领全区转型发展的重任。2015年实施的《宁夏空间发展战略规划》明确了"一主三副、核心带动"的发展布局，吴忠市利通区、青铜峡市、宁东能源化工基地等被纳入大银川都市区，银川作为区域空间组织核心的功能不断强化，未来有望进一步增强对石嘴山、固原、中卫三个副中心城市的辐射，进而依托沿黄城市带和清水河城镇产业带，以及太中银发展轴和银宁盐发展轴，带动全区实现跨越发展。

（五）政策建议

战略回顾："十三五"期间，宁夏提出要从五个方面实现战略性突破：实施创新驱动战略，着力推进转型发展；实施开放引领战略，着力推进共赢发展；实施空间规划战略，着力推进协调发展；实施生态优先战略，着力推进可持续发展；实施富民共享战略，着力推进和谐发展，这为宁夏实现跨越式发展提出了明确的方向。

政策建议：一是强化科技支撑，推进现代信息技术与产业的深度融合，打造物联网、大数据、云计算等产业链，加快培育发展新引擎，打造宁夏经济升级版。二是融入国家"一带一路"建设，以沿线国家为重点，主动对接国际贸易投资规则，开展国际产能合作，形成全方位开放新格局，将向西开放优势转化为新的发展动力。三是把生态文明建设融入经济社会发展全过程，走生产发展、生活富裕、生态良好的发展道路，推动构建绿色、循环、健康的产业链。四是以银川为中心优化提升宁夏沿黄城市群的结构与功能，增强辐射带动作用，壮大石嘴山、吴忠、中卫等节点城市，加强城市群的产业分工和功能互补，促进区域协调发展。

六　中国城市竞争力（新疆维吾尔自治区）报告

2016 年，新疆综合经济竞争力处于全国中游偏下水平，宜居城市竞争力和可持续城市竞争力均处于中游偏上水平，其中生态城市竞争力和全域城市竞争力表现良好。从产业结构来看，新疆三次产业比例从 2015 年的 16.7∶38.2∶45.1 调整为 2016 年的 17.1∶37.3∶45.6，第三产业占比进一步提升；需求结构方面，消费对经济的拉动作用有所提升，2016 年全年实现社会消费品零售总额 2825.90 亿元，扣除价格因素后实际增长 7.9%，较上年提升了 0.5 个百分点；要素结构方面，技术创新对经济的贡献继续加大，2016 年技术合同成交金额 3.99 亿元，比上年增加 0.46 亿元，但与东部发达省份相比仍存在一定差距。总体来看，新疆近年来在经济建设方面取得了较好的成绩，但仍处于要素驱动发展阶段，未来应坚持创新发展，进一步深化改革、扩大开放，充分发挥国家向西开放战略核心的作用，深度融入国家"一带一路"战略。

表 14—21　　　　　2016 年新疆维吾尔自治区区情信息

土地面积	166 万平方千米
常住人口	2398.08 万人
城镇人口占常住人口比重	48.35%
GDP 总量及增长率	9617.23 亿元, 7.6%
第一、二、三产业占 GDP 比重	17.1:37.3:45.6

资料来源: 2016 年新疆维吾尔自治区国民经济和社会发展统计公报。

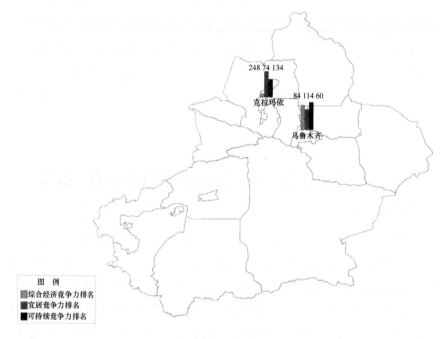

图 14—6　2016 年新疆维吾尔自治区城市竞争力排名

资料来源: 中国社会科学院城市与竞争力指数数据库。

（一）现状与条件

总体概况: 2016 年, 新疆综合经济竞争力指数均值为 0.070, 在全国除西藏外的省级行政区域中排名第 21 位; 可持续竞争力指数均值为 0.378, 在全国除西藏和台湾外的省级行政区域中排名第 12 位; 宜居城市竞争力指数均值为 0.531, 在全国除西藏和台湾外的省级行政区域中排名第 12 位。在可持续竞争力分项中, 生态城市竞争力和全域城市竞

争力表现良好。其中，省会城市乌鲁木齐的综合经济竞争力、可持续竞
争力和宜居竞争力分别排名全国第 84、60 和 114 位。

现状格局：2016 年新疆的城市竞争力总体上呈现以下特征。

第一，可持续竞争力的表现好于综合经济竞争力。2016 年，新疆
综合经济竞争力指数均值在全国除西藏外的省级行政区域中排名第 21
位；可持续竞争力表现相对较好，处于全国中游偏上水平。

表 14—22　2016 年新疆维吾尔自治区各城市综合经济竞争力指数排名

城市	综合经济竞争力		综合增量竞争力		综合效率竞争力		企业本体	当地要素	当地需求	软件环境	硬件环境	全球联系
	指数	排名	指数	排名	指数	排名	排名	排名	排名	排名	排名	排名
乌鲁木齐	0.097	84	0.151	65	0.007	120	214	31	185	152	283	36
克拉玛依	0.043	248	0.029	264	0.004	165	202	262	127	234	285	191

资料来源：中国社会科学院城市与竞争力指数数据库。

第二，宜居城市竞争力在西北地区表现最好。2016 年，新疆宜居
城市竞争力指数均值为 0.513，处于全国中游偏上水平，在西北地区表
现最好。其中，克拉玛依跻身全国前 80 位，且在优质的教育环境、健
康的医疗环境、安全的社会环境、绿色的生态环境、舒适的居住环境、
便捷的基础设施、活跃的经济环境七大方面的表现较为均衡。

表 14—23　2016 年新疆维吾尔自治区各城市宜居竞争力指数排名

城市	宜居竞争力		优质的教育环境	健康的医疗环境	安全的社会环境	绿色的生态环境	舒适的居住环境	便捷的基础设施	活跃的经济环境
	指数	排名	排名	排名	排名	排名	排名	排名	排名
乌鲁木齐	0.468	114	30	3	229	241	289	193	175
克拉玛依	0.557	74	130	157	226	71	97	6	91

资料来源：中国社会科学院城市与竞争力指数数据库。

第三，生态城市竞争力优势明显，人均绿地面积居全国前列。2016
年，新疆的生态城市竞争力指数均值为 0.516，处于全国上游水平。在

各项指标中，人均绿地面积位居全国前列，其中乌鲁木齐的人均绿地面积为西北地区省会（首府）城市之首，克拉玛依也超过了100公顷/每万人。

第四，全域城市竞争力表现良好，城乡差距进一步缩小。2016年，新疆的全域城市竞争力指数均值在全国除西藏和台湾外的省级行政区域中跻身前10位，表现良好。"十二五"期间，新疆农民人均纯收入年均增长13.6%，连续五年增速居全国前列，统筹城乡、覆盖全民的基本养老保险和基本医疗保险制度逐渐建立，城乡一体化水平不断提升。

表14—24 2016年新疆维吾尔自治区各城市可持续竞争力指数排名

城市	可持续竞争力		知识城市竞争力	和谐城市竞争力	生态城市竞争力	文化城市竞争力	全域城市竞争力	信息城市竞争力
	指数	排名	排名	排名	排名	排名	排名	排名
乌鲁木齐	0.441	60	42	210	77	115	53	34
克拉玛依	0.316	134	210	145	121	213	30	90

资料来源：中国社会科学院城市与竞争力指数数据库。

（二）问题与劣势

第一，和谐城市竞争力有待提高，社会公平存在差距。2016年，新疆和谐城市竞争力指数均值在全国除西藏和台湾外的省级行政区域中排名第20位。一直以来，新疆在维护社会大局稳定上付出了巨大努力，基本实现了社会安定与民族团结。但目前新疆在户籍人口与非户籍人口享受公共服务的公平性上仍存在不足，乌鲁木齐和克拉玛依户籍人口与非户籍人口之间的教育公平性在西北城市中得分最低。

第二，文化城市竞争力排名靠后，文化资源亟须深入挖掘。新疆作为古代丝绸之路的要冲，形成了多元交融的民族文化，但目前新疆丰富的文化资源并未得到充分挖掘，文化城市竞争力在全国的位置比较靠后。其中，乌鲁木齐在西北地区省会（首府）城市中表现最差，克拉玛依也排在全国200位之后，国家级非物质文化遗产数量、每万人剧场影剧院数量、城市国际知名度等指标亟待改善。

（三）现象与规律

良好的知识城市竞争力为新疆经济转型奠定了坚实基础。2016 年，新疆知识城市竞争力指数均值为 0.178，处于全国中游偏上水平，在西北地区省级行政区域中表现最好。其中，乌鲁木齐跻身全国前 50 位，大学指数及每百万人科学研究、技术服务和地质勘查业从业人数等指标位居全国前列。近年来，新疆坚持实施科教兴新和知识产权战略，国家重点实验室实现了零的突破，专利申请量突破万件大关，授权量翻了一番。科技创新能力的提升为新疆经济转型升级提供了强劲动力，农业现代化、新型工业化稳步推进，以信息、金融、电商为代表的现代服务业快速成长，逐渐改变了过去石油工业"一业独大"的格局。

（四）趋势与展望

"一带一路"战略将引领新疆全方位对外开放，进一步提升信息城市竞争力。2016 年，新疆信息城市竞争力指数均值为 0.385，已经具备了较强的竞争力。目前，新疆正在深度融入国家"一带一路"战略：北中南三大通道和南北疆大通道以及中巴、中吉乌铁路的建设，将逐步实现境内路网与对外通道的互联互通；丝绸之路经济带核心区云计算数据中心的建设，有望实现沿线国家基础数据信息的共储共享；对外交流高端平台的搭建，将进一步畅通人流、物流、资金流、信息流的集散。作为丝绸之路经济带的核心区，新疆逐渐以更加开放的姿态融入"一带一路"，信息城市竞争力有望进一步提升。

（五）政策建议

战略回顾："十三五"期间，新疆明确提出要加快交通枢纽、商贸物流、文化科教、医疗服务、区域性金融"五大中心"和"十大进出口产业集聚区"建设，促进国内国际要素有序流动、资源高效配置、市场深度融合，加快建设丝绸之路经济带核心区，努力形成全方位对外开放的新格局。需要清醒地认识到，从能源、贸易大通道跃升成为综合经济实力强大、能够辐射带动周边的核心区，是一项长期艰巨的系统工程，必须着眼长远，扎实推进。

政策建议：一是维护社会大局和谐稳定，为经济社会发展营造良好环境，以社会稳定和长治久安为总目标，完善社会防控体系，同时抓好民生工程和脱贫攻坚工作，使全区各族群众共同享受发展成果。二是加快实现经济转型升级，推进能源、化工等传统产业改造升级，重点发展新能源、新材料、先进装备制造等战略性新兴产业，培育一批创新型企业，壮大一批"专精特新"中小微企业，促进经济提质增效。三是以现代文化为引领，深入挖掘新疆优秀的传统文化，凝聚社会主义核心价值观，培育新型文化业态，壮大骨干文化企业，使多元融合的文化产业成为促进民族团结、推动繁荣发展的有效载体。

第十五章　中国(港澳台地区)城市竞争力报告

沈建法　刘成昆　周晓波

一　中国城市竞争力(香港特别行政区)报告——迈向新型全球城市

　　香港是一座国际化大都市，作为国际和亚太地区最具竞争力的城市之一，在世界享有盛誉。2017年香港回归祖国20周年，香港经济社会面貌发生了巨大的变化，"一国两制"在香港的实践取得重要成果。过去4年在"积极进取、适度有为"的施政理念下，香港经济温和增长，民生持续改善，通胀持续回落，政府财政稳健，就业人口累计增加16万，失业率极低。作为亚洲都会，2016年超过3700家境外企业在香港设立地区总部和办事处，较1997年上升50%。作为亚洲最为重要的国际金融中心、国际贸易服务和国际航运中心，美国智库卡托研究所去年公布"2016年人类自由指数"排名，按法治、行动自由、公民自由、经济自由等79项指标，对全球159个国家及地区作出评估，香港连续6年排名第一。香港依靠"一国"之利和"两制"之便，成为国家"引进来"和"走出去"的"超级联系人"。CEPA（Closer Economic Partnership Arrangement，《关于建立更紧密经贸关系的安排》）框架下签署的《服务贸易协议》已于2016年6月实施，基本实现内地与香港服务贸易自由化。此外，两地基金互认、沪港通、深港通的推行、债券通纳入发展规划和IMF（International Monetary Fund，国际货币基金组织）将人民币纳入SDR（Special Drawing Right，特别提款权）的决议于去年生效，这都有利于深化香港和内地资本市场的互联互通，并巩固香港作为国际金融中心和全球离岸人民币业务枢纽的地位。关于香港竞争力的研究对发挥好香港的独特优势和保持香港未来持续繁荣稳定具有重要的意义。

表 15—1   2016 年香港特别行政区区信息

土地面积	1070 平方千米
常住人口	737.49 万人
GDP 总量及增长率	2.13 万亿人民币，1.9%

资料来源：中国社会科学院城市与竞争力指数数据库。

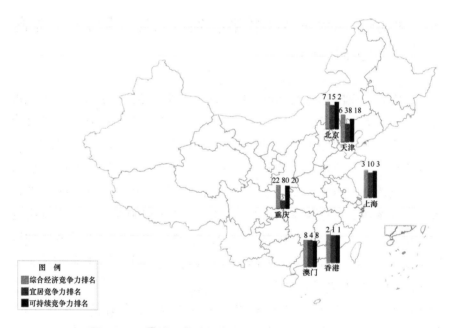

图 15—1   最近两年香港特别行政区城市竞争力排名

资料来源：中国社会科学院城市与竞争力指数数据库。

（一）综合经济竞争力潜力巨大

从总体上来看，在综合经济竞争力方面，香港高居全国第二位，仅次于深圳。在综合竞争力分项表现稍有差异，从综合增量竞争力分项指数来看，香港整体很好，传统优势产业在"一带一路"沿线国家找到新的潜在增值空间，但是亟须全力推动创新和科技等新兴产业，促进产业多元化及转型升级，扩大和加强对外经贸关系，从而拓展新的增长源泉。具体来看，香港的综合增量竞争力指数为 0.342，较去年的全国第 36 位上升至第 19 位，落后于北京、广州、天津、重庆等城市。从综合效率竞争力分项指数来看，香港整体很好，指数为 0.647，与去年排名保持一致，位居全国第 3 位，仅落后于澳门和台北，这得益于其经济集聚程度高、商业规则简约和良好的专业服务等一系列软硬件支撑体系。

表 15—2　　香港特别行政区和代表性城市综合竞争力指数排名

城市	综合经济竞争力		综合增量竞争力		综合效率竞争力		企业本体	当地要素	当地需求	软件环境	硬件环境	全球联系
	指数	排名	指数	排名	指数	排名	排名	排名	排名	排名	排名	排名
北京	0.459	7	0.971	3	0.054	18	1	1	2	4	67	1
天津	0.466	6	0.989	2	0.055	17	85	13	5	8	53	9
上海	0.747	3	1.000	1	0.155	5	83	4	1	15	16	2
重庆	0.231	22	0.917	5	0.007	122	78	20	3	78	135	8
香港	0.881	2	0.342	19	0.647	3	3	3	7	24	1	3
澳门	0.457	8	0.051	205	1.000	1	6	2	62	36	5	26

资料来源：中国社会科学院城市与竞争力指数数据库。

（二）可持续竞争力居全国首位

香港在可持续竞争力方面整体领先，其指数为 1，排名全国首位。香港经济近年保持了整体良好的发展态势，但同时也必须看到目前香港所面临的挑战。首先，香港的科研力量集中在大学。大学的研究成果如何转化为产品，进行更多中游及产学研一体化发展，是香港创新创业发展的关键问题。其次，北京、深圳和上海等内地一线城市在"大众创新、万众创业"等方面迅速冒起，给香港带来竞争压力。

表 15—3　　香港特别行政区和代表性城市可持续竞争力指数排名

城市	可持续竞争力		知识城市竞争力	和谐城市竞争力	生态城市竞争力	文化城市竞争力	全域城市竞争力	信息城市竞争力
	指数	排名	排名	排名	排名	排名	排名	排名
北京	0.989	2	1	56	16	1	5	4

城市	可持续竞争力		知识城市竞争力	和谐城市竞争力	生态城市竞争力	文化城市竞争力	全域城市竞争力	信息城市竞争力
	指数	排名	排名	排名	排名	排名	排名	排名
天津	0.611	18	5	172	85	31	22	33
上海	0.922	3	2	122	6	9	3	2
重庆	0.604	20	7	176	128	19	31	19
香港	1.000	1	4	17	2	8	2	1
澳门	0.706	8	15	233	182	4	4	3

资料来源：中国社会科学院城市与竞争力指数数据库。

如上表所示，从分项指标来看：文化城市竞争力整体领先，作为一个国际化的大都市，香港连续 22 年被美国传统基金会评选为全球最自由的经济体，高度自由宽松的管理体制使香港文化充满生机活力，同时也吸引全球跨国公司入驻和国际人才的流入，成为东西方文化交流的重要窗口，既保留了中国传统文化，也形成了香港独特的自由开放、多元包容的特色文化。

香港在创建生态城市方面领先内地所有城市，生态城市竞争力居全国第二。

香港政府近几年竭力打造健康优质的生活环境，推行了连串环境保护政策和措施及各种提高公众环保生活意识的计划，至目前空气、水质均有较大幅度改变。近年政府大力改善空气质量，包括拨款 114 亿元于 2020 年前淘汰 82000 辆欧盟 IV 期前的柴油商业车；加强管制汽车的废气排放；以及令香港成为首个强制远洋船在泊岸后转用低硫燃料的亚洲城市。同时提出了提高能源效益，推出《建筑物能源效益守则》和绿色建筑概念；按照《香港资源循环蓝图》积极实施都市固体废物按量收费的工作。

知识城市竞争力整体领先，相对于去年有较大幅度的提升，但仍然落后于内地北京、上海、深圳三个城市。自从创新及科技局成立以来，香港的创科氛围显著提升。世界顶级科研机构相继在香港落户：如麻省理工学院在香港成立了首个国外创新中心；瑞典卡罗琳医学院在科学园成立该院 200 年历史以来的首间国外研究中心；阿里巴巴集团启动了

10 亿元的"香港创业者基金";红杉资本牵头成立"香港 X 科技创业平台",用来提供资金支持早期探索及天使阶段的项目;香港和深圳市合作建设"港深创新及科技园"。此外,香港在研发方面的本地支出总额,已由 2013 年的 156 亿港元增至 2016 年的 180 亿港元,以完善香港的创科生态系统,推动"再工业化"、资助大学进行中游及应用研究、资助业界利用科技升级转型,以及扶助初创企业发展等各种新措施,未来香港创新创业氛围不足的局面将会持续得到改善。

全域城市竞争力整体领先,位居全国第二位。香港作为一个拥有 700 多万人口的国际化大都市,背后离不开一系列予以支撑的社会服务机制,如以人为本的公屋制度、社工体系、医疗福利、教育及劳工制度等,这些软环境共同运作方能保证其高密度城市化模式的可持续发展,内地在城市化过程中可以借鉴。此外,针对市民对改善生活空间和环境的诉求与日俱增,香港特别行政区政府已开展《香港 2030 +:跨越 2030 年的规划远景与策略》规划研究,并进行公众参与活动。

和谐城市竞争力整体领先,香港经济发达,拥有完善的司法体系,廉政公署严格执法,社会公正、开放和廉洁,使多数人依靠自身努力参与公平竞争,形成一定规模的中层阶级,成为社会和谐稳定的巨大力量。同时政府大力推行公屋、义务教育、新市镇等系列民生政策,满足了各阶层的公平诉求。

香港的信息城市竞争力全国排名第一,是亚太地区的交通枢纽之一。香港航运业发达,目前已与 186 个国家和地区的 472 个港口有航运往来,形成了以香港为枢纽,航线通达五大洲、三大洋的完善的海上运输网络。此外,香港与内地的交通联系日益增强。如港珠澳大桥的开通将可为香港与珠江三角洲西岸提供直接道路连接,对推动本港的物流、商务、贸易、旅游发挥重大作用。广深港高速铁路香港段与国家高铁网连接,将大大缩短香港与内地各大城市的交通时间,并巩固香港作为区域交通枢纽的地位,有极高的经济和社会效益。

香港除在和谐和文化城市竞争力方面落后全国少数几个城市外,其他方面的指数均处于领先地位,这也体现其强大的综合竞争力。但是也必须看到在内地城市追赶的过程中,差距在逐渐缩小,香港有被边缘化的风险。香港虽然发展水平高,但经济规模细小,而且高度开放,对外依赖度高，对外围的变化要有居安思危的意识。

（三）宜居竞争力居全国第一

香港的宜居竞争力处于全国第一的位置，分项来看，优质的教育环境、健康的医疗环境、绿色的生态环境和活跃的经济环境是香港宜居竞争力处于全国第一的重要原因，而安全的社会环境和便捷的基础设施是香港宜居竞争力提升的短板。

表15—4　　　香港特别行政区和代表性城市宜居竞争力指数排名

城市	宜居竞争力		优质的教育环境	健康的医疗环境	安全的社会环境	绿色的生态环境	舒适的居住环境	便捷的基础设施	活跃的经济环境
	指数	排名	排名	排名	排名	排名	排名	排名	排名
北京	0.740	15	1	4	188	197	259	271	6
天津	0.656	38	5	25	189	221	280	246	35
上海	0.766	10	2	16	242	75	234	238	11
重庆	0.551	80	39	42	179	182	255	252	92
香港	1.000	1	3	22	247	1	36	107	9
澳门	0.809	4	28	146	269	4	11	83	9

注：考虑到香港与内地的犯罪率统计口径不一致，此为修正前的数据，修正后香港的排名会更好。

资料来源：中国社会科学院城市与竞争力指数数据库。

（四）优势劣势和机遇挑战

香港回归 20 周年，香港背靠祖国内地成功战胜了 1997 年亚洲金融危机和 2007 年"次债危机"的负面影响，经济稳步向前发展，但也一度在功能定位、产业选择上走过一段曲折，"积极不干预"的行政理念一方面巩固了香港自由市场经济的地位，另一方面使得政府在引导产业发展和改善民生方面的因应不足。2012 年以来的特区政府转变执政理念，从政府对经济社会发展的"积极不干预"转为"适度有为、稳中求变"的施政风格，近 5 年内先后成立了扶贫委员会、经济发展委员会、金融发展委员会、创新及科技局等部门来解决市场机制在应对贫困、经济发展、创新和人口老龄化等问题方面的不足。

随着全球经济格局变化，新型经济体迅速崛起，特别是中国内地的发展，香港面临着机遇与挑战并存的局面。其一，特区政府应秉持"香港所长、国家所需"施政方针，积极融入和对接国家"一带一路"战略，不断巩固和拓展香港在经济、金融、贸易、法律、仲裁、服务等方面的比较优势，从而抓住香港发展的重要机遇期。其二，粤港澳大湾区是珠三角一体化进入新的发展阶段的产物，即珠三角将由原来的中心边缘、前店后场的垂直联系逐渐转变为网络化、多中心的水平联系格局，在这一格局下香港需要找准自身的功能定位，在产业环节上谋划新的分工，从而提前准备和应对可能遇到的挑战。

面对全球经济格局变化和中国内地的快速发展，香港亟须思考如何进行经济转型和建立新型全球城市，以更好地适应新的发展环境和引领内地和全球的城市转型。香港需要打造新型全球城市，从而引领世界和亚太地区的城市发展潮流。其一是除了扩大金融等传统优势产业的影响力外，还需要在城市科技创新和文化产业方面走在世界前列，重点打造"金融+创新"的核心功能；其二是建立更加包容平等多元协调的社会，将全民共享和民生保障作为经济发展的基础支撑；其三是吸引全球优秀的人才来港就业创业，提高香港的知识城市竞争力；其四是继续扮演好中国走向世界的"超级联系人"角色，在"国家所需、香港所长"的结合点上积极作为。

（五）政策建议

未来香港将继续受外围不确定因素影响，必须挖掘自身的比较优势，不断提升产业竞争力和改善经营环境，促进传统产业转型升级，壮大新兴产业，扩大和加强对外经贸关系。具体提出三点建议。

第一，重视科技创新作用，鼓励香港在保持原有优势的同时培育新的经济增长点，使创新科技成为香港发展的新引擎、新动力。香港创新及科技局和生产力促进局要积极引导特区内的大学进行更多符合市场需要、可转化为应用的研究项目，以配合产业发展和"再工业化"。同时设立产业投资和振兴基金，促进大学生创新创业和加快创新型、科技型企业的孵化成长。

第二，积极融入"一带一路"发展战略，充分发挥香港在"一带一路"建设中的支点作用和独特优势。具体来看，香港可以在两个方面发挥重要作用。一是主动对接"一带一路"，打造综合服务平台，如香港专业机构和专业人士可以为"一带一路"建设提供会计、设计、咨询、法律和仲裁服务以及其他专业配套服务。二是瞄准资金融通，推动人民币国际化和"一带一路"投融资平台建设。香港企业可以协助开展基建项目投资、融资、资产管理等金融业务，为"一带一路"建设拓展资金渠道；同时为"一带一路"建设提供保险和再保险服务，对冲和化解风险。此外，香港要积极争取亚投行在港设立面向"一带一路"地区的发债平台和融资中心。

第三，共建粤港澳大湾区，促进粤港澳三地的要素流动与经济融合，形成一体化区域经济和统一开放大市场，为港人港企开拓更大的发展空间和机遇。加快南沙、前海、横琴等粤港澳合作平台建设，深化与前海、南沙和横琴三个自贸试验区片区的对接联动，形成"共振"效应。在产业上，珠三角地区内的城市制造业发达，香港以服务业立足，产业互补合作的潜力巨大。此外，随着珠港澳大桥的即将开通，香港与珠江西岸的联系必将得到加深，这将为香港与珠江西岸城市的产业合作提供交通便利。

二　中国城市竞争力（澳门特别行政区）报告

2016 年，澳门的综合经济竞争力位居全国第 8，可持续竞争力亦名列第 8，宜居城市竞争力排在第 4 名。自 2016 年 8 月起澳门博彩业已连月上升，全年入境旅客维持在 3000 万人次之上，较 2015 年微增 0.8%；整体经济逐步回暖，上半年的下降几乎被下半年的复苏和稳定所抵消；2016 年底澳门总人口为 64.49 万人，按年减少 1900 人，其中外地雇员人数为 17.76 万人，按年减少 2.2%；2016 年 12 月 30 日澳门公布了首份《澳门经济适度多元发展统计指标体系分析报告》，报告指出产业集中度略有下降，博彩业关联产业的增速超过了博彩业。

围绕"世界旅游休闲中心"和"中国与葡语国家商贸合作服务平

台"（"一个中心"和"一个平台"）的发展定位，未来澳门将积极参与"一带一路"和粤港澳大湾区城市群的建设，发挥独特优势，不断提升在国家经济发展和对外开放的地位及功能。

表 15—5　　　　　　2016 年澳门特别行政区区情信息

土地面积	30.5 平方千米
人口	64.49 万人
GDP 总量及增长率	3582 亿澳门元，－2.1%
全年旅客总数	3095.03 万人次
博彩业毛收入及增长率	2232.1 亿澳门元，－3.3%

资料来源：澳门统计暨普查局。

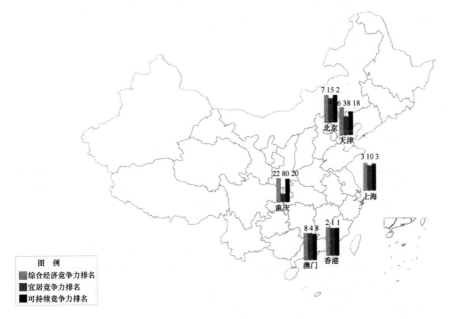

图 15—2　2016 年澳门特别行政区城市竞争力排名
资料来源：中国社会科学院城市与竞争力指数数据库。

（一）现状与条件

总体概况：2016 年澳门综合经济竞争力指数为 0.457，在全国 294 个地级及以上城市中排名第 8 位，较 2015 年提高 1 个位次，低于香港、上海、天津和北京，而比重庆高；宜居城市竞争力指数为 0.809，在全国 289 个地级及以上城市中排名第 4 位，次于香港而优于 4 个直辖市；可持续竞争力指数为 0.706，在全国 294 个地级及以上城市中排名第 8 位，低于香港、北京和上海，而超过天津和重庆。

现状格局：澳门是一个高度开放的微型城市经济体，经济高度集聚，虽然在 2015 年经济出现深度调整，在 2016 年 GDP 亦是负增长，但失业率依然低至 2% 以下。2016 年澳门在 30.5 平方千米的土地上实现了 3582 亿澳门元的产出，综合效率竞争力指数继续保持全国首位。在构成可持续竞争力的六个分项指数中，信息、文化、全域和知识城市竞争力的优势十分明显，和谐和生态城市竞争力则偏后。

表 15—6　2016 年澳门特别行政区和代表性城市综合经济竞争力指数排名

| 城市 | 综合经济竞争力 | | 综合增量竞争力 | | 综合效率竞争力 | | 企业本体 | 当地要素 | 当地需求 | 软件环境 | 硬件环境 | 全球联系 |
	指数	排名	指数	排名	指数	排名	排名	排名	排名	排名	排名	排名
北京	0.459	7	0.971	3	0.054	18	1	1	2	4	67	1
天津	0.466	6	0.989	2	0.055	17	85	13	5	8	53	9
上海	0.747	3	1.000	1	0.155	5	83	4	1	15	16	2
重庆	0.231	22	0.917	5	0.007	122	78	20	3	78	135	8
香港	0.881	2	0.342	19	0.647	3	3	3	7	24	1	3
澳门	0.457	8	0.051	205	1.000	1	6	2	62	36	5	26

资料来源：中国社会科学城市与竞争力指数数据库。

表 15—7　2016 年澳门特别行政区和代表性城市宜居竞争力指数排名

| 城市 | 宜居竞争力 | | 优质的教育环境 | 健康的医疗环境 | 安全的社会环境 | 绿色的生态环境 | 舒适的居住环境 | 便捷的基础设施 | 活跃的经济环境 |
	指数	排名	排名	排名	排名	排名	排名	排名	排名
北京	0.740	15	1	4	188	197	259	271	6
天津	0.656	38	5	25	189	221	280	246	35
上海	0.766	10	2	16	242	75	234	238	11
重庆	0.551	80	39	42	179	182	255	252	92
香港	1.000	1	3	22	247	1	36	107	9
澳门	0.809	4	28	146	269	4	11	83	9

资料来源：中国社会科学城市与竞争力指数数据库。

表 15—8 2016 年澳门特别行政区和代表性城市可持续竞争力指数排名

城市	可持续竞争力		知识城市竞争力	和谐城市竞争力	生态城市竞争力	文化城市竞争力	全域城市竞争力	信息城市竞争力
	指数	排名	排名	排名	排名	排名	排名	排名
北京	0.989	2	1	56	16	1	5	4
天津	0.611	18	5	172	85	31	22	33
上海	0.922	3	2	122	6	9	3	2
重庆	0.604	20	7	176	128	19	31	19
香港	1.000	1	4	17	2	8	2	1
澳门	0.706	8	15	233	182	4	4	3

资料来源：中国社会科学城市与竞争力指数数据库。

（二）问题与劣势

第一，综合增量竞争力虽有所上升，但仍处于低位。2014、2015年澳门的综合增量竞争力分别排名第 232 位和第 220 位，2016 年排名升至 205 位，依然靠后。最近五年澳门经济增长由高速转向低速，GDP实质增长率从 2013 年的 11.2% 降至 2014 年的 -1.2%，2015 年更低至 -21.5%，2016 年上半年经济倒退 9.7%，下半年止跌回升 5.7%，全年实质收缩 2.1%，较大的经济波动导致了综合增量竞争力上升乏力。

第二，和谐和生态城市竞争力欠佳。澳门的和谐城市竞争力和生态城市竞争力分别位于全国第 233 位和第 182 位，相对于其他遥遥领先的四个分项排名，这两项成为影响澳门可持续竞争力的"短板"。

（三）现象与规律

教育和科研作为创新的源泉，为提升城市竞争力提供了内生的发展动力。从全国城市发展的一般规律来看，这两项投入较高的城市，其综合经济竞争力排名相应居前。澳门近期不断加大科研投入，并与内地积极合作开展科研项目，高等教育发展迅速，2016 年澳门规模最大的综合型大学澳门科技大学在上海交通大学世界一流大学研究中心和上海软科联合发布的"中国两岸四地大学排名"百强大学中升至第 32 位。

澳门同时在发展会展业、文化创意产业、中医药产业和特色金融业等新兴产业的过程中，注重培养和引进高端人才，优化人力资源结构，推动智慧城市发展，创新驱动的知识城市竞争力和开放便捷的信息城市竞争力已较之前有较大幅度的提升。

（四）趋势与展望

第一，澳门将继续推动经济适度多元可持续发展。自2014年6月至2016年7月，博彩毛收入连续26个月负增长；从2014年第三季度到2016年第二季度，GDP连续8个季度负增长。在近两年的经济调整中，澳门的产业结构相应发生了转型变化，即博彩公司的非博彩业务收入连续上升，博彩业关联产业的发展速度超过博彩业，而新兴产业如会展业成长迅速，特色金融势头良好，总体而言，澳门的经济适度多元发展取得了一定进展，尤其是整体经济经过两年深度调整并见底回稳，凸显出澳门对外围环境变化的适应能力和抵御风险的能力明显提升。澳门产业结构的调整和优化将有助于稳固和提升城市竞争力。

第二，澳门将加速区域合作和区域融合的步伐。澳门的自身发展空间有限，综合效率竞争力指数已经达到最大，为突破"增长的极限"，澳门将更加积极地参与区域合作，以求拓展地理空间和市场空间。毗邻澳门的横琴自贸区建设日新月异，全线贯通的港珠澳大桥的通车临近，融入粤港澳大湾区城市群的建设，以及借力"一带一路"叠加中葡平台走向国际市场，这些都将为澳门加快经济适度多元可持续发展、增强城市竞争力注入全新的动力。

（五）政策建议

战略回顾：有效推进经济适度多元化是澳门可持续发展的核心问题，国家"十一五"规划开始要求澳门推动经济多元化，"十二五"规划明确休闲旅游、会展商务、中医药、教育服务、文化创新等产业，"十三五"规划明确会展、商贸等产业。澳门特区政府在历年的施政报告中均对经济适度多元化有所强调。2016年9月行政长官崔世安在正式发表的《澳门特别行政区五年发展规划（2016—2020年）》中表明：

政府有决心与广大居民一起，努力推进"一个中心"和"一个平台"的建设，不断加强各部门的统筹行动和协同效应，持续提升综合竞争力。2016 年 10 月李克强总理到澳门视察时指出在国家改革开放中，澳门可发挥独特的优势，并宣布中央支持澳门的 19 项措施，包括支持特区政府每年举办世界旅游经济论坛、设立中葡发展基金总部、支持澳门建设智慧城市等。

政策建议：首先，进一步推动博彩业的内涵发展，加大非博彩业比重。博彩业经过 2014 年下半年至 2016 年上半年的调整，恢复正增长之后所面临的外部环境发生了较大变化，需结合非博彩元素提质增效、转型升级；加大非博彩业中的会展业、文化创意产业和中医药产业的产值，推进融资租赁为主的特色金融成长，以及利用 2015 年 12 月获得的海域管理权试水海洋经济，进而优化产业结构，减缓经济增长的波动性，提高综合增量竞争力。

其次，明晰城市定位，积极主动参与区域合作。国家"十三五"规划将澳门定位为"一个中心"和"一个平台"，该定位即是对内做强旅游休闲产业、对外做好区域合作。澳门特区政府在首个五年发展规划中提到，为建成"一个中心"，澳门将打造"旅游休闲城市、宜居城市、安全城市、健康城市、智慧城市、文化城市、善治城市"，该七个方面对应了可持续竞争力中的六个分项。同时，澳门应积极融入粤港澳大湾区城市群的建设，发挥"一带一路"的节点作用，远交近融，多层级区域合作，从而提升可持续竞争力。

再次，推进智慧城市的建设，加快科技创新的步伐。澳门经过前一轮城市化的高速发展，开始面临着城市化进程中的诸多挑战，城市经济发展的可持续性要求产业升级和结构优化，以突破"增长的极限"。智慧城市是城市可持续发展的推动力，建设智慧城市有助于激发科技创新，转变经济增长方式，亦有利于提高城市的管治水平，促进信息城市竞争力的提升。

最后，继续加大对教育科研的投入，增加人力资本投资。2017 年 5 月《高教法》法案将提交立法会大会表决，一旦通过将有利于澳门高等教育的进一步发展。在经济好转之际，澳门需相应加大对教育和科研的投入力度，并鼓励和引导青年创新创业，积极参与区域合作。由此提高知识城市竞争力，进而促进可持续竞争力的提升。

三　中国城市竞争力（台湾省）报告

台湾省位于中国东南沿海，自古以来就是我国的神圣领土。全省总面积约3.6万平方千米，2016年全省总人口约2343.4万人。2016年台湾经济走势平缓，台湾主计处公布的全年经济增长率为1.4%。其中，从外需来看与台湾贸易往来密切的经济体经济出现复苏的迹象，台湾也于去年第四季度进出口开始回升；从内需来看，由于岛内居民薪资增长长期滞后于物价涨幅，大众消费意愿不足。从两岸看，蔡英文当局在两岸关系定位上的模糊给两岸交流带来了较大的不确定性，导致岛内与旅游相关行业企业倒闭现象显著增多。从岛内看，台湾政治民粹主义崛起、经济改革争议进一步加速了社会分裂、阶层撕裂，如"年金改革"加大了"军公教"群体和劳工群体之间的矛盾；劳工休假制度改革引起较大争议等。从台湾参与域外区域合作看，由于特朗普政府拒绝牵头推动TPP（Trans-Pacific Partnership Agreement，跨太平洋伙伴协定）谈判进程，使得台湾通过加入TPP来扩大自己的区域经贸空间的愿景破灭。同时，民进党当局提出的"新南向政策"在当前两岸交流趋冷、全球贸易增速下降和贸易保护主义抬头的背景下也步履维艰，较难取得实质性进展。

表 15—9　　　　　　　　2016 年台湾省省情信息

土地面积	3.6 万平方千米
人口总数	2343.3 万人
GDP 总量及增长率	3.51 万亿元，1.4%
"五都"人口数占台湾总人口比重	60%

资料来源：中国社会科学院城市与竞争力指数数据库。

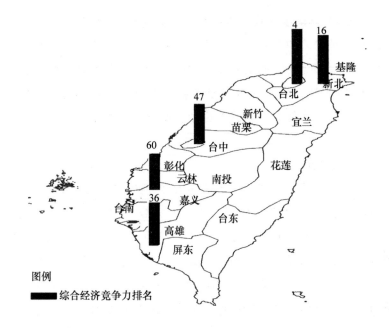

图 15—3　2016 年台湾省城市竞争力排名

资料来源：中国社会科学院城市与竞争力指数数据库。

（一）综合概况

从城市竞争力的省际层面来看，台湾省的综合竞争力位居全国第6，较去年提高1位，依旧位于全国前列，综合增量竞争力较去年也有所上升，全国排名第14位。从台湾内部的"五都"来看，各城市经济状况存在较大差异。综合经济竞争力分项方面，综合效率竞争力较强，但是综合增量竞争力较为薄弱。

在综合经济竞争力总体较强的基础上，台湾各城市的表现互不相同。第一，从省内综合经济竞争力排名来看，台北市一枝独秀，并且长期保持领先，台北市作为台湾地区面向国际的代表性城市，是台湾岛的经济、行政和文化中心。2016年，台北市的综合经济竞争力位居全岛第一，其余四市与台北市的差距较大，排名依序是新北市、高雄市、台中市与台南市。第二，从省内竞争力格局来看，台北市、新北市和高雄市的综合经济竞争力较强，台中市、台南市的综合经济竞争力相对落后。台北是台湾的经济中心，台湾地区GDP总量和地均GDP均居全省首位，综合效率竞争力最强。具体来看，新北市 GDP 总量已经与台北市相近；台中是台湾中部的商业都会；高雄是台湾最大的港口城市，工业基础完善；台南是台湾的历史文化名城。第三，从各城市历史比较来看，与 2015 年相比，台南的综合经济竞争力基本维持不变，台中的综合经济竞争力有所下降，高雄的综合经济竞争力有所上升。

（二）现状格局

1. 综合经济竞争力：未来新北市和台中市大有发展潜力

台湾城市综合经济竞争力在全国具有优势。2016 年，台湾城市综合经济竞争力居于全国最好和较好的水平。按照综合经济竞争力排名，台北、新北位于全国前 20 名之内，为综合经济竞争力最好的城市，未来可以继续强化两市的合作，打造双北"黄金双子城"；高雄和台中市进入全国综合经济竞争力前 50 名。高雄市工业基础雄厚，面对亚洲各港口城市的竞争，高雄正在进行转型发展。台中市具有经贸、交通枢纽和承上启下的地理优势，台中港面积较大，未来有较大的发展潜力。台南为综合经济竞争力较好的城市，位居全国综合经济竞争力第 59 名。按照综合经济竞争力分项指数排名，台湾城市的综合增量竞争力表现一般，综合效率竞争力表现较好，台北的综合效率竞争力仍旧保持在全国第一的位置。台湾城市综合经济竞争力总体较强，经济效率高，但是经济持续增长乏力，内部产业结构升级缓慢使得台湾城市的综合经济竞争力提升充满挑战。

表 15—10　　2016 年台湾省各城市综合经济竞争力指数排名

城市	综合经济竞争力		综合增量竞争力		综合效率竞争力	
	指数	排名	指数	排名	指数	排名
台北	0.697	4	0.156	62	0.864	2
新北	0.265	16	0.156	61	0.115	6
台中	0.143	47	0.073	154	0.064	14
高雄	0.166	36	0.112	94	0.057	15
台南	0.116	60	0.064	179	0.044	22

资料来源：中国社会科学院城市与竞争力指数数据库。

2. 可持续竞争力

具体而言，台湾城市可持续竞争力呈现以下特点与格局（见表15—11）。其中，台北在开放多元的文化城市、创新驱动的知识城市、交流便捷的信息城市方面独占鳌头；新北在创新驱动的知识城市、城乡一体的全域城市、人口众多的宜商城市方面优势明显；台中在环境友好的生态城市、交通便利的信息城市、以人为本的宜居城市方面独具魅力；高雄在开放多元的文化城市、创业至上的宜商城市、交流便捷的信息城市方面颇具特色；台南在开放多元的文化城市、环境友好的生态城市、创业至上的宜商城市方面潜力较大。

表 15—11 　　　　2016 年台湾各城市可持续竞争力特点与格局

城市	开放多元文化城市	环境友好生态城市	创新驱动知识城市	城乡一体全域城市	公平包容和谐城市	交流便捷信息城市
台北	国际都市教育发达	重视生态降低能耗	科技引领智慧城市	县市合并统筹规划	都市社会倡导公正	交通发达通信便利
新北	引进外资会聚人才	环境优美治理转型	高校林立企业聚集	县市合并城乡整合	制定规则有序管理	高效物流信息网络
台中	高校林立佛教中心	整齐干净气候宜人	智慧城市科技重镇	县市合并统筹规划	注重管理保障有力	中部枢纽便利畅通
高雄	古今交融南部重镇	热带风光海港城市	传统转型知识经济	县市合并统筹规划	维护权益促进公平	港口优势便捷畅达
台南	历史名城文化深厚	加强环保健康生态	产业升级培育科技	县市合并统筹规划	互信互利参与共享	交通局限有待改进

注：由于台湾省各城市相关的数据收集不够全面，本报告没有对台湾省各城市可持续竞争力的分项指数算出得分。此处按照可持续竞争力的定义和分项标准，对台湾省各城市可持续竞争力的现状格局进行分析和评价。

资料来源：中国社会科学院城市与竞争力指数数据库。

台湾城市可持续竞争力的特点和优势在于，总体可持续竞争力在全国表现优异，各城市的竞争力格局较为均衡。台湾注重总结工业化和城市化过程中的经验和教训，明确经济社会与资源环境之间的关系，提出绿色生态城市、智慧城市的理念。同时，台湾城市可持续竞争力也存在相应的问题，主要表现为城市之间协作不足、城市引领创新不足和应对国际城市竞争准备不足。在现有城市格局的基础上，台湾需要加强地理相近的城市之间的经济合作，如持续推动台北市和新北市的双北"黄金双子城"建设，同时为城市中小企业营造良好的创新创业氛围。

（三）问题与劣势

台湾目前所面临的劣势同时也正是岛内各个城市所面临的困境。各个城市的人口老龄化问题都比较严重，员工薪资增长率较慢，这也必将制约新型产业的再创造、加速创业人才的萎缩。岛内对外资本与高层次人才不具吸引力或相关规范让投资进不来，使得资金与人才大量外流，如台商对海外投资远大于外商对台投资；由于台湾当局的限制导致内地企业对台投资比例较低。此外，台湾经济增长过于依赖外部出口的变化，出口又高度依赖半导体、电子零组件和光电等少数产业的带动，这些都会给台湾经济增长带来较大的不确定性和外部风险，从而制约可持续竞争力的提升。

（四）政策建议

台湾的城市化进程和城市发展具有良好的基础，城市竞争力整体水平较高。

在全球城市竞争的背景下，台湾城市需要持续提升开放程度和国际化水平，应当进一步优化贸易、投资和人员往来的便利程度，促进经济、科技和文化交流。为此，台湾城市应在原有特色和优势的基础上，塑造独特、个性化的城市魅力。未来，台湾提升城市竞争力的关键在于建设创新型城市，为创新企业创业人才提供完善的制度配套和环境氛围，从而保持综合经济竞争力，提高可持续竞争力。

综合经济竞争力方面，台湾城市的主要目标是提高综合增量竞争力。深化两岸经济合作，两岸经济合作是支持台湾经济长期增长的重要力量，全面加强产业转型升级是台湾实现经济增长的根本途径。可持续竞争力方面，台湾城市的提升途径在于加强科技引领、统筹均衡发展、提高开放程度、保持文化特色。此外，台湾地区需要积极推动金融支持创新计划，扶植创意产业发展，创造就业，提高劳动参与并培育高端人才，促进社会凝聚力和包容力，从而提升台湾城市未来可持续竞争力。

（五）趋势与展望

展望未来，台湾经济依然面临较大的不确定性。从岛内外及两岸经济形势来看仍存在诸多不确定因素，同时外部受国际经济波动影响的局面仍将持续，内部经济转型升级仍面临诸多瓶颈，短期内难有大的起色。从全球经济发展看，主要发达经济体贸易保护主义有所抬头，逆全球化的迹象开始出现，这都给台湾外部需求的增长带来很大的不确定性，从长期来看，两岸经济一体化、国家统一是大势所趋。从两岸因素看，内对作为台湾最大的贸易、投资伙伴，两岸经济合作仍将是推动台湾经济发展的重要因素。目前两岸关系出现一些曲折，为未来两岸经济关系发展增加了变数。从台湾内部因素看，尽管半导体产业仍将在一定时期内拉动岛内经济增长，但经济过于依赖出口、产业过于依赖单一制造业、生产方式过于集中于代工的结构性问题仍然突出。

附　录

倪鹏飞　侯庆虎　沈　立

一　指标体系

（一）城市综合经济竞争力指标体系

指标含义	指标	指标衡量方法	资料来源
经济增长	综合增量	GDP 连续 5 年平均增量	国家统计局
经济效益	综合效率	地均 GDP	国家统计局
企业本体	大企业指数	中国企业 500 强	中国企业联合会网站
	企业经营指数	销售资产比＋产值资产比＋利税资产比	国家统计局
	企业增长指数	企业数量增长率＋企业规模增长率	国家统计局
当地要素	金融机构存贷款总额占 GDP 比重	—	国家统计局
	论文指数	论文篇数	web of science
	大学指数	各城市最好大学排名	校友会网
当地需求	人口规模	—	国家统计局
	GDP 总量	—	国家统计局
	人均收入	城镇居民人均可支配收入	国家统计局
软件环境	犯罪率	每万人刑事案件逮捕人数	国家统计局
	语言多国性指数	假日酒店服务语言种类数	假日酒店官方网站
	营商指数	证件办理指数＋企业开办指数＋经营纳税指数＋资质认定指数	中国软件测评中心政府网站绩效测评

续表

指标含义	指标	指标衡量方法	资料来源
硬件环境	空气质量	PM2.5 年均值	绿色和平组织
	基准宾馆价格	当地携程最高星级酒店价格中位数	携程网
	距港距离	距最近港口的距离	Google 地图
全球联系	外贸依存度	（进口总额 + 出口总额）/（2 × GDP）	国家统计局
	全球联系度	福布斯 2000 强中五个生产性服务业的跨国公司在全球的分支机构分布	福布斯及各跨国公司官网
	航空线数	机场航班数	各机场网站

（二）宜居城市竞争力指标体系

指标含义	指标	指标衡量方法	资料来源
优质的教育环境	中学指数	各市入选清华北大自主招生计划的高中生数/全市高中生数	清华、北大官方网站
	大学指数	各城市最好大学排名	校友会网
	每百人图书馆藏书量	—	国家统计局
健康的医疗环境	每万人拥有医生数	—	国家统计局
	三甲医院数	—	卫计委官方网站
	每万人医院床位数	—	国家统计局
安全的社会环境	每万人刑事案件逮捕人数	—	国家统计局
	人均社会保障、就业和医疗卫生财政支出	—	国家统计局
	户籍与非户籍人口之间的公平性	根据各城市非户籍人口入学政策打分	各城市政府网站
绿色的生态环境	空气质量	PM2.5 年均值	绿色和平组织
	单位 GDP 二氧化硫排放量	全市工业二氧化硫排放量/全市 GDP	国家统计局
	绿化覆盖率	—	国家统计局

续表

指标含义	指标	指标衡量方法	资料来源
舒适的居住环境	气温舒适度	年平均温度	中国天气网
	房价收入比	（住宅平均售价×90）／（城镇居民人均可支配收入×3）	国家统计局
	每万人剧院、影院数	—	国家统计局
便捷的基础设施	交通拥堵指数	—	高德地图官方网站
	排水管道密度	—	国家统计局
	每万人互联网宽带接入数	—	国家统计局
活跃的经济环境	城镇居民人均可支配收入	—	国家统计局
	城镇居民人均可支配收入增长率	—	国家统计局
	小学生人数增长率	—	国家统计局

（三）城市可持续竞争力指标体系

指标含义	指标	指标衡量方法	资料来源
创新驱动的知识城市	GDP 增量	—	国家统计局
	大学指数	各城市最好大学排名	校友会网
	专利指数	专利申请申请量	WIPO 网站
	科研人员指数	金融业＋信息传输、计算机服务和软件业＋科学研究、技术服务和地质勘查业从业人员占比	国家统计局
公平包容的和谐城市	户籍与非户籍的公平性	根据各城市非户籍人口入学政策打分	各城市政府网站
	社会保障程度	参加医疗、失业、养老保险人数占常住人口比重	国家统计局
	人均社会保障、就业和医疗卫生财政支出	—	国家统计局
	每万人刑事案件逮捕人数	—	国家统计局

续表

指标含义	指标	指标衡量方法	资料来源
环境友好的生态城市	单位 GDP 耗电	—	国家统计局
	单位 GDP 二氧化硫排放量	全市工业二氧化硫排放量/全市 GDP	国家统计局
	国家级自然保护区指数	国家级自然保护区数量和面积	国家级自然保护区名录
	人均绿地面积	—	国家统计局
多元一本的文化城市	历史文明程度	历史文化指数+非物质文化指数	国家历史文化名城名单中国非物质文化遗产名录数据库系统
	每万人剧场、影剧院数量	—	国家统计局
	城市国际知名度	城市拼音名 Google 英文搜索结果条数	Google 搜索
	每百万人文化、体育和娱乐业从业人数	—	国家统计局
城乡一体的全域城市	城乡人均收入比	城镇居民人均可支配收入/农村居民人均纯收入	国家统计局
	每百人公共图书馆藏书量比（全市/市辖区）	全市每百人公共图书馆藏书量/市辖区每百人公共图书馆藏书量	国家统计局
	城乡人均道路比	城区人均道路面积/市辖区人均道路面积	国家统计局
	城市化率	市辖区人口/全市总人口	国家统计局
开放便捷的信息城市	外贸依存度	（进口总额+出口总额）/（2×GDP）	国家统计局
	国际商旅人员数	接待海外商旅人数	国家统计局
	千人互联网用户数	—	国家统计局
	航空交通便利程度	机场飞行区等级和起降架次/市中心离最近机场距离	全国运输机场生产统计公报及各机场网站、百度地图

二　样本选择

报告中的样本城市包括中国 34 个省、市、区和特别行政区的 294

个城市，具体为内地 287 个地级以上城市和香港、澳门、台北、新北、台中、台南、高雄。

三　计算方法

（一）指标数据标准化方法

城市竞争力各项指标数据的量纲不同，首先对所有指标数据都必须进行无量纲化处理。客观指标分为单一客观指标和综合客观指标。对于单一性客观指标原始数据无量纲处理，本文主要采取标准化、指数化、阈值法和百分比等级法四种方法。

标准化计算公式为：$X_i = \dfrac{(x_i - \bar{x})}{Q^2}$，$X_i$ 为 x_i 转换后的值，x_i 为原始数据，$\bar{x}$ 为平均值，Q^2 为方差，X_i 为标准化后数据。

指数法的计算公式为：$X_i = \dfrac{x_i}{x_{0i}}$，$X_i$ 为 x_i 转换后的值，x_i 为原始值，x_{0i} 为最大值，X_i 为指数。

阈值法的计算公式为：$X_i = \dfrac{(x_i - x_{Min})}{(x_{Max} - x_{Min})}$，$X_i$ 为 x_i 转换后的值，x_i 为原始值，x_{Max} 为最大样本值，x_{Min} 为最小样本值。

百分比等级法的计算公式为：$X_i = \dfrac{n_i}{(n_i + N_i)}$，$X_i$ 为 x_i 转换后的值，x_i 为原始值，n_i 为小于 x_i 的样本值数量，N_i 为除 x_i 外大于等于 x_i 的样本值数量。

综合客观指标原始数据的无量纲化处理是：先对构成中的各单个指标进行量化处理，再用等权法加权求得综合的指标值。

（二）城市竞争力计量的方法

1. 城市竞争力总指数：综合经济竞争力、宜居竞争力和可持续竞争力的计算方法

综合经济竞争力、宜居竞争力和可持续竞争力各项指标综合的方法

是非线性加权综合法。所谓非线性加权综合法（或"乘法"合成法）是指应用非线性模型 $g = \prod x_j^{w_j}$ 来进行综合评价的。式中 w_i 为权重系数，$x_i \geq 1$。对于非线性模型来说，在计算中只要有一个指标值非常小，那么最终的值将迅速接近于零。换言之，这种评价模型对取值较小的指标反应灵敏，对取值较大的指标反应迟钝。运用非线性加权综合法进行城市竞争力计量，能够更全面、科学地反映综合指标值。另外，在综合计算宜居竞争力各项指标的过程中还对关键指标赋予了更大的权重，以凸显关键指标在宜居竞争力中的重要作用。

2. 城市竞争力的解释指数：宜居竞争力、可持续竞争力分项竞争力的计算方法

尽管报告设计的解释性城市竞争力的指标为二级指标，实际上包括原始指标在内，解释性城市竞争力的指标为三级，在三级指标合成二级指标和二级指标合成一级指标时，采用先标准化再等权相加的办法，标准化方法如前所述。其公式为：

$$z_{il} = \sum_j z_{ilj}$$

其中，z_{il} 表示各二级指标，z_{ilj} 表示各三级指标。

$$Z_i = \sum_l z_{il}$$

其中，Z_i 表示各一级指标，z_{il} 表示各二级指标。

3. 城市竞争力分类指数

报告将城市分别按照区域、省份、城市规模和发展阶段进行了归类，各类别中某一类型的竞争指数是对该类别所有城市该项指标的竞争力指数求平均。比如区域分类中，东南地区的区域经济竞争力指数是对东南所有 57 个城市的经济竞争力指数求平均。

四　主题报告时间收缩地图的制图方法

报告使用的空间底图是由国家测绘局国家基础地理信息中心提供的 1:400 万的全国地市级以上居民地点状和面状的栅格地图。以上海为

例，设上海的坐标为（x_0，y_0），以上海为不动点分别与所有城市做连接线，获得各个城市的地理坐标为（x_i，y_i）。设上海到各城市的原始距离为 D_{0j}，将已经获得的上海到其他城市的最短时间距离 T0i 转换为新的空间距离 ND_{0j}。

设向量则以不动点地为起点，为方向向量，向量的模为 ND_{0j}，由此得到由新的空间距离确定的 i 地与不动点实际位置的时间距离坐标 i'（x'_i，y'_i）。地图上不动点到 i 的线段就是两地间的时间距离。

使用 ArcMap10，采用空间变换的橡皮拉伸（Rubbersheet）方法，以 i 点为起点，i' 为终点对地图图层作拉伸变换，最后得到将空间底图按时间距离变形后的压缩地图。

后 记

　　《中国城市竞争力报告 No. 15》由中国社会科学院财经战略研究院倪鹏飞博士牵头，数十家国内著名高校、地方院校、权威统计部门、企业研发机构的近百名专家参与，历经大半年时间，进行理论和调查、计量和案例等经验研究而形成的成果。《中国城市竞争力报告 No. 15》的基础理论、指标体系、研究框架和重要结论主要由主编倪鹏飞博士做出。副主编天津大学应用数学中心侯庆虎博士（数学专家）负责计量、提供计算支持。特邀主编沈建法、林祖嘉、刘成昆分别负责香港、台湾、澳门的数据支持、审核和报告的讨论工作。副主编丁如曦（中国社会科学院财经战略研究院）负责总体报告、协调调度等工作；副主编沈立（中国社会科学院研究生院博士）负责报告的数据采集、具体计算、资料汇总、地图绘制等工作。

　　关于城市竞争力，本次报告将其分为综合经济竞争力、宜居竞争力、可持续竞争力三个部分，并分别设计了指标体系，从而对中国 294 个城市的综合经济竞争力和中国（除台湾外）289 个城市的宜居竞争力、可持续竞争力进行了衡量。本报告根据我国城市体系与房价体系之间的关系，撰写了《房价体系：中国转型升级的杠杆与陷阱》的主题报告。此外，从城市竞争力的每一分项对样本城市进行了分析和比较，形成了三份分项报告。同时，还制作了中国七大区域的区域报告。报告的文稿是在锤炼理论、采集数据，进行计量并得出基本结论后，由执笔者撰写而成的。

　　各章的文字贡献者是：第一章：中国城市竞争力 2016 年度排名，课题组集体；第二章：中国城市竞争力 2016 年度综述，倪鹏飞、丁如曦、沈立（中国社会科学院研究生院）；第三章：房价体系的新发现与新理论，倪鹏飞、曹清峰（天津财经大学）、张洋子（中国社会科学院研究生院）；第四章：房价体系的中国实证，王海波（中国社会科学院财经战略研究院）；第五章：房价体系的中国故事，蔡书凯（安徽工程大学）等；第六章：中国城市经济竞争力报告，周晓波（南开大学）、丁如曦；第七章：中国城市宜居竞争力报告，李博（天津理工大学）；第八章：中国城市可持续竞争力报告，王雨飞（北京邮电大学）；第九章：中国（东南地区）城市竞争力报告，邹琳华（中国社会科学院财经战略研究院）、蔡书凯；第十章：中国（环渤海地区）城市竞争力报告，杨杰（国土资源部信息中心）、赵英伟、姜珅（青岛科技大学）；第十一章：中国（东北地区）城市竞争力报告，刘尚超（中国社会科学院研究生院）、程栋（哈尔滨商业大学）；第十二章：中国（中部地区）城市竞争力报告，郭晗（西北大学）；第十三章：中国（西南地区）城市竞争力报告，张安全（西南财经大学）、姜雪梅（中国社会科学院财经战略研究院）、刘笑男（中国社会科学院研究生院）；第十四章：中国（西北地区）城市竞争力报告，魏婕（西北大学）、李冕（中国人民银行西安分行）；第十五章：中国（港澳台地区）城市竞争力报告，沈建法（香港中文大学香港亚太研究所）、刘成昆（澳门科技大学行商学院）、周晓波（南开大学）；附录：倪鹏飞、侯庆虎、沈立。整个报告的计量数据，由倪鹏飞、侯庆虎领导的课题组完成。

　　《中国城市竞争力报告 No. 15》和中国城市竞争力的研究得到报告顾问及诸多机构和人士真诚无私的支持。我们对所有支持和关心这项研究的单位和人士表示钦佩、敬意和感谢。

倪鹏飞

2017 年 5 月 20 日